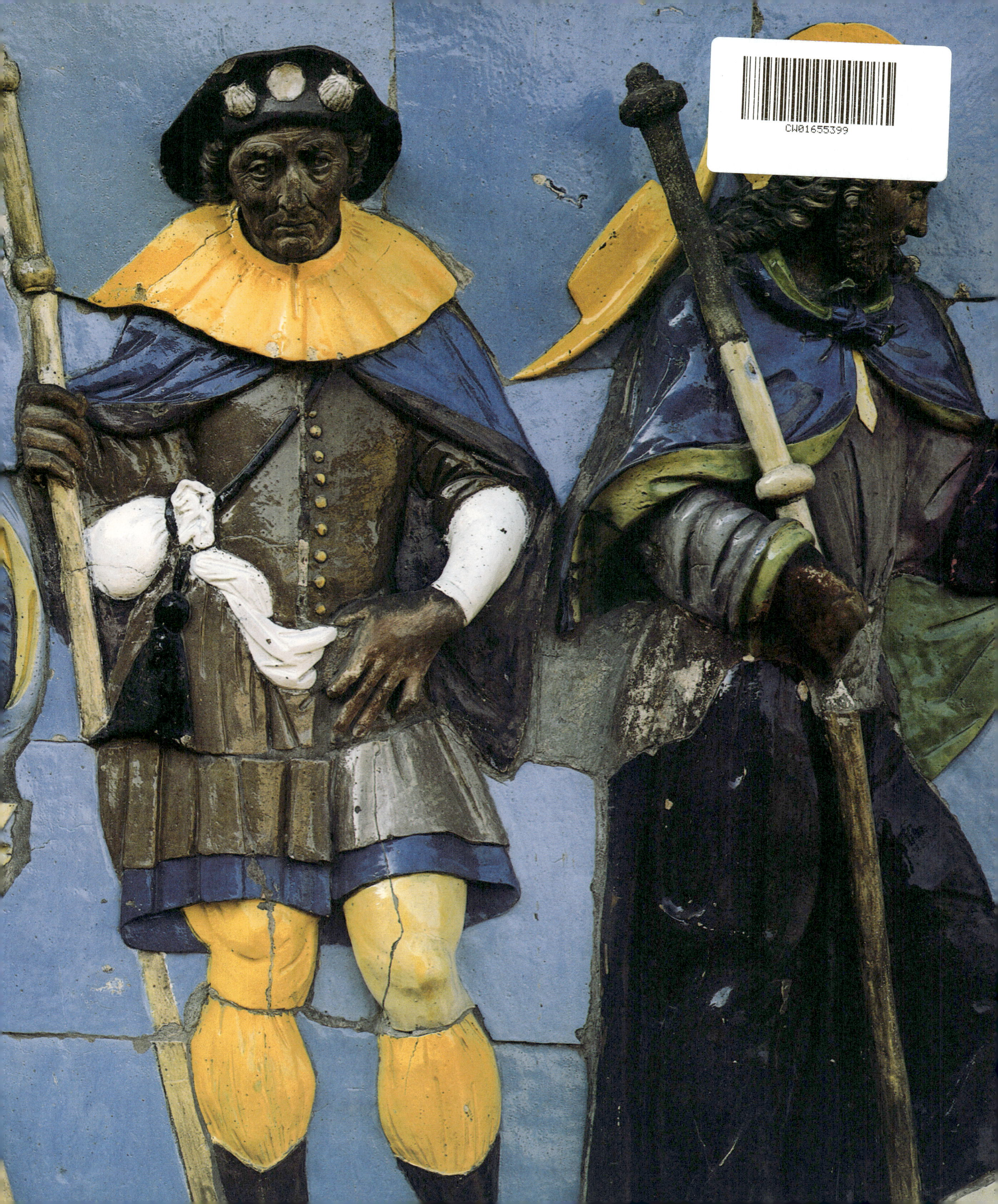

Dans les pas de saint Jacques

Denise Péricard-Méa

Dans les pas de saint Jacques

Tallandier

Direction éditoriale : Jean-Vincent Bacquart

Conception et réalisation éditoriale : Laurent Lempereur

Maquette et couverture : Nord Compo

Photogravure : Nord Compo

Carte : Corédoc

74, avenue du Maine - 75014 Paris

Préface

Au printemps de 1977, deux journalistes, Pierre Barret et Jean-Noël Gurgand, marchèrent de Vézelay à Compostelle. Grâce à eux, le renouveau du pèlerinage à Compostelle, engagé par quelques pionniers depuis l'immédiat après-guerre, touchait le grand public. En 1982, le pèlerinage de Jean-Paul II marqua une nouvelle étape car le pape en souligna la dimension européenne. Celle-ci prit toute son ampleur cinq ans plus tard, lorsque les chemins de Compostelle furent reconnus « premier itinéraire culturel européen ».

Le présent ouvrage renouvelle l'image du pèlerinage à Compostelle héritée de ces pionniers. Il fait revivre un saint Jacques à la fois un et multiple, omniprésent dans la vie quotidienne de nombreux croyants. Une riche iconographie met en valeur un patrimoine jacquaire souvent méconnu en dehors des chemins traditionnels. Il révèle également que le lointain sanctuaire de Galice n'est pas le seul à revendiquer la possession du corps de Jacques. Sur les chemins que nous emprunterons, une multitude de sanctuaires offrent à la contemplation des pèlerins d'« authentiques reliques » de l'apôtre et célèbrent les pouvoirs d'un saint très puissant, dont les miracles sont aussi nombreux qu'au tombeau de Compostelle.

En outre, cet ouvrage permet de restituer au culte de saint Jacques toute sa dimension mythique. Ainsi comprend-on mieux la fascination exercée par le voyage vers la Galice. Au Moyen Âge, en France, le pèlerinage à Saint-Jacques-de-Compostelle s'inscrit en effet tout autant dans la littérature, le rêve et l'imagination que dans la réalité du chemin. Aux sources de cet imaginaire apparaît la figure légendaire de Charlemagne, premier pèlerin de Compostelle, dont l'aventure nous est contée par la chronique dite du Pseudo-Turpin. Saint Jacques, apparu en songe à l'empereur, lui aurait ordonné de suivre la Voie lactée afin de se rendre en Galice pour délivrer son tombeau aux mains des infidèles. On connaît la suite... Pure fiction littéraire, cette épopée fut un temps considérée comme un document historique de première importance.

Ce livre est le reflet de cette réalité historique et légendaire redécouverte. C'est tout naturellement au long de la mythique Voie lactée qu'il invite à un voyage initiatique d'Aix-la-Chapelle à Compostelle. « Après toi les autres peuples suivront », avait dit Jacques à Charlemagne. Les étapes choisies vous feront découvrir les multiples aspects du pèlerinage (culte des reliques, rituels et dévotions, lieux d'accueils et d'hospitalité, repères, dangers de la route, arts somptuaires et architecture). Vous y rencontrerez pèlerins historiques et pèlerins fictifs, pèlerins au long cours et pèlerins du voisinage, les véritables hommes des chemins qui, en marge du parcours, vous livreront leurs témoignages et leurs impressions de voyage. Enfin, certaines étapes offriront l'occasion d'évoquer des thèmes complémentaires et des aspects insolites du pèlerinage à Compostelle (alchimie, tournois de chevalerie...).

C'est bien volontiers que je salue le travail de Denise Péricard-Méa au service de la culture européenne du chemin et que je vous recommande la lecture de ce livre.

Michel Thomas-Penette
Directeur de l'Institut
des itinéraires culturels européens

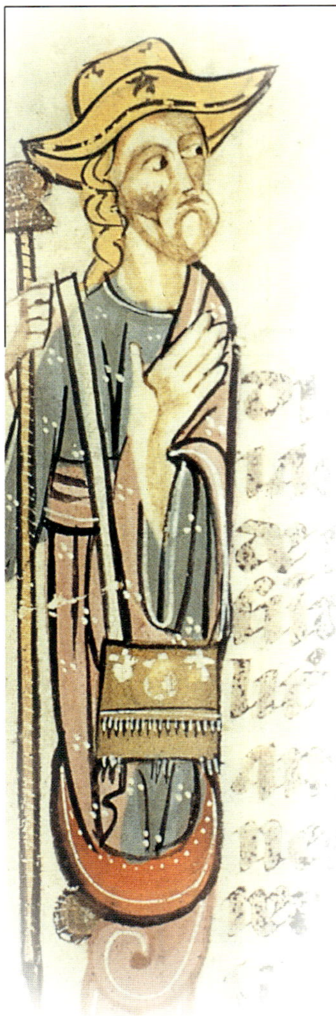

Sommaire

Vers Saint-Jacques-de-Compostelle, en suivant la Voie lactée

Pour se rendre à Compostelle, il n'existe pas de chemin établi mais plutôt des itinéraires multiples, différents selon les époques, les circonstances, les motivations personnelles de chacun. Cette carte ne comporte donc aucun tracé mais un large faisceau de points convergeants vers Compostelle

- Étapes, lieux de pèlerinage, sites marquants de la légende de saint Jacques.
- Ports d'embarquement pour la Galice.

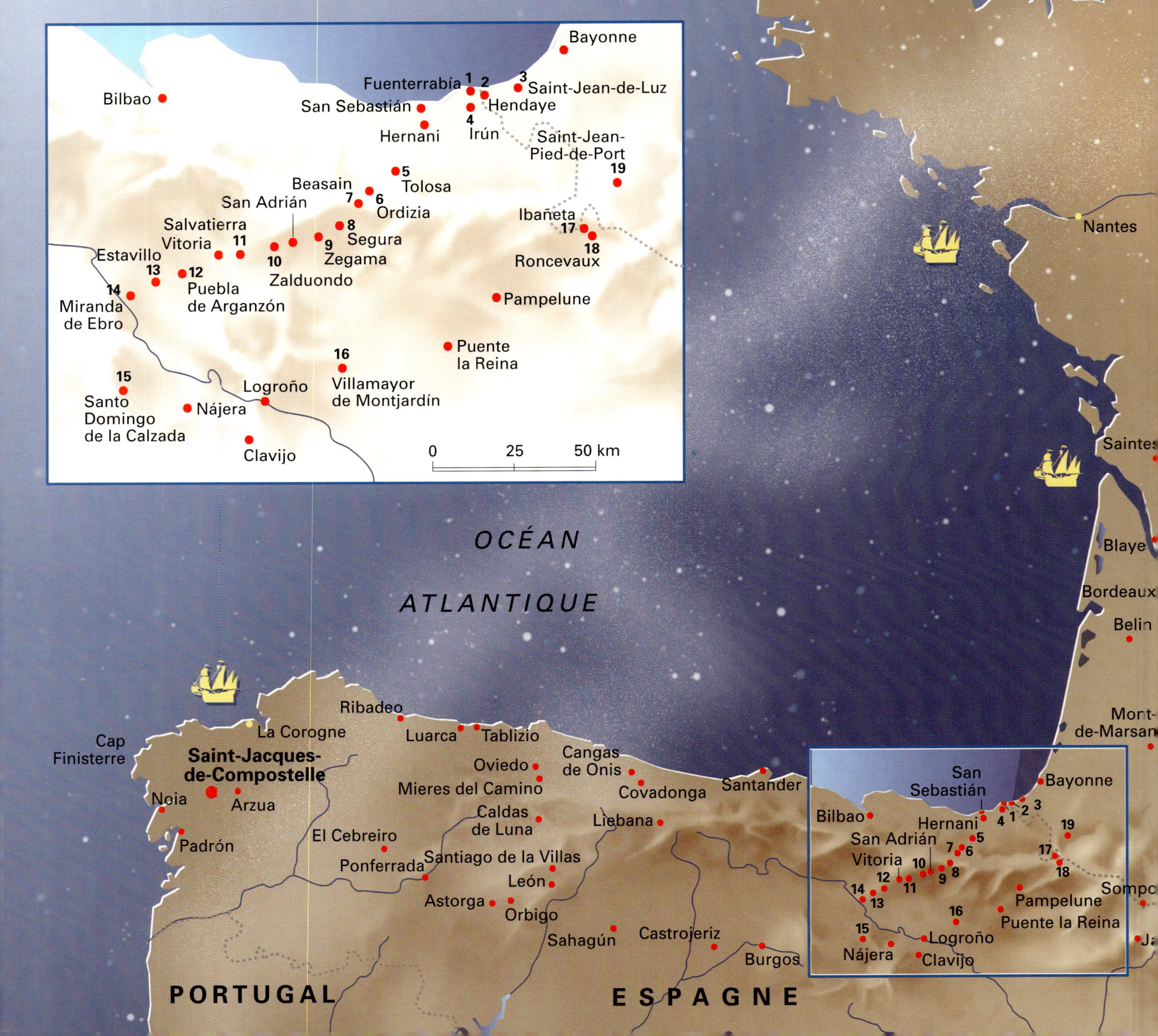

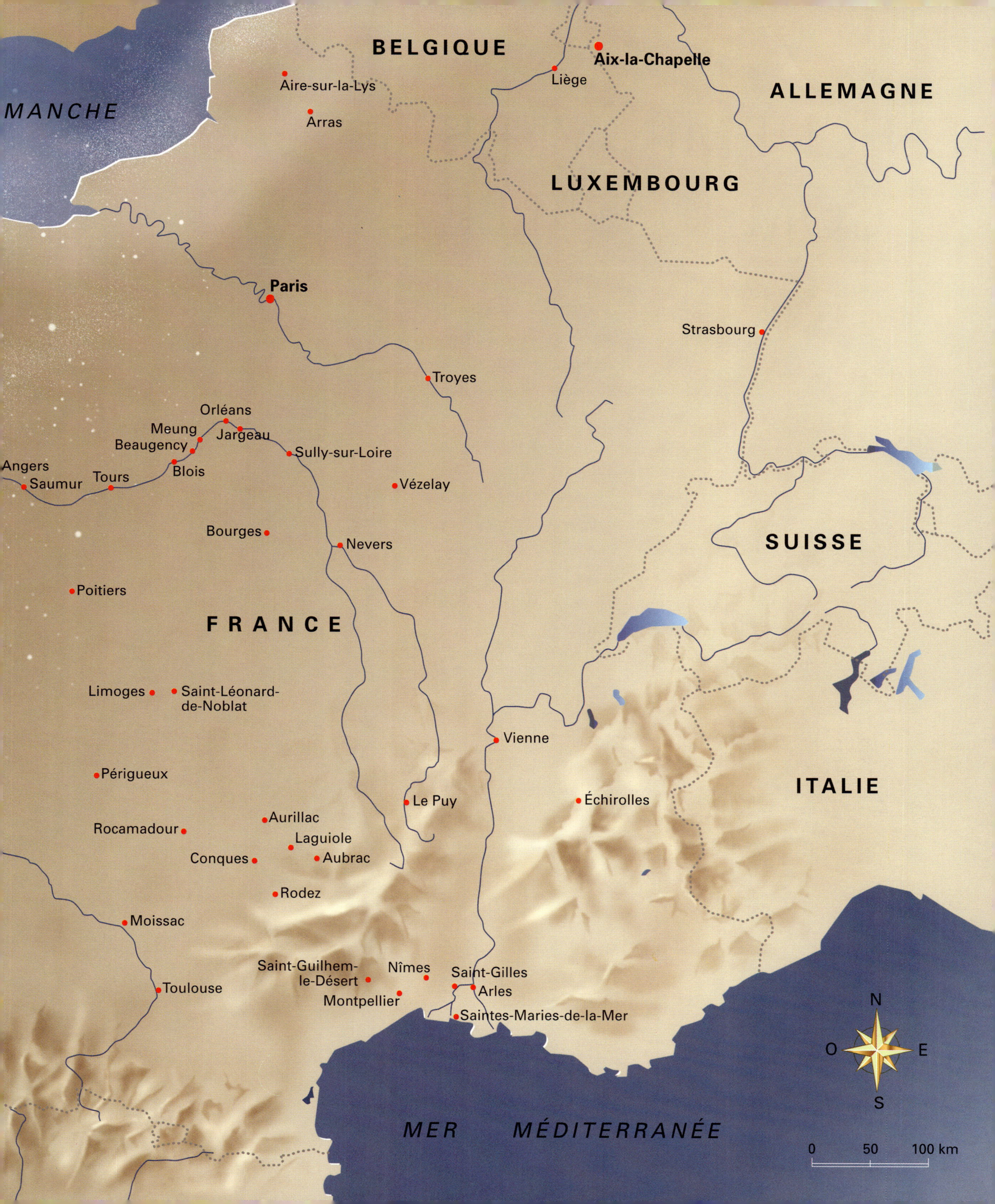
MANCHE
BELGIQUE
Aire-sur-la-Lys
Arras
Liège
Aix-la-Chapelle
ALLEMAGNE
LUXEMBOURG
Paris
Strasbourg
Troyes
Orléans
Meung
Jargeau
Beaugency
Blois
Sully-sur-Loire
Angers
Saumur
Tours
Vézelay
Bourges
Nevers
SUISSE
Poitiers
FRANCE
Limoges
Saint-Léonard-de-Noblat
Vienne
Périgueux
Le Puy
Échirolles
ITALIE
Aurillac
Rocamadour
Laguiole
Conques
Aubrac
Rodez
Moissac
Saint-Guilhem-le-Désert
Nîmes
Saint-Gilles
Arles
Toulouse
Montpellier
Saintes-Maries-de-la-Mer
N
O
E
S
MER MÉDITERRANÉE
0
50
100 km

EN CHEMIN VERS COMPOSTELLE

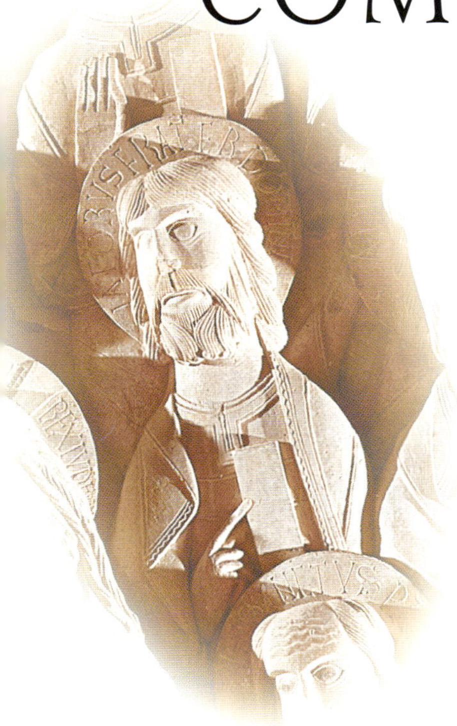

Compostelle, à l'extrême nord-ouest de l'Espagne, doit sa notoriété à saint Jacques. L'apôtre, compagnon du Christ, fut choisi dès le VIIIe siècle comme patron par l'Espagne catholique alors sous le joug sarrasin. Au siècle suivant, son tombeau fut retrouvé en Galice, signe tangible de sa présence passée en terre ibérique. Des Jacques, les Évangiles en citent plusieurs, sans très bien les identifier. Quel est celui qui, depuis dix siècles, est l'objet d'un pèlerinage mythique ?

Le nom Compostelle fait rêver. Entre les premiers pèlerinages médiévaux et celui du pape Jean-Paul II en 1982, tout un imaginaire s'est construit et n'a jamais cessé d'évoluer. Seul parmi tous les autres pèlerinages, celui de Compostelle est avant tout cheminement, comme le fut celui d'Abraham, l'ancêtre des pèlerins. En effet, on ne s'attarde pas dans la cité galicienne, on poursuit sa route jusqu'au cap le plus lointain, là où le chemin des étoiles plonge dans l'Océan.

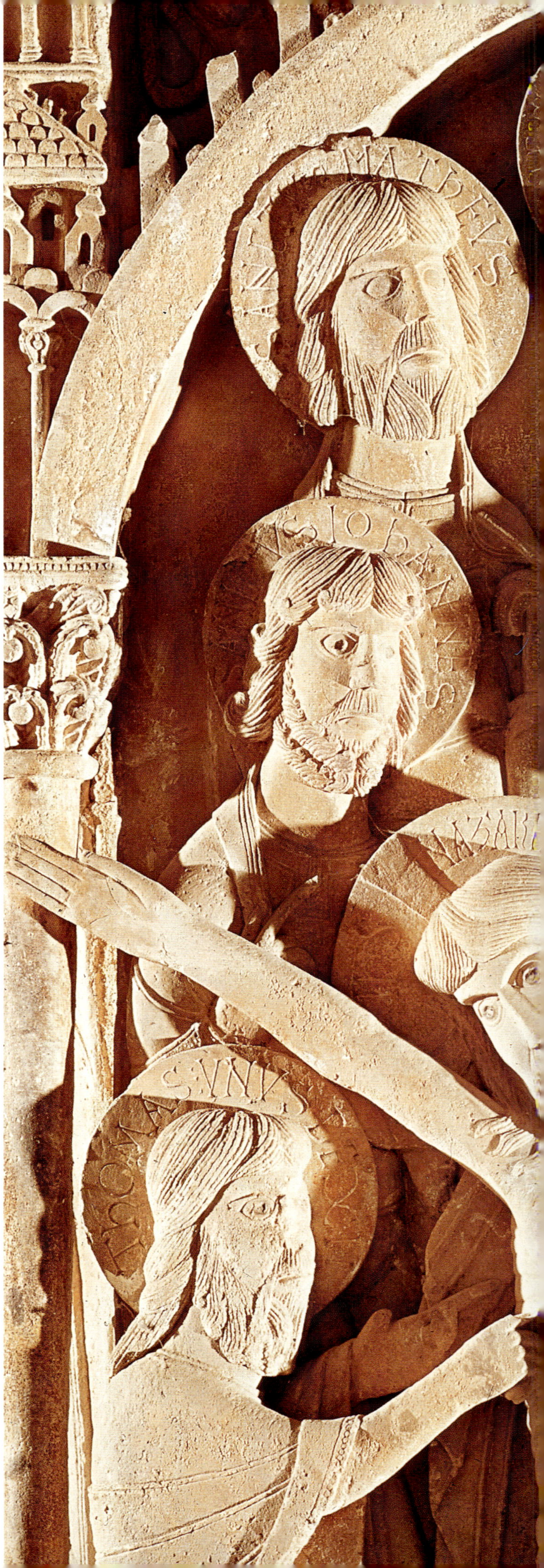

L'incrédulité de saint Thomas
Au centre du collège des apôtres qui observent la scène, les deux saints Jacques, le Mineur et le Majeur. Le nimbe de ce dernier porte une inscription gravée qui le désigne comme «frère du Seigneur». *(voir p. 20-21)*
[XIIe siècle, cloître de l'abbaye Santo Domingo de Silos]

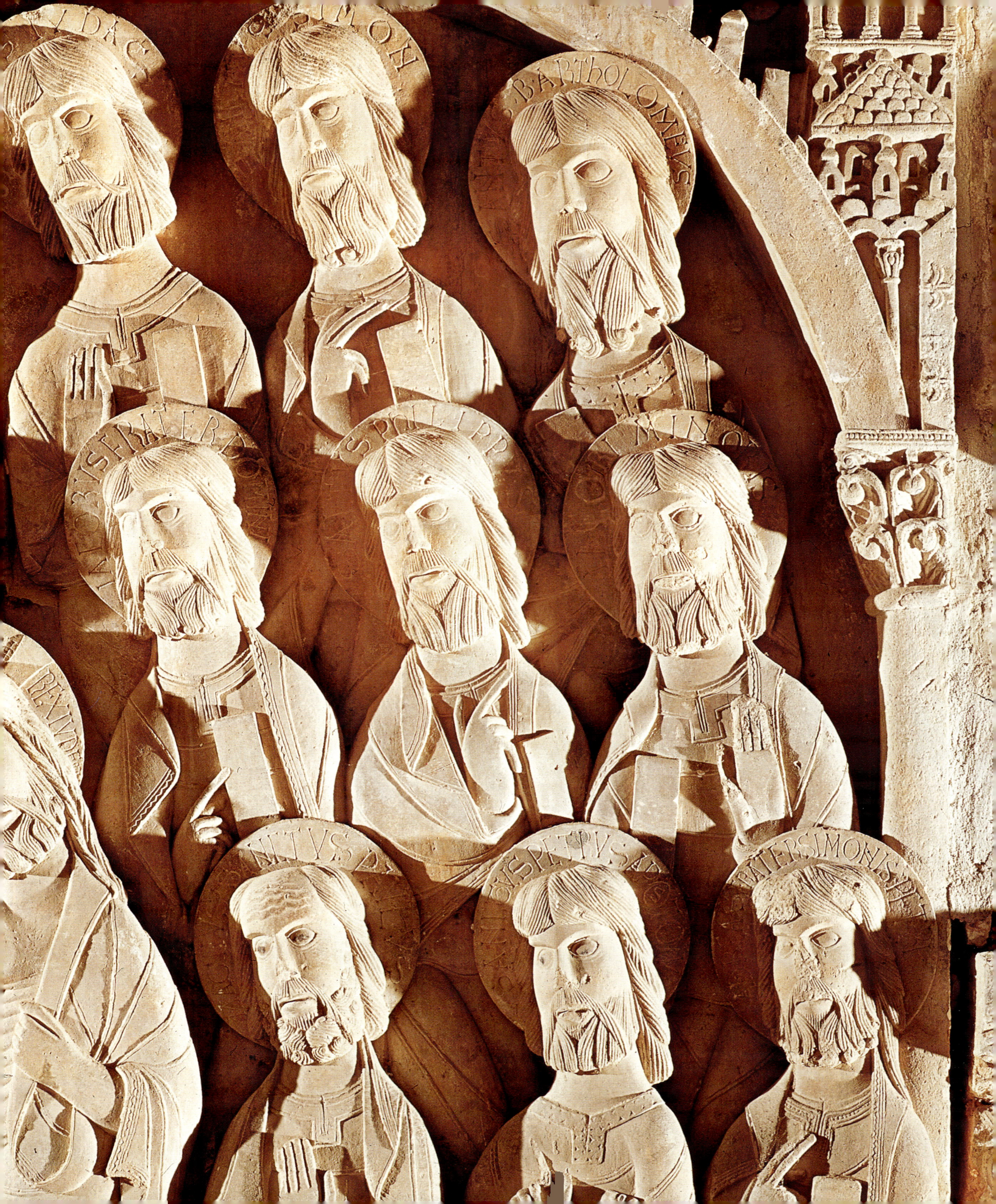
SIMON
S BARTHOLOMEVS

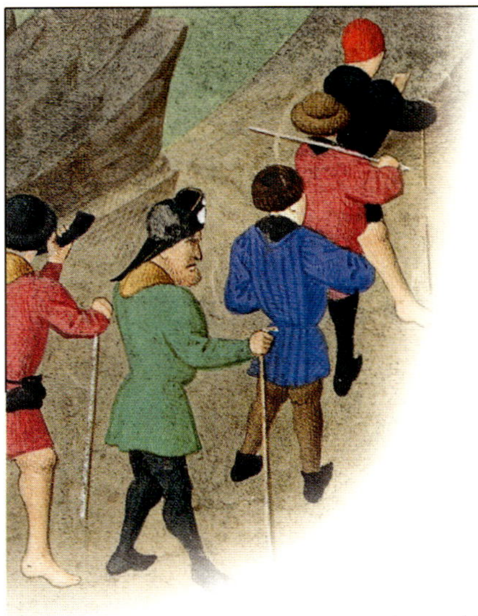

Qu'est-ce que le pèlerinage ?

Le pèlerinage est un phénomène de migration temporaire pratiqué depuis la nuit des temps sous toutes les latitudes et par toutes les religions. Appétit de sacré ? goût d'absolu ? quête d'une puissance spirituelle ? ultime trace de nomadisme ? souvenir des temps où les groupes se retrouvaient autour de leurs nécropoles ? Sans doute un peu de chacun de ces éléments, auxquels se mêle parfois le besoin fondamental de changer d'horizon.

Les pèlerinages au long cours

À l'origine, le mot « pèlerin » est l'exact synonyme des mots « étranger » et « voyageur » avant de désigner, vers l'an Mil seulement, le voyageur marchant dans un but religieux vers un sanctuaire lointain, tout en gardant la synonymie première. De cette notion dérivent plusieurs types de pèlerinage, le pèlerinage de dévotion, le pèlerinage-croisade, le pèlerinage pénitentiel.

Le pèlerinage-dévotion et son corollaire, le pèlerinage-croisade

Le pèlerinage chrétien se rattache à différents types de marche évoqués dans la Bible : Abraham quittant sa maison pour répondre à l'appel de Dieu, les quarante années d'errance dans le désert des Hébreux avant le retour en Israël, les pérégrinations de Jésus pendant sa vie publique. Conçu comme une errance perpétuelle, ce type de pèlerinage a été pratiqué à partir du VIIe siècle par certains moines, en particulier des Irlandais qui assimilaient la vie à un simple voyage sur la terre. Derrière eux, des laïcs ont mis leurs pas dans ceux de Jésus et de ses compagnons, les apôtres, conscients de ce que la vie est elle-même un pèlerinage, un cheminement nécessaire pour rejoindre l'Au-delà.

Au temps des guerres contre les Sarrasins, avant que soit inventé le terme « croisade », le mot « pèlerinage » désigne ces premières expéditions guerrières. Sans qu'on y prenne trop garde, il reste associé à

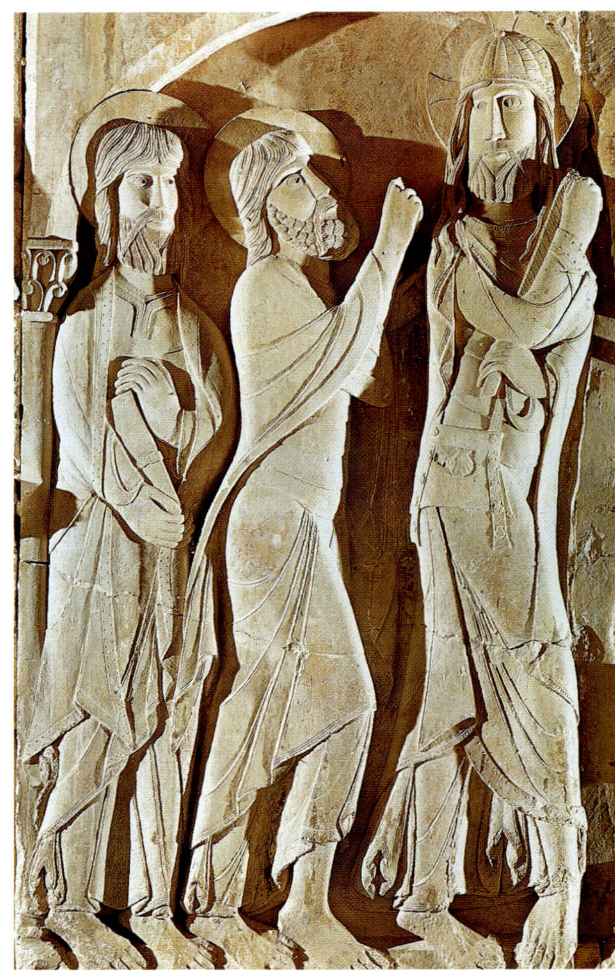

Le Christ et les disciples d'Emmaüs
Le Christ ressuscité apparaît à deux hommes marchant de Jérusalem à Emmaüs (Luc, 13-49). Sa besace timbrée de la coquille le signale comme pèlerin.
(XIIe siècle, cloître de l'abbaye Santo Domingo de Silos)

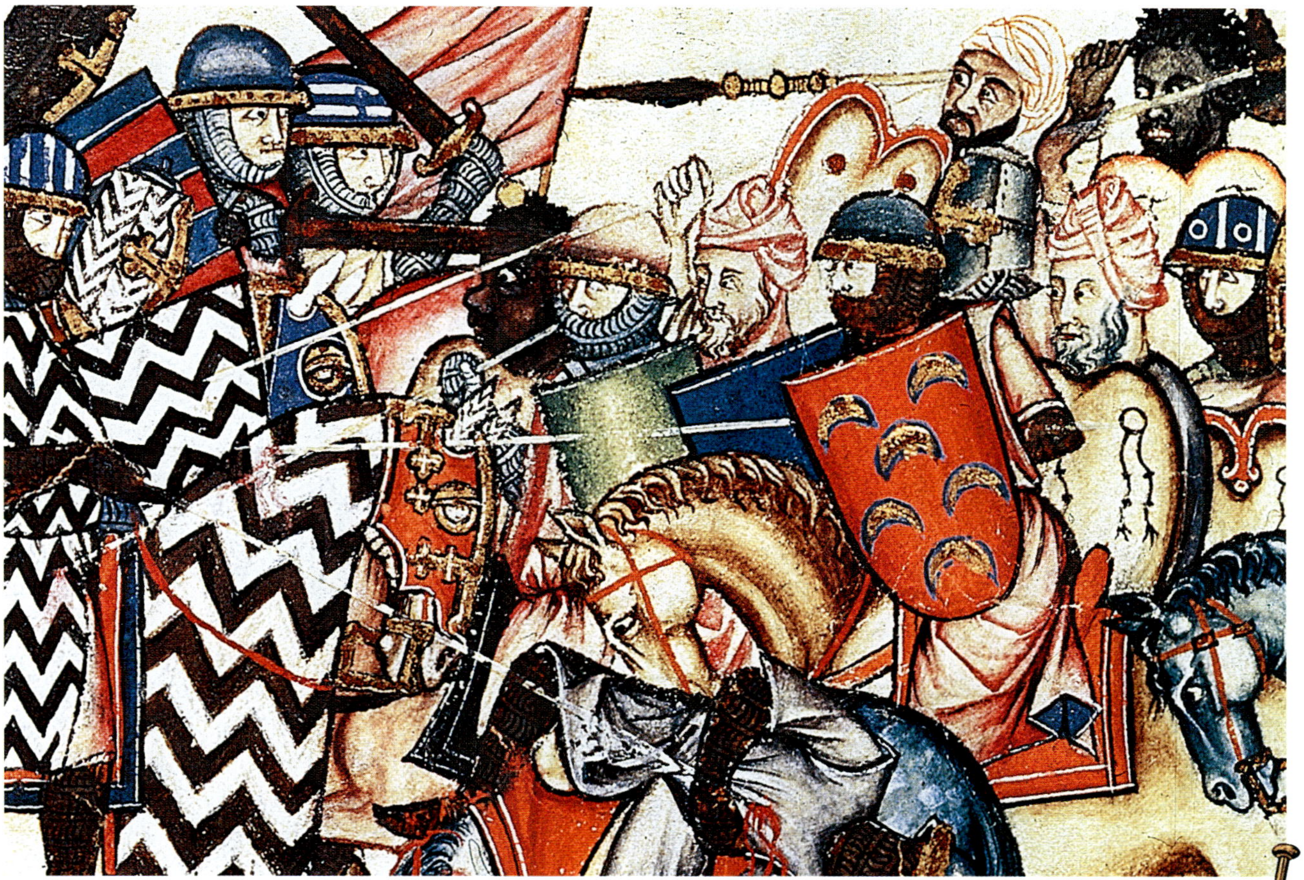

Combats entre chrétiens et musulmans
Jusqu'à la prise de Grenade en 1492, ce thème est sans cesse repris dans les œuvres destinées au monde chevaleresque. Détermination farouche des uns et expression effarée des autres laissent présager la proche victoire des chrétiens sur les musulmans.
(Cantigas y loores de Santa María, *XIIIe siècle, Madrid, monastère de l'Escorial)*

cette idée de croisade pendant toute la période médiévale : au XIVe siècle, une recommandation faite aux jeunes nobles mêle dans les faits le pèlerinage et la guerre contre les Infidèles : « Il est bon que les jeunes hommes voient des pays étrangers et fassent des "voyages" comme Jérusalem, Sainte-Catherine du Sinaï ou Saint-Jacques et les royaumes chrétiens, et qu'ils guerroient contre les Sarrasins et les mécréants. »

Le pèlerinage pénitentiel

Au VIe siècle, le pèlerinage pénitentiel est une pénitence infligée par des tribunaux ecclésiastiques à des laïcs ou des clercs. Au XIIIe siècle, ce type de pèlerinage est même utilisé comme la condition d'une grâce accordée à certains Cathares. En 1246, au concile de Béziers, est dressée une première liste de pèlerinages pénitentiels pour les Cathares, complétée en 1321 par les Dominicains auxquels le pape a confié la répression de cette hérésie. Ces listes différencient les pèlerinages majeurs (les plus lointains) des pèlerinages mineurs, ces derniers menant à des

Les sanctuaires pénitentiels

Pèlerinages majeurs :
Jérusalem, Rome, Compostelle, Canterbury, Cologne.
Pèlerinages mineurs :
Arles, Bordeaux, Boulogne, Castres, Chartres, Conques, Limoges, Montmajour, Montpellier, Narbonne, Paris, Le Puy, Rocamadour, Saint-Antoine-de-Viennois, Saint-Denis, La Sainte-Baume, Saint-Gilles, Saint-Guilhem du Désert, Saint-Léonard-de-Noblat, Soulac, Vauvert.
En sus, les rois imposent parfois Tours, Saint-Nicolas de Varengeville ou Liesse, voire des sanctuaires modestes.

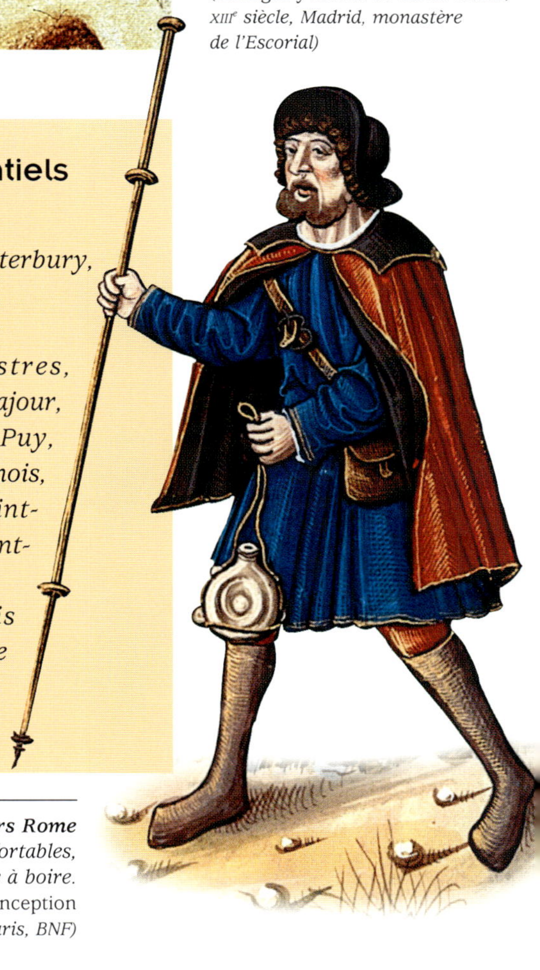

Pèlerin en marche vers Rome
Ample cape, bottes confortables, bourdon ferré, besace et gourde à boire.
(Chants royaux sur la conception couronnée au Puy de Rouen, *XVIe siècle, Paris, BNF)*

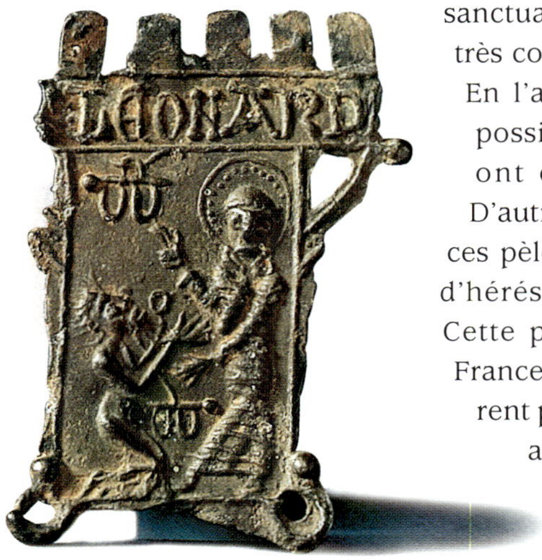

sanctuaires beaucoup moins lointains mais très courus, ou très anciennement connus.

En l'absence de chiffres précis, il est impossible de savoir si ces condamnations ont été appliquées à grande échelle. D'autre part, l'Église s'aperçut très vite que ces pèlerinages étaient d'excellents vecteurs d'hérésie et hésita donc à les généraliser. Cette pratique fut reprise par les rois de France qui, pendant tout le Moyen Âge, en firent parfois une condition de la grâce qu'ils accordaient à des condamnés.

L'examen des méfaits de chacun de ces coupables montre qu'aucun n'est un dangereux meurtrier capable de récidive. Le pèlerinage pénitentiel ne met pas en danger la vie d'autrui, car les condamnés lâchés sur les routes ont toujours été des meurtriers par accident, et ne risquent jamais de recommencer. Les plus dangereux ne bénéficient pas d'un pèlerinage pénitentiel, ils sont exécutés, ainsi que le prouve l'annulation, en 1457, d'une grâce royale assortie d'un pèlerinage à Compostelle accordée à un bandit, Regnier de Montigny, ami du poète Villon. Le Parlement de Paris avait pu prouver que des fautes avaient été cachées lors de la première sentence. En outre, les lettres de recommandation qui sont confiées aux pèlerins pénitentiels mettent toujours en jeu la responsabilité de personnes respectables.

Enseigne de pèlerinage
Chaque sanctuaire de pèlerinage vend des souvenirs aux pèlerins, en particulier des petites plaques métalliques dites « enseignes », découpées à l'image du saint vénéré et destinées à être cousues sur les vêtements. (XIVᵉ siècle, Paris, musée de Cluny)

Les pèlerins pénitentiels ne sont pas dangereux pour la société

• *Sauf-conduit donné par l'évêque de Bourges au IXe siècle :*
« [...] Ce pécheur a tué son frère, et nous lui avons ordonné de partir en exil... Acceptez de l'accueillir et faites preuve à son égard de charité. »

• *Recommandation des échevins de Reims en 1369 :*
« [...] Philippe est de bonne renommée et d'honnête conversation. [...] Nous vous prions de le laisser travailler, de ne pas le molester ou le contraindre. »

• *En 1449, Le mayeur de Namur recommande deux pèlerins dans des termes exactement semblables.*

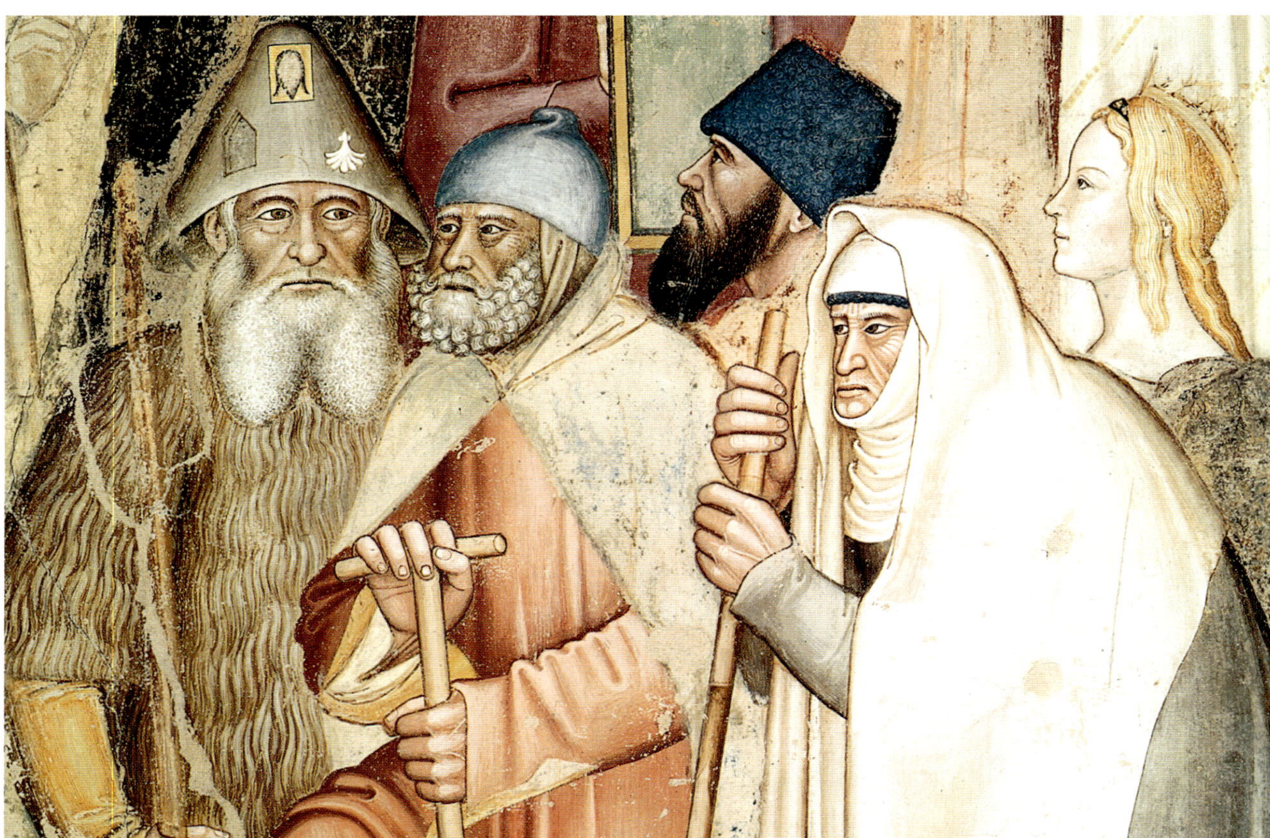

Le Triomphe des Dominicains
Un pèlerin, reconnaissable aux deux « enseignes » cousues à son chapeau, se tient parmi la foule demandant l'aumône à la porte d'un couvent dominicain. (fresque d'Andrea Bonaiuti, XIVᵉ siècle, Florence, Santa Maria Novella)

On ne plaisante pas non plus sur l'exécution de ce pèlerinage. En 1405, Pierot le Porteur prit bien la route mais s'arrêta à Jambes, une ville voisine de Namur d'où il était parti. Vite repéré, puis dénoncé, il eut beau arguer qu'il se trouvait en terre d'asile, hors de la juridiction du comte de Namur, il fut livré par les autorités et fut incontinent décapité, comme il sied à quelqu'un qui « a failly de voyage ».

Les pèlerinages de proximité

À partir du XIIe siècle, le mot « pèlerin » est appliqué à celui qui se rend vers un sanctuaire proche de son domicile, et le « pèlerinage » devient ainsi synonyme de « procession », ces solennités autour d'un sanctuaire qui, une fois l'an au moins, font converger en procession les fidèles de plusieurs paroisses. La France médiévale regorge de lieux de pèlerinage minuscules dont la connotation est bien différente de celle du pèlerinage lointain. Celui-ci est vécu comme une rupture régulière dans la vie quotidienne indissociable de la fête et de la foire. Outre la dévotion, on y vient « pour s'amuser », pour rencontrer famille ou amis, ou pour acheter et vendre. Les habitants du lieu profitent du jour de pèlerinage pour inviter leurs proches. Ainsi à Issoudun, le jour du « voyage au chef de saint Patier » est un jour de fête à l'occasion duquel l'hôtel-Dieu invite ses métayers du village voisin. En dehors de ces jours rituels, le sanctuaire est ouvert à tout voyageur comme abri et à tout suppliant venant implorer le saint patron.

Jours de fête

Les sources témoignent de ce que chacun pèlerine rituellement au moins une fois par an dans un rayon variant de 2 à 25 km. Ces sanctuaires d'importance variable sont souvent situés à l'emplacement d'anciens lieux païens, avec la chapelle ou l'église bâtie près d'une fontaine, voire par-dessus, près d'un ancien arbre sacré, d'un dolmen (Le Puy) ou d'un menhir (la cathédrale du Mans). S'ils ont parfois été à l'origine de villes, ils ont pu rester isolés au milieu des landes ou des bois, aux confins de deux ou trois paroisses, aux limites des pays, mais néanmoins jamais bien loin d'une grande voie de communication.

Le déroulement des cérémonies est à peu près toujours le même. La veille au soir, les pèlerins arrivent, souvent en procession, et se rendent à l'église où ont lieu les prières appelées « vigiles ». Les premiers cierges sont allumés, signe symbolique du début du pèlerinage. Une fois cette cérémonie terminée, tout le monde se retrouve pour la fête. Il s'instaure un va-et-vient entre l'église où l'on danse et où certains vont dormir, le presbytère où le curé sert à manger et à boire et la taverne, ce qui n'est pas sans provoquer parfois des désordres. Le matin suivant comporte la messe suivie d'un repas en commun, puis chacun repart chez soi, selon un ordre processionnel qui semble moins rigoureux. Dans certains sanctuaires particulièrement populaires, il n'est pas rare que les foules soient tellement denses que des pèlerins soient étouffés.

Jours de demandes d'intercessions urgentes

Les sanctuaires ruraux mènent souvent une vie ralentie en dehors des grandes fêtes votives, surtout si la chapelle ne dispose pas d'un desservant à l'année. Le lieu de culte reste ouvert en permanence, servant d'abri aux pauvres voyageurs. Il accueille les prières les plus urgentes, celles qui supplient de guérir. On vit ainsi en 1406 un paysan beauceron courir « tout nu », une nuit de tempête, vers l'autel de Notre-Dame-de-Hondreville à Épernon. Dans l'obscurité de la chambre où dormait toute la famille, au cours d'une crise de jalousie furieuse envers sa malheureuse femme, il avait frappé à mort l'un de ses deux enfants.

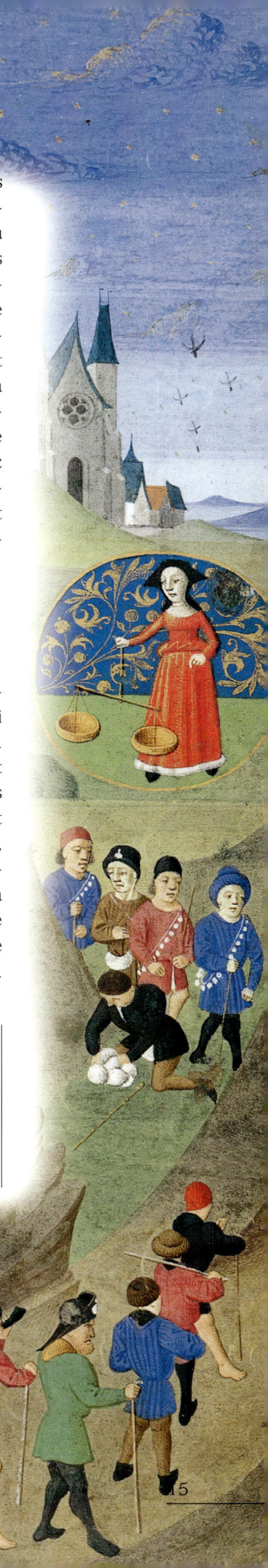

Pèlerins en marche
D'où viennent ces pèlerins ? Où vont-ils ? Ils portent, cousus à leurs bandoulières, des « enseignes », des coquilles ou des grelots. Tous ont un bourdon. L'un souffle dans une trompe. Quelques-uns marchent pieds nus, ils ont accroché leurs chaussures à la ceinture. Près du château, on leur distribue des pains.
(Heures de la duchesse de Bourgogne, *vers 1450, Chantilly, musée Condé)*

Le culte des reliques

Les ossements des saints opèrent des miracles, ce qui excite la piété des fidèles et favorise la propagation du culte. Il émane de ces os une force sacrée ambivalente, à laquelle se mêle une énergie bénéfique qui peut devenir dangereuse si l'on y touche. Cette force est d'autant plus grande que la relique est importante : corps entier, tête, membres, côtes, mâchoires, dents, fragments d'os, auxquels s'ajoutent des objets ayant appartenu au saint ou l'ayant touché. Le culte de ces reliques répond à un besoin fondamental de l'homme toujours démuni face à des forces qui le dépassent et vient souvent en complément de la médecine.

Une dévotion qui suscite l'enthousiasme des foules ne peut durer que si elle trouve une structure d'accueil. Les monastères clunisiens se sont presque fait une spécialité de la garde des reliques. De fait, la présence de celles-ci est un des éléments fondamentaux de la renommée d'un monastère, et les moines excellent dans la trouvaille de reliques et dans la mise en scène. En 1160, près d'Angoulême, l'abbaye de Saint-Amand de Boixe annonce que, dans son église de Xambes, on a retrouvé dans un puits des reliques de Marie-Madeleine et de saint Vincent, authentifiées miraculeusement par un « écriteau » intact malgré l'humidité. Aussitôt se produisent des miracles « non seulement dans l'église et autour de celle-ci mais aussi sur les chemins, dans les villages, les châteaux et les demeures. De nombreux infirmes et malades venaient à cette église et apportaient avec eux les ex-voto en cire évoquant leurs infirmités ; les femmes offraient leurs cheveux, les boiteux leurs béquilles, d'autres leurs manteaux et vêtements, d'autres le suaire déjà préparé pour leur mort. [...] Ils passaient la nuit sur les places, dans les maisons, les jardins, et même les champs, veillant dans la joie et portant des cierges. Le lendemain, après une messe solennelle et la bénédiction des reliques, ils présentaient leurs offrandes, buvaient l'eau des puits et trempaient leur visage et leur tête dans la boue des sources. Beaucoup étaient guéris. » Devant ces miracles, les seigneurs du lieu donnent des terres aux alentours et les richesses commencent à arriver.

Car les pèlerins affluent, spécialement en temps d'épidémies. Devant cette prospérité, les vols de reliques se font nombreux. Au cours d'épisodes

Le reliquaire personnel d'un grand seigneur en 1409

« Du fût de la vraie croix, des courroies dont notre Seigneur fut lié, des verges dont il fut battu, de la corde dont il fut attaché, de sa robe, de son suaire. » S'y ajoutent « le bras droit de saint Laurent, le bras gauche de saint Souin et l'un des bras de la Madeleine », des reliques non qualifiées de sainte Catherine, sainte Radegonde, saint Jacques le Grand et les robes des saints Jean-Baptiste, André, Symon, Georges.

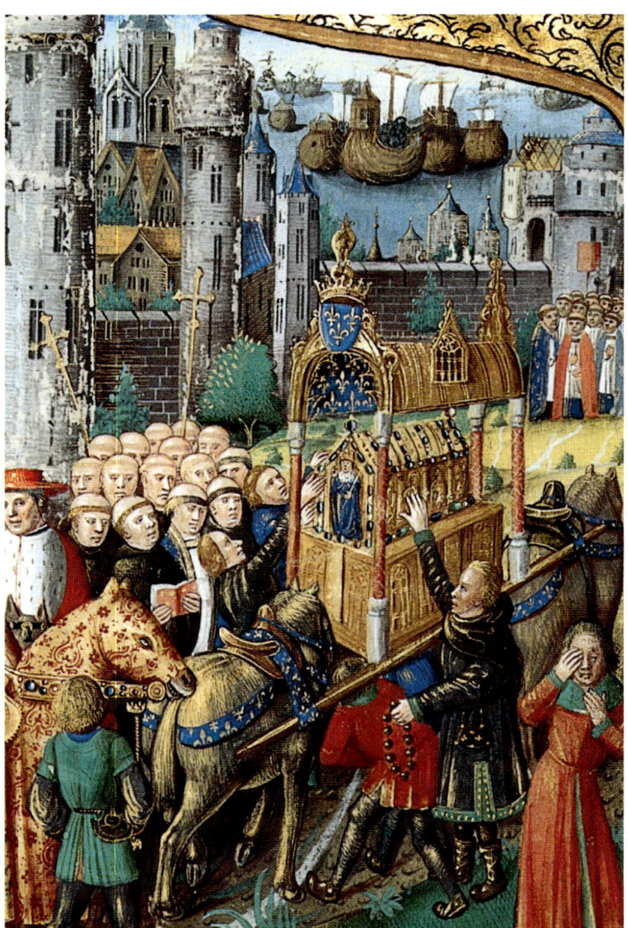

Pèlerins autour de la châsse de saint Louis
Au passage du corps ramené de Terre Sainte, les pèlerins se précipitent vers la châsse. Au premier plan, une jeune aveugle se frotte les yeux de ses mains qui ont touché la relique.
(Livre des faits de Mgr saint Louis, *XVe siècle, Paris, BNF)*

Pèlerins au pied d'une châsse
Tout autour, des pèlerins en prière implorent une guérison. Certains touchent les colonnes pour s'imprégner de la sainte présence. Il arrive même que des malades se couchent sous la châsse pendant une ou plusieurs nuits pour recevoir les ondes bénéfiques émanant du corps du saint.
(maître de Saint-Sébastien, fin du XVe siècle, Rome, palais Barberini)

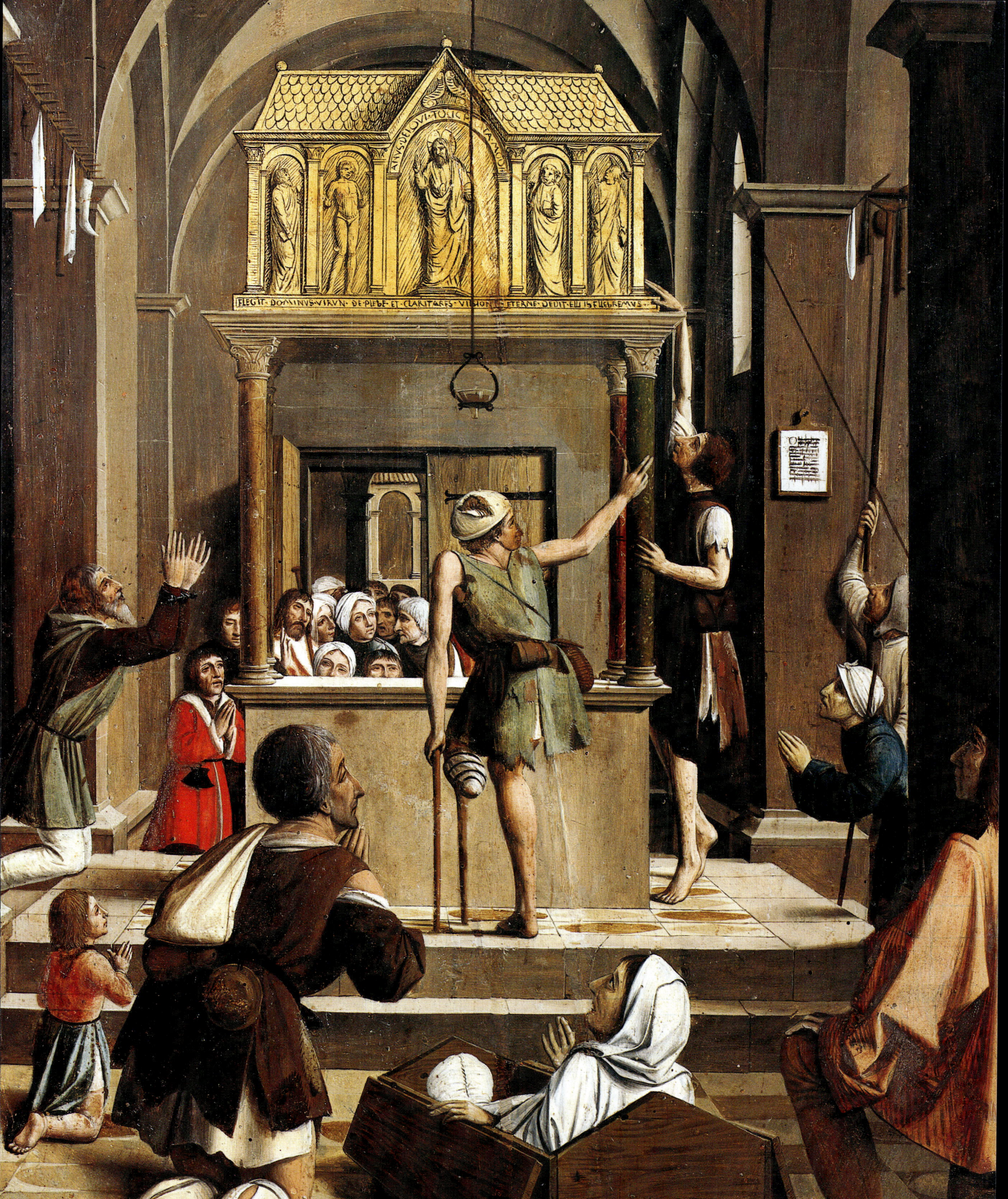
ELEGIT · DOMINVS · VIRVN · DE · PLEBE · ET · CLARITARES
ETERNE · DEDIT

toujours rocambolesques, les moines de Conques volent les restes de sainte Foy à Agen ; ceux de Fleury-sur-Loire (aujourd'hui Saint-Benoît-sur-Loire) vont jusqu'aux ruines du Mont-Cassin, en Italie, pour y récupérer le corps de saint Benoît ; ceux de la Prée, en Berry, vont voler sainte Fauste à Brivezac, en Corrèze. Certaines églises de pèlerinage utilisent une autre pratique, celle du voyage de reliques. Dans certains cas, les reliques sont sorties pour collecter de l'argent. Les moines les exposent de ville en ville, multipliant les guérisons sur leur passage. L'accueil n'est pas toujours des plus cordial, les prêtres du lieu ne voyant pas d'un bon œil s'en aller les offrandes de leurs paroissiens. Dans d'autres cas, pour faire cesser une épidémie, ce sont les habitants d'une ville qui demandent qu'on apporte les reliques chez eux. Lorsque les saints invoqués n'accèdent pas aux demandes d'intercession, on voit parfois les fidèles fouetter les reliquaires à coups de verges.

Les réticences de l'Église

Il ne faut cependant pas croire que ce culte des reliques cautionné par l'Église témoigne d'une grande crédulité. Au XIIe siècle, le moine Guibert de Nogent dit ouvertement qu'il n'a « d'autre fondement que des fables » exigées par des « vieilles et toutes sortes de femmes de basse condition [qui] chantent les louanges de tels patrons en filant et en faisant leur toile. [...] Si quelqu'un veut les en empêcher, elles le chargent non seulement d'injures, mais elles le menacent de le percer de leurs instruments. » Lorsqu'on lui demande d'écrire des biographies de ces saints, pour soutenir l'imaginaire autour des reliques, il refuse, tout en disant qu'il faut accepter ces cultes populaires pour deux raisons : ils permettent l'encadrement des fidèles et enrichissent les monastères.

Le pèlerinage vers des tombeaux ou des reliques n'a jamais fait partie des obligations du chrétien et peut même constituer un danger pour la société. Contrairement à Guibert qui accepte ces pratiques, nombre de théologiens et hommes d'Église sont réticents voire franchement hostiles aux pèlerinages et à la liberté qu'ils procurent.

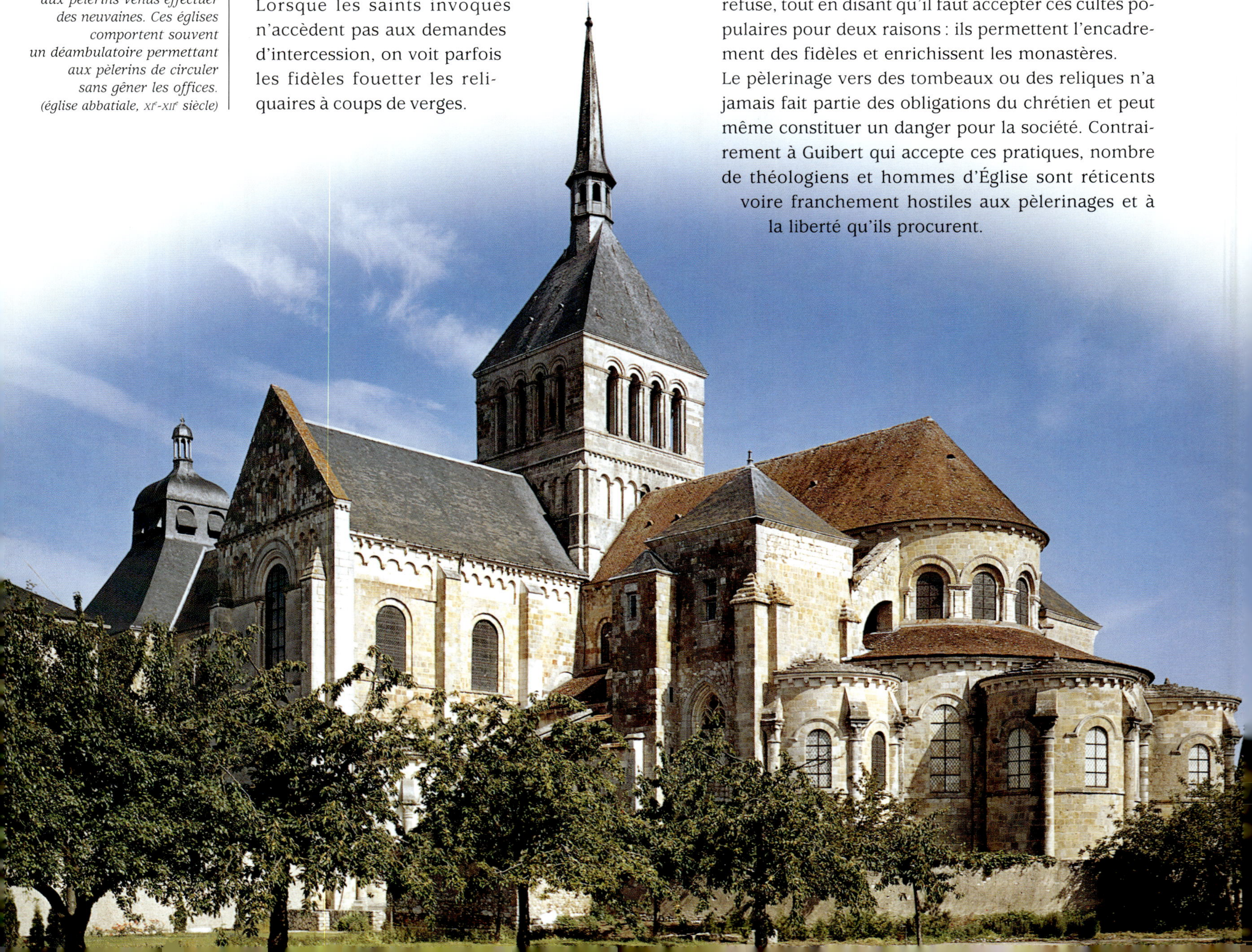

Saint-Benoît-sur-Loire
Les abbayes bénédictines ont beaucoup favorisé le culte des reliques. Autour du chevet de leurs églises, des chapelles sont consacrées à de nombreux saints. Elles servent en même temps d'asile de nuit aux pèlerins venus effectuer des neuvaines. Ces églises comportent souvent un déambulatoire permettant aux pèlerins de circuler sans gêner les offices. (église abbatiale, XIe-XIIe siècle)

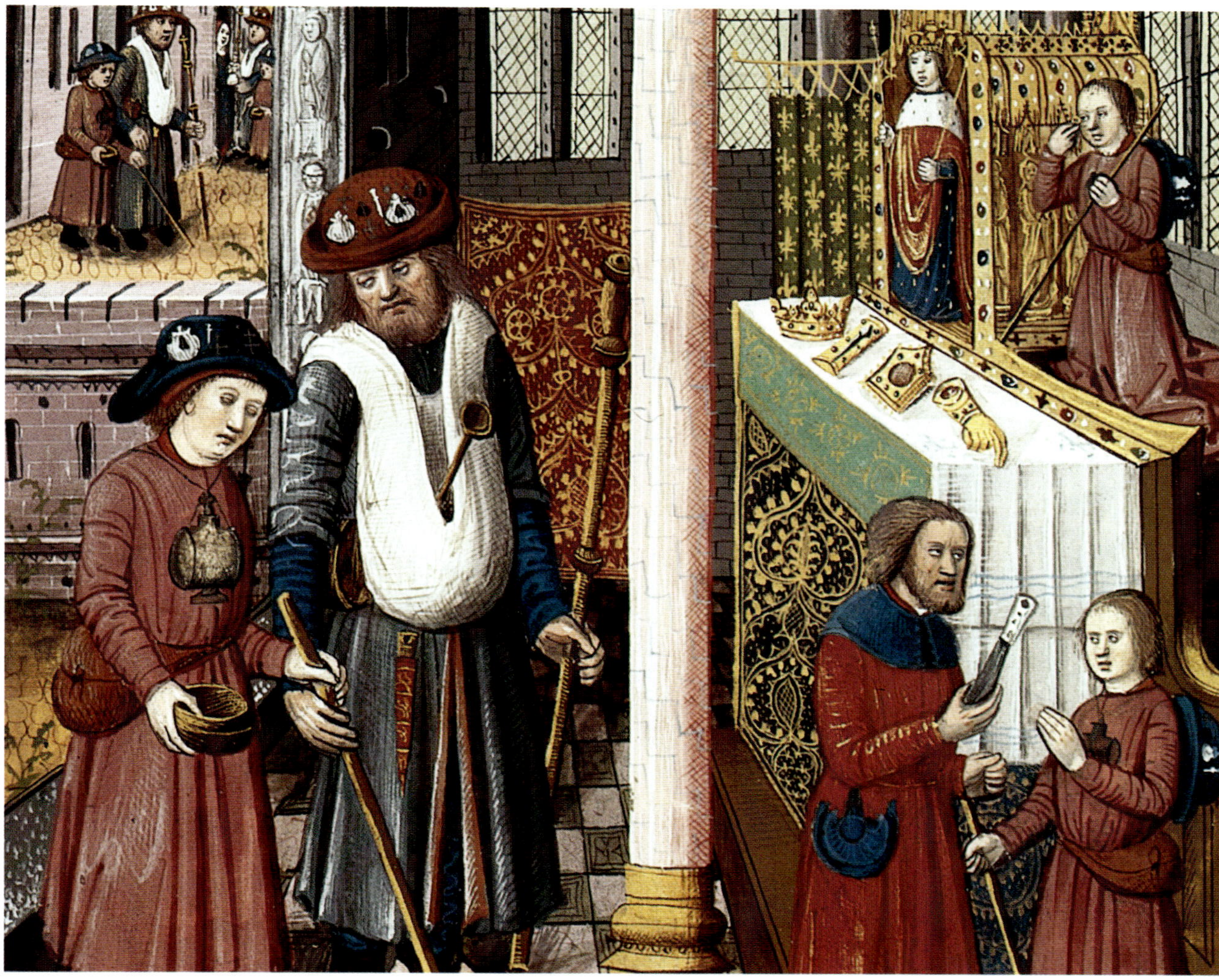

Une guérison miraculeuse au contact des reliques de saint Louis
Un enfant aveugle arrive au sanctuaire, guidé par un adulte. Les deux pèlerins se recueillent devant l'autel sur lequel sont disposés plusieurs reliquaires. L'enfant est admis à les toucher et se frotte les yeux. Il voit ! Pour prolonger le miracle, un ecclésiastique lui donne une fiole contenant de l'eau ayant touché les reliques.
(Le Livre des faits de Mgr saint Louis, *XVe siècle, Paris, BNF)*

Déjà au IXe siècle, un concile en dénonce les excès accomplis au nom de la piété : « Il se commet bien des abus dans les pèlerinages que l'on fait à Rome ou à Saint-Martin de Tours... Des laïcs s'autorisent ces pèlerinages pour pécher impunément. Des riches, sous prétexte d'amasser de l'argent pour ces voyages, oppriment les pauvres. Des pauvres ne font ces pèlerinages que pour avoir plus de liberté de mendier. » Au XIIe siècle, le théologien Honoré d'Augsbourg perçoit dans le pèlerinage un simple désir de voyager : « Certains, pour satisfaire leur curiosité, s'en vont aux lieux sacrés et voient des lieux bien plaisants ou de beaux édifices. D'autres y vont pour acquérir la louange des hommes, d'autres encore pour dépenser beaucoup d'argent, d'autres pour frauder ou voler. »

Certaines autorités ecclésiastiques, évêques ou moines, voient également dans les pèlerinages des prétextes commodes à l'adultère, tant la fête est mêlée à la dévotion. S'ils se sentent impuissants à les interdire, ils s'efforcent de lutter contre les coutumes qui consistent à danser dans les églises les veilles et jours de pèlerinages. Ils regrettent que des pèlerins chantent des chansons paillardes dans les lieux saints. Selon ces clercs, les facteurs de luxure sont les femmes qui ne viennent en pèlerinage que pour « obéir à Vénus ». Elles choisissent les églises les plus lointaines pour pécher plus librement et damner leur âme. Et l'évêque de Rennes, déplorant qu'une femme mariée puisse profiter d'une veillée de pèlerinage pour rencontrer son amant, interdit ces veilles festives dans son diocèse.

Censés donner l'exemple, les Grands sont invités à ne pas céder à la coutume du pèlerinage : au XIIe siècle, l'évêque du Mans dissuade le comte d'Angers de partir à Compostelle en lui prouvant que son vœu est contraire à ses devoirs.

Au siècle suivant, l'évêque de Paris s'oppose au départ pour Compostelle de la reine Blanche de Castille.

Saint Jacques

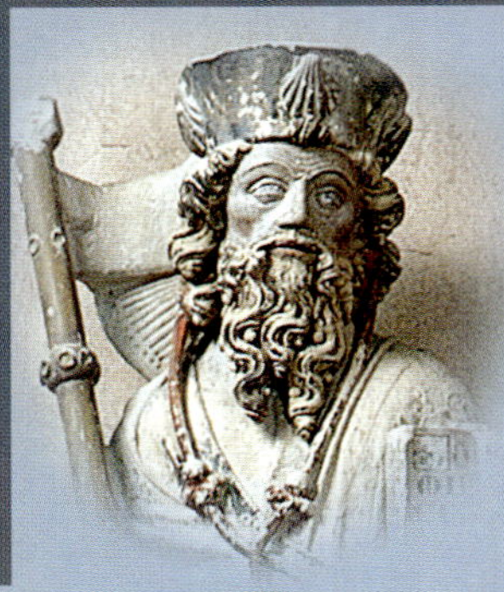

Saint Jacques le Majeur en habit d'évêque
L'iconographie distingue par leur costume Majeur et Mineur, le premier en pèlerin, le second en évêque. À Moissac, pourtant, saint Jacques, dit le Majeur, porte le costume épiscopal. (XIIe siècle, cloître de Moissac)

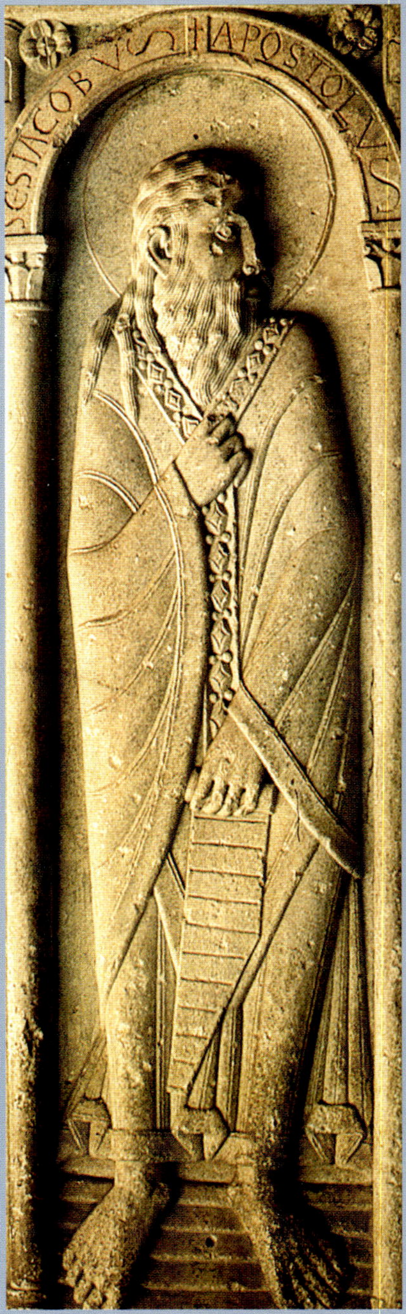

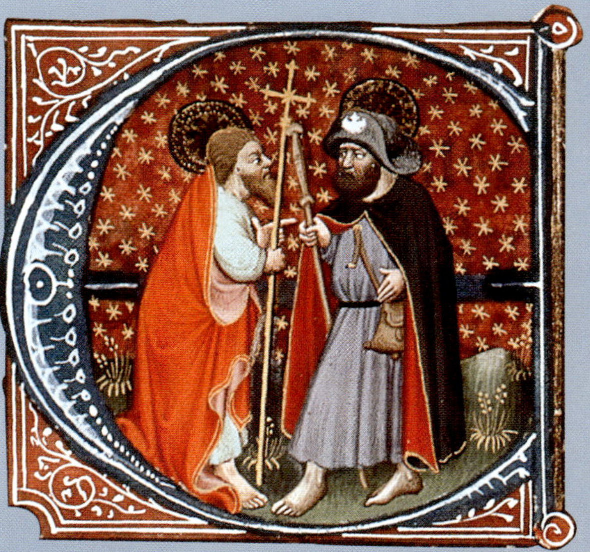

Saint Jacques, Majeur ou Mineur ?
L'iconographie présente généralement saint Jacques le Mineur en costume d'évêque, souvent accompagné de saint Philippe. Pourtant, cette convention n'est pas toujours respectée : saint Philippe converse ici avec le Mineur habillé en pèlerin. (missel du XVe siècle, Paris, Bibliothèque de l'Arsenal, ms 620)

Saint jacques auteur
Saint Jacques est l'auteur des trois textes fondamentaux que sont l'Épitre, l'Évangile et les Actes de Jacques. Inclus jusqu'au XVIe siècle dans le Nouveau Testament, ils eurent une grande influence sur les fidèles du Moyen Âge. (statue polychrome provenant de la chapelle des Rieux, XIVe siècle, Toulouse, musée des Augustins)

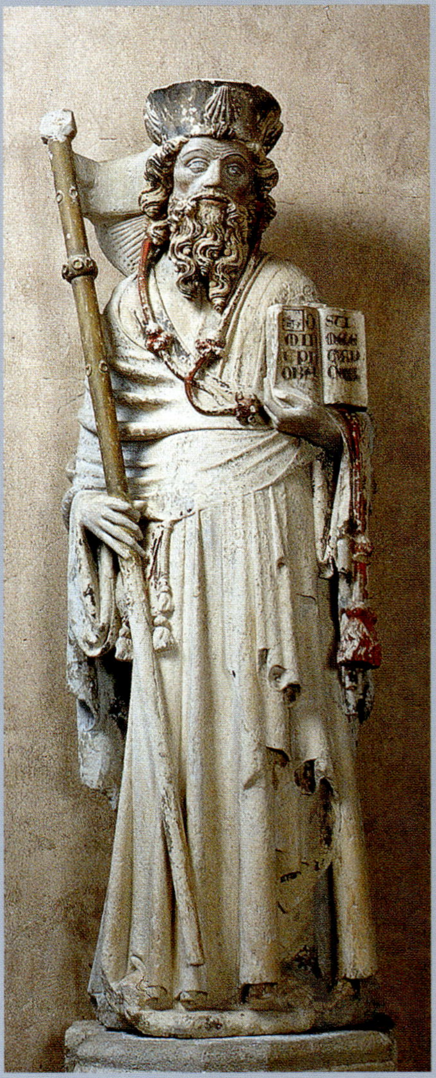

Les Évangiles, dit-on aujourd'hui, parlent de deux apôtres se nommant Jacques : l'un, dit « le Majeur », fils de Zébédée et frère de Jean l'Évangéliste, fut le premier martyr, décapité par Hérode. L'autre, appelé « le Mineur », fils d'Alphée, frère ou plutôt cousin du Seigneur, fut le premier évêque de Jérusalem, martyrisé à l'aide d'un marteau de foulon. Lequel des deux Jacques est celui de Compostelle ?

Les textes ne sont pas clairs, Jacques étant cité dans les Évangiles sous divers qualificatifs. Marc parle de « Jacques le Petit », fils de l'une des trois Marie et de Jacques, « le fils du charpentier ». Les théologiens eux-mêmes ont du mal à s'y retrouver. Ainsi Grégoire de Tours, au VIe siècle, nomme-t-il les deux apôtres « Jacques le Juste » et « Jacques, frère du Seigneur ». Ce n'est semble-t-il qu'au XIIe siècle qu'apparaissent les deux termes « majeur » et « mineur », dans l'*Historia Compostelana* (voir p. 32), le premier désignant l'apôtre vénéré à Compostelle. Pourtant, les simples fidèles ont continué d'ignorer ces subtiles distinctions et utilisèrent le plus souvent l'unique appellation « saint Jacques apôtre », sans autre dénomination.

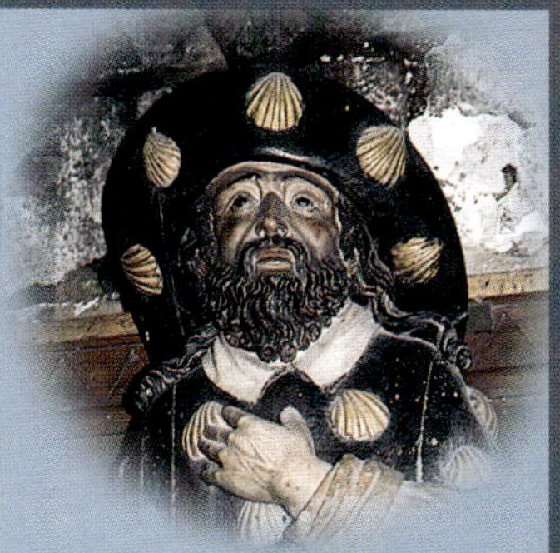

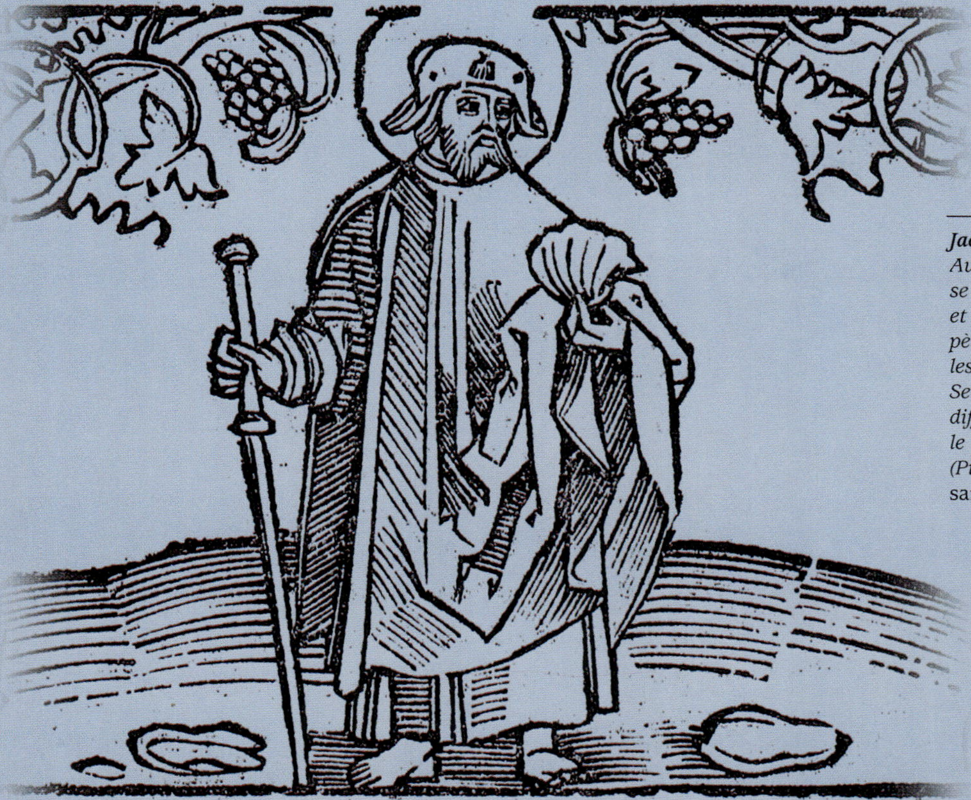

Jacques le Mineur en pèlerin
Au XVI*e siècle, les imprimeurs se contentent souvent d'une seule et même effigie, celle de l'apôtre pèlerin, pour représenter les deux saints Jacques. Seule la légende des images diffère et permet de distinguer le Majeur du Mineur. (Pierre de Natali,* Catalogus sanctorum vitas, *Lyon, 1542)*

Le martyre de Jacques le Majeur
Les théologiens ne s'accordent pas tous sur le supplice infligé à Jacques le Majeur. Quelques-uns pensent qu'il fut martyrisé par le marteau du foulon, tandis que la légende officielle affirme qu'il fut décapité. Tel est la version retenue pour l'une des neuf scènes de la vie de saint Jacques le Majeur figurées sur l'autel d'argent de Pistoia, en Toscane. (Leonardo di ser Giovanni, 1367-1371, cathédrale de Pistoia)

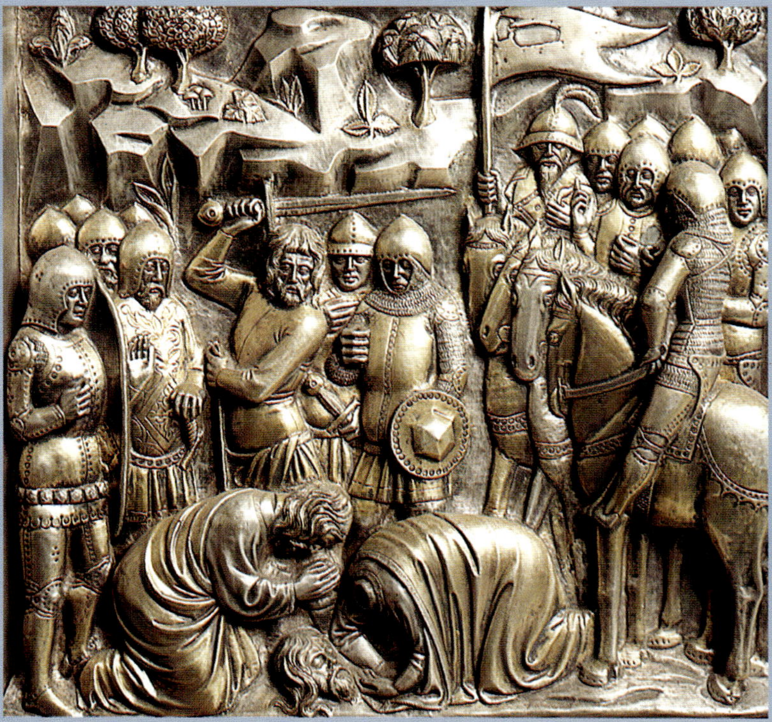

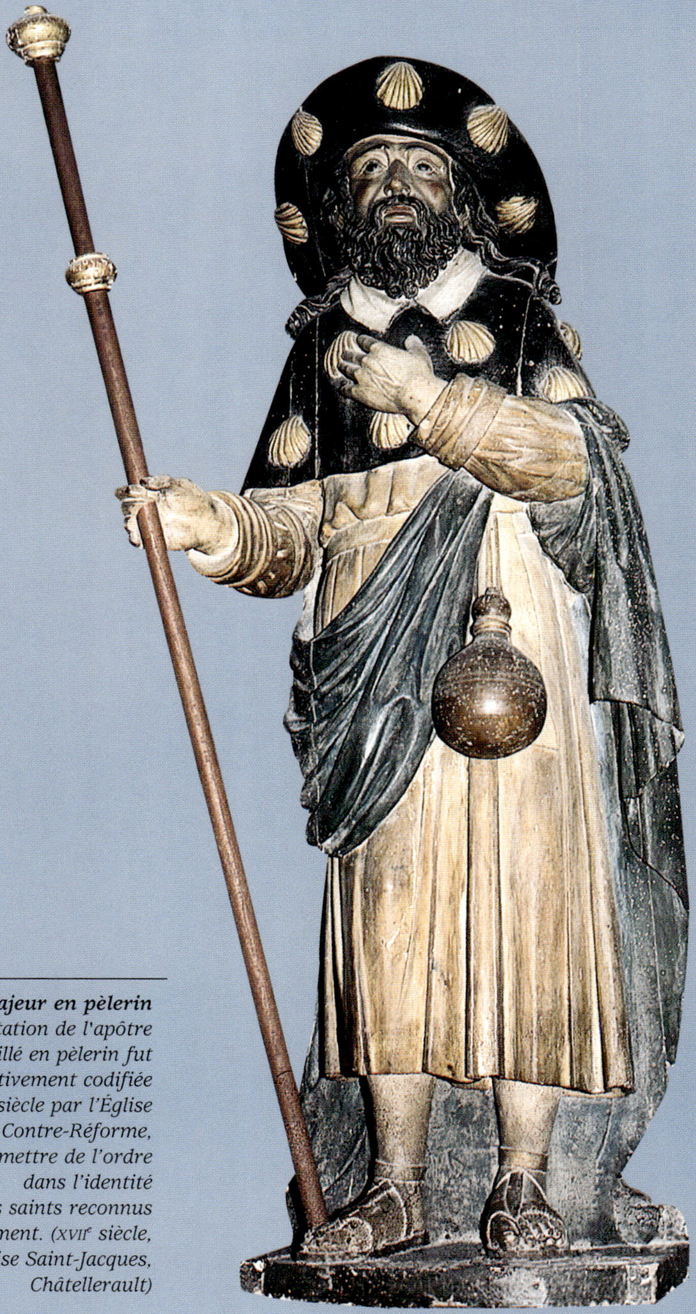

Jacques le Majeur en pèlerin
La représentation de l'apôtre habillé en pèlerin fut définitivement codifiée au XVI*e siècle par l'Église de la Contre-Réforme, appliquée à mettre de l'ordre dans l'identité des saints reconnus officiellement. (*XVII*e siècle, église Saint-Jacques, Châtellerault)*

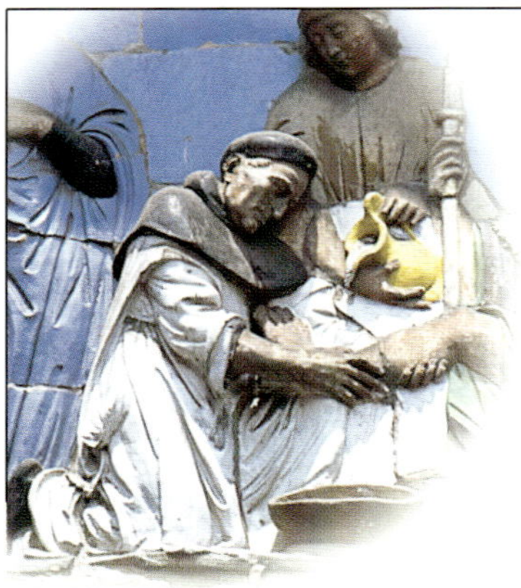

Une architecture des sanctuaires de pèlerinage ?

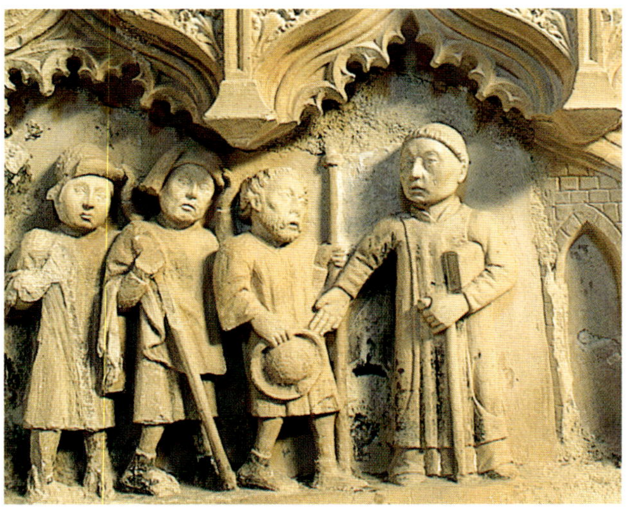

L'accueil des pèlerins
C'était l'une des obligations sacrées faites par l'Église à tout chrétien, l'une des sept « œuvres de Miséricorde » demandées dans l'Évangile de Matthieu (25, 34-37) : « J'étais étranger et vous m'avez accueilli », dit le Christ à ses apôtres. (tombeau de san Juan de Ortega, XVe siècle, église de San Juan de Ortega, Navarre)

Les pèlerins médiévaux sont tellement présents sur les chemins qu'ils leur ont parfois donné leur nom : « chemin des pèlerins » à Puiseaux (vers Saint-Mathurin de Larchant), « grand chemin romy », « grand chemin remy » (vers Reims ou Rome) dans l'Orléanais ou le Sud-Ouest. Dès que la distance à parcourir dépasse une demi-journée de marche, il faut des structures hospitalières pour accueillir le pèlerin. Immédiatement, ce qui avait été conçu pour lui sert aux voyageurs de toute nature, ainsi qu'en témoigne au XIIIe siècle un poème où l'on voit saint Julien installer son hôpital « en périlleux passage » où bientôt se pressent « fols et sages, et marchants et pèlerins ».

Église, voûte, hôpital

Depuis toujours, les églises sont des lieux d'hospitalité, puisque seul le chœur est un lieu sacré, le reste étant à la disposition des fidèles pour des activités fort diverses telles que manger, dormir, danser, se réunir, stocker des marchandises, etc. Au XIIe siècle, les églises dites aujourd'hui « de pèlerinage » se sont dotées d'un déambulatoire autour duquel étaient disposées des chapelles rayonnantes abritant les reliques. Les pèlerins pouvaient y prier sans gêner les offices qui se déroulaient dans le chœur et passer la nuit en prière dans ces chapelles, voire davantage s'il s'agissait de neuvaines. Ainsi, dans l'église Notre-Dame de Guadalupe (Espagne) au XVe siècle, les religieux prêtaient des « chevets assez longs pour coucher dessus » tandis qu'ailleurs, dans une petite chapelle solognote, dormaient « sans lit ni paille » les pauvres qui affluaient chaque jour.
Puis le principe s'est perfectionné et a donné naissance, sur les routes les plus importantes, à une architecture tripartite répondant aux besoins essentiels du pèlerin : sous une voûte enjambant la route (repère visible) s'ouvraient d'un côté un hôpital (pour soigner le corps), de l'autre une chapelle (pour soigner l'âme). Ces bâtiments, tous situés à proximité des villes mais hors-les-murs, ont été vraisemblablement très communs pendant tout le Moyen Âge puis furent condamnés en masse, à partir du XVIIe siècle, au fur et à mesure de l'élargissement des routes.
De cette architecture subsistent de rares exemples à Pons (Charente-Maritime), Cadéac (Hautes-Pyrénées), Pradelles (Haute-Loire). L'Hôpital-Neuf de Pons est le modèle du genre avec sa voûte unissant l'église – aujourd'hui disparue – et la « grande salle pour loger les pauvres ». Sous la voûte, des banquettes de pierre et des guichets par lesquels les hospitaliers tendaient le pain et le vin. À Cadéac, la petite chapelle de Pène-Tailhade offre une disposition similaire sur le chemin autrefois très fréquenté conduisant en Espagne,

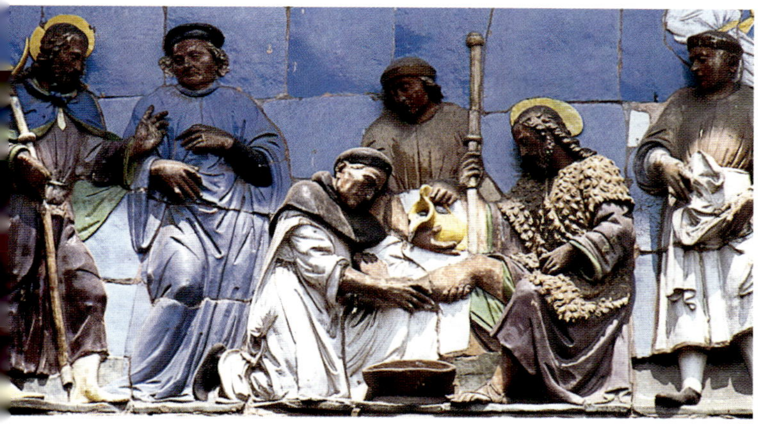

Le lavement des pieds du pèlerin
Cette humble tâche du serviteur préposé au rite de l'accueil, Jésus l'effectua pour chacun de ses apôtres. Tout chrétien soucieux de l'imiter se doit d'accomplir le même geste car « toutes les fois, a-t-il dit, que vous avez fait ces choses à l'un de mes frères, c'est à moi que vous les avez faites » (Matt. 25, 34-37). Ici, c'est bien au Christ-pèlerin que le moine lave les pieds.
(relief polychrome par Luca della Robbia, XVe siècle, hôpital del Ceppo, Pistoia)

d'Arreau à Bielsa. À Pradelles l'hôpital, bien que remanié et restauré au XVIIe siècle, présente cette même disposition.
Parfois, cette structure est plus sommaire : les églises sont traversées par le chemin, telles les deux églises d'Estella, San Miguel et San Pedro de la Rua, où l'on entre par la porte nord et ressort par la porte sud. Une observation attentive de certaines images datant de la fin du XVe siècle ou du début du XVIe montre que cet état de fait était relativement courant. On y voit le chemin s'engager résolument dans l'église ou la chapelle, qui apparaît comme solidement campée en travers de la route. La cathédrale de Lausanne porte encore des traces prouvant qu'elle fut ainsi traversée de part en part par la rue de la Cité-Devant. Une étude historique méticuleuse des textes médiévaux ne laisse aucun doute sur cette étonnante réalité d'un grand chemin passant entre la nef de la cathédrale et un vaste porche couvert. Ce chemin présentait bien toutes les caractéristiques des autres rues lausannoises, y compris la circulation des eaux usées et potables. Le tout ne fut fermé qu'au début du XVIe siècle et, à l'intérieur, l'ancienne rue formait une « grande travée » très différente des autres.
Aujourd'hui encore, certaines églises (Nemours, Aubigny-sur-Nère, Saint-Jaume à Lorgues) montrent à l'évidence que la route se faufilait sous le clocher ou traversait le narthex. Parfois encore, comme à Massay ou à Mehun-sur-Yèvre (Cher), les églises gardent des traces d'un passage du chemin sous le pavage de l'église.
Seules des fouilles permettraient de savoir comment les voyageurs pouvaient s'abriter.

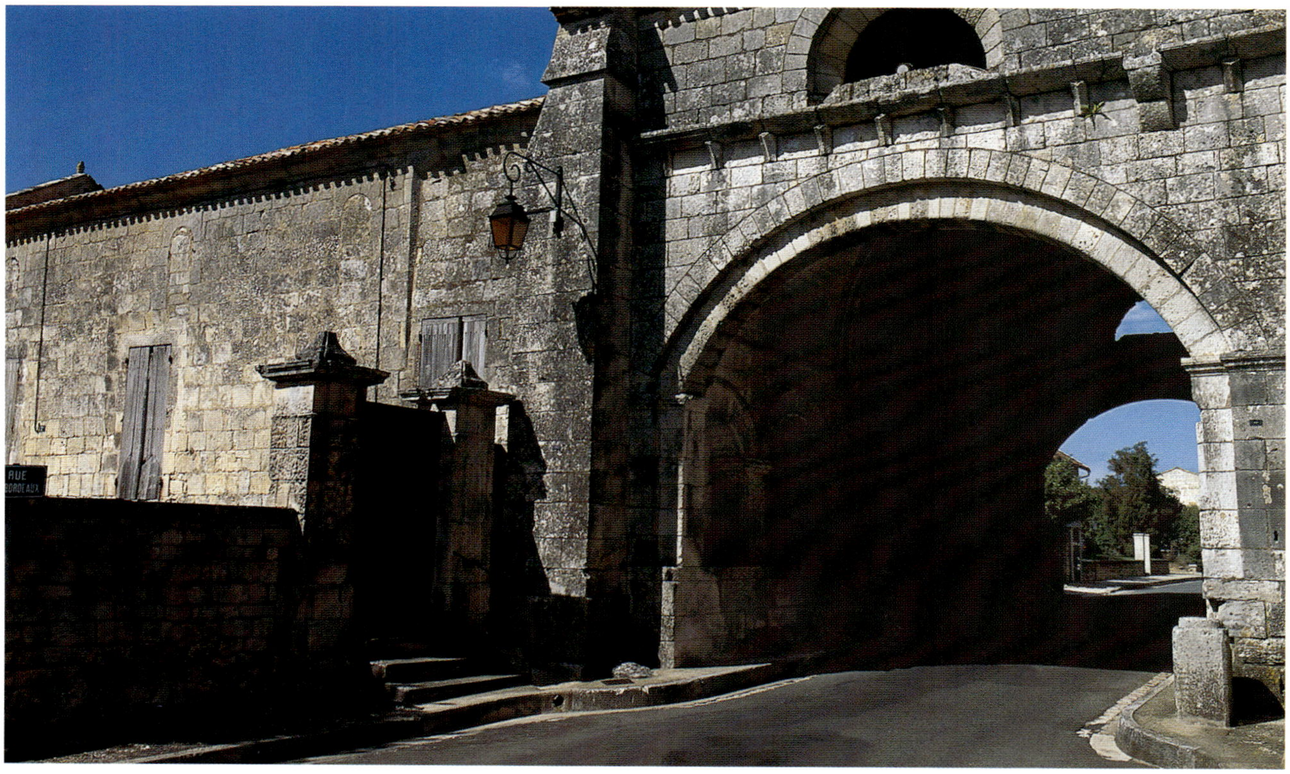

L'Hôpital-Neuf de Pons
L'un des plus beaux exemples de l'architecture spécifique du pèlerinage. Par-dessus la route, la voûte relie une salle des malades à l'ouest et une chapelle à l'est, dont ne subsistent que la façade romane et le mur nord. Sous la voûte, des banquettes pour une courte halte et des guichets pour la distribution d'en-cas attendent le voyageur.
(XIIe siècle, Charente-Maritime)

LE PÈLERINAGE À SAINT-JACQUES

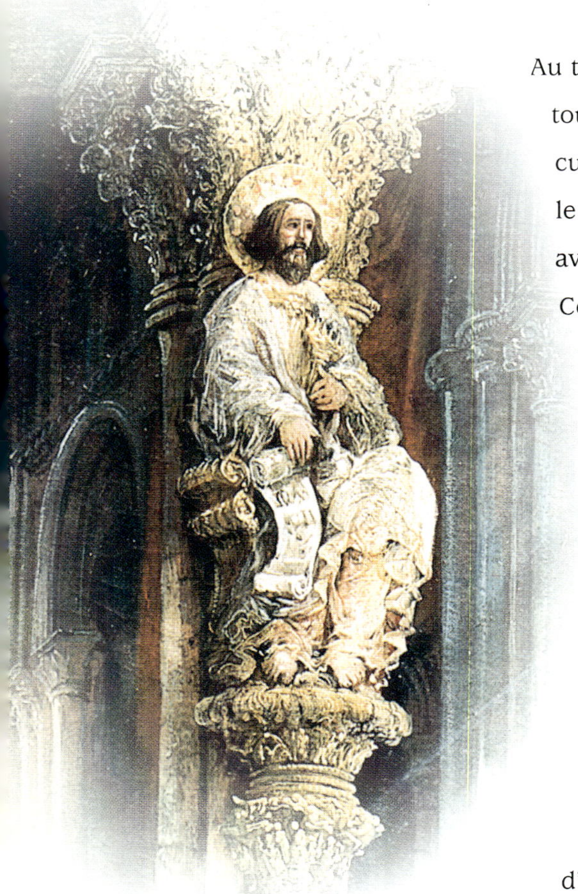

Au temps où la religion était présente à tous et dans tous les actes de la vie, le culte de la prestigieuse relique qu'était le corps de saint Jacques allait de pair avec d'autres démarches accomplies à Compostelle, pôle religieux et politique de la résistance à l'envahisseur sarrasin. La *Reconquista,* longue lutte contre l'occupant, fut lente et difficile. Au XIIe siècle, saint Jacques eut besoin d'un compagnon d'arme capable d'amener en renfort la chevalerie européenne. Ce fut Charlemagne, dont on fit le premier pèlerin, Charlemagne, le héros légendaire dont rois et princes se targuaient d'être les héritiers.

Seigneurs, chevaliers, évêques, envoyés officiels ou secrets ouvrirent la voie aux pèlerins anonymes. Qui étaient ces pèlerins ? Quelles étaient leurs motivations ? D'où venaient-ils ? L'Histoire cherche encore des réponses. Les pèlerins actuels, mal éclairés par l'enthousiasme des premières hypothèses, croient en des foules de pauvres pèlerins, confits en dévotion.

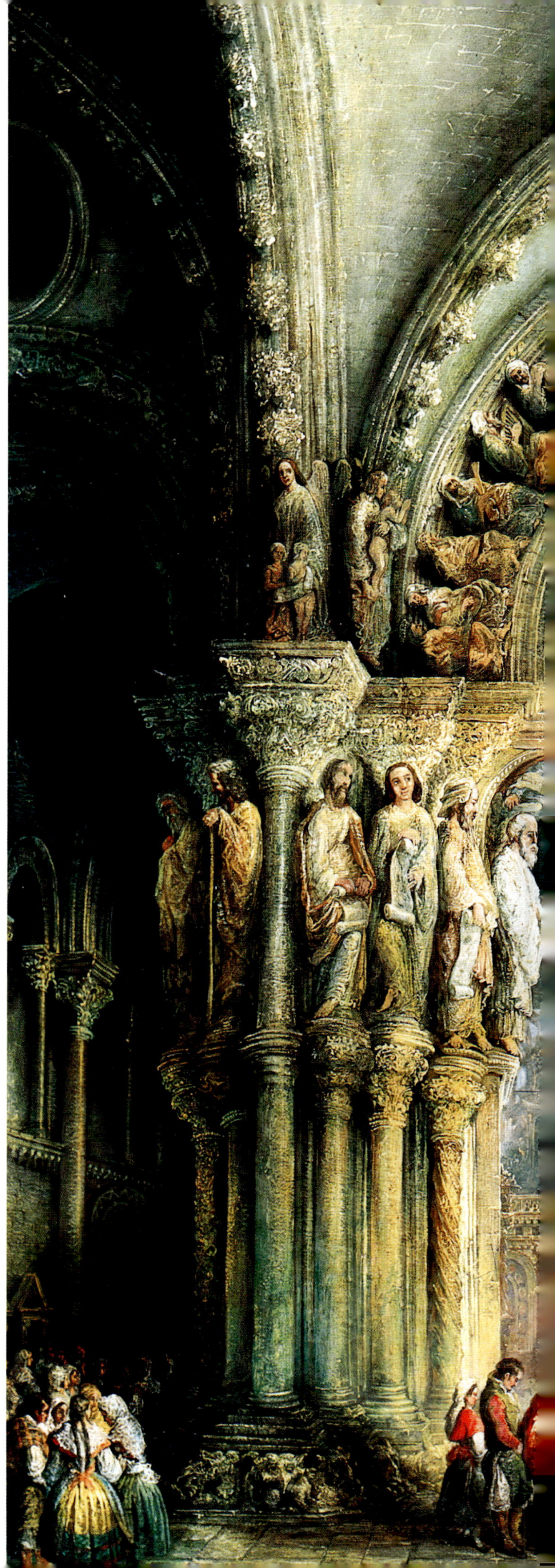

Le porche de la Gloire à Compostelle
1850 : les romantiques redécouvrent le Moyen Âge. L'art monumental inspire les artistes. On revisite les lieux, on réécrit l'Histoire. Le porche de la Gloire devient une arche resplendissante sous laquelle passent les peuples en marche. (Villamil Perez, 1850, Madrid, palais Moncloa)

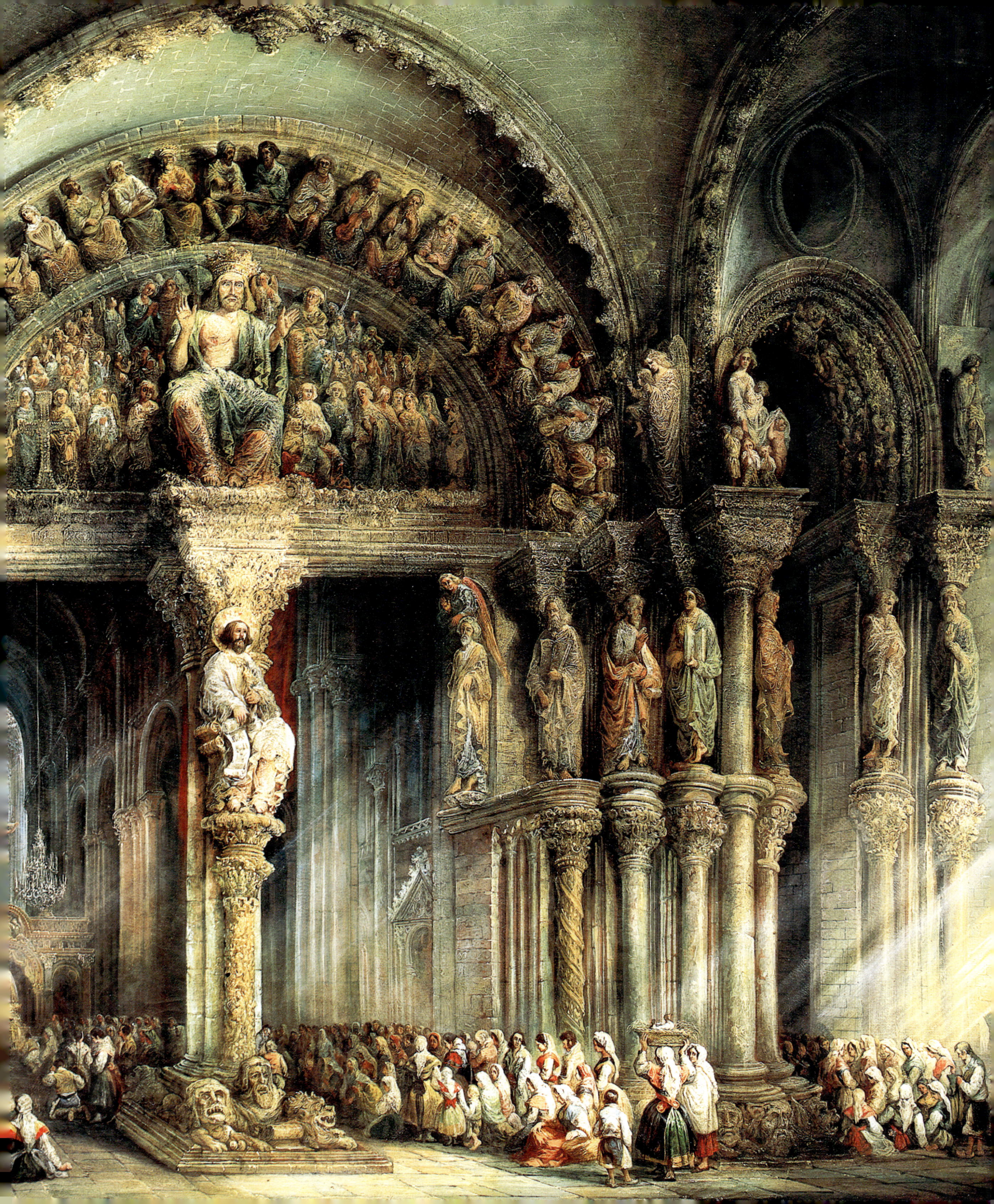

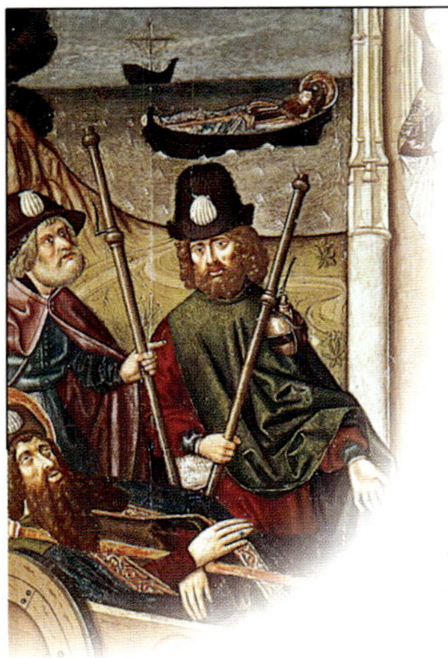

Les origines

La naissance du pèlerinage de Compostelle s'inscrit dans le contexte de la Reconquête chrétienne de la péninsule ibérique occupée par les Arabes. L'envahisseur avait été rapide : en 711, il débarque à Gibraltar, en 715, il a tout conquis hormis la Galice et quelques montagnes du Nord, la Cordillère cantabrique et les Pyrénées occidentales. Plus au nord, les Arabes se contentent de raids, jusqu'en 732 où ils sont repoussés par Charles Martel devant Poitiers. En terre d'Espagne, les régions épargnées par l'invasion s'organisent et, en 718, les chrétiens remportent à Covadonga une première victoire sur les musulmans. Pélage, le vainqueur, devient alors roi du petit royaume des Asturies et installe sa cour à Cangas de Onis, dans les Pics de l'Europe. Vers 750, de petite victoire en petite victoire, les Arabes sont repoussés un peu plus au sud, ce qui permet à la cour asturienne de s'installer à Oviedo. Dans le même temps, le royaume de Galice est annexé.

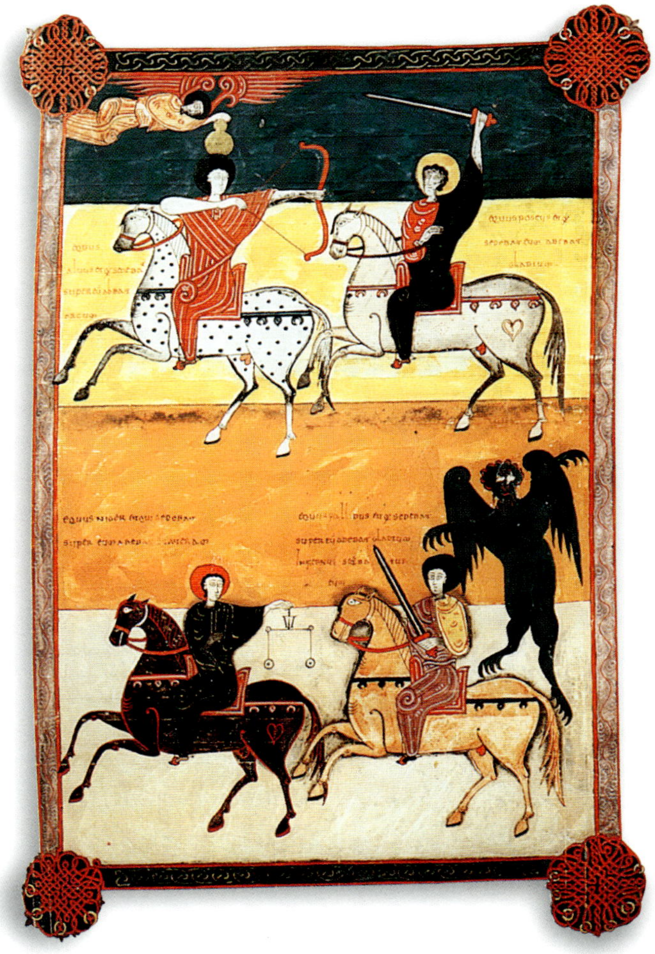

Les quatre cavaliers de l'Apocalypse
Le Commentaire de l'Apocalypse *du moine Beatus a donné naissance à une série de manuscrits enluminés. Ces cavaliers armés ont probablement inspiré la figure de saint Jacques Matamore.*
(« Beatus » de Ferdinand Ier, 1047, Madrid, BN)

Saint Jacques en Espagne

Vers 785, près de Covadonga, au monastère de Liebana, le moine Beatus, alors qu'il rédige un *Commentaire de l'Apocalypse*, cherche un saint patron à l'Espagne chrétienne. Il se souvient qu'une tradition déjà ancienne veut que saint Jacques soit venu, de son vivant, évangéliser l'Espagne. Il sait que l'apôtre était l'un des compagnons préférés du Christ, avec Pierre et Jean (Pierre étant à Rome et Jean à Éphèse), et qu'il était riche d'une identité multiforme se prêtant à maintes interprétations. Beatus compose alors un poème dans lequel il l'élève au rang de « Chef resplendissant de l'Espagne, notre protecteur et patron de notre pays ».

Un peu plus tard, au tout début du IXe siècle, dit-on, on découvre miraculeusement le tombeau de l'apôtre,

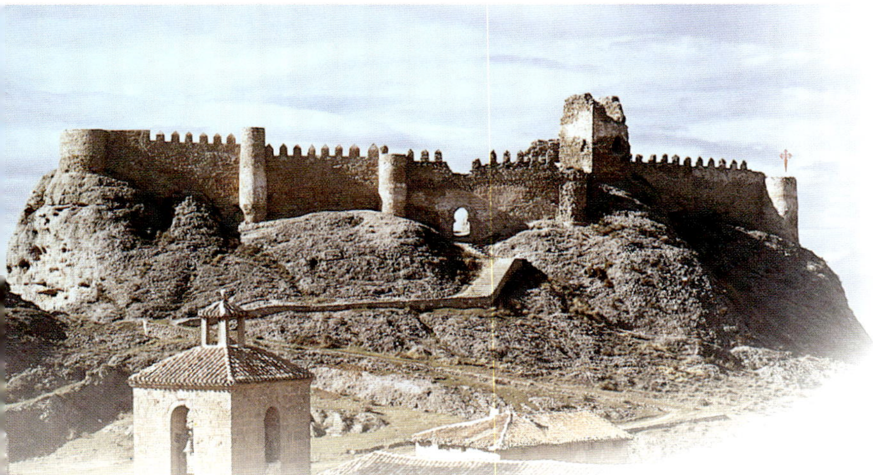

Le château de Clavijo
Non loin de Logroño, en Castille, la forteresse chrétienne dresse encore sa puissante silhouette. 844, dit la légende, marque la première apparition de saint Jacques, céleste cavalier venant apporter son aide aux chrétiens.

oublié en ce lieu qui deviendra Compostelle. Il est signalé à l'attention d'un ermite nommé Pélage par une révélation angélique, puis à tous les fidèles du voisinage par des lumières surmontant le lieu précis. Alerté, l'évêque Théodomir ordonne trois jours de jeûne et autorise la fouille. On trouve le saint corps. Peu après, le roi Alphonse II fait construire une première église (base de la cathédrale actuelle), en torchis, remplacée sous le règne d'Alphonse III par une église plus grande. L'archéologie semble témoigner de ce que Théodomir s'est fait inhumer en 847 auprès de ce tombeau qu'il a donc cru être celui de saint Jacques.

Il a fallu ensuite expliquer pourquoi le corps de saint Jacques avait été déposé en Galice. Des textes anciens rapportent que, conformément aux souhaits du Christ, l'apôtre était parti en mission après l'Ascension, afin d'évangéliser l'Espagne. Mais il échoua et rentra à Jérusalem. Dès le Xe siècle, des écrits émanant des archives de la cathédrale de Compostelle racontent que « la main du Seigneur tenant le gouvernail [...] son corps a été transféré là par un radeau et enseveli. Trois disciples eurent la faveur de reposer avec lui dans le même lieu et les quatre autres disciples retournèrent à Jérusalem ». Au XIe siècle, le récit des péripéties de cette inhumation se fait plus détaillé. En voici les extraits essentiels :

Vivait en ces lieux, aux confins de la Galice, une noble reine païenne matrone qui adorait les démons. Elle portait le nom sauvage, rapace et orgueilleux de *Luparia*. Les disciples de Jacques se rendirent près d'elle « pour la prier de les autoriser à déposer les ossements de l'Apôtre qui devait être enseveli dans des terres qui lui appartenaient ». Luparia refusa et les envoya vers le roi qui non seulement s'opposa à leur requête, mais décida de leur mort. Peu désireux de devenir martyrs à leur tour, les disciples prirent la fuite. Ils arrivèrent à un pont qu'ils commencèrent à traverser avant de se raviser et de revenir sur leurs pas. Lorsque le roi apprit cette fuite, il rassembla ses troupes pour les rattraper. Pensant qu'ils avaient emprunté le pont, il s'y engagea avec les siens. Mais, à la demande de Jacques, ce pont séculaire s'effondra et les poursuivants furent noyés. Avertis par l'Esprit-Saint, les disciples se rendirent à nouveau chez Luparia, qui leur dit : « Dans la montagne proche paissent nos bœufs. Allez-y et prenez ce que vous désirez, et emmenez-le là où le cœur vous en dira. » Les saints disciples poursuivirent leur route jusqu'à ce qu'ils trouvent les animaux qu'ils cherchaient. Mais ceux-ci étaient sauvages et gardés par un dragon qui terrorisait toute la région. Pourtant, ils réussirent à faire s'envoler le dragon en fumée et à dompter les bœufs qui les conduisirent aisément là où ils voulurent. Ils revinrent joyeux vers Luparia. Celle-ci, à la vue de tant de signes miraculeux, terrorisée par la noyade du roi et craignant quelques représailles analogues, se convertit aussitôt. Elle donna l'ordre de démolir ses temples et de construire à la place une église vouée à saint Jacques, dans laquelle il fut inhumé, gardé par ses disciples. Dès lors, toute la péninsule ibérique fut convertie au christianisme.

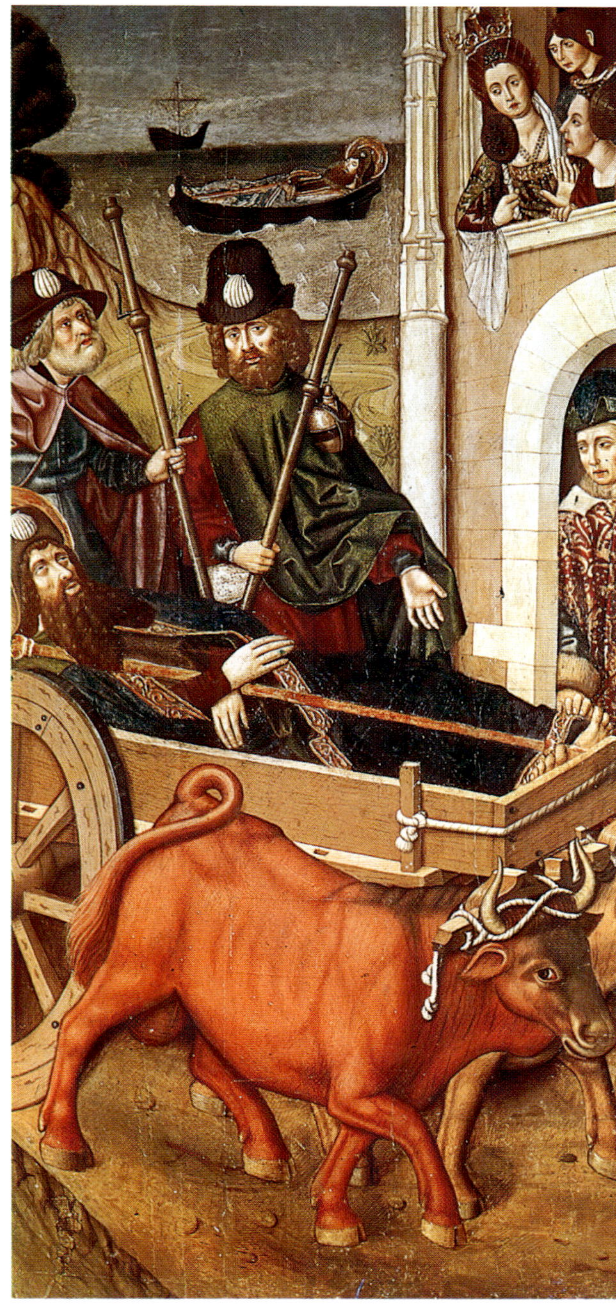

Translation de saint Jacques
À l'arrière-plan, on distingue l'arrivée du bateau transportant le corps du saint et son accostage. Au premier plan, les disciples de saint Jacques triomphent modestement devant le château de la reine Luparia. Le corps de l'apôtre (muni de sa tête) n'a pas souffert des tribulations de ses compagnons. Il est conduit à Compostelle par les bœufs définitivement domptés.
(Ximenez, XVe siècle, Madrid, musée du Prado)

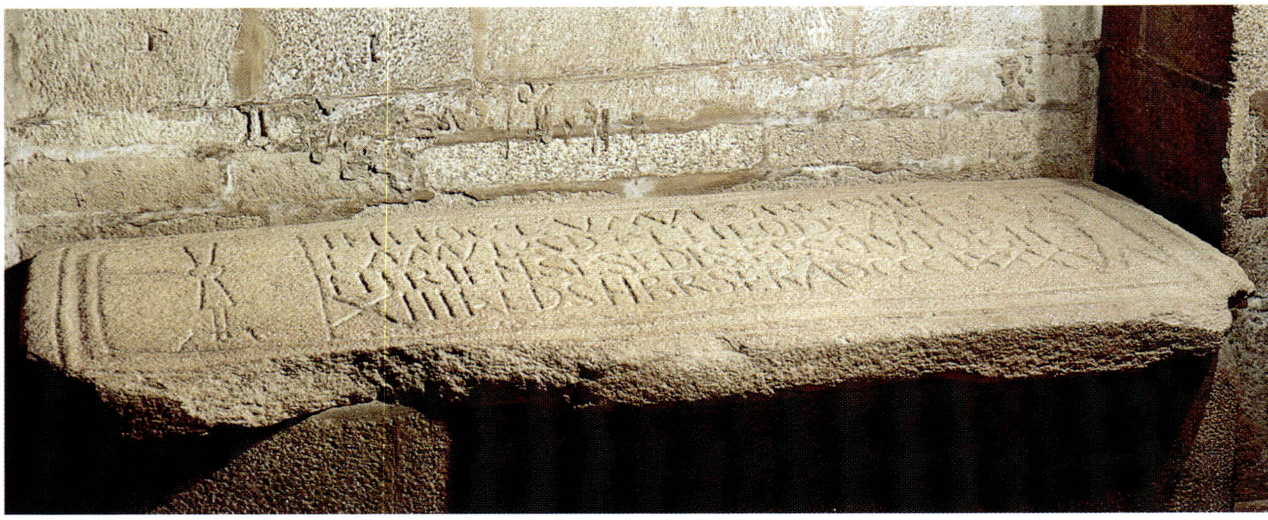

Pierre tombale de l'évêque Théodomir
Un premier témoignage, peut-être même discutable. En 847, l'évêque d'Iria se fit inhumer dans l'église de Compostelle, contrairement à la coutume des évêques de reposer dans leur cathédrale. (Compostelle, cathédrale Saint-Jacques)

La cité de Compostelle

Au IXe siècle, grâce à la découverte du tombeau de saint Jacques, Compostelle devient une cité importante et un enjeu politique considérable. Dans la ville cohabitent et se déchirent diverses communautés. Les communautés civiles sont celles des nobles et des bourgeois, riche société urbaine née du commerce. Les communautés religieuses sont dirigées par l'évêque et les abbés des monastères, assistés de groupes d'ecclésiastiques, chanoines pour l'un, moines pour les autres. Évêques, abbés, chanoines et moines sont tous membres des grands lignages aristocratiques, aux mains desquels est le pouvoir politique. Diverses raisons opposent ces communautés en permanence. Les familles nobles se divisent à propos de la domination du roi des Asturies, devenu leur souverain au VIIIe siècle. De leur côté, les bourgeois cherchent à exercer une part du pouvoir politique dévolu, comme partout, aux nobles. Entre ces partis en présence un enjeu de taille, l'évêché, que chacun se dispute à coups de nomination et déposition d'évêques. Saint Jacques est censé soutenir le meilleur. On ne peut mieux évoquer les multiples épisodes des alliances et trahisons que par un exemple significatif, celui du raid d'Al Mansour sur le sanctuaire, en 997. Il saccage tout, fait prisonniers les habitants de la ville et les emmène à Cordoue, mais on oublie souvent de préciser qu'il n'a fait que répondre à la demande de nobles du sud de la Galice, partisans d'un évêque déposé. Les luttes ne sont pas encore éteintes au XVe siècle.

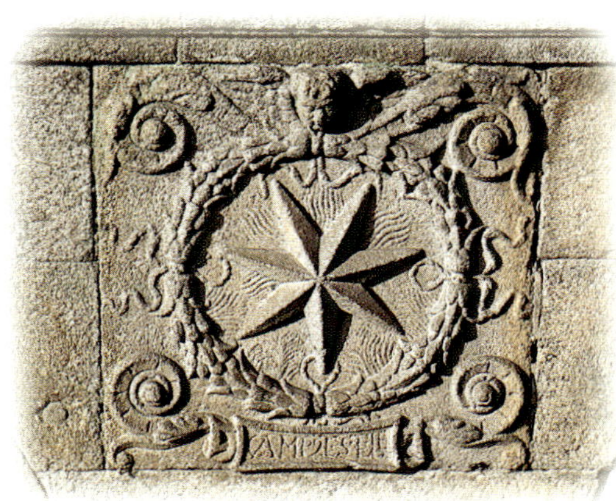

« Le Champ de l'étoile »
Étoile de la Voie lactée indiquant le chemin de Compostelle à Charlemagne, étoile signalant au berger la tombe oubliée de saint Jacques, étoile à laquelle Compostelle doit peut-être son nom primitif de Campus stellae, *le « Champ de l'étoile ». (Compostelle, médaillon du mur de la cathédrale Saint-Jacques)*

Saint Jacques Matamore

Patron de l'Espagne et de la Reconquête, saint Jacques apparaît périodiquement dans le ciel, au côté des armées chrétiennes, monté sur un cheval blanc et déployant un grand étendard, blanc lui aussi. La première apparition, relatée par des chroniques espagnoles postérieures, est celle de Clavijo près de Logroño en 844, lors d'une bataille engagée pour ne plus envoyer chaque année le tribut de cent jeunes filles pour le harem de Cordoue. Le roi chrétien Ramire, vainqueur, impose en échange à tous les habitants des environs de Compostelle un tribut annuel de blé et de vin pour l'église de saint Jacques (ordonnance de 834). Une redevance perçue pendant des siècles.

En 938, sous le règne du roi de Galice et de León Ramire II, huit mille mahométans du roi de Cordoue sont tués à Simancas. Les chrétiens se croient redevables de la victoire à saint Jacques et son nom devient leur cri de guerre : « Santiago y cierra España », (saint Jacques et reste ferme

Espagne). Saint Jacques est apparu en compagnie de son concurrent San Millan de la Cogolla, tous deux montés sur des chevaux blancs et l'épée à la main. On lui doit encore la conquête de Coimbra en 1064, relatée dans le *Livre des miracles*. L'évêque Astiano de Grèce, pèlerin à Compostelle, entendit dire que l'apôtre avait coutume de descendre du ciel sur un cheval blanc pour aider les chrétiens. L'évêque, incrédule, évoquant le caractère pacifique du fils de Zébédée, répondit : « Ne l'appelez pas chevalier, il était appelé pêcheur. » De nuit, pendant sa veille devant le sépulcre de l'apôtre, saint Jacques lui apparut en tenue de chevalier, avec un ange en guise de palefrenier qui tenait son cheval blanc. L'apôtre montra les clés de Coimbra et annonça qu'il ouvrirait le lendemain les portes de la ville à Ferdinand Ier et aux troupes chrétiennes qui attendaient l'événement depuis sept ans. Il déclara : « Je suis chevalier du Christ, secoureur de chrétiens. »

L'Europe et Compostelle

Les Arabes n'ayant pas borné leurs expéditions militaires aux Pyrénées, les souverains carolingiens s'intéressèrent beaucoup à tous les efforts que les chrétiens espagnols déployèrent contre eux. En les arrêtant à Poitiers en 732, sur la route, dit-on, de Saint-Martin de Tours, Charles Martel offrit une couronne à son fils Pépin le Bref. En effet, cette victoire lui permit d'évincer les derniers prétendants mérovingiens au trône.

L'un des grands soucis de Charlemagne (742-814), petit-fils du vainqueur de Poitiers, était de faire des Pyrénées une solide barrière à la menace musulmane toujours présente. Qui plus est, en tant que chef de l'Église, il s'intéressait beaucoup à une hérésie née de la cohabitation forcée entre chrétiens et musulmans, et qui se propageait du sud vers le nord, jusqu'en Catalogne, alors directement contrôlée par lui. En ces temps où le mystère de la sainte Trinité – Le Père, le Fils, le Saint-Esprit sont de même nature divine – était encore discuté, cette hérésie appelée *adoptianisme* faisait de Jésus le « fils adoptif » de Dieu, et dès lors le prophète que les musulmans voyaient en lui. Si l'empereur n'est jamais allé à Compostelle, il est évident qu'il s'entretint de ce grave problème religieux avec les souverains chrétiens de la péninsule et en particulier avec le roi de Galice.

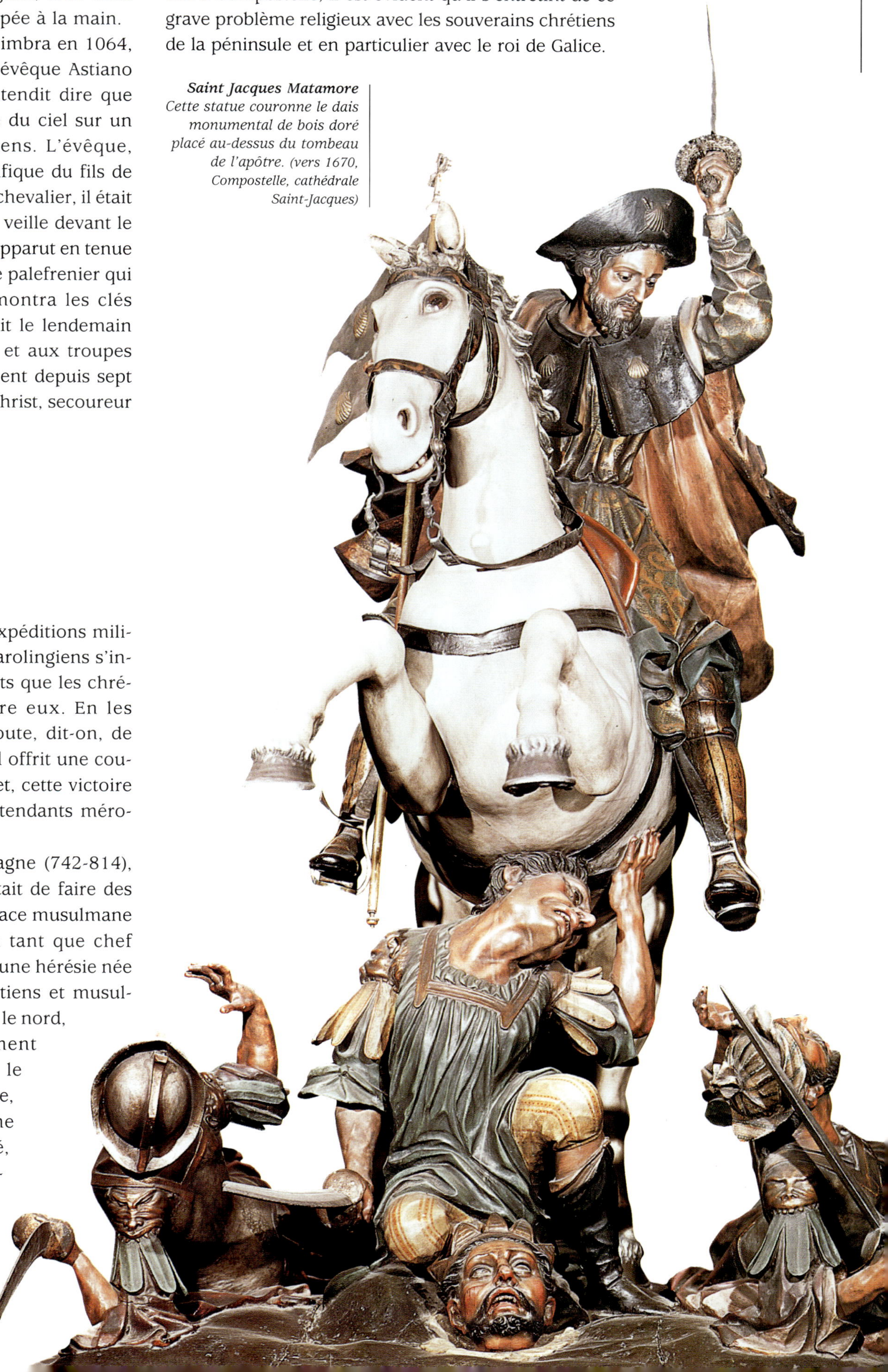

Saint Jacques Matamore
Cette statue couronne le dais monumental de bois doré placé au-dessus du tombeau de l'apôtre. (vers 1670, Compostelle, cathédrale Saint-Jacques)

Les liens unissant Compostelle aux comtes de Bourgogne

- *Vers* ***1080*** *le roi de Castille Alphonse VI épouse Constance, fille du comte de Bourgogne, Guillaume Ier Tête Hardie.*
- ***1085****, prise de Tolède. Alphonse VI s'intitule empereur de toute l'Espagne. Il se compare à Charlemagne.*
- *Vers* ***1085****, Alphonse VI donne pour épouse à son beau-frère Raymond de Bourgogne, Urraca, l'une de ses filles nées d'un mariage antérieur. Il fait de Raymond l'héritier du trône et lui octroie le comté de Galice.*
- ***1105****, naissance du fils d'Urraca et de Raymond, le futur roi de Castille Alphonse VII. Les parrains de l'enfant sont le frère de Raymond, Guy de Bourgogne, futur pape Calixte II, et l'évêque de Compostelle, Diego Gelmirez.*
- ***1108****, mort de Raymond.*
- ***1109****, mort d'Alphonse VI. Le jeune Alphonse VII devient le futur roi. Ses tuteurs sont ses deux parrains.*
- ***1113****, Alphonse VII monte sur le trône.*
- ***1116****, assistés de clercs mécontents, les bourgeois s'emparent pour un an de Compostelle.*
- ***1119****, Guy de Bourgogne devient pape sous le nom de Calixte II.*
- ***1120****, l'évêché de Compostelle devient archevêché.*
- ***1125****, la reine Urraca cherche à donner le royaume à son nouveau mari, le roi d'Aragon. Elle emprisonne l'archevêque Diego Gelmirez.*
- ***1136****, à Compostelle, des affrontements violents opposent partisans et adversaires d'Alphonse VII.*

Ces relations politico-religieuses ont survécu à l'Empire tant l'Europe se sent concernée par la *Reconquista*. Les premiers visiteurs venus à Compostelle semblent bien plus ambassadeurs que pèlerins. En 951, l'évêque du Puy, Godescalc, fait le voyage en plein hiver alors que vient de mourir « le roi de Galice, Ramire ». Un demi-siècle plus tard, le duc Guillaume d'Aquitaine, très mêlé à la politique internationale en tant que grand prince territorial, a coutume « de se rendre chaque année à Rome au siège des apôtres, et les années où il ne va pas à Rome il fait en compensation un voyage à Saint-Jacques de Galice ». En 1056, les moines de l'abbaye Saint-Jacques de Liège arrivent à Compostelle pour négocier un possible mariage entre le roi de Galice et la sœur de l'empereur germanique Henri III.

À partir de 1078, les lignages bourguignons s'installent à demeure en Galice grâce à une habile politique de mariages. Les liens de Compostelle avec la France se renforcent considérablement en 1109 à la mort d'Alphonse VI, roi de Castille, Asturies, León et Galice, car les deux parrains et tuteurs de l'héritier, âgé de trois ans, sont l'évêque de Compostelle Diego Gelmirez et le Français Guy de Bourgogne.

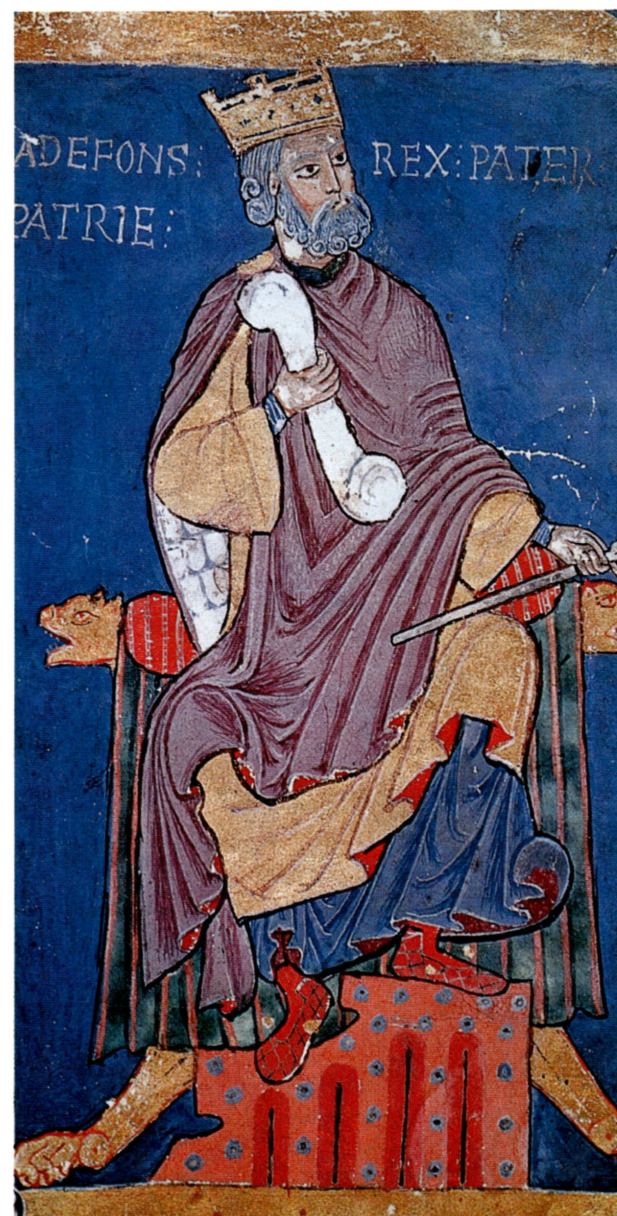

Alphonse VI de Castille
Artisan de l'alliance entre la France et l'Espagne, le souverain de Castille (1072-1109) coopère avec le roi de France Louis VI le Gros. Il épouse une Bourguignonne, et donne sa fille et le comté de Galice à Raymond de Bourgogne. (Index des privilèges royaux, *XIIe-XIIIe siècle, Compostelle, archives de la cathédrale Saint-Jacques)*

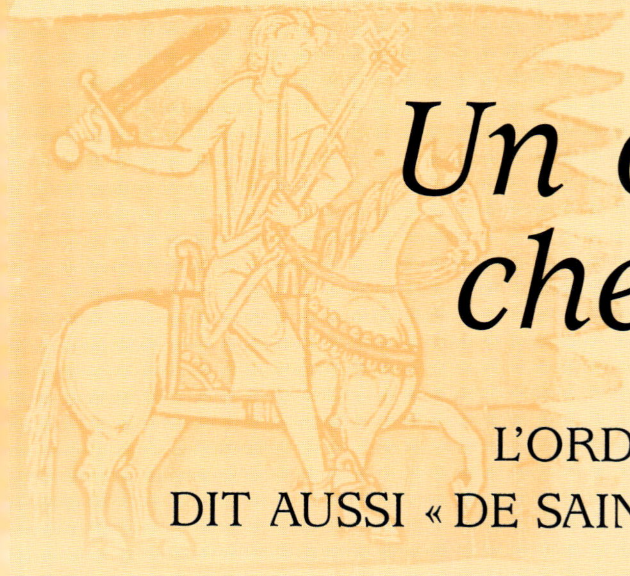

Un ordre de chevalerie

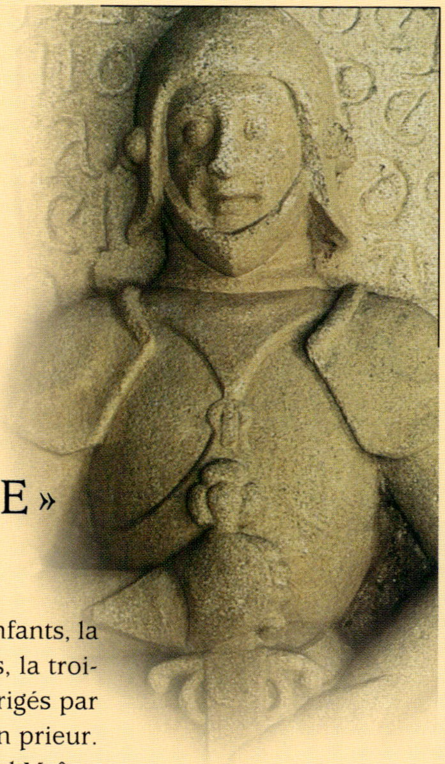

L'ORDRE DE SANTIAGO DIT AUSSI « DE SAINT-JACQUES DE L'ÉPÉE ROUGE »

Vers 1160, non loin de Compostelle, coexistaient deux groupes d'hommes que rien ne semblait devoir réunir, des chanoines et des chevaliers. Les chanoines desservaient l'église collégiale de Saint-Eloi en Galice et se préoccupaient de prière et d'hospitalité. Les chevaliers, au nombre de treize, étaient réunis en une confrérie dont le siège était à Paradela – entre Puertomarín et Sarria ; d'autres disent à Lagua de Tablas, un village très proche – et rêvaient de Reconquête. En 1170, les deux communautés mettent en commun leurs revenus et leurs vocations en fondant un ordre militaire inspiré de l'Ordre du Temple. Les clercs administrent les sacrements aux chevaliers qui, en retour, pourvoient à leur entretien. Leurs vies sont consacrées à l'exercice de l'hospitalité et à l'aide aux souverains dans la *Reconquista*. Ils rédigent une règle inspirée de celle de saint Augustin, fondée sur l'engagement perpétuel, la pauvreté et l'obéissance. La chasteté est de règle pour les chanoines. Quant aux chevaliers, elle leur est seulement conseillée : « Celui qui ne pourra être continent se mariera [...] mais ne pourra avoir qu'une épouse. »
En 1171, après avoir aidé le roi Ferdinand II de León et de Galice à s'emparer de Cáceres, l'Ordre prend le nom de « Congrégation des frères de Cáceres » mais, peu après, l'archevêque de Compostelle les incite à adopter celui d'Ordre de Santiago ou de Saint-Jacques de l'Épée Rouge. L'épée-croix, rougie du sang des vaincus, est le double symbole de la mission religieuse et militaire. Dorénavant, l'habit blanc des chevaliers est marqué, sur le côté gauche de la poitrine, de l'épée de satin rouge et, parfois, d'une coquille de même couleur posée en abîme.
En 1174, le roi Alphonse VIII de Castille remet à l'Ordre la ville et forteresse d'Uclès, à l'ouest de Cuenca, en Nouvelle-Castille. La maison mère s'installe dans le château où sont aménagées trois parties. La première est attribuée aux chevaliers mariés et comprend un collège pour l'éducation des enfants, la deuxième revient aux chevaliers célibataires, la troisième aux chanoines. Les chevaliers sont dirigés par un grand commandeur, les chanoines par un prieur. Au-dessus, le Grand Maître. Le premier Grand Maître fut Pedro Fernandez de Fuentes, descendant des rois de Navarre, premier prieur et évêque d'Uclès. Car tous les membres sont issus de la haute aristocratie. En 1175, les statuts de l'Ordre sont officiellement entérinés par une bulle du pape Alexandre III. Bien que, il convient de le souligner, pas un mot ne soit consacré dans ces statuts à l'exercice de l'hospitalité, les frères continuent d'exercer leur vocation première, beaucoup moins bruyante que leurs actions armées. Les premiers hôpitaux construits par leurs soins sont, sur le *Camino Francés*, l'hôpital Saint-Marc à León, l'hôpital de Las Tiendas au détroit de Castille et l'hôpital de Burgos.

Pierre tombale d'un chevalier de l'Ordre de Saint-Jacques
La petite église du Salvador de Vilar de Doñas devint possession de l'Ordre de Saint-Jacques, en 1184, et lieu de sépulture des chevaliers de Saint-Jacques galiciens.
(église de Vilar de Doñas, Galice)

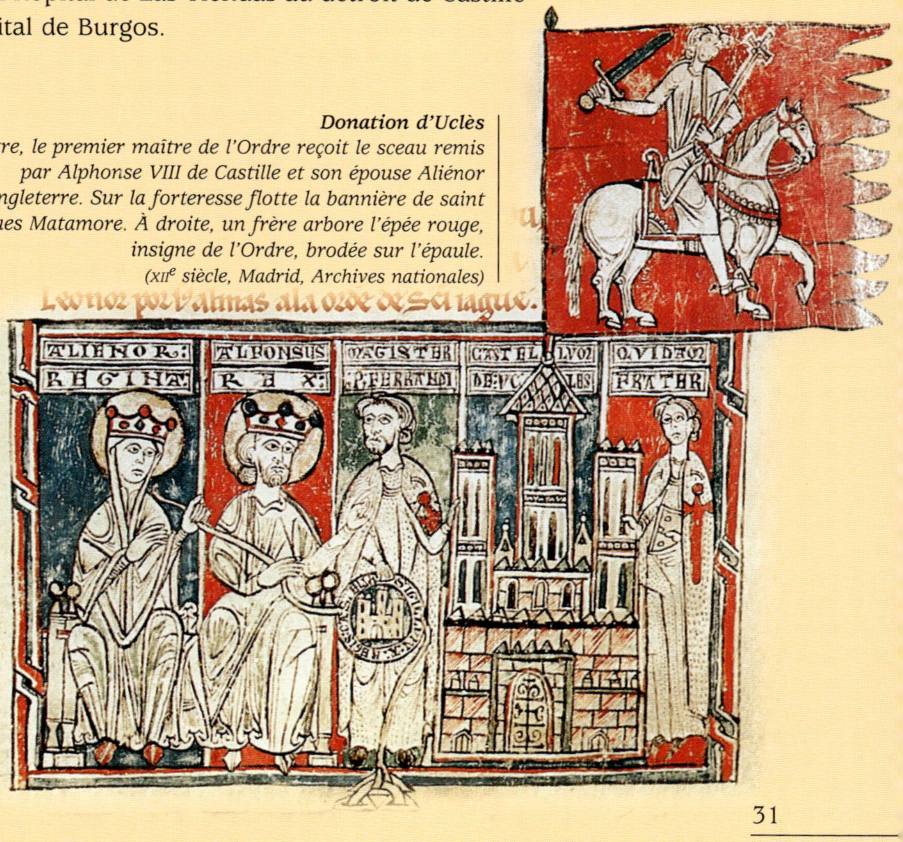

Donation d'Uclès
Au centre, le premier maître de l'Ordre reçoit le sceau remis par Alphonse VIII de Castille et son épouse Aliénor d'Angleterre. Sur la forteresse flotte la bannière de saint Jacques Matamore. À droite, un frère arbore l'épée rouge, insigne de l'Ordre, brodée sur l'épaule.
(XIIe siècle, Madrid, Archives nationales)

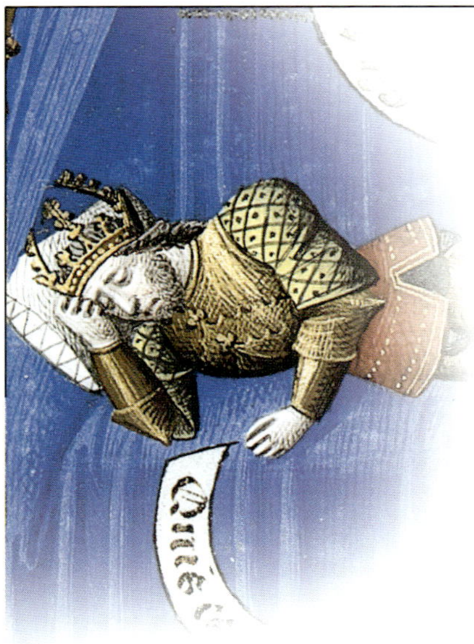

Naissance de l'Histoire officielle de Compostelle

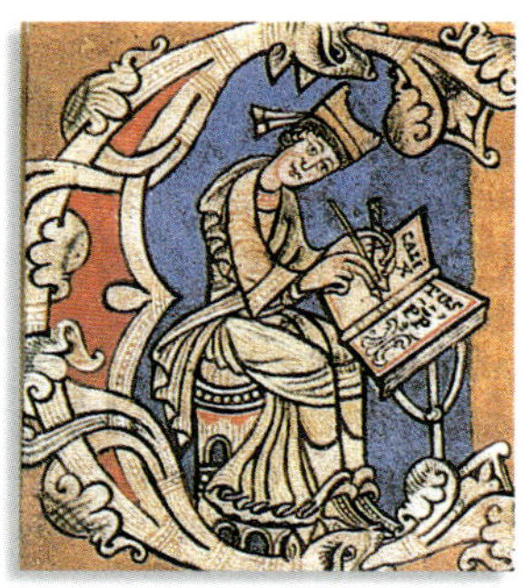

Calixte II
L'enluminure de la lettre C présente le pape Calixte II occupé à la rédaction du codex qui porte son nom.
(Codex Calixtinus, *lettre dite « de Calixte », vers 1160, Compostelle, archives de la cathédrale Saint-Jacques)*

*À la mort d'Alphonse VI, roi de Castille, León et Galice, en 1109, son héritier, le futur Alphonse VII, trop jeune pour régner est placé sous la tutelle de ses deux parrains, Guy de Bourgogne (futur pape Calixte II) et l'évêque de Compostelle Diego Gelmirez. Le comté de Galice revenant à l'enfant dès le décès de son père, les deux hommes saisissent l'occasion de donner à Compostelle une place prépondérante, tant dans l'Église que dans toute l'Europe. C'est pour eux une façon de s'opposer aux visées du roi d'Aragon sur le trône devenu fragile. Pour ce faire, ils dotent la cathédrale d'une double histoire écrite. La première, l'*Historia Compostelana, *a certainement pour ambition de prouver que la ville mérite d'être placée à la tête d'un archevêché. Elle est à la fois une collection de documents et une narration historique. Son récit très détaillé commence par l'arrivée du corps de saint Jacques à Compostelle et s'achève à la mort de Diego Gelmirez en 1140. La seconde histoire est une œuvre composite commencée en 1119 qui rassemble une chronique dite de* Turpin, *un* Livre des miracles, *un récit de la* Translation *et quelques autres textes. Cette seconde histoire est destinée, semble-t-il, à intéresser la France au sort d'Alphonse VII. Elle commence d'ailleurs à l'abbaye de Saint-Denis en France.*

La « Chronique de Turpin »

Cette chronique dite de *Turpin* – puis *Pseudo-Turpin* lorsqu'elle fut reconnue comme un faux au XVIIIe siècle – devient le texte fondateur du mythe compostellan. Son auteur se présente comme un proche de Charlemagne nommé Turpin, archevêque de Reims. Elle raconte l'histoire de l'empereur, de Roland et des chevaliers partis, au nom de saint Jacques, délivrer l'Espagne. Le récit s'achève avec la défaite de Roncevaux.

Les relations entre Charlemagne et saint Jacques jalonnent soigneusement l'itinéraire des victoires. Elles s'ouvrent par l'apparition du saint à l'empereur et par l'injonction qu'il lui fait de venir délivrer son tombeau en empruntant la Voie lactée, devenue de ce fait le Chemin de Saint-Jacques. Plusieurs chapitres nomment « les églises qu'éleva Charles », toutes vouées à saint Jacques, rappellent que Charles tenait fête solennelle le jour de la Saint-Jacques et relatent comment, à la « mort de Charles », saint Jacques reprit au démon l'âme de l'empereur, à cause des bonnes œuvres faites en son nom. Saint-Denis figure en bonne place dans ce texte qui entend bien souligner la grandeur royale française. On comprend bien l'intérêt de l'auteur de cette chronique à appeler les grands à se grouper sous la bannière royale pour aller combattre en Espagne. En ce début de XIIe siècle, le roi de France Louis VI le Gros cherche en effet à faire

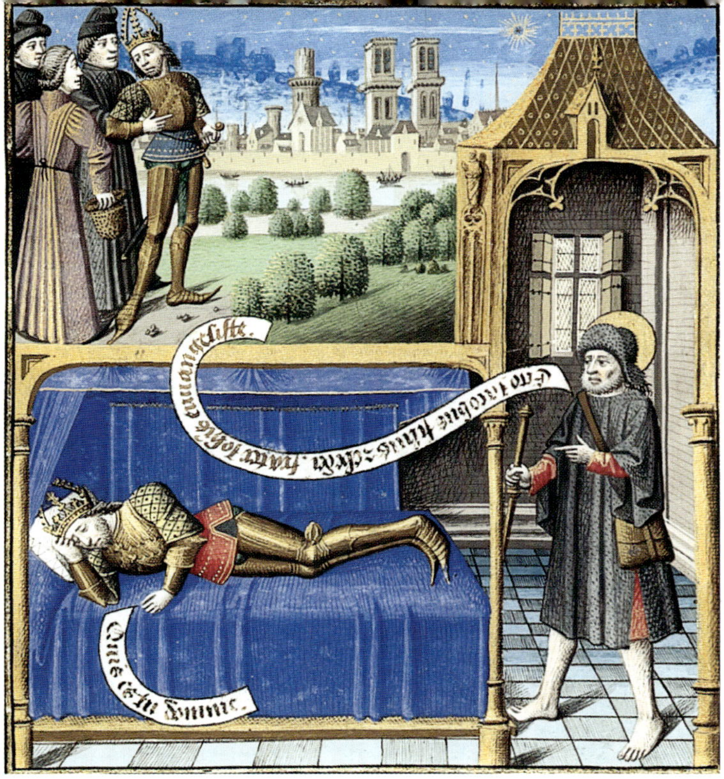

Le songe de Charlemagne
À la question de l'empereur endormi « Qui êtes-vous, Seigneur ? » un long ruban dessine la réponse en forme de Voie lactée : « Je suis saint Jacques, fils de Zébédée, frère de Jean l'Évangéliste. » Au-dessus, Charlemagne devant Compostelle.
(Le Miroir historial *de* Vincent de Beauvais, *XV*ᵉ *siècle, Chantilly, musée Condé)*

rentrer dans sa vassalité tous les grands princes territoriaux qui avaient pris leur indépendance depuis le IXᵉ siècle, lors du démantèlement de l'Empire de Charlemagne. Le *Turpin* se retrouve donc tout naturellement inclus dans l'Histoire officielle du royaume, écrite à Saint-Denis, en tant que document historique. Cette chronique fut diffusée en France dans de nombreux manuscrits.

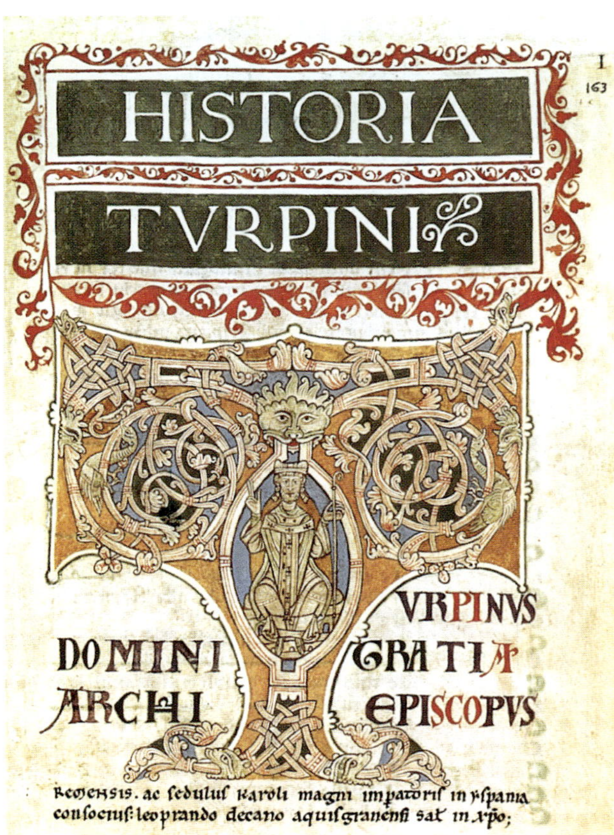

Première page de la « Chronique de Turpin »
Le Codex Calixtinus *rassemble en cinq livres des textes qui circulaient en Europe depuis le début du XII*ᵉ *siècle. Une nouveauté : le* Guide du pèlerin, *qui n'apparaît que dans quelques rares copies du codex, espagnoles et italiennes.*
(Codex Calixtinus, *vers 1160, Compostelle, archives de la cathédrale Saint-Jacques)*

Le « Livre des miracles de saint Jacques »

Le recueil des miracles de saint Jacques ne compte qu'une vingtaine de miracles ayant eu lieu entre 1080 et 1130. Il prend une forme quasi définitive vers 1130.

Les six premiers miracles se passent en Espagne et concernent des pèlerins sur le *Camino Francés* :
1 – Vingt soldats et un prêtre sont libérés des Sarrasins par saint Jacques.
2 – L'aveu écrit d'une faute grave déposé sur l'autel de saint Jacques à Compostelle s'efface en signe de pardon.
3 – Saint Jacques ressuscite un enfant pèlerin.
4 – Saint Jacques transporte en une nuit un pèlerin défunt du port de Cize à son église.
5 – Un pèlerin pendu injustement pour vol est soutenu par l'apôtre qui le garde en vie jusqu'à ce que son innocence soit reconnue.
6 – Saint Jacques prend l'aspect d'un âne afin de porter un pèlerin fatigué.

Les quatre miracles suivants concernent, curieusement, des pèlerins de Jérusalem :
7 – L'apôtre sauve un marin naufragé.
8 – Un évêque tombé à la mer en revenant de Terre sainte est repêché par saint Jacques.
9 – Un chevalier français est sauvé deux fois, au combat et lors d'un naufrage.
10 – Un pèlerin tombé à la mer a sa tête maintenue hors de l'eau trois jours par la main du saint.

Tout aussi curieusement, les cinq miracles suivants n'ont aucun rapport avec Compostelle :
11 – En Italie, un prisonnier saute d'une tour de soixante coudées de haut sans se faire de mal.
12 – Un chevalier d'Apulie a la gorge enflée. L'apposition d'une coquille Saint-Jacques le guérit sur-le-champ.
13 – Un chevalier du Viennois est puni physiquement pour avoir porté la main sur un serviteur mais guéri par saint Jacques auprès de qui la victime a intercédé.
14 – Une tour se penche jusqu'à terre pour libérer un marchand incarcéré.
15 – En Italie un chevalier pris par les ennemis au milieu des siens qui fuyaient se recommande à saint Jacques et est délivré.

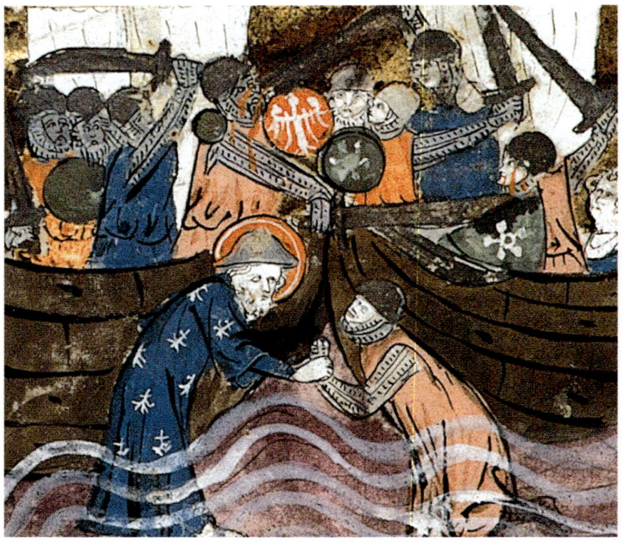

Saint Jacques sauve un naufragé
« Un chevalier-pèlerin, s'étant assis sur le bord du navire pour soulager son ventre, tomba du navire dans la haute mer. Il se mit à implorer saint Jacques. L'un de ses compagnons lui jeta son bouclier. Pendant trois jours et trois nuits, saint Jacques lui garda la tête hors de l'eau et guida le bouclier jusqu'au port. »
(Jacques de Voragine, La Légende dorée, *XIV*e *siècle, Paris, BNF)*

Enfin quatre miracles concernant la France enserrent deux miracles relatifs à Compostelle et sont complétés par deux miracles évoquant Barcelone et Vézelay :

16 – Un chevalier-pèlerin de Donzy qui s'est montré secourable est guéri par saint Jacques.

17 – Un démon qui a pris l'aspect de l'apôtre incite un pèlerin à se suicider. Saint Jacques le ressuscite.

18 – Saint Jacques ouvre sa chapelle au comte Ponce de Saint-Gilles venu y faire ses dévotions.

19 – Saint Jacques apparaît à l'évêque Stéphane pour l'informer qu'il marche en tête des armées chrétiennes contre les Sarrasins et qu'il ouvrira les portes de la ville de Coimbra assiégée depuis sept ans.

20 – Condamné pour des razzias sur les terres du comte de Forcalquier, un chevalier implore saint Jacques, et le bourreau ne parvient pas à le décapiter.

21 – Un noble bourguignon du nom de Guibert, paralysé et grabataire depuis quatorze ans, veille deux nuits dans la cathédrale de Compostelle. Saint Jacques lui apparaît et le guérit.

22 – Les chaînes d'un pèlerin prisonnier, touchées par saint Jacques, font fuir ses geôliers.

23 – Brun de Vézelay, à court d'argent et ne pouvant même s'acheter un pain, rêve que le bienheureux Jacques lui apporte de quoi manger. Il trouve sous sa tête un pain pour s'alimenter pendant quinze jours.

Dispersés çà et là, on trouve encore quelques miracles punitifs traitant de châtiments encourus par certaines personnes qui n'avaient pas voulu célébrer saint Jacques, certains récits de miracles en vers ou encore le miracle dit de Vézelay. Quelques-uns sont copiés sur des miracles concernant d'autres saints, selon une pratique courante au Moyen Âge. Le miracle du pendu dépendu a déjà été raconté dans la *Vie de saint Amand*, celui du péché effacé a été auparavant réalisé par saint Gilles, ceux de la délivrance des prisonniers sont le fait de saint Léonard, le miracle du pain est déjà survenu au prophète Elie.

Les « Livres de saint Jacques »

Turpin, Miracles, Translation (récit de l'arrivée miraculeuse du corps de saint Jacques en Galice) se retrouvent dans plusieurs bibliothèques d'Europe, réunis improprement sous le nom *« Livre des miracles »*. Il s'y ajoute plusieurs textes, recommandés pour la lecture en tout lieu où l'on vénère l'apôtre, quelques lettres, un cérémonial des trois solennités de saint Jacques à Compostelle et un miracle isolé. Le cérémonial décrit le faste liturgique avec lequel est honoré le saint aux trois dates essentielles que sont le

Le pendu dépendu
Un jeune homme en pèlerinage avec ses parents refuse de se laisser séduire par la servante d'une auberge. Elle se venge en dissimulant une pièce de vaisselle dans la besace du pèlerin et s'écrie : « au voleur ! ». Le malheureux est jugé et pendu. Trois semaines plus tard, ses parents repassent au pied du gibet et trouvent leur fils vivant, soutenu par saint Jacques.
*(frontal de San Jaime de Frontana, début du XIV*e *siècle, Solsona, Musée diocésain)*

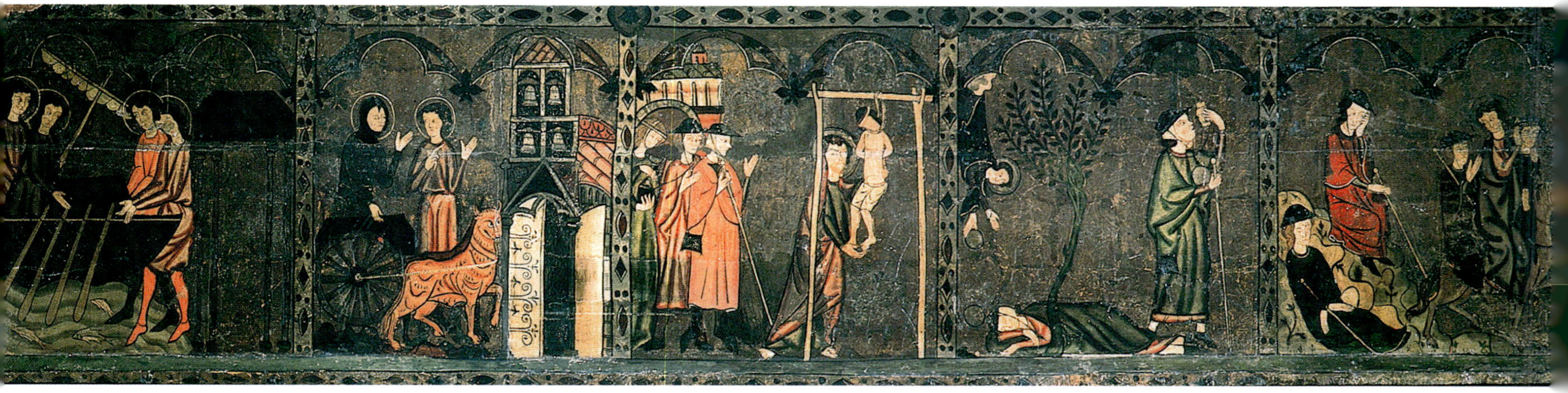

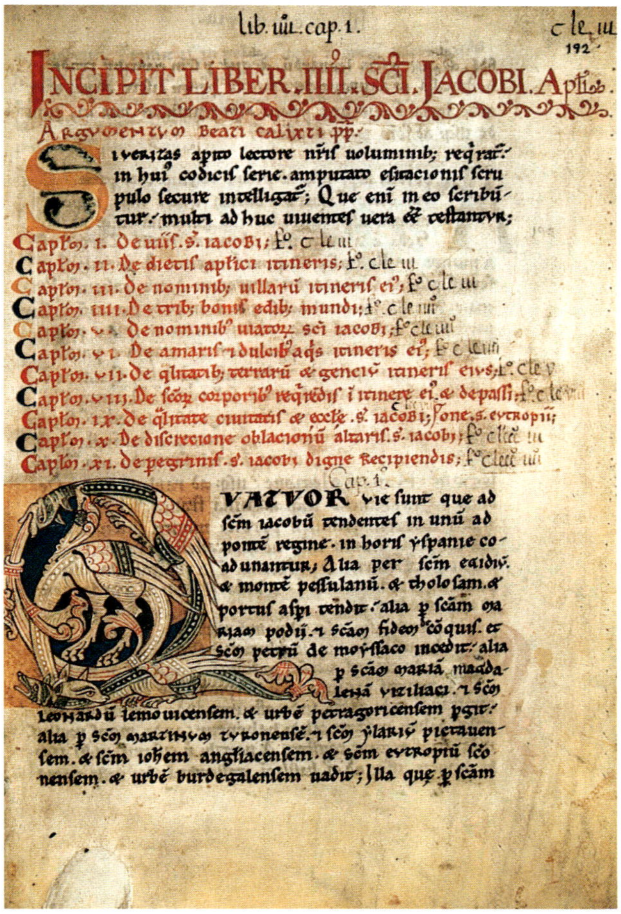

Le « Guide du pèlerin »
« Incipit Liber IIII[us] sancti Jacobi apostoli » (Ici commence le IVe livre de l'apôtre saint Jacques).
[Codex Calixtinus, *vers 1160, Compostelle, archives de la cathédrale Saint-Jacques]*

25 mars, jour de son martyre, le 25 juillet, jour où son corps fut amené à Compostelle, le 30 décembre, jour où il fut déposé dans son tombeau. De grandes processions se déroulent, auxquelles participent le roi en personne et tous les dignitaires de Compostelle. Le miracle est celui du « remboursement » : l'histoire, à Compostelle, d'un clerc-pèlerin qui, ayant fait faire copie du récit de la *Translation* et de quelques miracles, fut remboursé des frais qui en avaient découlé.

Le « Codex Calixtinus »

Le *Codex Calixtinus* ou *Liber sancti Jacobi* ou *Livre de saint Jacques* n'apparaît dans sa forme actuelle que vers 1160. L'exemplaire le plus célèbre, conservé depuis le XIIe siècle à la cathédrale de Compostelle, est aujourd'hui cité partout comme le document fondateur à la base de sa renommée. Il n'en existe que trois copies de prestige datant du XIVe siècle, aujourd'hui au Vatican, à Madrid et au British Museum. En fait, il n'est guère connu des chercheurs que depuis le XIXe siècle. Il compte cinq livres. Aux trois cités plus haut s'ajoutent un volumineux *Livre de sermons* – il représente les 4/5 du codex – et un dernier livre conçu comme une présentation du chemin de Saint-Jacques en France et en Espagne, présentation suivie d'une description de la ville et de la cathédrale de Compostelle. Ce dernier livre, intitulé au XIVe siècle *Itinerarium ad sanctum Jacobum in Galicia*, et de nos jours seulement le *Guide du pèlerin*, passe pour avoir beaucoup contribué à la diffusion de la connaissance de Compostelle. L'importance de ce guide est aujourd'hui remise en cause. En effet, deux universitaires américaines ayant soigneusement recensé les manuscrits médiévaux de ce guide n'en ont trouvé qu'une dizaine en Espagne, deux en Italie et aucun en France. Il semblerait donc que le pèlerin du Moyen Âge n'en faisait absolument pas un usage courant.

Les différents *Livres de saint Jacques* sont nés de la nécessité de défendre le royaume d'Alphonse VII de Castille, enfant souverain menacé par de puissants voisins. À une époque où religion et politique étaient étroitement mêlées, les récits de miracles venaient, dans la tradition du Matamore, conforter les récits guerriers propres à mobiliser la chevalerie européenne. Si la dévotion des pèlerins fut indéniable, elle ne fut pas le seul moteur de ce long voyage vers Compostelle.

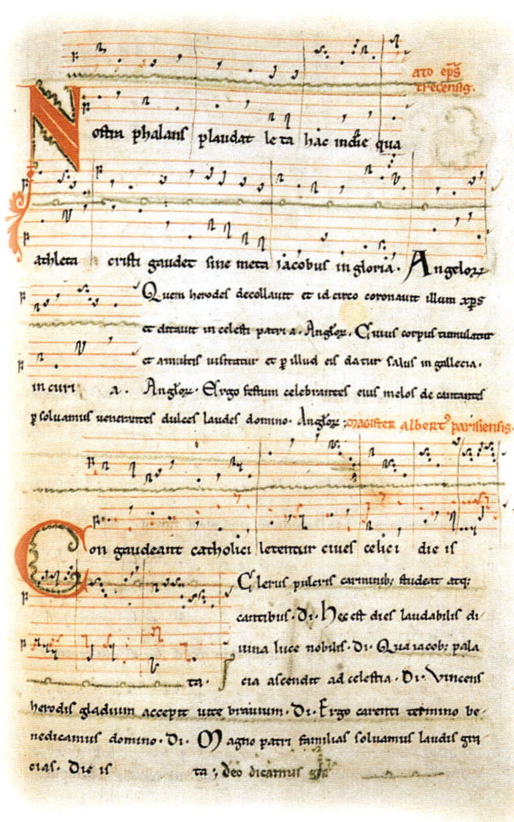

Chants à la gloire de saint Jacques
Le premier livre du codex contient messes, sermons, et offices en musique, pour la célébration des différentes fêtes de saint Jacques. Ci-contre, l'un des chants en usage lors des offices à la cathédrale de Compostelle.
(Codex Calixtinus, *vers 1160, Compostelle, archives de la cathédrale Saint-Jacques)*

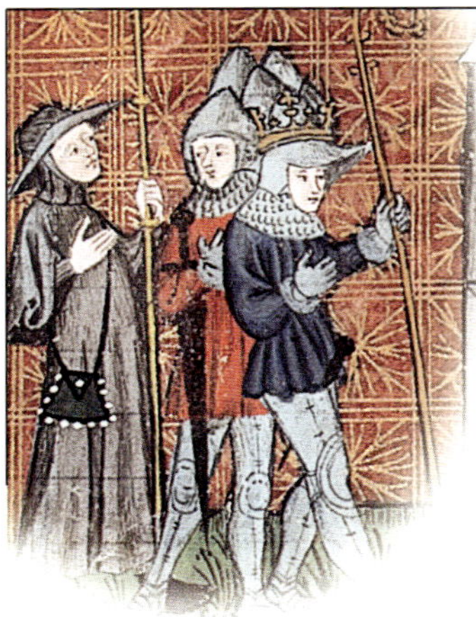

Le pèlerinage européen

Des foules sur les routes ?

De nos jours, l'image de pauvres pèlerins partant nombreux à Compostelle marque les esprits. En fait, ce sont bien davantage les riches, nobles ou chevaliers, qui se rendirent en Espagne. Encouragés par les textes littéraires, ils y revivaient l'épopée de Charlemagne et de Roland luttant contre les infidèles. Leurs exploits ont alimenté l'imaginaire populaire, mettant en chemin ceux qui le pouvaient. Les marchands ont suivi, mêlant commerce et dévotion. Compostelle a vu le nombre de pèlerins croître au XVIIIe *siècle, au point de nécessiter, en France, une réglementation du roi. Aujourd'hui, le sanctuaire galicien connaît un afflux de pèlerins sans précédent historique.*

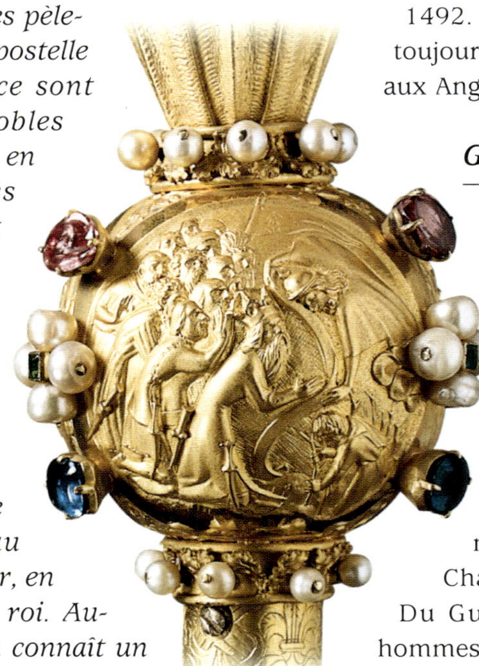

Charlemagne et ses preux agenouillés devant saint Jacques
Le sceptre de Charles V, long de 60 cm, est en or, garni d'argent, de perles, de rubis et de verre bleu et vert. Sur le nœud, trois scènes de la Chronique de Turpin *:*
1 - Saint Jacques apparaît à Charlemagne et lui ordonne de partir délivrer son tombeau.
2 - Charlemagne et ses preux agenouillés devant l'apôtre.
3 - L'âme de Charlemagne arrachée à Satan.
(1365, Paris, musée du Louvre)

Nobles pèlerins (XIIe-XVe siècle)

Jusqu'à la fin du XVe siècle, pour la chevalerie qui rêve sans fin de croisades en Espagne, la *Chronique de Turpin* garde intacte une force aux deux visages emblématiques de saint Jacques et de Charlemagne. À la Reconquête s'ajoute la lutte contre un nouvel ennemi commun, l'Angleterre, qui revendique à la fois le trône de France et celui de Castille.
Prendre Grenade est un projet qui fascinera la chevalerie européenne jusqu'à la chute de la ville, en 1492. Et les chevaliers de France sont toujours prêts à partir pour barrer la route aux Anglais.

Guerriers et pèlerins

Dès son avènement en 1365, Charles V se définit comme le descendant de Charlemagne et, pour ce faire, place sur son nouveau sceptre une statuette de l'empereur assortie de trois scènes du *Turpin*, s'affirmant donc lui aussi comme le serviteur de saint Jacques. Concrètement, il marche sur les traces de Charlemagne en envoyant Bertrand Du Guesclin et vingt à trente mille hommes soutenir le prétendant au trône de Castille-León-Galice, Henri de Trastamare († 1379). Si Charles V est un nouveau Charlemagne, Du Guesclin est un nouveau Roland, et tous ses chevaliers sont les compagnons valeureux qui vengent Roncevaux.
En 1380, en reprenant le sceptre de son père, Charles VI se place encore implicitement sous la protection de saint Jacques et n'hésite pas à intervenir en Espagne lorsque, en 1386, l'ennemi anglais menace à nouveau le tombeau de saint Jacques à Compostelle. Le roi recrute facilement trois cents chevaliers et écuyers pour une expédition maritime vers l'Espagne, afin de se porter au-devant des Anglais attendus au port de La Corogne. Dix-huit vaisseaux quittent La Rochelle et arrivent à Santander le 14 mai 1386. Après une entrevue avec le roi de Castille, Jean Ier, à Burgos, les Français partent pour la Galice,

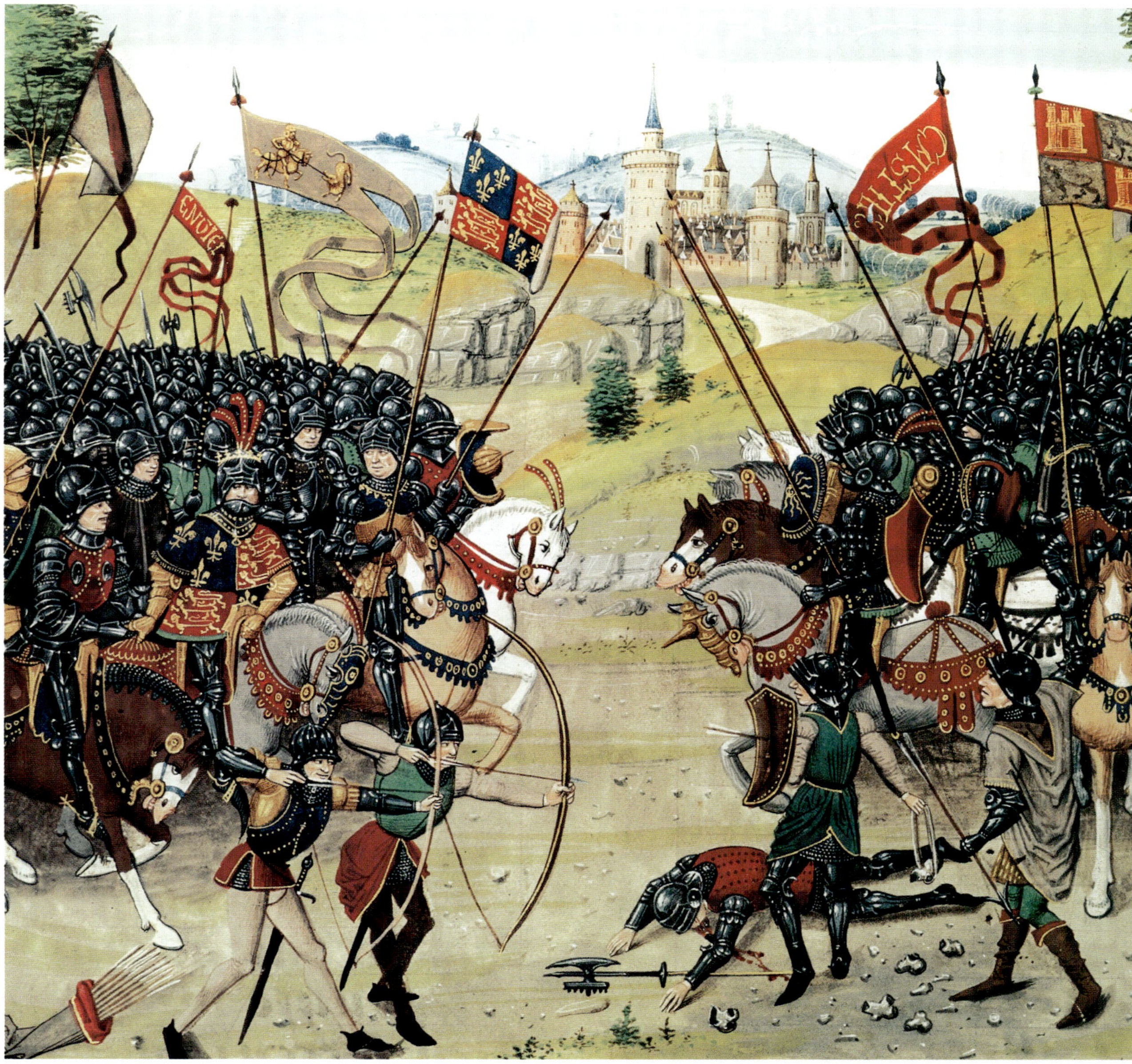

La bataille de Nájera
En 1367, entre Navarre et Castille, Français et Anglais s'affrontent sur le champ de bataille de Nájera. Envoyés par le roi de France, qui s'affirme comme le serviteur de saint Jacques, pour soutenir le prétendant au trône de Castille, Henri de Trastamare, les chevaliers français, commandés par Du Guesclin, essuient une lourde défaite face aux troupes du Prince Noir, fils du roi d'Angleterre, Édouard III.
Du Guesclin est fait prisonnier.
(Chroniques de Froissard, *fin du XVe siècle, Paris, BNF)*

non sans effectuer un pèlerinage à Compostelle. Mais, lorsque les troupes anglaises arrivent, en nombre nettement supérieur, les Français prennent la fuite, soucieux de ne pas finir comme Roland à Roncevaux. Ils étaient pourtant sensibilisés par une certaine littérature politique qui reprenait le *Turpin* comme référence ; Jean de Montreuil, dans son traité *À toute la chevalerie de France*, incitait à combattre les Anglais de la même façon que Charlemagne avait lutté contre les Sarrasins. Dans le même temps, la *Chronique de Bertrand Du Guesclin* rappelait les expéditions passées et exaltait le service dû au roi.

La fascination permanente pour Grenade se lit au travers de l'empressement que mettent les chevaliers à se précipiter en Espagne à la moindre rumeur d'organisation de croisade. Plusieurs en profitent pour aller se recueillir sur le tombeau de Compostelle. En 1376, le duc Louis de Bourbon part ainsi dès réception d'une lettre du roi d'Espagne, sans attendre confirmation. À son arrivée, il apprend que l'expédition est annulée. Bien obligé de s'incliner et ne voulant pas être venu pour rien, il « alla visiter l'église de Saint-Jacques en Compostelle par pèlerinage, puis s'en retourna en son pays, et licencia ses gens, les remerciant grandement ». De même, en 1457, un Allemand réussit à associer le roi de France Charles VII à un projet semblable, qui n'aboutit pas davantage et se termina lui aussi à Saint-Jacques. En ce même XVe siècle, l'auteur d'une chronique de Savoie qui raconte la vie du fondateur de la lignée des comtes, au xe siècle, le fait séjourner un temps « dans l'armée de Grenade avec le roi de Castille ». Souvent, à défaut de combattre, les chevaliers cherchent simplement à visiter ce royaume de Grenade. Mais ils ont parfois du mal à obtenir les sauf-conduits, à cause des risques qu'ils encourent.

De telles expéditions, couplées avec des pèlerinages, sont vivement conseillées aux jeunes nobles qui, ainsi, perfectionnent leur formation. Un traité d'éducation, *L'Imagination de vraie noblesse*, rédigé au début du xve siècle à l'intention des jeunes Bourguignons, explique qu'il est « bienséant que les jeunes de noble lignage fassent les pèlerinages de Jérusalem ou Saint-Jacques et qu'en même temps ils guerroient contre les Sarrasins et autres mécréants ». Ainsi fait un jeune Savoyard, vers 1430, Jacques de Montmayeur. Accompagné de son père, il va à Jérusalem puis à Saint-Patrick en Irlande, avant d'aller à Compostelle, et de là, « monté sur la flotte du roi de Castille, il conduisit à ses frais un grand nombre de valeureux nobles combattre les Infidèles ».

Roi, chevaliers et pèlerins, en marche vers le sanctuaire
Aux xive et xve siècles, les relations entre la France et les royaumes ibériques sont de nature diplomatique et militaire. La diplomatie, secrète par essence, s'abrite parfois sous le costume du pèlerin.
(Les Trois Pèlerinages *de Guillaume de Digulleville, vers 1360, Paris, bibl. Sainte-Geneviève*)

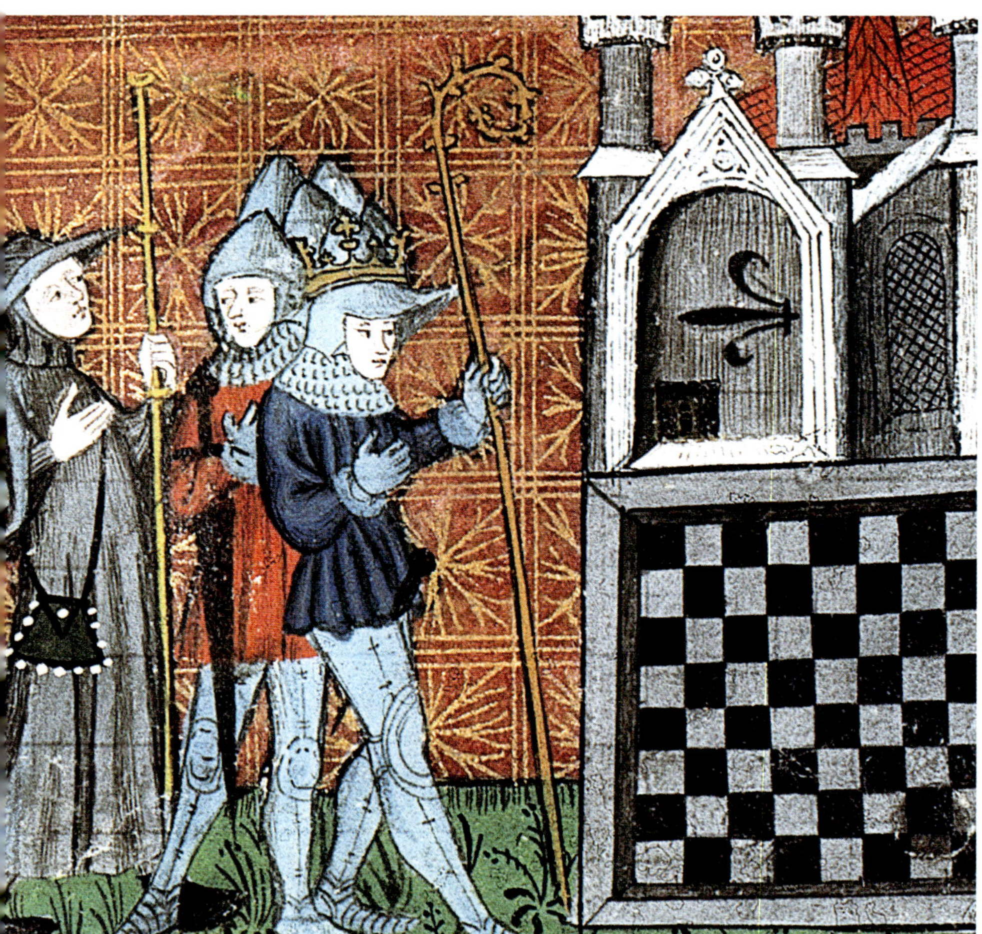

Diplomates et pèlerins

Bien que les motifs diplomatiques soient rarement énoncés dans le cadre de ces pèlerinages, ils se laissent parfois deviner derrière les raisons officielles. Ainsi, en 1192, voit-on partir pour Compostelle Guillaume aux Blanches Mains, oncle du roi Philippe Auguste, archevêque de Reims, régent du royaume pendant la croisade de 1190. Un personnage aussi important ne laisse pas son siège pour un pèlerinage lointain, l'Église le désapprouverait. Est-il impossible de penser qu'il est parti renforcer l'alliance France-Castille, au moment où les luttes contre l'Angleterre font rage ? En 1321 et 1323, le comte Charles d'Anjou, oncle du roi de France Philippe V, va également à Compostelle, là encore certainement afin de parler politique. En même temps, il porte une donation du roi à la cathédrale de Compostelle pour construire la chapelle Saint-Sauveur derrière le grand autel, connue depuis sous le nom de « chapelle des rois de France ». Plus clairement, en 1371, Charles V envoie le chevalier Macé de Fresnes « à Saint-Jacques en Galice, hâtivement, pour certaines besognes », ces besognes ayant trait à n'en pas douter à la pacification de Compostelle et à la réduction des derniers opposants au roi Henri de Trastamare.

Des pèlerins bien particuliers

Certains pèlerins nobles ont des raisons bien particulières de partir à Compostelle, les uns pour y chercher femme, d'autres un pardon, les autres un alibi… C'est ainsi qu'en 1224, Jean de Brienne, cadet d'une famille vassale des comtes de Champagne, part y chercher sa seconde femme. La première avait été Marie de Montferrat, héritière du royaume de Jérusalem, mais mariage et royauté avaient été éphémères. Après la perte de Damiette en 1220, le roi déchu avait trouvé un certain réconfort auprès d'Alphonse IX, roi de Castille, León et Galice, qui lui avait promis sa fille Bérangère. C'est en pèlerin de Compostelle que Jean part chercher sa nouvelle épouse : il prend le bâton à l'abbaye Saint-Martin de Tours, le premier dimanche de Carême, se conciliant par là même les bonnes grâces du clergé en ce temps d'abstinence. Il revint deux mois plus tard, accompagné de son épouse.

En 1321 arrive à Compostelle un noble pèlerin pénitentiel, Robert de Cassel, fils du comte de Flandre. Il ne porte pas sur ses épaules le poids d'un meurtre

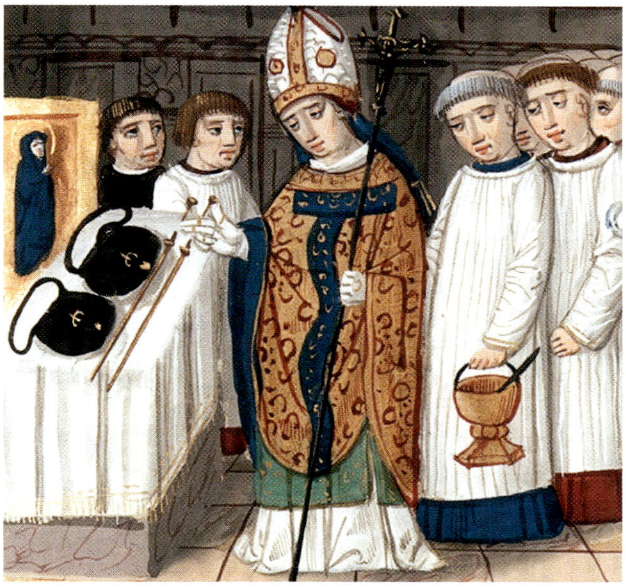

Bénédiction des besaces et des bourdons
Cette bénédiction est souvent donnée à l'occasion d'un départ pour un sanctuaire lointain, ou lorsque le voyageur est un personnage important. La remise solennelle de la besace et du bourdon s'accompagne de formules liturgiques codifiées d'un dialogue où alternent les supplications des pèlerins et les exhortations du prêtre. (*Pontifical*, XIVe *siècle, Lyon, BM*)

mais une punition collective, celle de tout le comté qui, plusieurs années auparavant, s'était révolté contre le roi de France Philippe le Bel. Celui-ci avait d'abord projeté de punir les Flamands en envoyant trois mille d'entre eux accomplir des pèlerinages lointains mais il avait finalement accepté d'utiliser ces hommes lors d'une éventuelle croisade générale et avait seulement envoyé Robert à Saint-Jacques. En chemin, il devait accomplir quatre autres pèlerinages pénitentiels aux grands sanctuaires de Rocamadour, Vauvert, Saint-Gilles et Le Puy.
Comme tous les autres condamnés à ce type de peine, Robert de Cassel devait présenter les preuves de l'accomplissement des pèlerinages imposés. De telles preuves n'ont pratiquement jamais été conservées, sauf les siennes, qu'il remit en rentrant à la prévôté de Paris. Elles se présentaient toutes comme des « lettres scellées de cire verte en un las de fil vert et signées de seing de tabellion publique », celles délivrées le 7 mai 1321 par l'église du Puy, celles données le 20 mai à Saint-Gilles et celles, trois jours plus tard, à Vauvert, celles enfin, datées du 23 juin, émanant des autorités de Saint-Jacques en Galice. Le 22 juillet, Robert de Cassel repassait à Notre-Dame de Rocamadour.
Pour Jean II, duc d'Alençon, prendre le chemin de Compostelle en 1464 signa davantage une fuite qu'une marche vers le tombeau de saint Jacques. En 1458, il avait été condamné à mort pour collusion avec les Anglais par jugement de ses pairs réunis en tribunal d'exception. Sa peine avait ensuite été commuée en détention perpétuelle par Charles VII. Jean d'Alençon fut libéré de sa prison de Loches par Louis XI dès son avènement, en 1461, sous la seule condition de ne pas attenter à la vie de son dénonciateur, Pierre Fortin, que le roi mettait « sous sa protection et sauvegarde ». Mais Jean d'Alençon imagina un stratagème pour parvenir à ses fins : en 1464, il partit en pèlerinage à Saint-Nicolas-de-Varengeville, en Lorraine, et à Saint-Jacques de Galice, chargeant en son absence l'un de ses serviteurs de trucider Fortin. Ce qui fut fait. Deux grands personnages, le chroniqueur Philippe de Commynes et le comte de Campobasso, semblent aussi avoir utilisé le prétexte d'un départ pour Compostelle afin de quitter commodément le service du duc de Bourgogne Charles le Téméraire. Car un chevalier ne peut s'absenter sans autorisation de son seigneur. Le premier, en 1471, annonce personnellement son départ pour la Galice alors qu'il passe tout simplement à l'ennemi, le roi Louis XI. Quant au second, en 1476, c'est un contemporain qui révèle la supercherie : le passage au service du duc de Bretagne s'est fait « en feignant d'aller en pèlerinage à Saint-Jacques en Galice ».
De tous ces exemples de pèlerinages effectués par des nobles entre le XIIe et le XVe siècle, il est impossible de déduire que des foules ont encombré les routes menant vers la Galice. Compostelle est bien présente dans l'imaginaire aristocratique, mais ne prend place que fortuitement dans la vie réelle. La rareté même de ces déplacements, leur côté spectaculaire font qu'on les remarque et qu'on en parle.

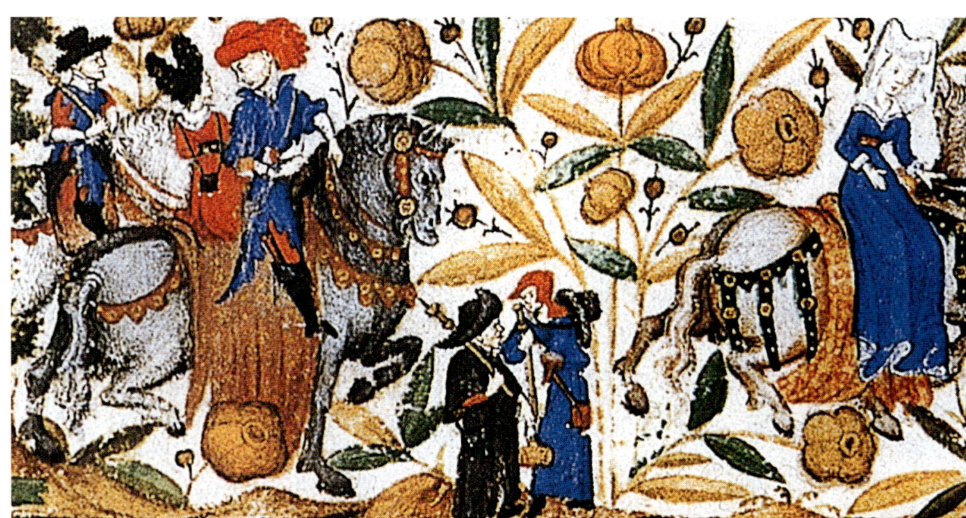

Pèlerins sur le chemin
Nombre de pèlerins de noble condition voyagent confortablement, en grand équipage, vers le sanctuaire de l'apôtre Jacques.
(Heures de Marguerite d'Orléans, XVe *siècle, Paris, BNF*)

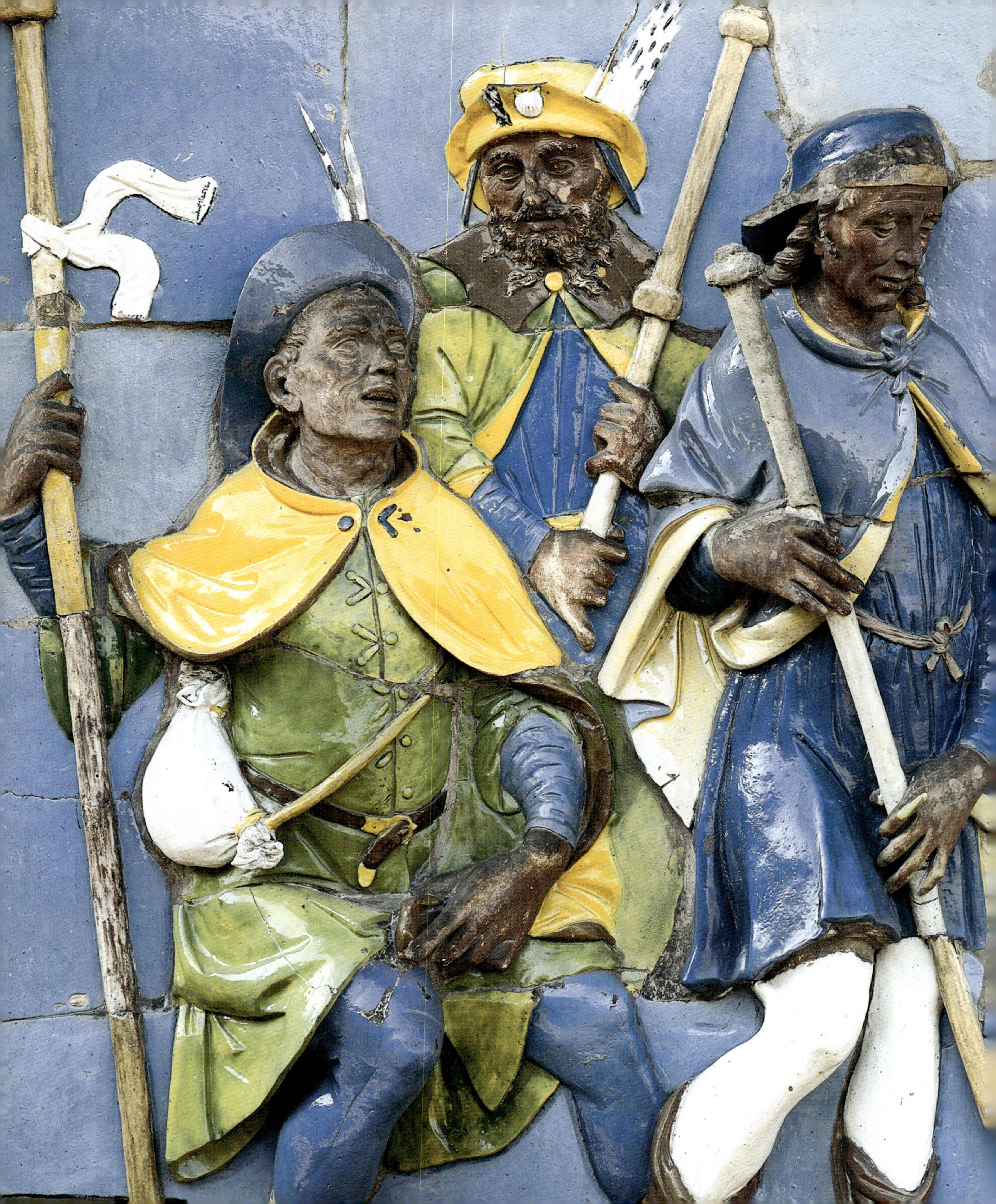

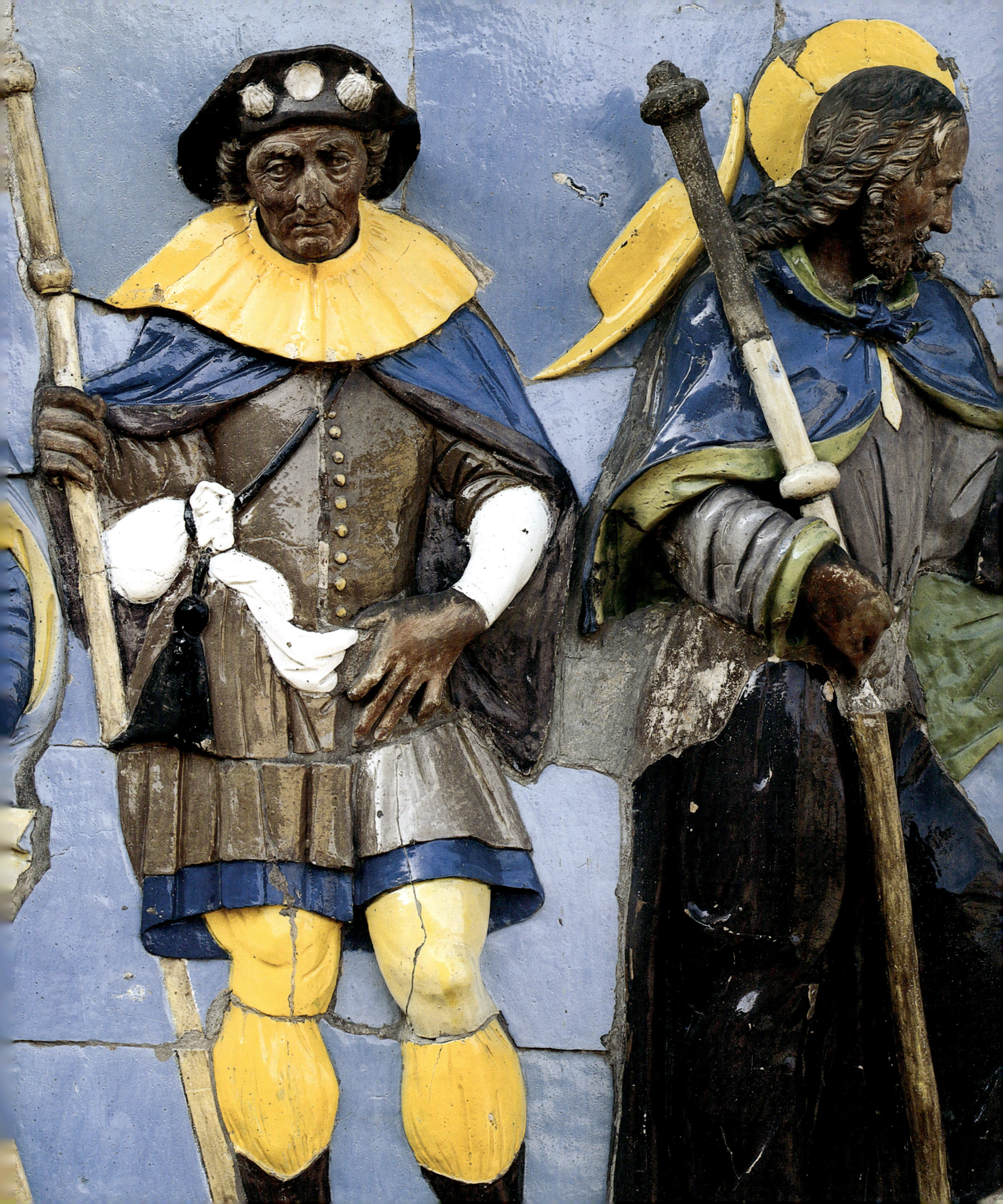

Le peuple en marche (XIIe-XVe siècle)

Double page précédente
Pèlerins demandant l'hospitalité
Ce panneau fait partie des « Sept œuvres de miséricorde », réalisées pour la décoration de l'hôpital de Pistoia. Cette cité toscane possédait une précieuse relique de l'apôtre Jacques, offerte, en 1140, par l'archevêque de Compostelle, Diego Gelmirez. (terre cuite vernissée par Giovanni Della Robbia, 1525-1529, hôpital del Ceppo, Pistoia)

La popularité de Compostelle n'est pas moins grande chez les marchands que chez les chevaliers. Ils s'y rendent également, mais leurs témoignages montrent que leurs mobiles sont autant commerciaux que religieux et qu'ils ne vont là-bas que si leurs affaires leur en ont fourni l'occasion.
Quant au peuple des anonymes, il se met plus volontiers en route à partir du XVe siècle, malgré la guerre de Cent Ans, malgré la folie du roi Charles VI et celle du royaume livré à la guerre civile et aux Anglais – ou peut-être à cause de ces événements déstabilisants.

Marchands-pèlerins ou pèlerins-marchands ?

Les guides-itinéraires dont se servent les marchands au XIVe siècle mentionnent le chemin des sanctuaires en même temps que les lieux des grandes foires internationales. En 1319, la confrérie Saint-Jacques de Paris rassemble quatre-vingt-cinq grands bourgeois qui font partie du groupe social des prévôts des marchands. Ils sont échevins ou officiers royaux et leurs négoces de draps et fourrures, vins, chevaux les appellent à des déplacements en Espagne. À cette même époque, les pèlerins d'Aurillac, bien plus modestes, se définissent eux-mêmes comme aisés dans leur *Grande Chanson* (voir p. 116) en parlant de « tous leurs gens ». Leur sens de l'économie les pousse à voyager en groupe, ce qui leur évite de payer des guides. Ils semblent commercer en route car, arrivés à Saint-Jacques, ils prient le saint de leur donner « fromage et blé pour qu'ils en fassent beaucoup d'argent ». Ont-ils fait du trafic illégal car ils ont maille à partir avec la justice. À Rivedier, « des sergents ont voulu mettre en prison jeunes et vieux » et ils sont obligés de se disculper en affirmant au juge qu'ils ne sont pas là « pour faire mal ni dommage ». On voit çà et là d'autres marchands qui profitent individuellement de leur passage dans la région pour s'arrêter à Compostelle, avant d'aller prendre le bateau à La Corogne.
En sus de tous ces pèlerinages volontaires, on devine le cas de quelques marchands qui joignent au commerce la réalisation d'un pèlerinage commandé et payé par une personne ne voulant pas ou ne pouvant pas l'effectuer elle-même. Un exemple significatif est celui d'Yvon Le Breton, richissime pelletier parisien qui se rend trois fois à Compostelle pour le compte de la comtesse Mahaut d'Artois.

Des pèlerins quasi anonymes

Qui sont-ils, tous ces gens du menu peuple, habituellement immobiles, qui sortent du pays connu pour partir à l'aventure ? Pour beaucoup, on ne sait. Au hasard, on voit un charpentier, un cordonnier, trois « pauvres jeunes compagnons », un paysan montagnard, une vieille servante de l'hôpital Saint-Jacques-aux-Pèlerins de Paris. Lorsque les pèlerins ont suffisamment de biens pour faire un testament ou une donation avant leur départ, on connaît mieux leur statut social, leur profession : boucher, poissonnier, menuisier, bonnetier… On devine aussi pas mal de traîne-savates qui arpentent les chemins, profitant de l'hospitalité temporaire qu'ils sont assurés d'y

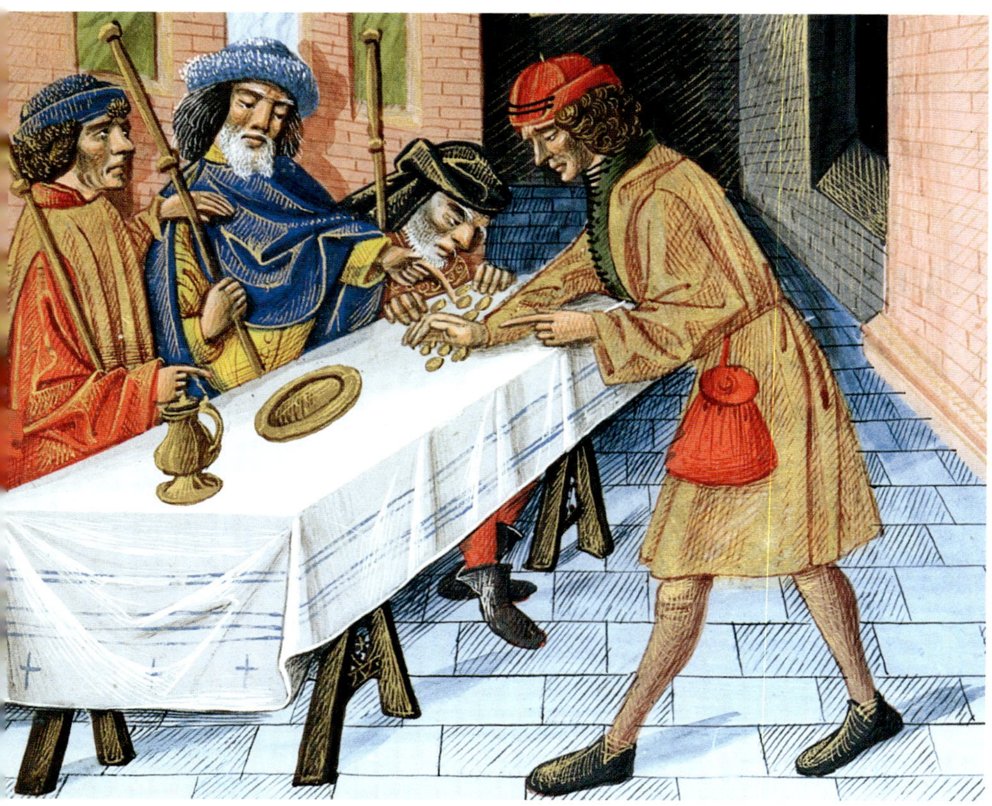

Pèlerin donnant l'offrande
Le pèlerin reçoit l'aumône sur la route mais, arrivé au sanctuaire, il doit, à son tour, faire des offrandes afin que sa prière soit exaucée : argent, ex-voto représentant l'objet du vœu, ou moulages de cire de parties du corps guéries grâce au saint.
(Livre des vertus morales, *XVe siècle, Chantilly, musée Condé)*

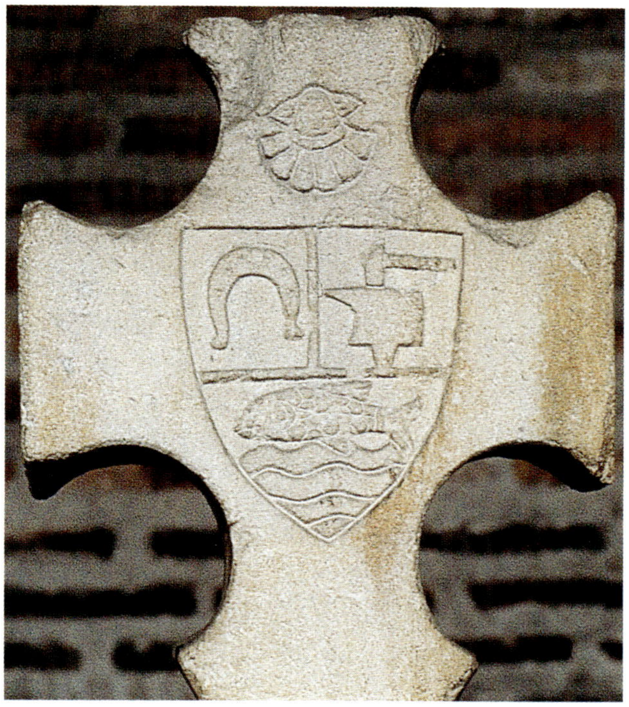

Croix funéraire
Bien que rien ne prouve qu'elle soit jamais allée à Compostelle, une dame Guillemette semble se mettre sous la protection de saint Jacques, à l'heure de son trépas, en faisant graver une coquille au-dessus des instruments du métier de son mari, maréchal-ferrant. (XIIIe-XIVe siècle, Toulouse, musée des Augustins)

trouver. On se méfie d'eux, surtout en temps d'épidémies. C'est ainsi qu'à Rodez, où sévit la peste en 1457, un « romieu » venant de « S. Jacme » se réfugie, accablé par la fatigue et les souffrances, à la « borie de Ramel, derrière la justice », où il meurt le lendemain. Personne ne se soucie même de connaître son nom et on l'enterre en toute hâte, de peur qu'il ne soit pestiféré.

En invoquant le manque d'archives empêchant de les connaître, on a voulu les voir plus nombreux qu'ils n'ont été. Mais les archives ne sont pas aussi muettes qu'on veut bien le dire, et ces gens qui ne sont ni riches ni hors-la-loi se découvrent dans les procès de canonisation où on les fait volontiers témoigner, ou encore dans les registres du Parlement lorsqu'ils sont mêlés à une affaire judiciaire. Dépositions ou recours en grâce racontent en même temps le quotidien du pèlerinage : la marche, les arrêts à la fontaine, les nuits à l'auberge ou à l'hôpital, les rencontres, les disputes allant parfois jusqu'au meurtre... On peut néanmoins affirmer qu'ils n'apparaissent pas en masse avant l'époque des guerres de religion.

Les récits des pèlerins

Quelques rares pèlerins rédigent le récit de leurs pérégrinations. Parmi le peuple des marchands, le témoignage de Jean de Tournai compte parmi les plus intéressants. Ce bourgeois de Valenciennes accomplit, entre 1487 et 1489, un triple pèlerinage à Jérusalem, Rome et Compostelle, à la suite d'un vœu de jeunesse. Bien qu'il soit fort aisé, il voyage à pied et mène ce long pèlerinage rondement, comme il a dû mener ses affaires. Il s'est fixé un but et entend l'atteindre dans les délais les plus brefs, négligeant parfois la plus élémentaire prudence. Ainsi ce jour où il a voulu traverser sans guide une rivière en crue ou cet autre jour où il a failli s'égarer dans la neige.

À la façon d'une drogue, la fatigue ininterrompue génère en effet une sorte d'énergie surhumaine, comme étrangère à la volonté de celui qui la subit. Il fallut qu'il ait les pieds en sang pour qu'il parle de ses chaussures et il fallut qu'il soit très mal reçu pour l'entendre se plaindre des aubergistes. Fut-il aussi sérieux qu'il le dit et évita-t-il vraiment tous les pièges que la prostitution tendait souvent aux pèlerins ? Une fois, il se laisse aller à danser, parce que, lui dit son hôte, « ça ne pouvait pas faire de mal ». Pressé de marcher, il ne montre pas vraiment d'intérêt à l'égard des paysages traversés, des bâtiments, des activités des gens rencontrés, des légendes, car il passe trop vite pour avoir le temps de flâner. Et il retrouve Valenciennes avec une immense joie !

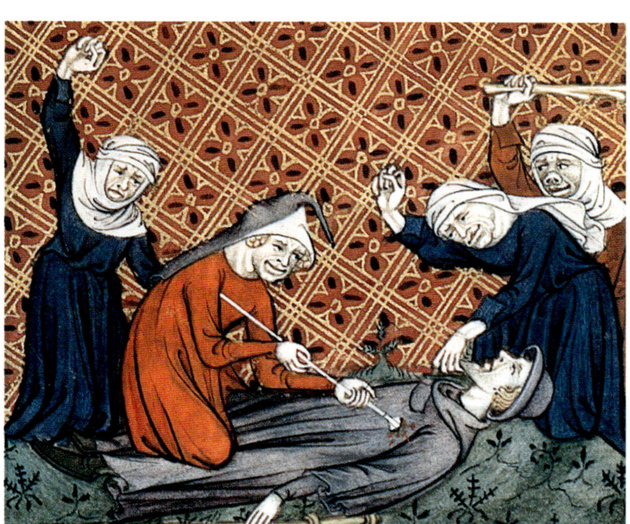

Un pèlerin attaqué et détroussé
Nombreux sont les périls qui guettent le pèlerin, au long du chemin. (Le Pèlerinage de vie humaine *de Guillaume de Digulleville, 1393, Paris, Bibl. Sainte-Geneviève)*

Après les guerres de religion (XVIe-XVIIIe siècle)

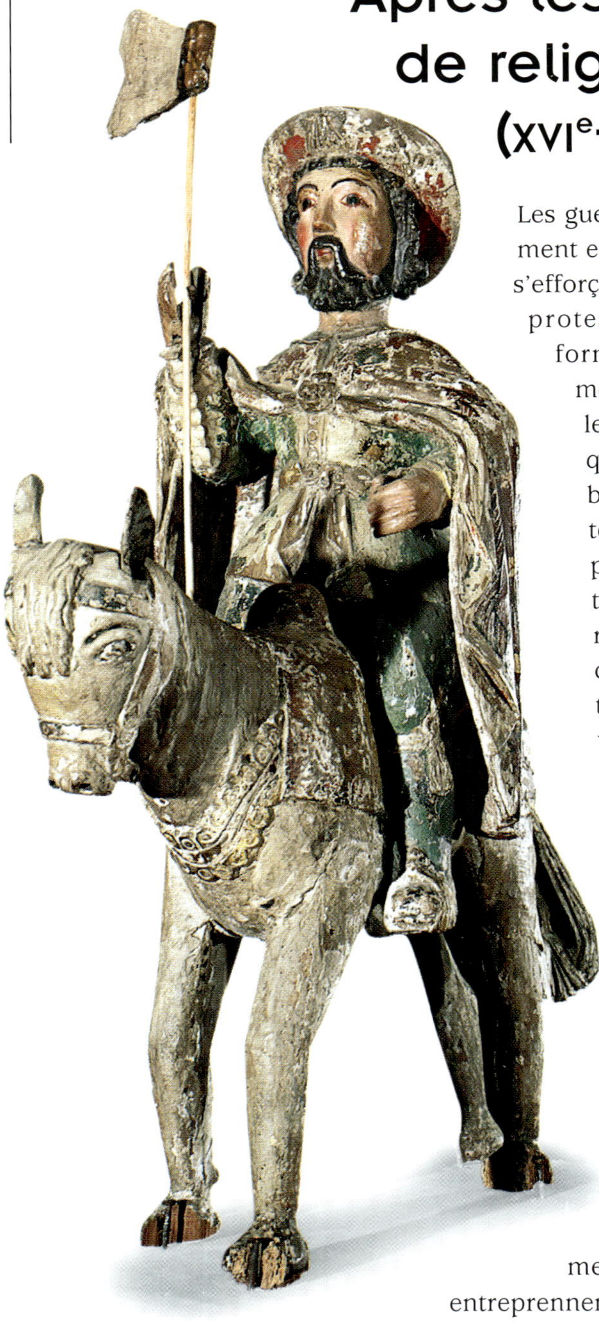

Les guerres de religion ont mis gravement en danger l'Église catholique qui s'efforça de répondre aux critiques des protestants en engageant des réformes profondes. Celle-ci commence par mettre de l'ordre dans le calendrier des saints tant critiqués par les protestants, ce qui a bien failli signer la disparition du tombeau de saint Jacques à Compostelle. En réexaminant l'histoire galicienne, Rome s'est rendu compte de toutes les incohérences qu'elle présentait et, trop heureuse d'éliminer sa rivale, Compostelle, propose que le patron de l'Espagne ne soit plus saint Jacques mais sainte Thérèse d'Ávila. Les réactions de Compostelle sont extrêmement vives. Le sanctuaire est sauvé et, au contraire, attire plus de pèlerins qu'il n'en avait jamais vu.

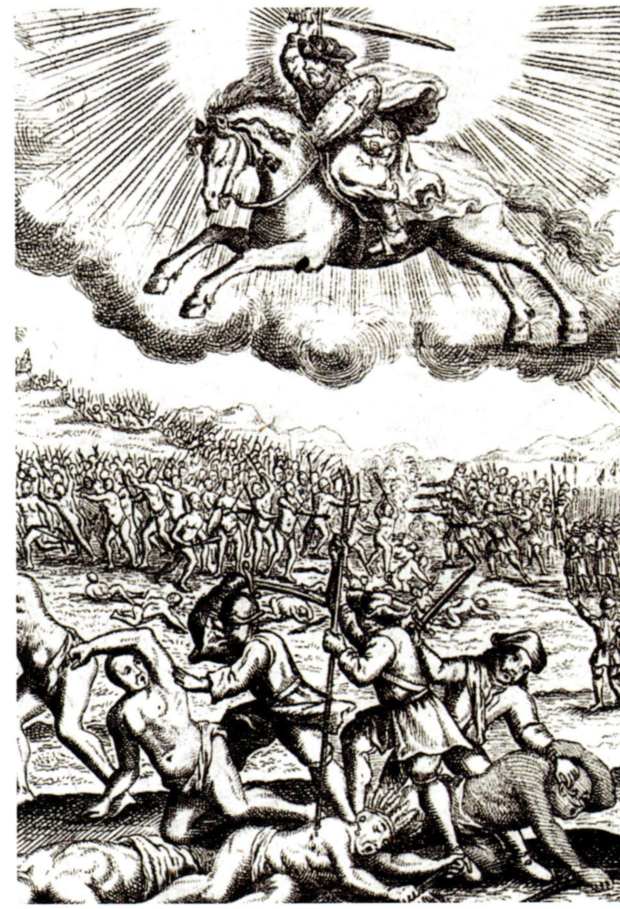

Saint Jacques « Mataindios », le tueur d'Indiens
L'Amérique du Sud est terre de « croisade » favorisée par saint Jacques. Après la bataille pour la fondation de Santiago du Chili, en 1541, les prisonniers indigènes eux-mêmes déclarèrent qu'ils avaient fui à la vue d'un « chrétien monté sur un cheval blanc et brandissant une épée ». (gravure de Herrera, 1728, coll. part.)

De l'histoire à la propagande

Devant les menaces, des membres de l'Ordre de Santiago entreprennent des recherches visant à prouver la valeur historique du sanctuaire qu'ils veulent absolument protéger. Tous les moyens leur sont bons, y compris, en 1611, la rédaction de fausses chroniques. Chacune de ces études est publiée et largement diffusée. L'imprimerie permet de répandre à profusion des images pieuses présentant saint Jacques comme patron de l'Espagne et défenseur de la foi catholique. Le « Matamore » remporte les faveurs car il réussira à vaincre les protestants comme il a écrasé les Sarrasins.

Cette production est largement diffusée en France, ainsi que des *Vies* de saint Jacques et des *Chansons* de pèlerins de Compostelle imprimées en particulier à Troyes sous forme de livrets peu onéreux. Des statuts de confréries sont réécrits dans ce nouveau contexte et prônent la nécessité du pèlerinage à Compostelle, dans cette Espagne qui, seule, n'a pas été touchée par le protestantisme. Des *Mystères* de saint Jacques sont réécrits, ces pièces de théâtre jouées lors des grandes fêtes religieuses. On conserve ainsi un modèle du genre, une « tragédie » intitulée *Saint Jacques*, « représentée à Limoges par les confrères pèlerins dudit saint en l'année 1596, le jour et fête de saint Jacques le 25 juillet ». L'auteur, Bardon de Brun, y développe les thèmes de la nouvelle piété faite d'une austérité pure d'où est exclu tout l'esprit festif caractéristique des dévotions médiévales. Des guides-itinéraires se multiplient pendant les XVIIe et XVIIIe siècles : Orléans 1595, Rouen 1603, Senlis 1690, Troyes 1748...

Saint Jacques, cavalier-pèlerin
Une étonnante et naïve synthèse entre les représentations classiques de saint Jacques, apôtre, pèlerin et Matamore. Chevauchant une placide monture, il a, de l'apôtre, le geste bénissant, du pèlerin, le costume, et du Matamore, la bannière flottant au vent. (bois polychrome, XVIIIe siècle, Astorga, Musée diocésain du camino)

Un nombre croissant de pèlerins

Et, de fait, les contemporains témoignent que des pèlerins vont en foule à Compostelle. Parmi ces témoignages, celui d'un habitant de Provins qui, en 1577 et 1578, voit passer chaque semaine des troupes se dirigeant vers Compostelle : « Au voyage de monseigneur saint Jacques grande multitude de gens, hommes et femmes, non seulement du royaume de France, mais des autres royaumes et pays étrangers allèrent en cette année et la précédente, et ne se passa semaine qu'on ne vit passer pour aller et venir audit pèlerinage. » À Limoges, en 1595, les impressions sont semblables : Bardon de Brun, qui est allé à Compostelle, constate que ses compagnons et lui ont fait partie de « mille et mille bandes ». Déjà, en 1518, Erasme dans ses *Colloques* se moquait de ces pèlerins, l'un ayant pris sa décision après boire est partit alors qu'il « avait à la maison une femme encore jeune, des enfants et des serviteurs qui dépendaient de lui », l'autre s'est absenté six mois sans donner de nouvelles et rentra « couvert de coquilles creuses, chargé d'images d'étain et de plomb, orné de colliers de paille et au bras des œufs de serpent ». L'importance de ces chiffres est attestée également par les déclarations royales précisant en 1671 et le répétant en 1686, 1738 et encore en 1769 que « des mineurs, femmes mariées, artisans et autres personnes » vont en pèlerinage « hors du royaume à Saint-Jacques en Galice, Notre-Dame de Lorette et autres lieux ». Ils sont en si grand nombre que des dispositions sont prises — non pour interdire ces déplacements, mais pour les soumettre à « permission du roi et des évêques ». Enfin, on ne peut douter de l'afflux des pèlerins en voyant la somptueuse façade baroque dont s'est dotée la cathédrale de Compostelle, signe d'une richesse due, certainement, aux oblations des foules pèlerines.

En France, des dévotions austères

En France, l'Église se pare d'une austérité nouvelle : fini les fêtes des Fous, les spectacles, les danses et les repas à l'intérieur des églises. Fini les processions mimées dans les villes. L'Église s'efforce de multiplier les paroisses, pour mieux encadrer les fidèles. À cette fin, on transforme des chapelles en églises paroissiales, de préférence dédiées aux apôtres, dont saint Jacques. Car il faut éliminer les vieux saints aux biographies incertaines, quelques-unes ayant des relents de paganisme.

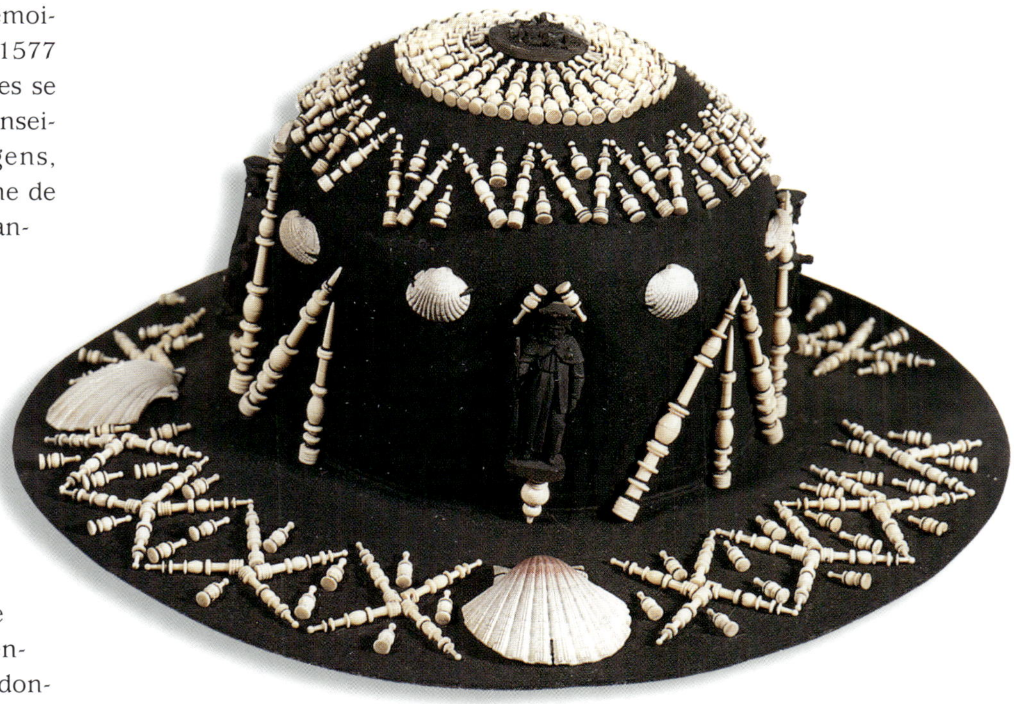

Chapeau de pèlerin
Ce chapeau de feutre, qui faisait partie de l'équipement d'un pèlerin de Compostelle, porte à profusion les « enseignes de pèlerinage » typiques : coquilles, bourdons et gourdes. Après le voyage, ces insignes étaient sensés conserver un pouvoir protecteur. À ces ornements en os s'ajoutent des petites figurines de saint Jacques en bois teinté, imitations des fameuses pièces de jais appelées « azabaches » (voir p. 114).
[Espagne, XVIIe siècle ?, Poznan, Musée national]

Tel fut le sort réservé, en Bretagne, à saint Kirec, patron du village de Locquirec. Mais il a fallu une grande force de persuasion pour que les habitants du lieu consentent à cet échange : vers 1630, le clocher de l'église s'est vu doté d'une gigantesque statue de saint Jacques. Et on peut supposer que c'est à ce moment que naquit cette légende surprenante calquée sur celle de Compostelle :
Une nuit, des marins de cette côte virent sur la mer une barque étrange, en forme de huche à pétrir, qu'enveloppait une nuée lumineuse. Elle venait vers le rivage, contre vents et marées, sans voile, sans équipage, sans gouvernail. Quand elle eut abordé, les gens s'approchèrent et virent, étendu dans le fond, le corps d'un moine vêtu d'un habit de pèlerin. Des pêcheurs qui avaient voyagé reconnurent saint Jacques et dirent : « C'est saint Jacques, d'Espagne ou de Turquie. Il vient pour faire des miracles dans notre contrée. Recevons-le avec respect, d'autant plus que saint Kirec est bien vieux. Ainsi fut fait et, depuis lors, saint Jacques habite parmi nous et il est honoré comme patron de la paroisse. »
Depuis, chaque 25 juillet, le « grand pardon » commémore cet événement, et les habitants vont en procession de l'église au port.

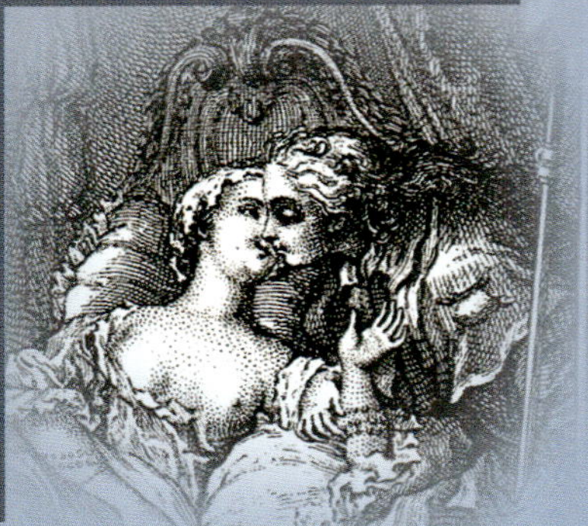

Les pèlerins de

Les dernières années du règne de Louis XIV et la Régence furent marquées par une réaction libertine engendrée par la trop grande austérité de la vie dévote, imposée par Madame de Maintenon.

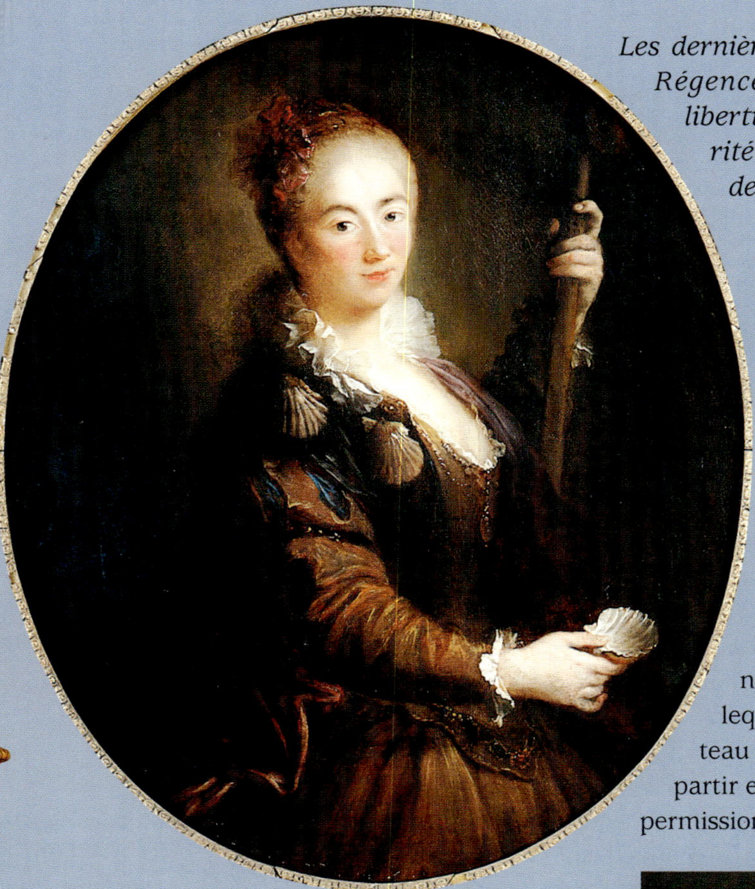

Portrait d'une pèlerine
En 1725, le peintre Alexis Grimou peint plusieurs toiles inspirées des Trois Cousines, pièce de théâtre dont le thème est celui d'un pèlerinage de jeunes gens au temple de l'Amour. Ce tableau serait le portrait de l'une des actrices de la Comédie-Française, Mlle Desmares ou Mlle Dangeville. (1729, Douai, musée de la Chartreuse)

Les nobles, masqués, aiment fréquenter les fêtes populaires, prétextes à des rencontres galantes. Ils affectionnent le costume du pèlerin, qu'ils empruntent ou louent parfois aux membres des confréries Saint-Jacques.

On renoue avec les traditions médiévales qui admettaient qu'un pèlerinage soit aussi une fête, mais selon une inspiration toute profane et légère, voire licencieuse. Déjà, au début du XVIe siècle, un poème de Mellin de Saint-Gelais raconte un pèlerinage d'Amour en « un Saint-Jacques » après lequel il abandonne à son aimée écharpe, manteau et bourdon, et lui promet de ne plus jamais partir en pèlerinage, mais demande en échange la permission de « fouiller en sa panetière ».

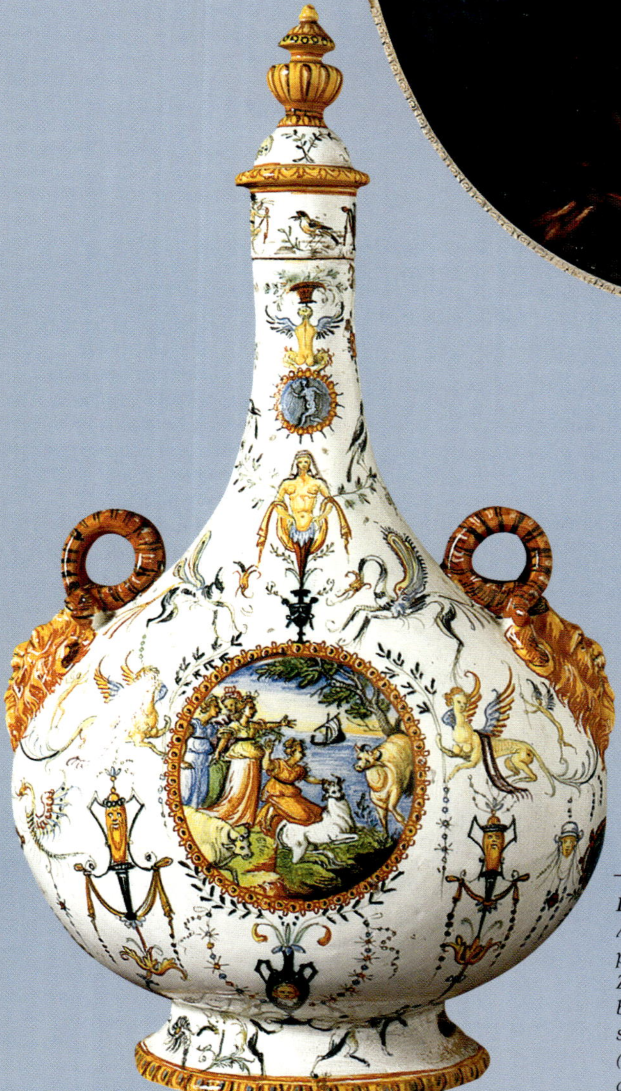

Le triomphe de l'Amour
Au centre de cette flasque de pèlerin, l'enlèvement d'Europe par Zeus, métamorphosé en taureau blanc, ou le triomphe de l'Amour sur la Chasteté. (XVIe siècle, Florence, musée du Bargello)

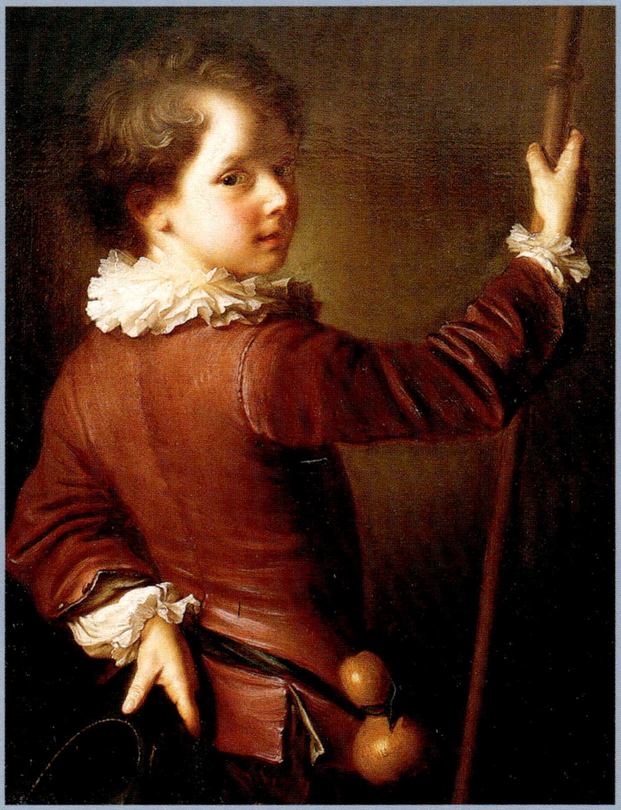

Le Jeune Pèlerin
Une estampe du XVIIIe siècle reproduisant cette toile est ainsi légendée :
« En revenant de Compostel
Plus d'un aimable jouvencel
Rencontrant pèlerine
et fringante et légère
A su par ses tendres propos
Avec lui l'engager à faire
Un pèlerinage à Paphos »,
ville de Chypre où l'on rend un culte à Aphrodite. (Alexis Grimou, 1725, Florence, musée des Offices)

l'amour

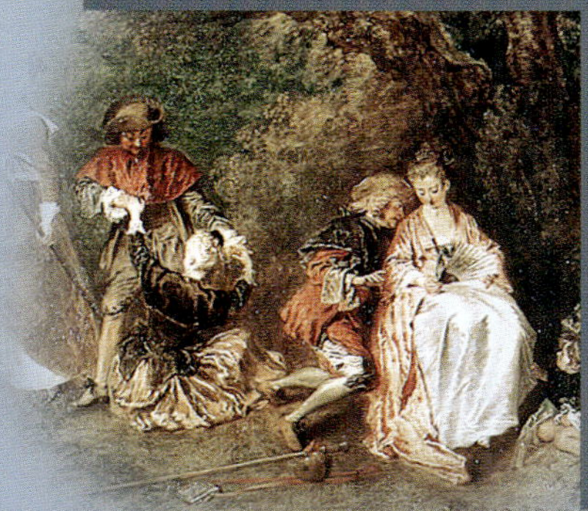

Louis XV, adolescent, en pèlerin de Cythère
Les membres de la famille royale et la Cour prennent des leçons auprès des comédiens en vogue. Sous la direction de Mlle Desmares, ils jouent Les Trois Cousines *et se font ensuite représenter sur toile par les peintres à la mode, costumés en pèlerins. (Nicolas Lancret, vers 1725, château de Versailles)*

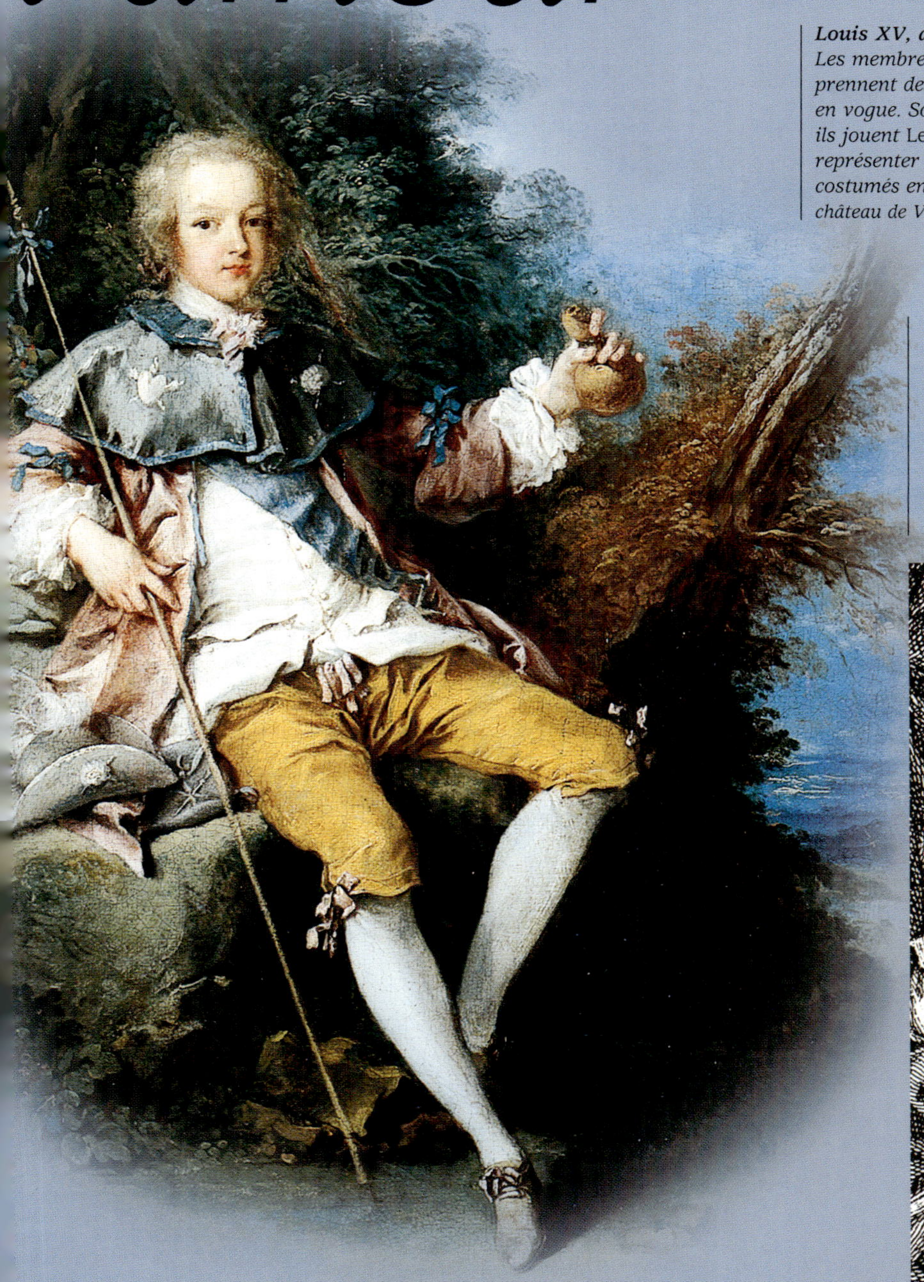

Un pèlerinage amoureux selon La Fontaine
Dans le conte «Le petit chien qui secoue de l'argent et des pierreries», La Fontaine costume en pèlerin de Saint-Jacques l'amoureux cherchant à s'introduire auprès de l'élue de son cœur : «jouant de la musette… notre pèlerin traversa la ruelle… Il surprit et charma la belle / Vous n'avez pas, ce lui dit-elle / La mine de vous en aller / À S. Jacques de Compostelle.» En ce même XVIIᵉ siècle, l'abbé de Voisenon, ami de Voltaire, rédigeait ce quatrain intitulé «Bouquet pour le jour de saint Jacques» : «Le patron de toutes les filles / C'est le saint Jacques des Bourdons / Le patron de tous les garçons / C'est le saint Jacques des Coquilles.» (Contes et Nouvelles en vers *de La Fontaine, gravure de Charles Eisen)*

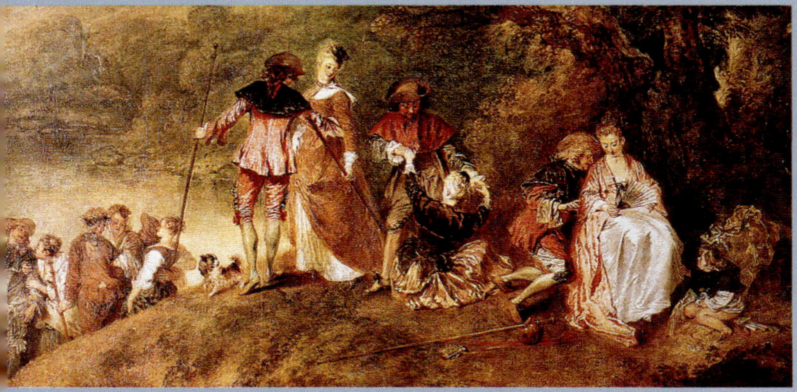

L'Embarquement pour Cythère
Des pèlerins de l'amour avec bourdons enrubannés, gourdes et coquilles. (Antoine Watteau, 1717, Paris, musée du Louvre)

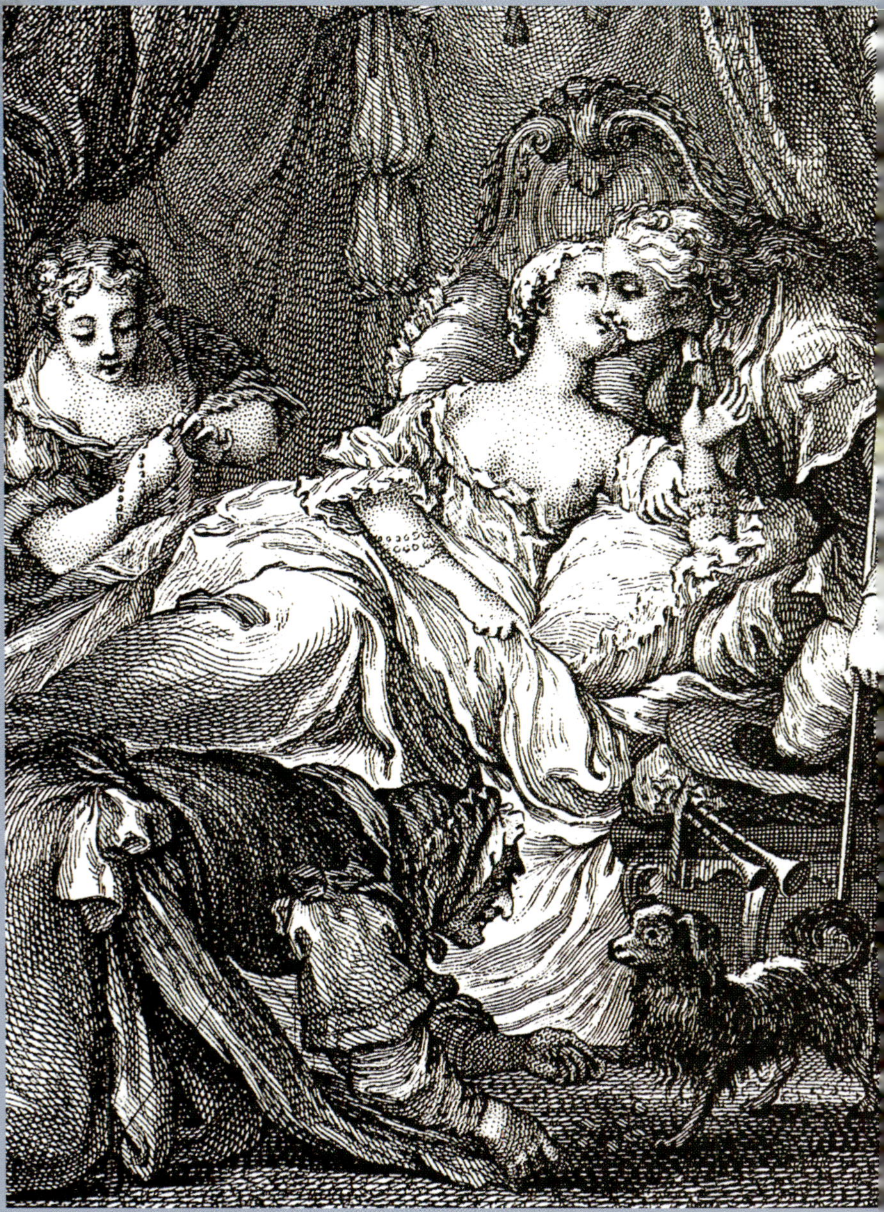

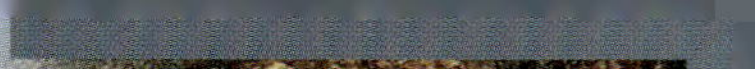

Pèlerins des XIXe-XXe siècles

Le développement de l'esprit critique au siècle des Lumières – portant à douter de la présence réelle du corps de saint Jacques à Compostelle –, auquel il faut ajouter les guerres napoléoniennes ont pratiquement tari le courant pèlerin vers Santiago.

La reconnaissance papale du corps de saint Jacques

Depuis longtemps déjà, les pèlerins s'étonnaient de plus en plus de ce qu'on ne leur montrait jamais le saint tombeau. On murmurait d'ailleurs que celui-ci était vide. Ne pouvant plus nier, les chanoines racontèrent des histoires abracadabrantes puis se résignèrent à chercher le saint corps, caché sans doute, disaient-ils, pour le protéger d'une menace. En fouillant le sol de la cathédrale, en 1879, ils trouvèrent immanquablement des restes que l'archevêque authentifia comme étant ceux de saint Jacques et de deux de ses disciples. Le dossier fut envoyé à Rome et, le 1er novembre 1884, la bulle *Deus omnipotens* du pape Léon XIII officialisa « la reconnaissance [...] de la totalité de la présence du corps de saint Jacques à Compostelle [...] faite dans une série d'enquêtes conduites d'abord par l'archevêque de Compostelle puis par la Sacrée Congrégation des Rites ». Ces événements furent suivis, pour la première fois dans l'Histoire, de l'ouverture de la crypte, réaménagée dans son état actuel. La nouvelle, diffusée dans le monde chrétien, eut au moins un écho à Bourges où, le 5 novembre 1885, l'archevêque remit à l'honneur une relique de saint Jacques qui était conservée à l'église Saint-Bonnet. Longue histoire que celle de cette relique. Dans son discours prononcé à l'occasion, il retrace l'histoire de Compostelle où, avant Charlemagne, dit-il, se pressaient « des foules innombrables, les humbles enfants du peuple et les grands seigneurs ». Il rappelle que le corps de Compostelle est intact, à l'exception d'une relique offerte à Pistoia et, bien sûr, une autre à Bourges...

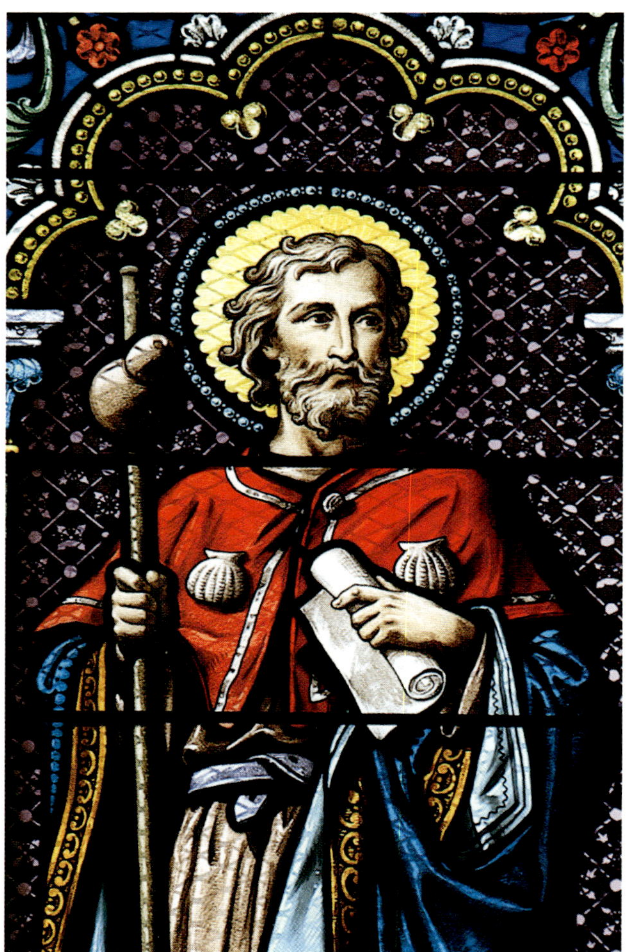

Saint Jacques
Au XIXe siècle, l'Église catholique tente de revitaliser le pèlerinage à Compostelle. Elle multiplie les vitraux où l'apôtre est représenté avec une surabondance de symboles jacquaires, coquilles et bourdon auquel est accrochée la gourde. Ici, saint Jacques apparaît jeune, tenant le rouleau des Évangiles, symbole de son appartenance au collège des apôtres. (vitrail, XIXe siècle, église de Cornille-les-Caves, Maine-et-Loire)

Les critiques à la reconnaissance papale

Mais en 1900, le très sérieux historien Mgr Duchesne remettait en cause cette belle découverte dans un article prouvant que le corps de saint Jacques ne pouvait pas reposer à Compostelle. Selon lui, les trois corps, découverts cachés sous le pavé de l'abside, auraient été mis là exprès pour qu'on les retrouve. Nombreux furent les autres chrétiens qui se rangèrent à cet avis et il semblait que les pèlerins ne reviendraient plus guère à Compostelle. En 1936, la victoire de Franco est remportée, dit-on, grâce à saint Jacques qui lui était apparu dans le ciel, monté sur son cheval blanc. Franco le Galicien, soutenu par la toute nouvelle Galice indépendante, marque sa reconnaissance vis-à-vis du saint en relançant les études compostellanes : il offre un prix aux chercheurs et permet à des Français de travailler sur les archives espagnoles. En France, les travaux d'Émile Mâle et de Joseph Bédier introduisent le thème dans les milieux littéraires et artistiques ; ils sont suivis de plusieurs autres. On doit à Francis Salet une carte des « Routes du pèlerinage de Saint-Jacques de Compostelle » réalisée dès avant 1934 et exposée au musée des Monuments français à Paris en 1937. En 1938,

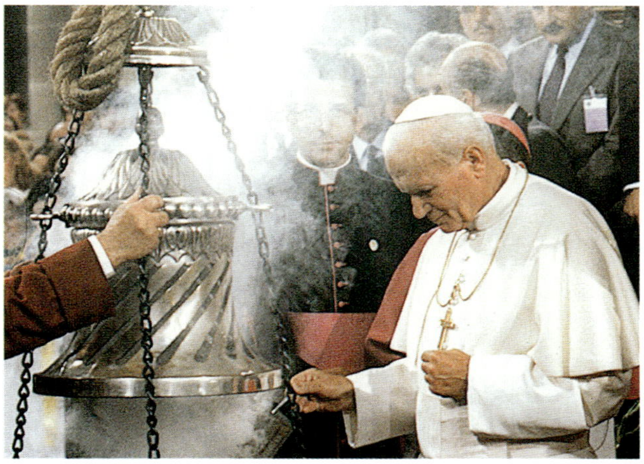

Jean-Paul II à Compostelle
En 1989, le succès immense des Journées mondiales de la Jeunesse, organisées par le pape, à Compostelle, a contribué grandement au renouveau du pèlerinage, qui atteint actuellement des dimensions qu'il n'eut jamais auparavant.

Jeanne Vielliard publie la première traduction française du *Guide du pèlerin* extrait du *Codex Calixtinus* (v. p. 35). Pendant la Seconde Guerre mondiale, prisonnier derrière les barbelés des stalags, l'abbé Henri Branthomme rêvait de liberté en entendant l'un de ses compagnons lui parler de Compostelle. À la fin de la guerre, nommé directeur des pèlerinages dans le diocèse du Mans, il entraîne bientôt dans son désir de pèlerinage d'autres chrétiens convaincus. En 1949, dès l'ouverture des frontières, il organise le premier pèlerinage à Compostelle, avec deux cars et quatre-vingts personnes, un pèlerinage de dévotion certes, mais aussi culturel avec des conférences à bord. Parallèlement, en France, des études historiques sérieuses continuent mais le succès des actions menées pour promouvoir le pèlerinage compostellan a conduit à des conclusions prématurées.
On assiste aujourd'hui à une véritable renaissance du pèlerinage. Le 9 novembre 1982, le pape Jean-Paul II, en pèlerinage à Compostelle, lançait ce vibrant appel à l'Europe : « Moi, depuis Saint-Jacques, je te lance, ô vieille Europe, un cri plein d'amour [...]. Retrouve-toi [...] ravive tes racines [...]. Les autres continents attendent de toi cette même réponse que saint Jacques donna aux Christ : “je le peux”. » Par ces mots, Compostelle redevenait le grand sanctuaire symbole de l'Espagne nouvelle prête à rentrer dans la Communauté européenne. En 1989 y furent organisées les Journées mondiales de la Jeunesse. Les pèlerins d'aujourd'hui sont plus nombreux que ne l'ont jamais été leurs prédécesseurs. Reste maintenant à mieux faire connaître la réalité historique de ce pèlerinage célèbre. Ainsi pourront être modifiés les allégations et faux discours qui induisent souvent en erreur les pèlerins.

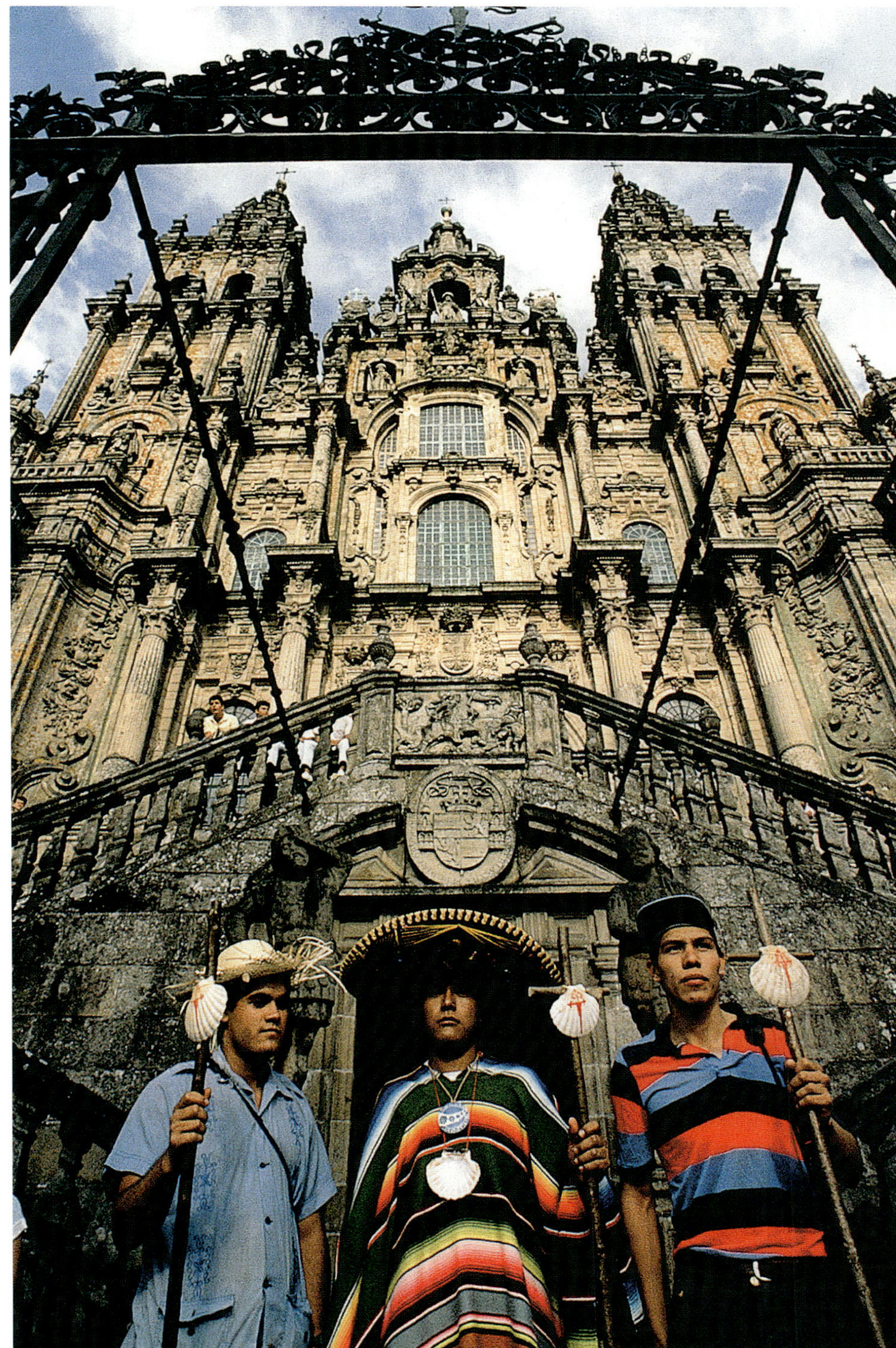

Jeunes Mexicains devant la cathédrale de Compostelle
D'au-delà des frontières de l'Europe, les pèlerins modernes viennent des quatre coins du monde chrétien.

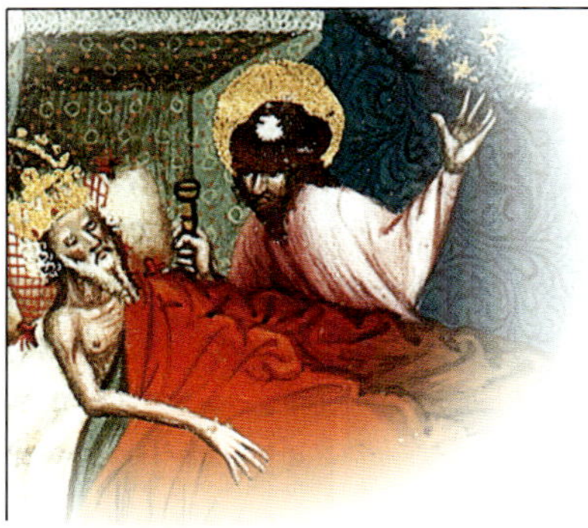

Saint Jacques, un et multiple

Le pèlerinage à Compostelle ne peut expliquer à lui seul l'important patrimoine jacquaire présent dans toute l'Europe. En outre, le tombeau de saint Jacques à Compostelle n'est pas unique : un peu partout, on retrouve des reliques de l'apôtre, voire des corps entiers, révérés à l'égal des restes contenus dans la sépulture galicienne. À chaque relique correspond un lieu de pèlerinage, fréquenté aussi bien par des pèlerins du voisinage que par des pèlerins en route pour Compostelle. Pourquoi cette multiplicité de reliques ? Ne répond-elle pas à des demandes d'intercessions quotidiennes ? Si oui, à quoi se réfèrent les fidèles pour avoir ainsi besoin de saint Jacques ?

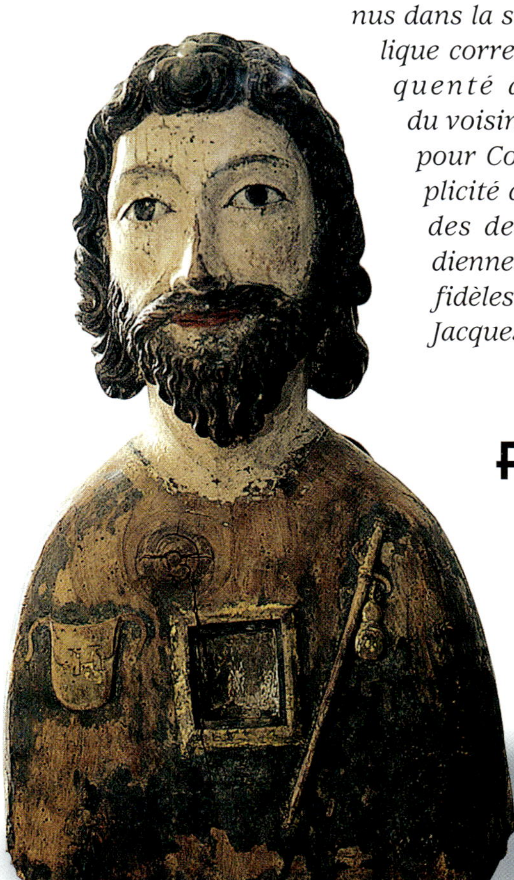

Buste reliquaire de saint Jacques
Une relique, aujourd'hui disparue, était incluse dans un médaillon en cristal de roche placé sur la poitrine. (bois polychrome, fin du XVIe siècle, Asquins, église Saint-Jacques)

Reliques et sanctuaires

Les fidèles, insensibles aux efforts de l'Église pour donner une identité à chacun des saints Jacques homonymes, ne connaissent que l'apôtre. À la rigueur, ils veulent bien admettre un Majeur et un Mineur, mais en les confondant très souvent. L'Évangile leur a appris que le Christ a demandé à ses disciples de porter sa parole à tous les pays païens. Au IIe siècle, des auteurs ajoutent des détails sur la géographie de leur dispersion : à saint Jacques est échu l'Occident. « Jacques, celui qui prêcha l'Évangile en *Hispanie* et dans d'autres contrées occidentales. » Ces textes ont eu vraisemblablement un écho ailleurs qu'en Espagne et ont pu susciter la naissance de sanctuaires où saint Jacques serait passé et où il serait éventuellement mort. En France, on ne compte pas moins de quatre corps et neuf têtes, sans compter des bras, mains, jambes, pieds, même un poil de barbe... Peu importe l'origine, seul compte le miracle et nul besoin d'aller jusqu'à Compostelle pour bénéficier des bienfaits du saint.

Lorsque, dès 1025, l'abbaye de Fleury-sur-Loire (aujourd'hui Saint-Benoît-sur-Loire) veut assurer la promotion de son prieuré de Saint-James (« Jacques », en anglais) en Normandie, elle annonce à la fois que le sanctuaire conserve une relique de saint Jacques et que de nombreux miracles s'y produisent : « Et cette piété divine opère dans tous les lieux consacrés au nom du saint [Jacques]. Il existe ainsi, en Neustrie, une église consacrée à sa mémoire, dans laquelle sont vénérées ses reliques très précieuses, où nous savons que se produisent quotidiennement autant de miracles qu'il convient par l'opération d'un tel apôtre. »

Aucun laïc, fût-il lettré, n'est choqué par cette démultiplication des restes de saint Jacques ; le pèlerin Jean de Tournai, en 1490, dit à Toulouse : « Pour conclusion, je n'en veux point faire débat. Il est en Paradis... »

L'Épître de Jacques

Pour l'homme du Moyen Âge et pour l'Église aussi, jusqu'au XIXe siècle, saint Jacques le Majeur est l'auteur d'une Épître (v. p. 20). Aujourd'hui attribuée au Mineur, elle n'en continue pas moins de figurer dans la Bible parmi les Épîtres des apôtres Paul, Pierre, Jean, Jude.

Cette lettre est fondamentale car elle traite de sujets qui touchent chaque homme au plus profond de son être – la maladie, la mort, la richesse, les biens de la

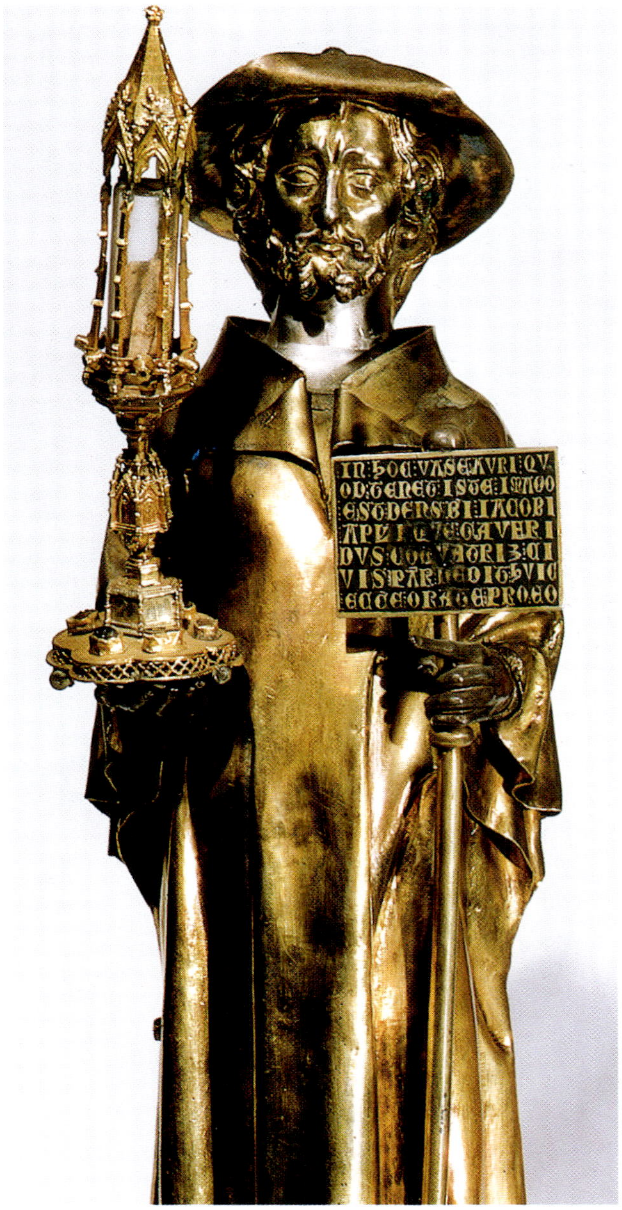

Statue reliquaire de saint Jacques
Membre éminent de la confrérie Saint-Jacques de Paris, Geoffroy Coquatrix offrit à la cathédrale de Compostelle, vers 1321, ce reliquaire d'or émaillé. Le panneau, accroché au bourdon de l'apôtre, en porte le témoignage. Dans la main droite, l'ostensoir renferme une dent.
(Compostelle, trésor de la cathédrale Saint-Jacques)

terre. Les passages les plus souvent cités évoquent ces thèmes : « L'un de vous est-il malade ? Qu'il fasse appeler les anciens de l'église et qu'ils prient après avoir fait sur lui une onction d'huile au nom du Seigneur. La prière de la Foi sauvera le patient : le Seigneur le relèvera et, s'il a des péchés à son actif, il sera pardonné. Confessez-vous donc vos péchés les uns aux autres et priez les uns pour les autres afin d'être guéris. »

Dès le IXe siècle, l'archevêque de Bourges demande de donner cette onction aux malades, prescription régulièrement renouvelée aux siècles suivants. Les pouvoirs de guérison attribués par les textes font invoquer le saint dans des cas de maladies incurables ou contagieuses, accouchement difficile, stérilité ou folie.

Aux riches, la lettre adresse un avertissement sans appel en leur demandant de « pleurer sans attendre sur les malheurs qui les attendent », à cause du mauvais emploi fait de leur argent.

Elle invite à se placer sous la protection de Dieu afin d'obtenir de bonnes récoltes indispensables à la vie de chacun : « Le cultivateur attend le fruit précieux de la terre... Elie pria avec ferveur pour qu'il ne plût pas, et il ne plut pas pendant trois ans ; puis il pria de nouveau, le ciel donna de la pluie, la terre produisit son fruit. »

Menaçant les criminels, elle assure : « Chacun est tenté par sa propre convoitise qui le pousse et le séduit. Quand la passion a conçu, elle donne le jour au péché et quand le péché a été consommé, il enfante la mort. » L'Épître dit encore : « Vous vous êtes repus au jour de la tuerie. » Mais elle ouvre à l'espoir de rachat car elle rappelle qu'« un seul est législateur et juge : celui qui peut sauver et perdre. Qui es-tu, toi, pour juger le prochain ? ».

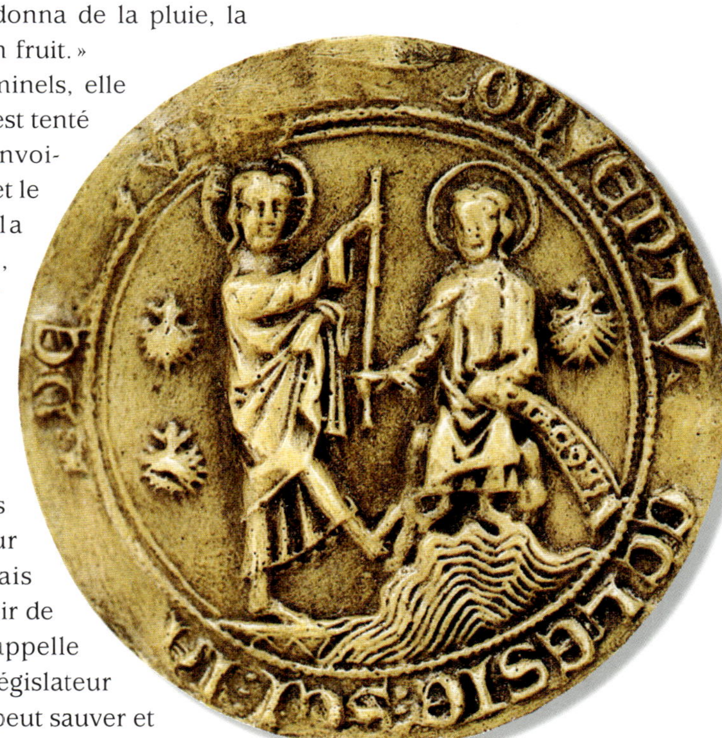

Le Christ transmet ses pouvoirs à saint Jacques
Sur ce sceau de l'abbaye Saint-Jacques de Provins, le Christ offre une baguette à saint Jacques, symbole des pouvoirs qu'il lui transmet, ce qui rappelle les rapports privilégiés qu'il eut avec lui durant sa vie terrestre.
(sceau appendu à un document de 1352, Paris, Archives nationales)

Les marchands inquiets de leur devenir dans l'au-delà se placent volontiers sous la protection du saint apôtre ainsi que les « cultivateurs ». Ces exhortations sont connues et expliquent à elles seules l'immense dévotion portée à saint Jacques et le grand nombre de sanctuaires de proximité qui lui sont dédiés.

Au XIIe siècle, l'onction préconisée par l'Épître inspire la création du sacrement de l'extrême-onction. Le Matamore, pourfendeur des Infidèles, aide les mourants à franchir le seuil de la vie : « L'extrême-onction que [...], selon le précepte de l'apôtre saint Jacques, on donne à ceux qui livrent leur dernier combat. »

Un chemin vers le paradis

Le Chemin de Saint-Jacques peut se définir comme le chemin qui conduit au Ciel, son image sur la Terre étant aussi bien le Chemin de Compostelle que le chemin emprunté par saint Jacques lorsqu'il vint évangéliser l'Occident.

Les âmes voyagent au long de la Voie lactée : « Et ainsi que la descendance d'Abraham grandira jusqu'au sommet de la Terre et sera élevée jusqu'aux étoiles, de la même façon les pèlerins de Saint-Jacques grandiront sur Terre chaque jour et seront conduits, par-dessus les étoiles, à la Patrie céleste avec lui. » La croyance en l'intercession de saint Jacques est tellement forte que l'extrême-onction prend parfois le nom de « sacrement de saint Jacques » et nombreux sont ceux qui se recommandent à lui à leur heure dernière, de Saint Louis au sinistre Gilles de Rais. Tout naturellement, au bout de ce Chemin de Saint-Jacques, l'apôtre est là-haut, qui accueille les arrivants ; cette présence annonce bien sûr celle du saint à l'heure de la Résurrection finale. À ce titre, saint Jacques figure sur des scènes de Jugement dernier, elles-mêmes placées sur des tombeaux.

Bien après le Moyen Âge, cette fonction d'intercesseur des morts qu'il exerce reste fortement ancrée dans toutes les couches de la société, car elle n'est pas remise en cause par Compostelle. L'une des particularités de saint Jacques est donc bien d'aider les hommes sur le chemin du paradis. Lorsque l'apôtre se fait pèlerin, il marque avant tout sa qualité de guide sur les routes du dernier grand pèlerinage, celui qui doit mener au Ciel, tout au bout du Chemin de Saint-Jacques, qui prend là sa seule vraie signification. Les routes terrestres du « pèlerinage de vie humaine » sont à l'image de ces routes célestes. Les pèlerins de Saint-Jacques qui les arpentent, sans qu'ils en soient forcément conscients, sont alors comme les ombres des disparus pour lesquels ils intercèdent par leur prière ou par leur simple présence.

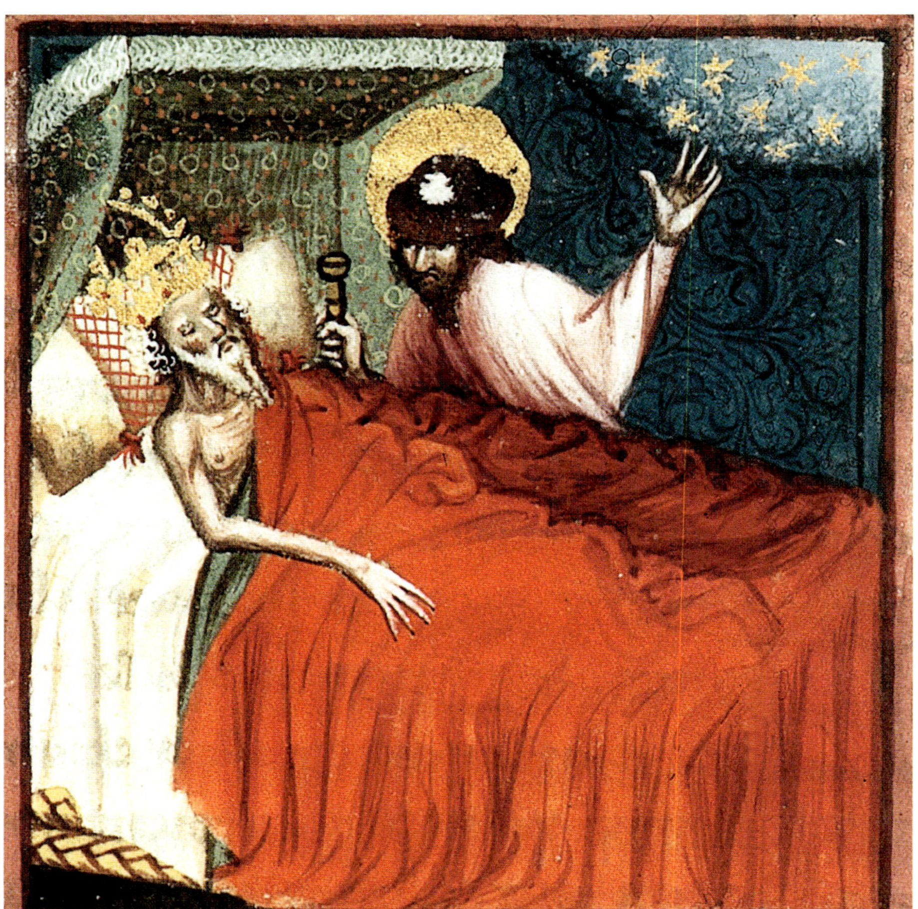

Le Songe de Charlemagne
Sur cette miniature illustrant le Turpin, *c'est à un Charlemagne bien vieux que saint Jacques apparaît, lui montrant la Voie lactée qui doit guider ses pas vers la Galice, afin de délivrer son tombeau. L'Histoire officielle transforme la légende en réalité historique.*
(Les Grandes Chroniques de France, *XVe siècle, Paris, BNF)*

Chemins de Saint-Jacques en Perse et en Bretagne

Le Chemin de Saint-Jacques est aussi celui qu'aurait emprunté l'apôtre de son vivant. Une histoire se racontait en Grèce au IVe siècle, recopiée encore à Venise au XVe siècle : lors d'un voyage en Perse pour visiter les nouveaux chrétiens, passant près d'une fontaine, saint Jacques aperçoit de jeunes lavandières qui le regardent effrontément sans couvrir leur tête et sans rabattre leurs robes. Le saint maudit la fontaine qui sécha et les filles qui devinrent vieilles instantanément. Mais il se laisse fléchir par leurs prières et annule la punition.

Une légende étonnamment semblable, racontée encore au début de ce siècle en Bretagne, montre saint Jacques remontant la Vilaine dans une barque (ou marchant sur les eaux). Près de Rieux, des lavandières se moquent de ce pauvre batelier. Alors l'apôtre maudit Rieux, qui commença de s'appauvrir au profit de Redon. En mémoire de cela, on appelle « chemin de saint Jacques » le large ruban d'écume qui couvre parfois la Vilaine entre l'embouchure et Redon, remontant avec le flot vers l'amont de la rivière. Quel marin, quel croisé a raconté cette histoire au retour de ses voyages ? Et quand ? On ne sait.

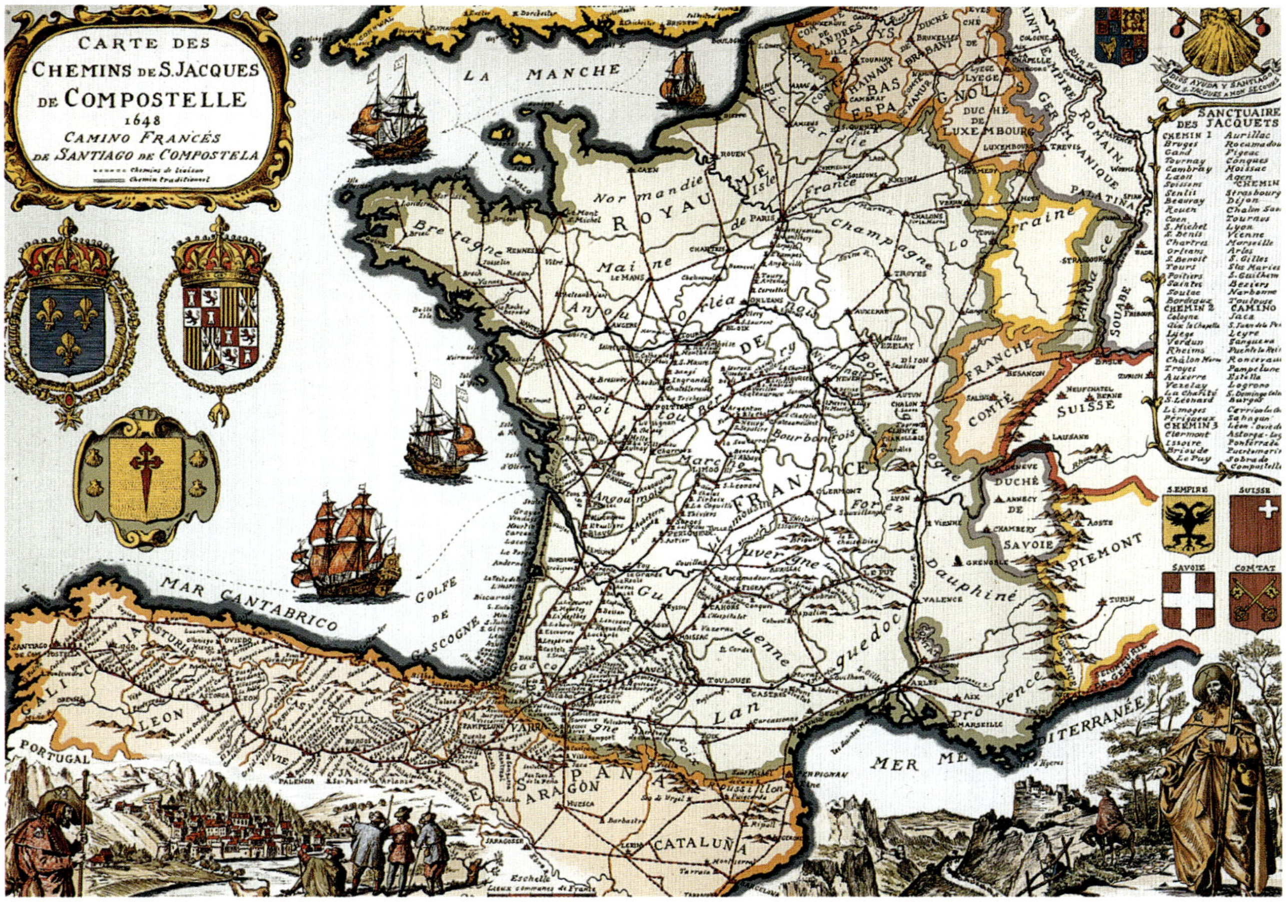

Un document séduisant mais trompeur
Datée de 1648, cette carte a été imaginée et dessinée par D. Derveaux, dans les années 1970. Sur un fond de carte d'inspiration ancienne, il a reproduit les grands itinéraires du XVIIe siècle qui n'étaient en rien spécifiques aux pèlerins. La réussite est telle que la carte est en vente dans les musées nationaux et que, sur la foi de cette présence dans de tels lieux, guides et revues la reproduisent à l'infini.
(« Carte des Chemins de S. Jacques de Compostelle, 1648 » par D. Derveaux, XXe siècle)

Les quatre chemins : un mythe moderne

En 1987, les Chemins de Saint-Jacques définis par le *Guide du pèlerin* étaient déclarés Itinéraires culturels européens avant que l'UNESCO ne commence, en 1998, à en classer quelques tronçons au rang de Patrimoine mondial de l'humanité. Cette reconnaissance officielle est une manifestation contemporaine d'un comportement tout médiéval de passage d'un mythe à la réalité. En effet, rien ne prouve que ces quatre voies aient jamais vu passer plus de pèlerins que les autres. Certes, Vézelay, Paris, Arles ou Le Puy ont vu converger, à certaines dates, des foules de pèlerins venus honorer spécialement ici Marie-Madeleine, là le chef de saint Denis, là saint Trophime ou saint Césaire, là enfin une merveilleuse Vierge noire. Mais l'Histoire n'a jusqu'à présent livré aucune trace de grands départs pour Compostelle à partir de ces villes. Faisant fi des études historiques antérieures prouvant que le « Guide », inconnu en France au Moyen Âge, ne donne que « des itinéraires stéréotypés », les médias ont fini par imposer ces villes comme points de rassemblement en tête de chemins devenus incontournables.

Quantité d'autres chemins s'offraient en réalité au pèlerin de Compostelle. Les auteurs de chansons de gestes en proposent certains ; les *Itinéraires de Bruges*, composés en Flandres au XVe siècle, en donnent d'autres, les uns commerciaux et les autres pèlerins. Mettre aujourd'hui ses pas dans ceux de saint Jacques n'implique donc pas forcément de suivre l'un des quatre chemins devenus officiels. Mieux que les quatre chemins rigides et théoriques du *Guide du pèlerin*, l'ensemble des routes menant à ces sanctuaires locaux ne reproduit-il pas sur Terre le large tracé que la Voie lactée dessine dans le Ciel ? Ne jalonne-t-il pas le Chemin, ou plutôt les Chemins de Saint-Jacques que chaque pèlerin empruntera à son gré ? Car ce sont bien ces sanctuaires qui ont créé la notion de « chemin de saint Jacques », chemin mythique suivi par saint Jacques lorsqu'il parcourut le monde occidental.

ITINÉRAIRES EUROPÉENS

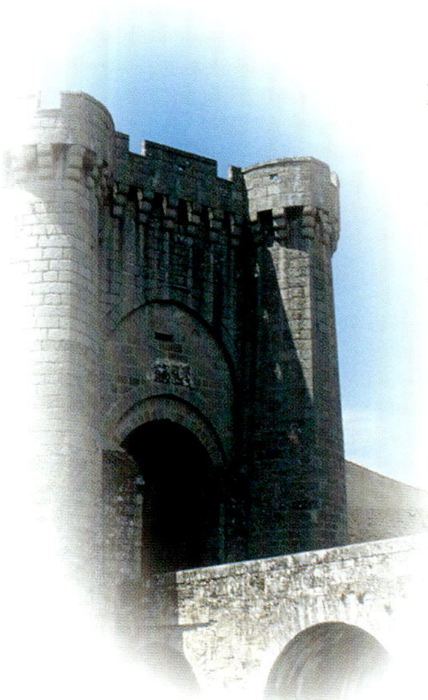

Le tombeau de saint Jacques à Compostelle serait peut-être resté inconnu si l'Espagne n'avait été envahie par les Sarrasins. La Galice était menacée par l'envahisseur et il convenait de défendre ce tombeau. Quel meilleur défenseur que l'empereur Charlemagne lui-même ? Le *Turpin* nous indique que l'apôtre lui apparut en songe et lui révéla que la Voie lactée, ce chemin d'étoiles qui prend la terre en écharpe, lui montrait la route de Galice. De sa capitale, Aix-la-Chapelle, l'empereur se met en route sans hésiter, premier pèlerin ouvrant la voie à beaucoup d'autres. Un peu partout en France, les itinéraires s'enrichissent de sanctuaires à la gloire du saint, fondés par l'empereur à son retour d'Espagne. Les reliques se multiplient, suscitant la ferveur populaire et les querelles des puissants, intéressés par les revenus et la renommée des pèlerinages locaux. D'innombrables souvenirs de ces cultes à saint Jacques nous sont restés, prétextes à poursuivre le rêve.

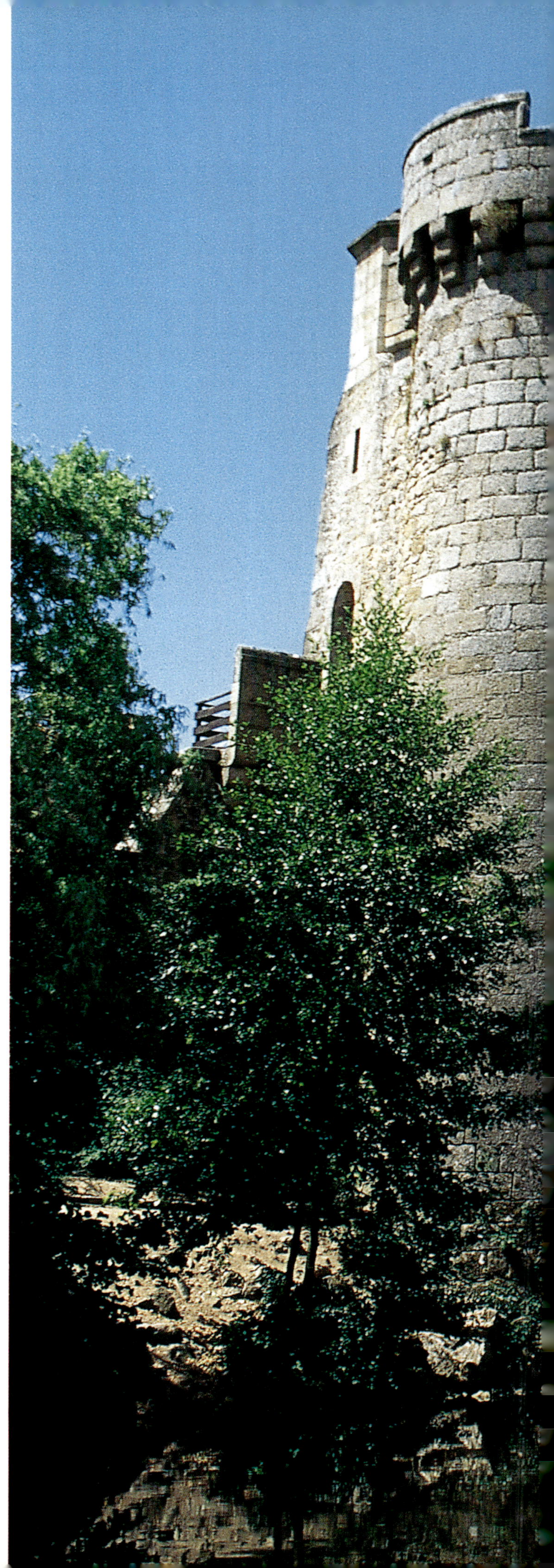

Parthenay, le pont et la porte Saint-Jacques
Parthenay-le-Vieux passe pour être la ville où résidait au XIIe siècle le moine Aimery Picaud, l'auteur présumé du Guide du pèlerin. *Dans cette petite cité fortifiée du Poitou, le quartier des fabricants et marchands de draps était placé sous le patronage de l'apôtre de Compostelle.*

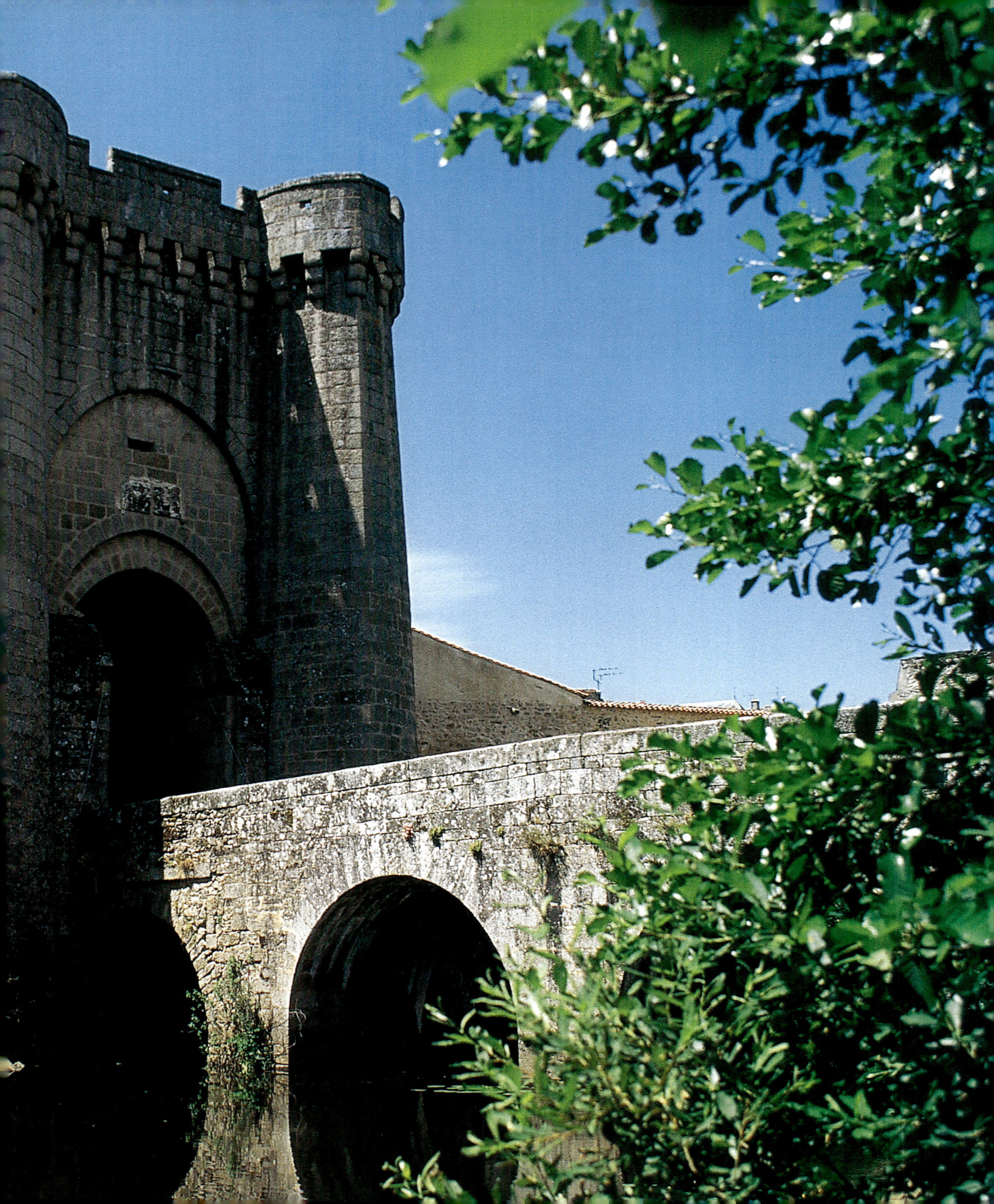

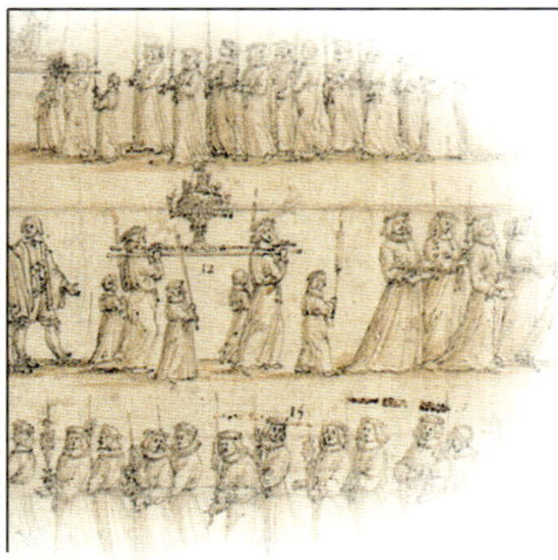

D'Aix-la-Chapelle à Compostelle, une route par l'Ouest

Sur les voies terrestres, reflets des routes célestes dessinées par la Voie lactée, se croisent et s'entrecroisent les pas de saint Jacques et ceux de Charlemagne tant les souvenirs de leur histoire commune ont fini par marquer celle des hommes. Autant que la légende de saint Jacques, celle de Charlemagne combattant pour l'apôtre, diffusée par le Turpin *et reprise par les chansons de geste médiévales, est aujourd'hui encore perceptible dans les monuments et jusque dans le paysage où chantent les noms de lieux évoquant l'une ou l'autre.*

Aix-la-Chapelle

Charlemagne, observant le ciel depuis son palais d'Aix-la-Chapelle, y vit un jour avec étonnement « une sorte de chemin semé d'étoiles qui commençait à la mer de Frise et, se dirigeant entre la Germanie et l'Italie, entre la Gaule et l'Aquitaine, passait tout droit à travers la Gascogne, le pays Basque, la Navarre et l'Espagne jusqu'en Galice ». Quel sens donner à cette vision, racontée par la *Chronique de Turpin* ? C'est alors que saint Jacques apparut en songe à l'empereur et lui expliqua : « Le chemin d'étoiles signifie que tu iras jusqu'en Galice avec de grandes armées combattre les païens, libérer mon chemin et ma terre, et visiter mon église et ma sépulture. Après toi, tous les peuples de l'une à l'autre mer [de la Méditerranée à l'Atlantique] y viendront en pèlerinage, depuis le temps de ta vie et jusqu'à la fin de ce siècle. » Charlemagne, ainsi contraint de partir à l'autre bout de la Voie lactée, ne quitta pas sans regrets sa nouvelle capitale et son palais aussi beau que celui de Constantinople. Il en avait conçu la chapelle comme un reliquaire monumental, la plus célèbre de ces reliques étant la « cape » de saint Martin – le mot « cape » est à l'origine du terme « chapelle », utilisé ici pour la première fois afin de désigner le lieu où était conservé le manteau du saint. Au centre, le trône impérial est dessiné sur le modèle de celui du roi de l'Ancien Testament, Salomon. Du nord de l'Europe, Charlemagne s'affichait ainsi comme le chef suprême de la Chrétienté, face à Rome qu'il surpassait en magnificence.

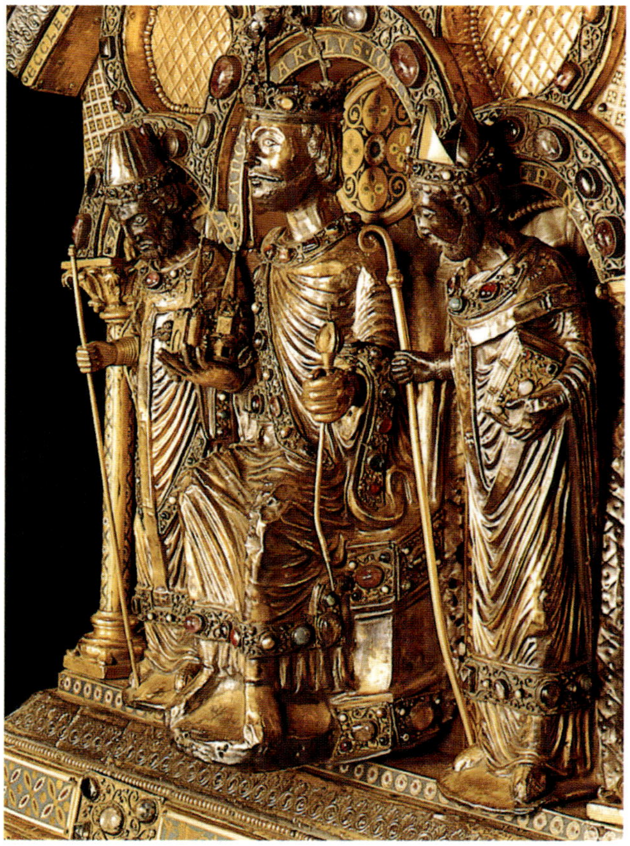

Le pape Léon III, Charlemagne et l'archevêque Turpin
En 1215, l'empereur germanique Frédéric II orna de scènes du Turpin *la châsse de son illustre prédécesseur. Le mythe devint dès lors vérité historique : au pape Léon III (à gauche) qui couronna Charlemagne empereur d'Occident, fut associé Turpin (à droite), son compagnon légendaire dans ses conquêtes en Espagne. (châsse de Charlemagne, Aix-la-Chapelle, chapelle palatine)*

Selon la *Chronique de Turpin*, l'expédition en Espagne fut bénéfique au palais et au prestige de l'empereur. Riche des reliques et de l'or rapportés, Charlemagne dota Aix-la-Chapelle de bains publics, enrichit la chapelle palatine d'or et d'argent et orna sa demeure de peintures commémorant les expéditions espagnoles. Certains manuscrits du *Turpin* ajoutent qu'il fonda une église Saint-Jacques en cette même ville. Si l'on en croit un inventaire du début du XIe siècle, il est admis qu'il ramena également « la majeure partie du corps de saint Jacques ».

Le tombeau de Charlemagne et le corps de saint Jacques

Après la mort de Charlemagne, inhumé dans la chapelle de son palais en l'an 814, les pèlerins se pressent pour vénérer son tombeau ainsi que le corps de saint Jacques. La gloire d'Aix-la-Chapelle survit au démantèlement de l'Empire, lors du traité de Verdun, en 843. Les empereurs germaniques s'appuient même sur la ville et sur ces saintes reliques pour se faire reconnaître comme les seuls descendants de Charles. En 1165, Frédéric Ier Barberousse avait fait béatifier Charlemagne par l'antipape Pascal III. De cette époque datent plusieurs manuscrits du *Turpin*, ce qui prouve combien le couple Charlemagne-saint Jacques est lié. À partir de 1349, de grands pèlerinages seront organisés, au cours desquels les reliques sont sorties et montrées aux foules rassemblées à l'extérieur.

Liège

Selon le *Turpin*, Charlemagne regagna Aix-la-Chapelle par Liège. Depuis 1015, Liège possédait une abbaye Saint-Jacques et, depuis 1056, un bras de saint Jacques… en provenance de Compostelle. Il avait été rapporté à l'occasion d'une mission diplomatique dans laquelle Charlemagne occupe précisément une grande place. À cette époque, deux rois, l'un germanique (Henri III) et l'autre castillan (Ferdinand Ier), se réclament du titre d'empereur en tant que descendants de Charlemagne. Henri III tente d'imposer ses droits en s'appuyant sur la Galice, ce royaume qui cherche toujours à se soustraire à la domination castillane. Le prétendant au trône galicien, évincé par Ferdinand Ier, répond volontiers à ses avances. Il engage comme chapelain un chanoine de la collégiale Saint-Pierre de Liège et projette d'épouser la sœur de l'empereur Henri III. Une délégation dirigée par Hermann, un fidèle de l'empereur, part de Liège sous le prétexte d'un pèlerinage au tombeau de saint Jacques. Robert, l'un des moines de l'abbaye Saint-Jacques de Liège, se joint à elle, avec pour mission parallèle de rapporter des reliques de saint Jacques. Il obtient gain de cause et rapporte un bras, que les pèlerins viennent vénérer à l'abbaye.

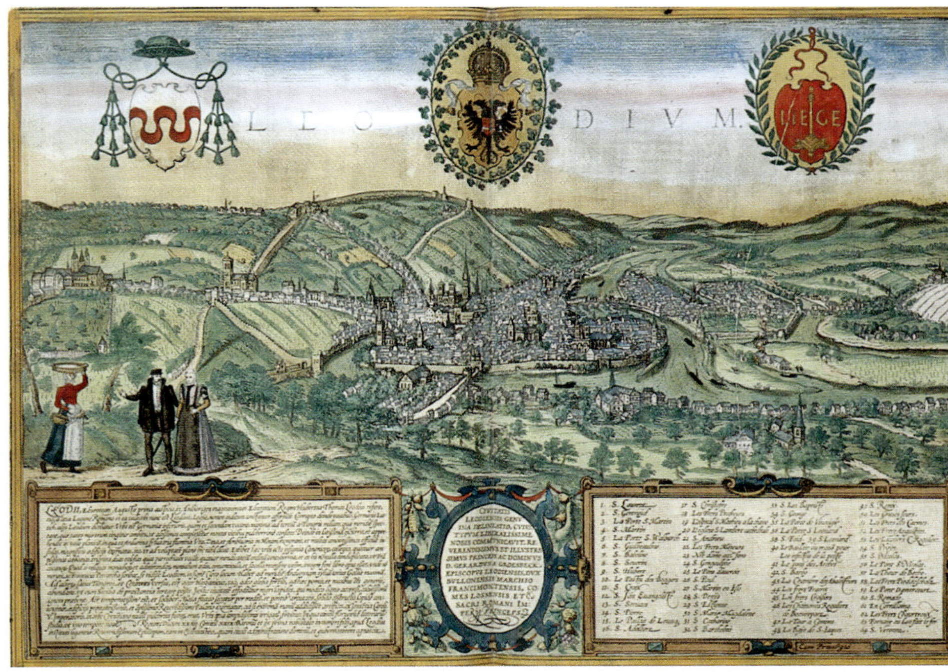

Vue cavalière de la ville de Liège
Outre l'abbaye Saint-Jacques dont le trésor abrite depuis 1056 une précieuse relique de l'apôtre, la ville de Liège compte également un hôpital Saint-Jacques, fondé au XVe siècle.
(Georg Braun et Frans Hogenburg, Civitates Orbis Terrarum, *1572)*

On aimerait connaître le chemin emprunté par ces pèlerins mais la relation pourtant très détaillée est pratiquement muette. On sait seulement que le chemin parut très long aux Liégeois, qu'ils traversèrent des « lieux incultes appelés communément landes » et franchirent un point « culminant de régions hostiles », vraisemblablement Roncevaux, où aucun lieu d'hospitalité n'existait alors.

En 1169, l'église d'une autre abbaye de Liège, Saint-Laurent, est dotée d'une nouvelle chapelle vouée à saint Jacques : l'abbé enferme dans l'autel des reliques des deux apôtres Jacques, authentifiées par cette inscription : « Saint Jacques frère du Seigneur ; saint Jacques frère de Jean ». Bien plus tard, en 1429, un hôpital Saint-Jacques dépendant de cette abbaye Saint-Laurent sera fondé par des bourgeois de la ville qui avaient accompli l'un des trois grands pèlerinages de Compostelle, Rome ou Jérusalem. Cet hôpital se trouvait au pied d'un pont, le pont d'Avroy, une situation classique pour un lieu d'hospitalité.

Arras et Aire-sur-la-Lys

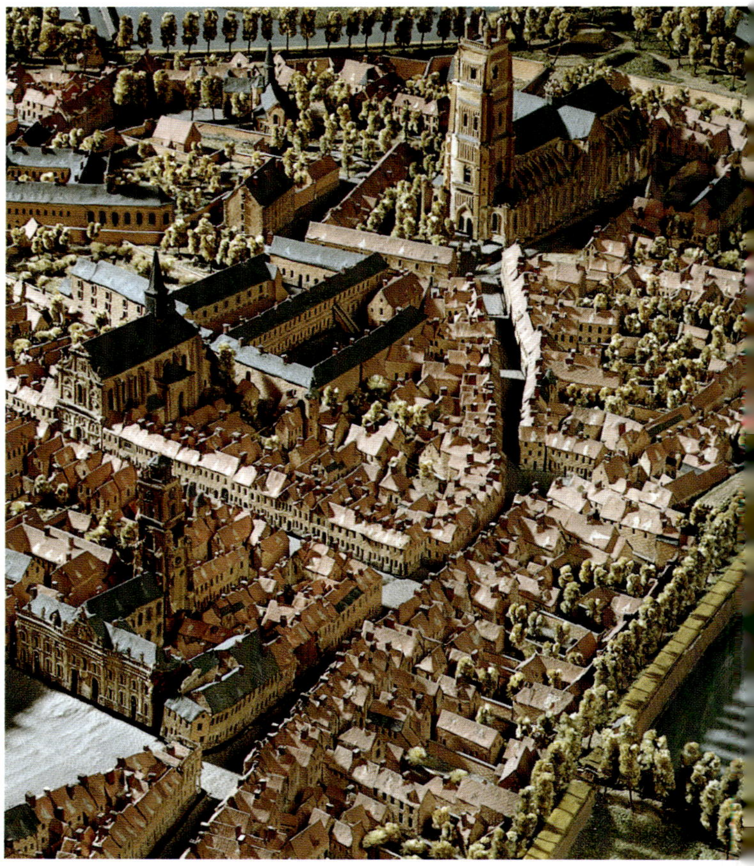

Plan en relief d'Aire-sur-la-Lys
Au premier plan, l'église des Jésuites, placée sous le vocable de saint Jacques, et au fond, la collégiale Saint-Pierre. En 1641, la cité sous domination espagnole en appela à l'apôtre pour résister aux troupes du roi de France Louis XIII. Chaque soldat était alors porteur d'une médaille à son effigie. (papier aquarellé et flocage de soie, XVIIIe siècle, Lille, musée des Beaux-Arts)

Arras, située au milieu d'une plaine vaste et fertile, sur la Scarpe, est née de la présence du tombeau de saint Vaast, évangélisateur de la région au VIe siècle. Au siècle suivant, saint Aubert fonde, au-dessus de ce tombeau, une abbaye qui porte le nom du saint. Tout autour, les moines développent une activité marchande, basée sur la production des draps. Une agglomération naît et grandit.

Quelques années plus tard, l'abbaye aurait reçu d'un roi de France dont l'identité est inconnue un « chef de saint Jacques », relique qu'il aurait tirée de son propre trésor. Cette tête venait-elle du trésor d'Aix-la-Chapelle ? Car les rois de France, s'inscrivant en faux contre les prétentions hégémoniques de l'Empire germanique, se réclamaient aussi de Charlemagne.

Une relique âprement disputée

Saint Jacques, rangé « à l'endroit le plus caché et le plus secret du trésor de l'abbaye », n'intéressa personne jusqu'aux années 1020, date à laquelle l'abbé Ledwin se l'appropria, « en cachette du chapitre ».

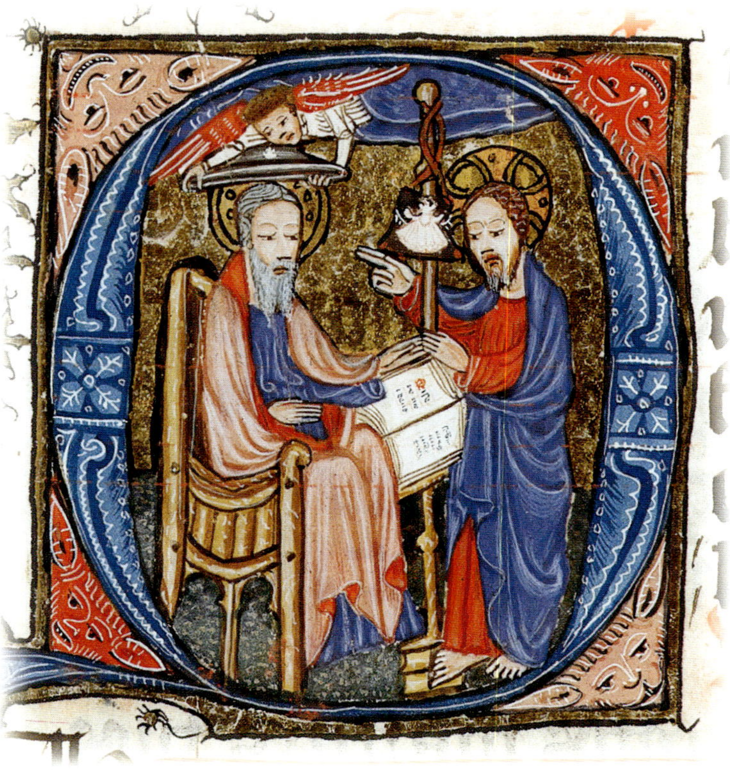

Office chanté pour la Saint-Jacques
À l'invitation du Christ pèlerin, à droite, l'apôtre rédige le texte de la liturgie dite « de saint Jacques », tandis qu'un ange le coiffe du chapeau de pèlerin. Cette enluminure orne un manuscrit liturgique réalisé au XVe siècle pour le prévôt du chapitre de la collégiale Saint-Pierre d'Aire-sur-la-Lys. (Rituale ad usum ecclesie Beati Petri Ariensis, *XVe siècle, BNF, nal 3106, f° 38*)

Il la porta à Berclau (aujourd'hui Billy-Berclau, dans le Pas-de-Calais), sur l'une de ses propriétés où il venait de fonder une église placée sous la protection de saint Jacques. Aussitôt s'instaura un pèlerinage, les habitants des villages voisins suivant des offices en l'honneur de l'apôtre et apportant des offrandes.

Plus d'un siècle après, en juin 1166, l'abbé de Saint-Vaast, Martin, réalisa que cette relique appartenait à son abbaye et prit la résolution d'aller la récupérer. À cette époque, cette abbaye était fort riche et contrôlait de grands marchés internationaux. Eut-elle besoin de s'affirmer davantage ? La ville, devenue évêché au XIe siècle, se dotait depuis 1160 d'une nouvelle cathédrale. Avait-elle besoin de l'argent qu'apporteraient les pèlerins ? Était-elle jalouse du succès du pèlerinage de Berclau ? Toujours est-il que l'abbé et l'évêque décidèrent ensemble d'une expédition. Ils partirent en grand apparat mais, à leur arrivée, se heurtèrent à l'opposition violente des villageois. Les deux ecclésiastiques, confiants en leur seigneur Philippe, comte de Flandre, allèrent donc lui demander de l'aide. Ils obtinrent gain de cause, récupérèrent la précieuse tête et rentrèrent à Arras. Soucieux d'arriver à l'abbaye en grande pompe, ils déposèrent bien imprudemment la relique dans l'église Saint-Michel, d'où une procession solennelle devait la conduire à l'abbaye le lendemain. C'était compter sans Philippe de Flandre qui, prétendant que la relique lui appartenait puisqu'elle avait été trouvée sur son domaine, s'empara de force du trésor et le confia aux chanoines de la collégiale Saint-Pierre d'Aire-sur-la-Lys. Ceux-ci venaient d'achever leur église dont ils attendaient la consécration. Dans la petite ville, alors en pleine expansion, les chanoines instituèrent aussitôt une fête solennelle en l'honneur de saint Jacques ; les pèlerins s'y précipitèrent.

La tête coupée en deux

L'abbé de Saint-Vaast mobilisa les évêques, les comtes et même le pape. Cependant, il lui fallut six longues années de tractations pour faire plier le comte Philippe, lequel obtint néanmoins de ne rendre qu'une moitié du chef afin de ne pas tuer le pèlerinage d'Aire. En 1172 eut lieu le partage de la relique, en deux parts égales, sur le maître-autel de l'église d'Aire, en présence du comte de Flandre et de l'abbé de Saint-Vaast. Malgré les précautions prises, le pèlerinage d'Aire diminua de beaucoup, au profit de celui d'Arras qui fut très couru et où le saint chef fut « honoré fort grandement ». Bien vite, les pèlerins crurent que l'église d'Aire ne possédait plus qu'une minuscule relique. En cette même année, le comte Philippe éprouva le besoin de noter au bas d'un acte qu'il « revient de Saint-Jacques ». Qu'était-il allé y faire ?

Un siècle plus tard, en 1272, un chanoine d'Aire retrouva, presque par hasard, dans les archives de Saint-Vaast, l'histoire mouvementée de la relique. Il fut procédé immédiatement à une translation de la relique dans un buste de saint Jacques. Un grand morceau de cristal de roche incrusté dans l'entablement du buste permettait de voir toute la relique. Le reliquaire était en argent, supporté par quatre anges et entouré d'un collège de chérubins figurant le paradis. Le pèlerinage reprit alors force et vigueur et fut pratiquement le seul en France à survivre aux guerres de religion. En 1526, un texte rapporte que les chanoines vendaient des enseignes de pèlerinage en argent. Chaque 25 juillet, ils organisaient dans la ville une procession au cours de laquelle le reliquaire était porté par deux d'entre eux. En tête marchait un cheval blanc, « pour marque des victoires remportées autrefois par saint Jacques contre les Infidèles ». On invoquait également l'Épître de saint Jacques dans laquelle on prie le saint pour la protection des récoltes en bénissant des pommes durant la grand-messe. Le soir, des mystères étaient joués, rappelant la vie de saint Jacques.

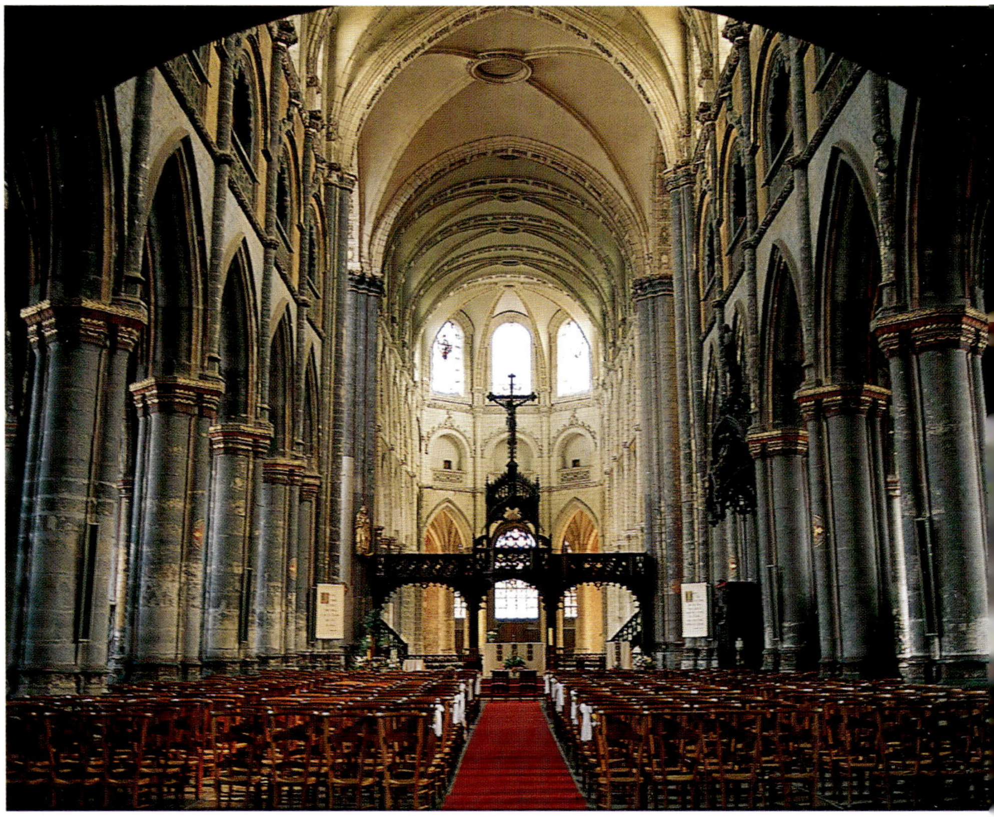

Église Saint-Pierre d'Aire-sur-la-Lys
Dans l'église collégiale, la chapelle Saint-Jacques abrite aujourd'hui encore le souvenir d'une dévotion locale très intense à saint Jacques : des fresques datant du début du XVIIe siècle retracent en quatorze tableaux les miracles qui se produisirent en cette chapelle, par la grâce de la relique. (Aire-sur-la-Lys, nef de l'église Saint-Pierre)

Au tout début du XVIIe siècle, la chapelle Saint-Jacques de l'église Saint-Pierre d'Aire-sur-la-Lys fut ornée de peintures murales représentant des miracles ayant eu lieu devant le chef de l'apôtre, principalement des résurrections d'enfants. En 1741, ces peintures furent restaurées, ce qui prouve bien la vitalité du sanctuaire. Puis la mode du culte de saint Jacques passa, les peintures furent recouvertes d'un badigeon, et le reliquaire disparut à tout jamais. En 1842, on redécouvrit ces peintures qui furent alors remises à l'honneur, mais la ferveur passée ne revint jamais. Actuellement, une restauration de la chapelle est en cours de réalisation. Elle pourra permettre de faire renaître ce culte local à saint Jacques.

Paris

Paris, carrefour des routes du royaume, ne fut pas uniquement, tant s'en faut, une étape sur le chemin de Compostelle, mais en soi un but de pèlerinage, un haut lieu de vénération à saint Jacques. Pas moins de quatre églises peuvent se prévaloir du titre de sanctuaire spécifique : Saint-Jacques-de-la-Boucherie, Saint-Jacques-des-Prêcheurs, Saint-Jacques-du-Haut-Pas et Saint-Jacques-aux-pèlerins.

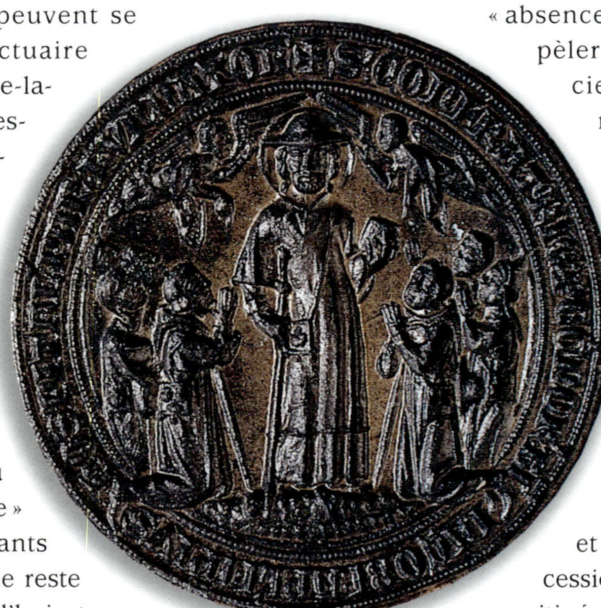

Sceau de la confrérie de Saint-Jacques-aux-pèlerins
Cette confrérie, mentionnée pour la première fois en 1299, fut refondée en 1315. Elle regroupait des membres de l'entourage royal et de l'aristocratie marchande parisienne. Sur le sceau, saint Jacques est entouré des confrères, agenouillés en prière. (Paris, Archives nationales)

Saint-Jacques-de-la-Boucherie

La fondation la plus ancienne est celle de Saint-Jacques, dite seulement au XIIIe siècle « de la Boucherie » car financée par les puissants bouchers de Paris, dont il ne reste plus que le clocher, aujourd'hui « tour Saint-Jacques ». Si l'on en croit le *Turpin* elle aurait été l'une des églises fondées par Charlemagne à son retour de Compostelle, « entre la Seine et le mont des Martyrs » (Montmartre). Cette église est bien une authentique église de pèlerinage, ainsi qu'en atteste la mention suivante dans les comptes de 1411 : « Le 25e jour de juillet, qui fut le jour de la fête de monseigneur saint Jacques, vint le roi notre Seigneur en pèlerinage en ladite église. » Le roi est Charles VI, le malheureux roi fou qui, à cette date, relève de l'une de ses longues crises qualifiées pudiquement « absences ». Un roi ne doit aller en pèlerinage que dans un lieu anciennement et unanimement reconnu comme un sanctuaire réputé.

Le cérémonial de cette église, daté de 1478, décrit ces jours solennels de pèlerinage qui se répètent quatre fois dans l'année : le 25 juillet, le 6 octobre (fête de la Dédicace de l'église), le 30 décembre (fête de la Translation de saint Jacques à Compostelle) et le 1er mai. Une grande procession parcourt la paroisse selon un itinéraire immuable, avec, en tête, les statues et les reliquaires de saint Jacques que portent les chapelains revêtus de leurs costumes d'apparat. S'y ajoutent croix, encensoirs et bannières portés par un nombre impressionnant de prêtres. Tout au long de cette journée, les pèlerins

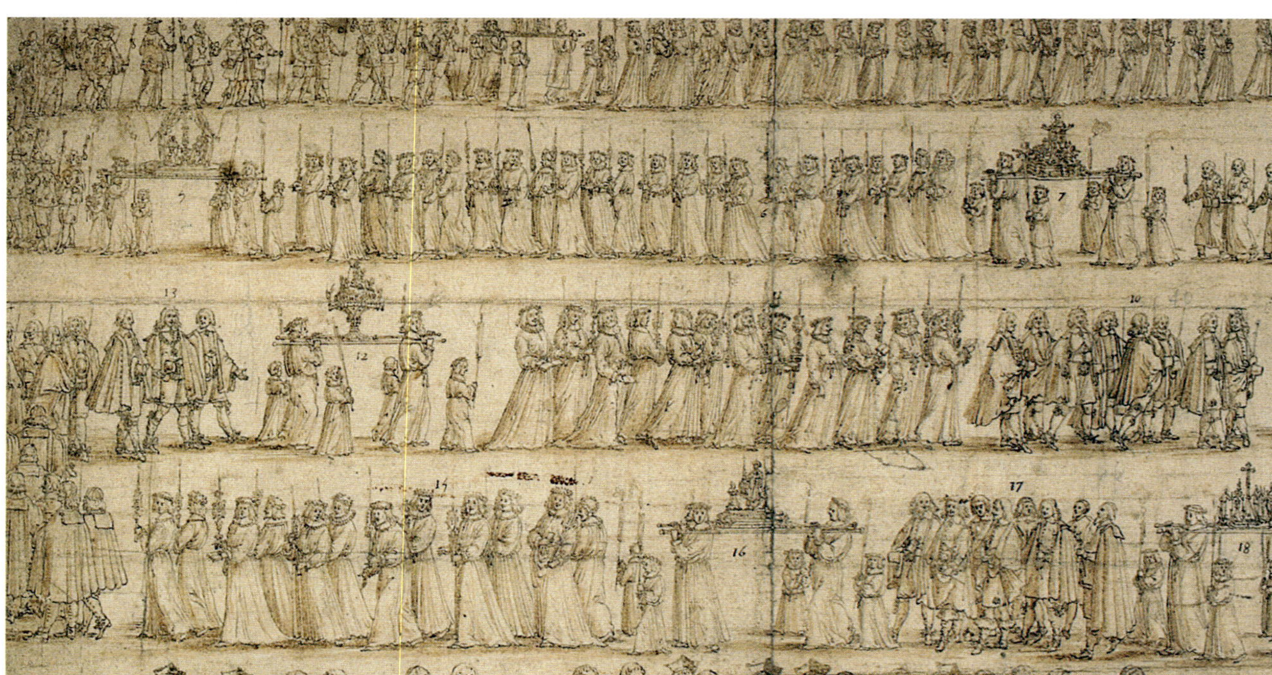

« Procession des confrères pèlerins de Saint-Jacques qui ont fait le Saint Voyage à Compostelle [...] »
Au centre de la procession, les deux reliquaires les plus importants : l'un contient une relique de la vraie Croix (n° 18) et l'autre « un doigt de saint Jacques » (n° 16). [Lenfant, XVIe siècle, Paris, musée Carnavalet]

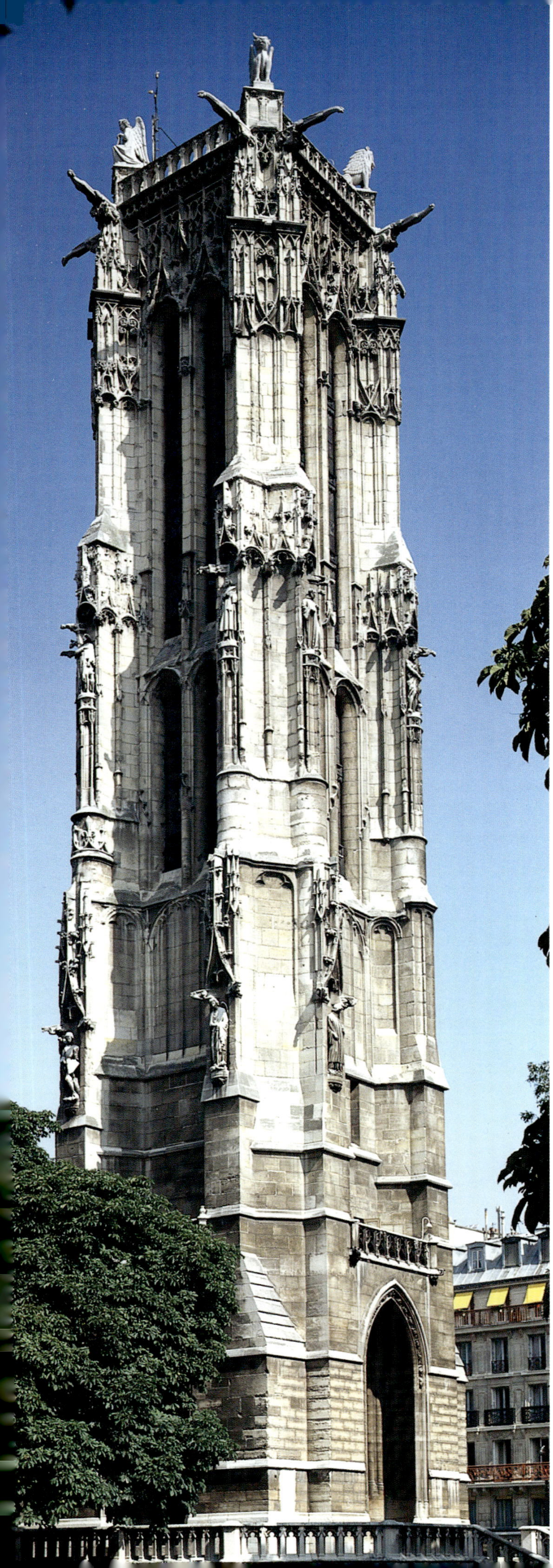

peuvent se recueillir devant les statues et les reliquaires qui restent exposés. Quoi que puisse en dire la plaque apposée en 1965 sur les bases de la tour, rien n'atteste un lien quelconque de cette église avec Compostelle.

Saint-Jacques-des-Prêcheurs et Saint-Jacques-du-Haut-Pas

En 1217 arrive à Paris saint Dominique, fondateur, en 1215, de l'ordre des Mendiants, dit « des Prêcheurs », puis « des Dominicains ». On lui donne pour logement une maison qui abritait un hôpital Saint-Jacques fondé par un médecin de Philippe-Auguste et appartenant à l'Université. Démolie au XIXe siècle, elle était située rue Saint-Jacques et englobait une partie de la Sorbonne actuelle, la rue Cujas et les nos 156-158 à l'angle de la rue Soufflot. De ce vocable parisien était venu, dit-on, le surnom de Jacobins donné à tous les dominicains. Cela semble exact, mais en partie seulement car les dominicains affichent en général une dévotion certaine à saint Jacques. Sans aller jusqu'à prétendre, ce que d'aucuns n'ont pas hésité à faire, que saint Dominique fut chevalier de l'ordre de Santiago avant de fonder son ordre, on ne peut manquer de constater que le vocable Saint-Jacques est très souvent conservé ou choisi pour les nouveaux couvents qui se fondent. Cette église, dénommée Saint-Jacques-des-Prêcheurs, devient elle aussi un lieu de pèlerinage : l'évêque de Paris, dissuadant la reine Blanche de Castille de partir à Compostelle, lui conseille de se rendre simplement « à Saint-Jacques », chez les dominicains de Paris. Comme pour un départ vers un lointain pèlerinage, il lui remet « l'écharpe et le bourdon », et lui assure que ce pèlerinage a même valeur que celui de la lointaine Galice.

Bien moins connu, l'hôpital Saint-Jacques-du-Haut-Pas fut fondé, tout en haut de la rue Saint-Jacques, hors les murs, en 1335, non pas tant pour accueillir des malades que pour héberger les pèlerins arrivant au sanctuaire. En effet, la donation faite par le roi Philippe VI définit clairement ce lieu comme une maison faite « pour recevoir audit hôpital les pauvres passants et spécialement les pauvres pèlerins allant audit Saint-Jacques ». Ces derniers mots se réfèrent indiscutablement au Haut-Pas et non, comme on l'a trop souvent dit, à Compostelle. Le manque total d'archives ne permet pas de connaître davantage la vie de cet établissement, scindé aujourd'hui en église paroissiale et Institut des sourds-muets.

La tour Saint-Jacques
Élevé de 1509 à 1523, ce clocher est l'unique vestige de l'église paroissiale Saint-Jacques-de-la-Boucherie, dont la fondation est antérieure au XIIe siècle. L'édifice fut démoli après avoir été vendu comme bien national en 1797. Au sommet se dresse la statue de saint Jacques, œuvre monumentale commandée par Napoléon III au sculpteur Chenillon. Cette tour ne fut jamais, contrairement à ce qu'affirme la plaque apposée sur sa base, un point de rassemblement pour les pèlerins de Compostelle.

Saint-Jacques-aux-pèlerins

Fondé quelques années plus tôt, en 1319, l'hôpital Saint-Jacques-aux-pèlerins, dit aussi « Saint-Jacques-de-l'hôpital », surpassa tous les autres par sa splendeur due à la qualité de ses fondateurs, proches de l'entourage royal et membres de l'aristocratie marchande parisienne. Cet hôpital, démoli seulement au siècle dernier, était situé intra-muros, non loin de la porte Saint-Denis (ou porte-aux-Peintres) percée dans le mur de Philippe-Auguste. Il occupait un carré bordé par les rues Saint-Denis, du Cygne, de la Grande-Truanderie et Saint-Jacques-aux-pèlerins (aujourd'hui Pierre-Lescot). Cet hôpital fut un centre de pèlerinage très actif, fréquenté comme tel par des pèlerins dont il était le but. À partir de 1321, plusieurs bulles du pape accordèrent des indulgences aux pèlerins « accourant promptement pour faire le bien de l'hôpital ». En 1326, l'église fut dotée d'un « os du bras mons. S. Jacques » venu de Compostelle, offert par le roi Charles IV. Ce don fut complété en 1392 d'un « petit ossement de la poitrine » puis, tardivement, en 1539, d'une « partie d'une des costes du corps de mons. S. Jacques le Majeur ». Le pèlerin le plus prestigieux fut, par deux fois, le roi Charles VI, venu réellement « en pèlerinage », le 1er mai 1394 et le 18 janvier 1397, jour de la fête de Charlemagne, son glorieux ancêtre. Si l'on vient vénérer les reliques et les implorer, il arrive aussi qu'on les porte sur les lieux que l'on demande à saint Jacques de protéger. Ainsi, en 1467, lors d'une « pestilence », on porta en procession le précieux « os du bras mons. S. Jacques » depuis l'église Saint-Jacques-de-l'hôpital jusqu'à Saint-Germain-des-Prés. En effet, saint Jacques est souvent invoqué contre la peste, ce qui explique peut-être qu'on le retrouve parfois en concurrence avec saint Roch, lui-même costumé en pèlerin de Saint-Jacques. On l'invoque aussi pour protéger les biens de la terre. C'est ainsi que, en 1599, une des confréries de maîtres-jardiniers de Paris célébrait encore sa fête patronale le 25 juillet, jour de Saint-Jacques et Saint-Christophe.

Fêter la « reine en sabots »

Un chroniqueur contemporain raconte l'entrée solennelle dans Paris, le 9 février 1492, d'Anne de Bretagne, couronnée la veille à Saint-Denis. Sur le trajet du cortège : Saint-Jacques-de-l'hôpital. Conformément à la coutume, les confrères de Saint-Jacques présentent un tableau vivant devant leur porte : « Un personnage représentant le roi Charlemagne, monté sur un grand cheval, tenant en sa main droite une épée nue et, en l'autre main, la pomme ronde à la croix dessus [le monde dominé par Dieu]. Sur le haut de sa couronne, une croix d'or rappelant qu'il a soumis la plus grande partie du monde. Il chemine ainsi devant la noble dame, jusqu'à Notre-Dame de Paris, ayant jacquets devant et derrière, conduisant lui et son cheval. » Une fois de plus est rappelé le lien qui unit les rois de France à Charlemagne et à saint Jacques.

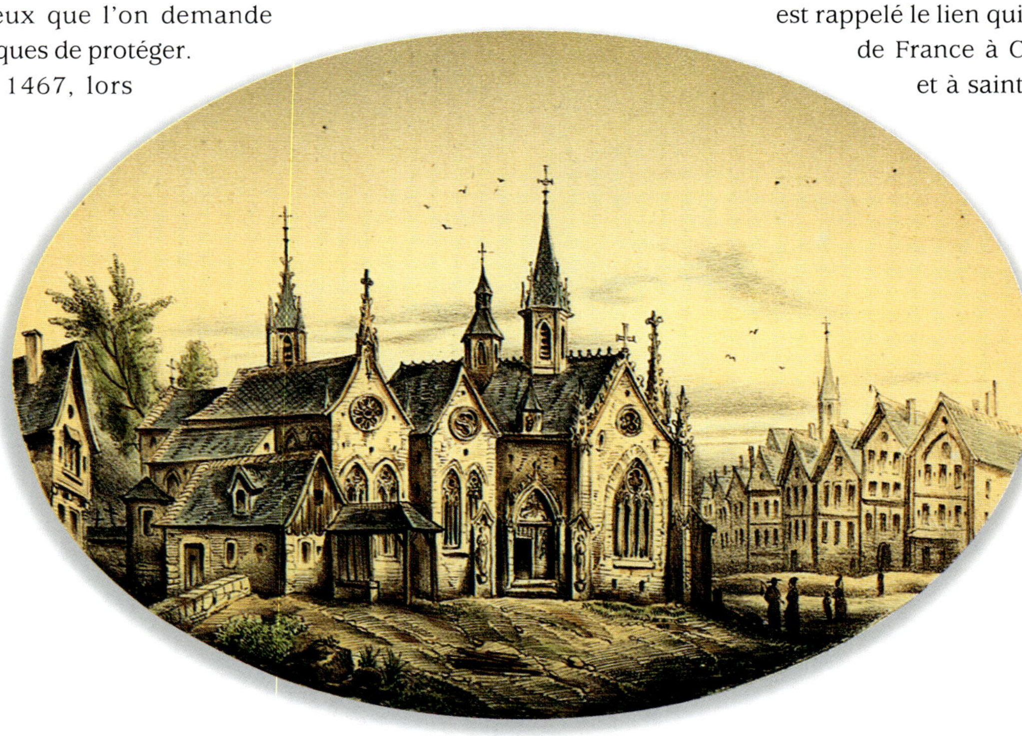

L'hôpital Saint-Jacques-aux-pèlerins
Les trois pignons parallèles et contigus ouvraient sur la rue Saint-Denis, grande artère venue du nord. Derrière s'étendaient le cloître, les maisons des chanoines, les dépendances et le cimetière. L'église fut démolie en 1829. (lithographie de Barousse, après 1825, Paris, musée Carnavalet)

Nicolas Flamel

UN ALCHIMISTE SUR LE CHEMIN DE COMPOSTELLE ?

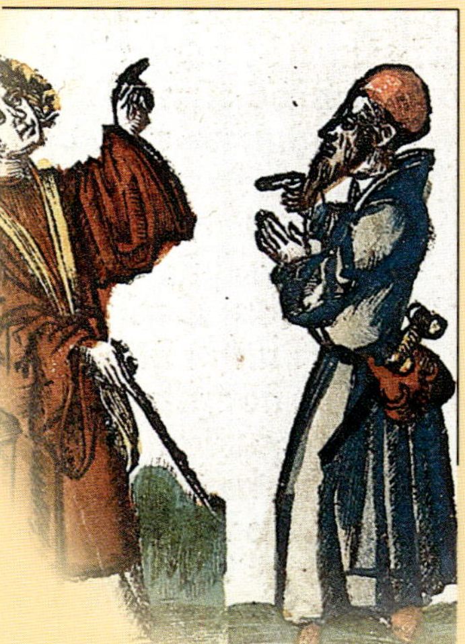

Épitaphe de Nicolas Flamel
Généreux donateur de l'église Saint-Jacques-de-la-Boucherie, Nicolas Flamel y fut inhumé. Selon les alchimistes du xvie siècle, les figures représentées sur sa pierre tombale expriment des vérités alchimiques secrètes.
(pierre tombale de Nicolas Flamel, 1418, Paris, musée de Cluny)

Nicolas Flamel (1330-1418), le plus populaire des alchimistes français, a-t-il trouvé sur le chemin de Compostelle le secret de la pierre philosophale et de la transmutation des métaux en or et en argent ? Cette légende s'est forgée progressivement, bien que l'histoire de la vie de Flamel ne retienne rien qui permette de telles affirmations. Écrivain juré de l'université de Paris, il fit fructifier dans l'immobilier les biens acquis par mariage et se trouva à la tête d'une grosse fortune. Parmi les libéralités ostentatoires qu'il eut à l'égard des églises, il convient de retenir la construction et l'ornementation d'un portail de Saint-Jacques-de-la-Boucherie, d'un autre à l'église Saint-Gervais et de deux arches du cimetière des Innocents. Sa maison était située à l'emplacement de l'actuelle rue de Rivoli, à hauteur d'une rue nouvelle qui reçut son nom, la rue Nicolas-Flamel. Elle fut démolie en 1852, lors des grands travaux du secteur.

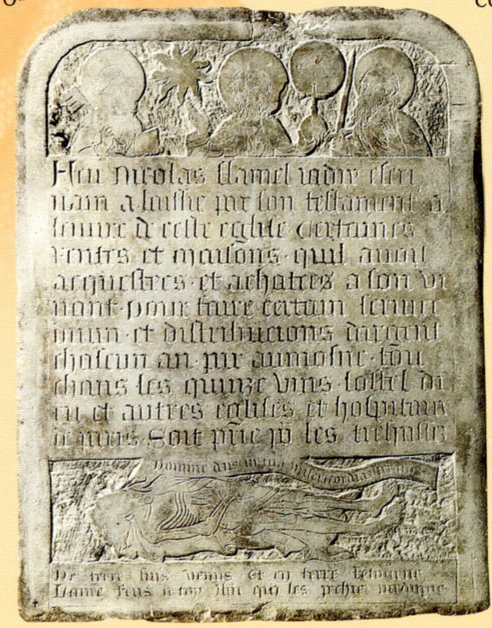

Une première trace du mythe apparaît à la fin du xve siècle lorsqu'on diffuse, sous le titre *Le Livre Flamel*, une adaptation française d'un traité d'alchimie écrit en latin au siècle précédent. On y parle de dragons, ces dragons que l'on retrouve sculptés sur les monuments financés par Flamel. Dès cette époque, on commence à penser que le secret de certaines grandes fortunes se trouve dans la lecture de ces signes. Le secret serait ainsi livré à ceux qui sauraient interpréter ces figures sculptées à la demande de Flamel. En 1561, Robertus Vallensis l'affirme dans un ouvrage intitulé *De antiquitate et veritate artis chemicae* : « À cette catégorie de fictions appartient l'énigme de Nicolas Flamel qui figure deux serpents ou dragons, l'un ailé, l'autre non, et un lion ailé. [...] Elle est aujourd'hui conservée à Paris au cimetière des Innocents. »

Cette même année 1561, un autre auteur, Jacques Gohory, présente le pèlerinage à Compostelle comme un chemin initiatique où l'on peut acquérir des connaissances secrètes. Dans un texte qu'il rédige et publie sous la signature de Nicolas Flamel, *De la transformation métallique. Trois anciens tractez en rithme françois,* il fait raconter à Flamel comment il a acheté en 1357 un vieux manuscrit d'alchimie qu'il a étudié pendant vingt et un ans sans rien y comprendre. Ce serait lors d'un pèlerinage à Saint-Jacques-de-Compostelle qu'il aurait reçu en Espagne des explications partielles. Rentré à Paris, il doit encore travailler trois ans. Enfin, le 17 janvier 1382, il opère la transmutation d'un métal en argent et, le 25 avril, la transmutation en or. Il aurait mis ensuite son savoir en figures sur les bâtiments qu'il édifiait.

Depuis ce temps, les adeptes de l'alchimie hantent les lieux où vécut Flamel. Les pèlerinages à sa mémoire ont continué dans une maison qui lui a appartenu, située au 51 de la rue de Montmorency, occupée au moins depuis la fin du siècle dernier par une auberge, l'*auberge Nicolas-Flamel*. Des dragons sculptés ne subsistent que des images. Quelques pèlerins d'aujourd'hui cherchent encore l'ombre de l'alchimiste sur le chemin de Compostelle.

Préparation alchimique
Le maître procède au mélange des « principes ». L'un des aides sépare le « subtil » de « l'épais », tandis que son compagnon observe attentivement la succession des couleurs.
(Ordinale de Norton, *xve siècle, Londres, British Museum, ADD 1032.2)*

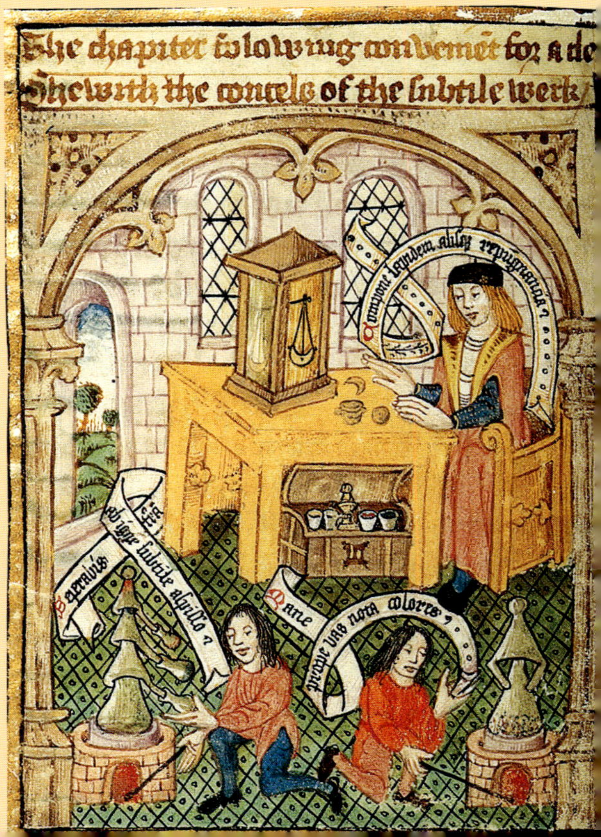

De Nevers à Nantes

De Nevers à Nantes, saint Jacques protège les mariniers de la Loire, fleuve navigable mais très dangereux. C'est l'une de ses spécialités, lui qui a su traverser les mers depuis Jérusalem, dans sa barque de pierre. Le fait est souligné dans le *Livre des miracles* de Compostelle qui relate quatre sauvetages en mer. Le plus explicite montre saint Jacques surgissant tellement vite du « fond de la mer » qu'un Sarrasin lui demande : « Es-tu le dieu de la Mer ? » « Je suis le serviteur du dieu de la Mer », répond-il. Dieu de la Mer ou dieu du Fleuve, ses reliques protègent des démons qui hantent les eaux : une tête à Nevers, une à Saumur, un corps entier à Angers... Au fil du fleuve, les évocations de saint Jacques sont trop nombreuses pour qu'elles soient fortuites.

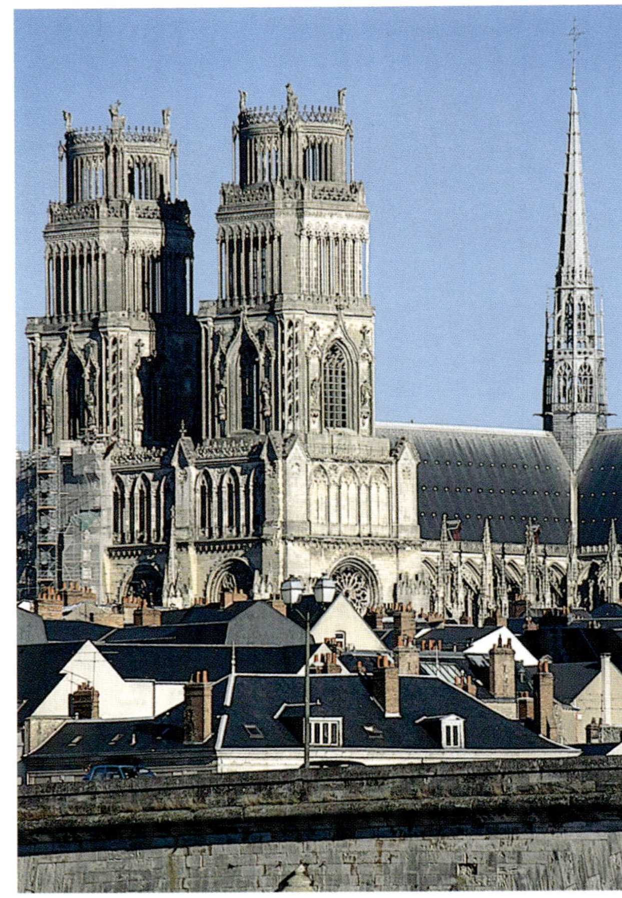

La cathédrale d'Orléans
À Orléans, cité riche de nombreuses reliques, le Guide du pèlerin *recommande tout particulièrement de vénérer le bois de la croix du Christ, conservé dans la cathédrale.*

La Loire moyenne

À Nevers, au XVe siècle, un « chef de Monseigneur saint Jacques » était porté durant les grandes processions auxquelles participaient les magistrats de la ville. En 1682, une « croix des pèlerins » fut plantée par les confrères de Saint-Jacques sur une île de la Loire, à l'endroit le plus périlleux de la traversée.
À Sully-sur-Loire, au XVIe siècle, un magnifique vitrail dans l'église Saint-Ythier raconte le miracle du pendu dépendu tandis qu'à Jargeau, place du Martroi, un restaurant moderne occupe l'emplacement d'une ancienne auberge, la *maison Saint-Jacques*.
Orléans, gros port de transit pour l'Île-de-France et les Flandres, est la ville choisie au XVe siècle par les « marchands fréquentant la Loire et les affluents descendant en icelle », pour y fixer leur siège. Ils l'installent au cœur du quartier marchand, déjà voué à saint Jacques, dans la chapelle qui porte son nom. Quel meilleur patron pour ces voyageurs permanents, sur l'eau ou sur la route ? Ce quartier est situé au bord de la Loire, au bout du pont des Tournelles. La porte d'entrée dans la ville (porte Saint-Jacques ou porte des Tournelles) ouvre sur la rue des Hôtelleries. Au coin de cette rue et de la rue Saint-Jacques se dresse la chapelle Saint-Jacques. Les marchands embellissent chapelle et quartier : une statue de saint Jacques en plomb doré orne le clocher, une autre la porte de ville. Une troisième est sculptée sur la Belle-Croix qui marquait le milieu du pont. Saint Jacques y voisinait avec la Vierge et saint Jean-Baptiste. Des messes hebdomadaires étaient dites à la chapelle, pour les vivants et les défunts. Tout a disparu, hormis la façade de la chapelle, remontée au XIXe siècle dans le jardin de la mairie. Meung-sur-Loire se

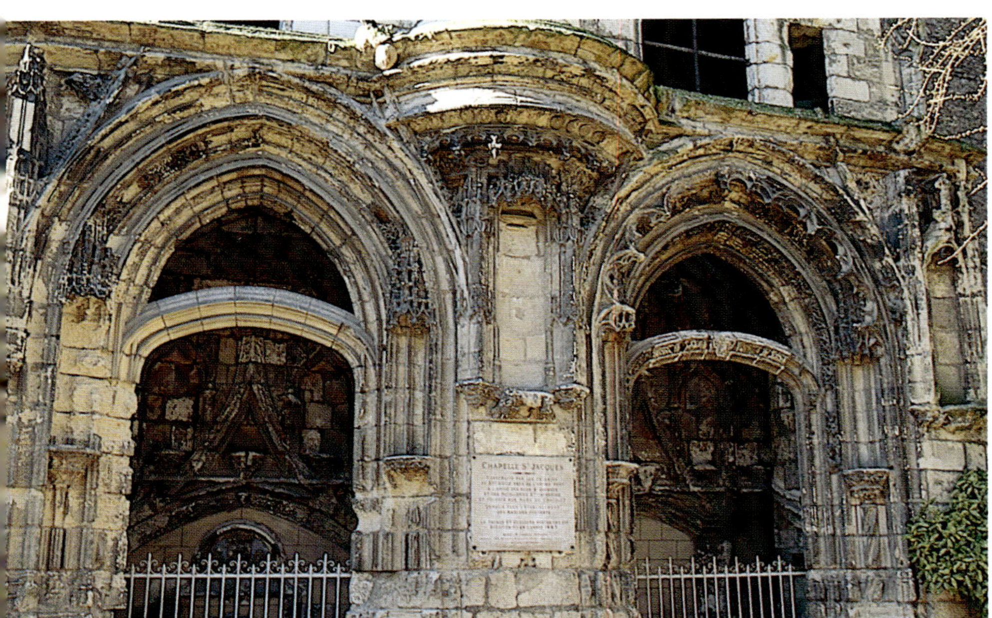

Orléans, la chapelle Saint-Jacques
En 1470, les marchands d'Orléans établirent le siège de leur « métier » dans la chapelle Saint-Jacques. Jusqu'en 1777, ils s'y réunirent et y conservèrent leurs archives. Seule subsiste la façade, remontée dans les jardins de l'hôtel Groslot.

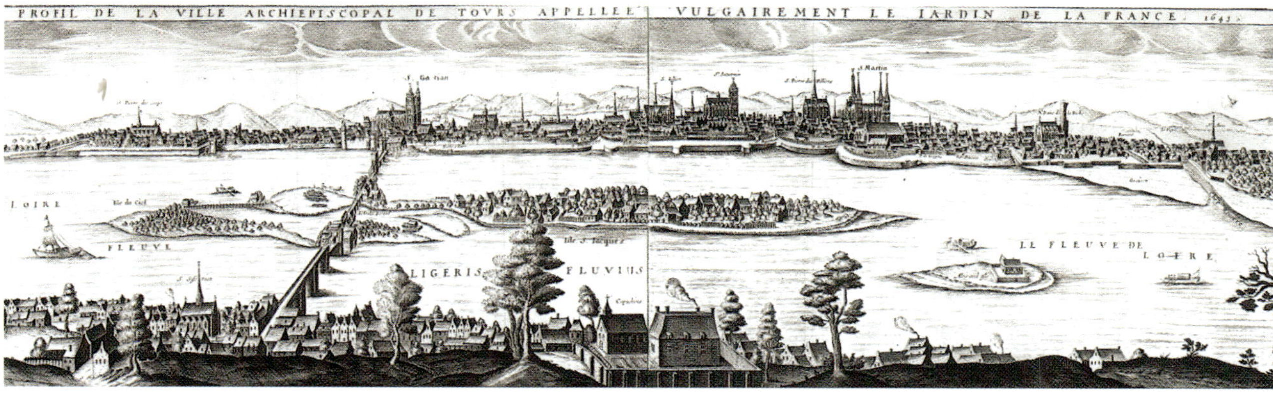

Saint Jacques protecteur des eaux à Tours
À Tours, l'une des îles sur la Loire fut placée sous le vocable de l'apôtre. Jusqu'en 1757, elle abrita un village où vivaient mariniers, pêcheurs et blanchisseuses. Accusée d'empêcher l'écoulement des eaux en crue, l'île fut arasée en 1765.
(Profil de la ville archiépiscopale de Tours, *XVII**e siècle, Paris, BNF)*

recommande à saint Jacques en donnant son nom à une auberge tandis que, à Cléry, les deux frères Pontbriant pensent à l'au-delà en fondant une chapelle Saint-Jacques, encore intacte, dans l'église collégiale. Beaugency construit une chapelle Saint-Jacques sur la quatrième arche du bout du pont sur la Loire appelé « pont du Diable », comme pour exorciser les démons. Très curieusement, les trois villages voisins de Lestiou, Suèvres et Cour-sur-Loire ont orné, au XVIe siècle, leur église d'un vitrail du pendu dépendu.

Blois choisit saint Jacques pour protéger son hôpital fondé au XIVe siècle par d'anciens pèlerins de Compostelle. Tours possède son île Saint-Jacques portant un village de pêcheurs, de mariniers et de blanchisseuses. L'île Simon est le dernier vestige de cet ensemble, détruit en 1764. Saumur, en 1466, est protégée par un autre « chef de saint Jacques » conservé à l'abbaye Saint-Florent le Jeune – il n'en subsiste aujourd'hui que le porche –, située à 2 km de la ville. On le montre à Léon de Rosmital, un noble pèlerin en route pour Compostelle.

Vers l'Atlantique

Angers, sur la Maine, renchérit car la ville possède un corps entier de saint Jacques, vénéré, encore au XVIIe siècle, tant par des pèlerins venus du voisinage que par ceux revenant de Compostelle. Ce corps était conservé dans la crypte d'une église disparue, Saint-Maurille. Il est décrit, en 1610, par l'historien angevin Claude Ménard, dans un livre intitulé *Recherche et avis sur le corps de St. Jacques le Majeur à l'occasion d'un oratoire très ancien du même saint qui est en l'église de St. Maurille d'Angers*. Ce livre a suffisamment inquiété Compostelle pour qu'il y soit condamné et brûlé solennellement par le bourreau.

Et c'est enfin Nantes et son quartier Saint-Jacques, quartier de tisserands situé au bout des ponts. Se sentant si bien protégés, les pèlerins de toute nature empruntent volontiers ce moyen de communication fluvial. La preuve en est qu'aux péages leur transport est assimilé à celui des autres marchandises. Ainsi en est-il au XVIe siècle à Amboise où, dit un tarif, « chaque chalan qui mène pèlerins doit, une fois l'an, 6 deniers tournois ». En 1531 embarquent à Orléans cinq pèlerins suisses de Lucerne en route vers Compostelle, avec leurs chevaux. Ils font escale à Blois pour visiter le château et reprennent la route terrestre à Amboise.

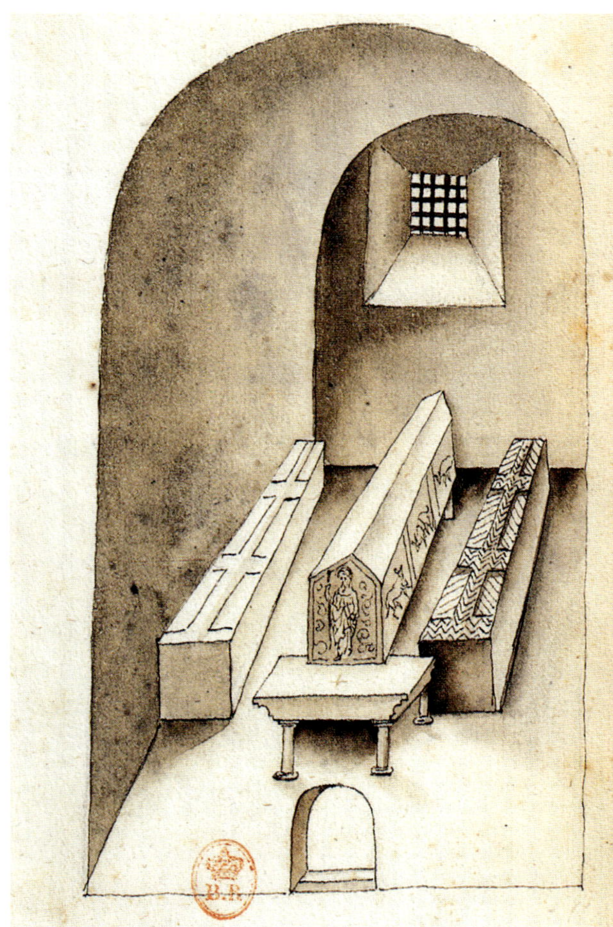

Le tombeau de saint Jacques à Angers
Ce dessin anonyme fut inséré dans l'un des rares exemplaires du livre de l'historien du XVIIe siècle, Claude Ménard, Recherche et avis sur le corps de St. Jacques le Majeur... *Au centre de la crypte, le tombeau présumé de l'apôtre, que l'on peut dater du XIIe siècle, et devant, une pierre d'autel surmontée d'une statue du saint.*
(vers 1610, Paris, BNF)

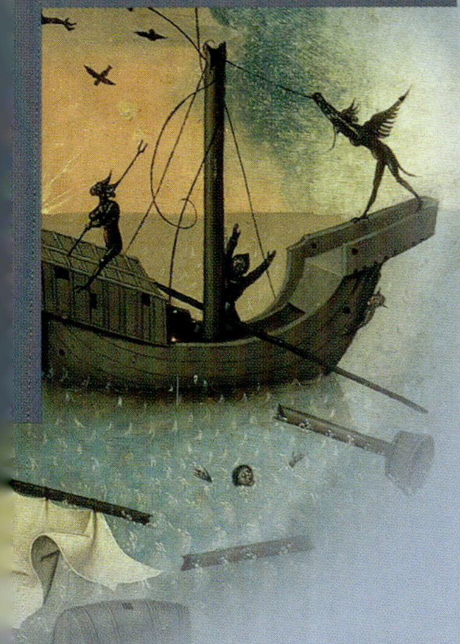

Par mer à

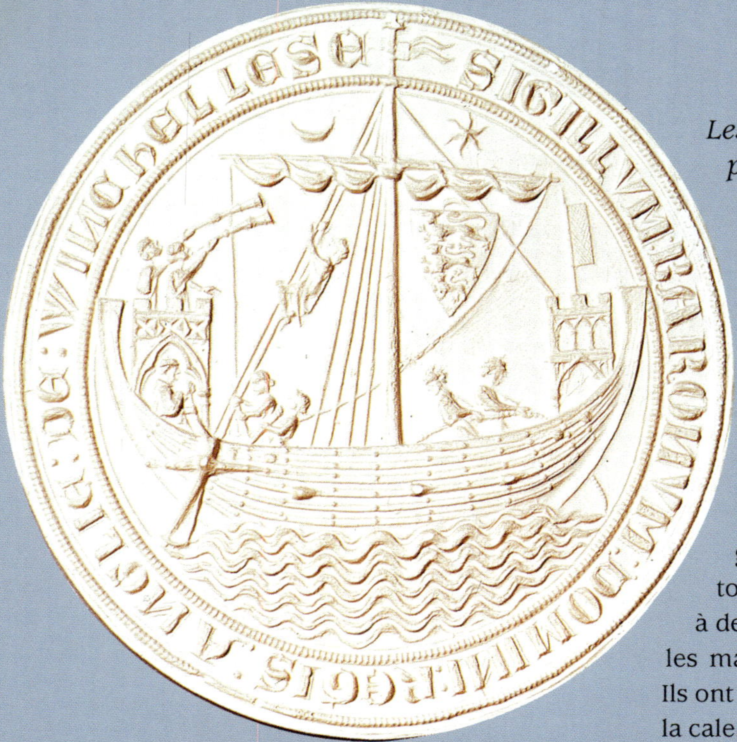

Sceau de la ville de Winchelsea
Pour les Britanniques, le pèlerinage par mer était, malgré son inconfort, relativement rapide et préférable à la traversée de la France, surtout pendant la guerre de Cent Ans. Hommes et marchandises embarquaient pour l'Espagne à partir de la plupart des ports du sud de l'Angleterre et notamment de Winchelsea.
(début du XIVe siècle, Winchester Corporation, Hampshire)

Les pèlerinages par mer ont toujours été très pratiqués tant des Français que des Anglais, des Flamands ou des Allemands. Dès lors que les vents sont favorables, le voyage est rapide : cinq jours pour aller de Brest à La Corogne, cinq jours de La Corogne à Bruges, sept jours de Bristol à La Corogne et cinq jours pour le retour.

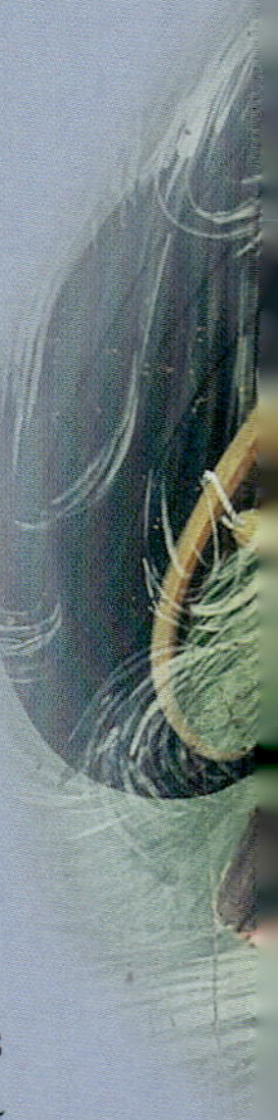

Pratique et économique, la traversée comporte en retour de nombreux désagréments, en particulier un inconfort total. Les pèlerins désargentés sont entassés à deux cents, voire « à volonté », bousculés par les marins qu'ils gênent dans leurs manœuvres. Ils ont le mal de mer. Les plus pauvres dorment dans la cale, près de la pompe, et doivent s'occuper de distribuer le pain, le sel et l'eau, sans doute la seule nourriture.
Mais il y a pire : les tempêtes, fréquentes dans le golfe de Gascogne, ou la capture du navire par les pirates, écumeurs des mers. Contre de telles infortunes, les voyageurs en appellent à la protection divine et, avec ferveur, adressent leurs prières à saint Jacques, à la Vierge, et à tous les saints. *Le Livre des miracles* de sainte Catherine raconte : En 1443, cinq pèlerins de Tournai, revenant de Compostelle, sont la proie des pirates. Arraisonnés et menés aux galères, ils endurent les pires sévices durant trois ans. Au large de la Sardaigne, l'un d'eux voit ses fers s'ouvrir après une prière à sainte Catherine. Un canot de sauvetage se présente. Il regagne ainsi la côte en ramant avec les mains.

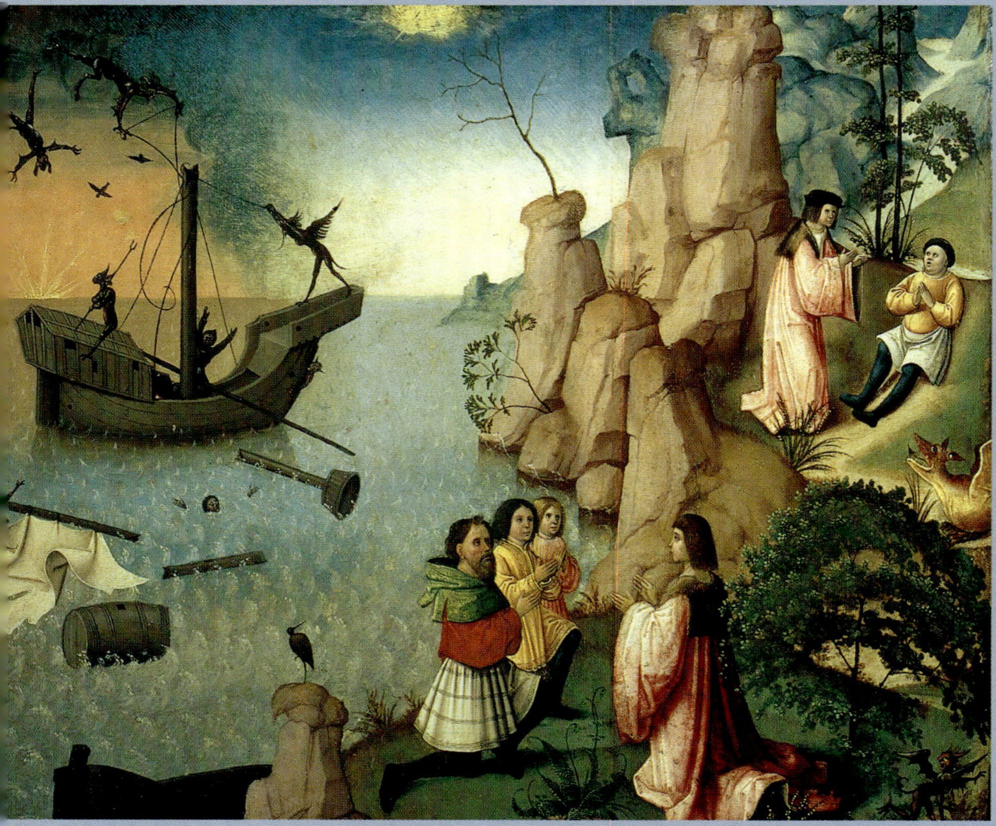

Naufrage causé par les démons
Œuvre du démon, la tempête est le péril le plus redouté. Margerie Kempe, une pèlerine anglaise exaltée du XVe siècle, inquiète ses compagnons de voyage car ils la croient possédée du démon. Son biographe raconte : « On lui avait dit que, si l'ouragan survenait, ils la jetteraient à la mer parce c'est elle qui en serait la cause. »
(école flamande, XVe siècle, Tolède, Hospital Tavera)

Compostelle

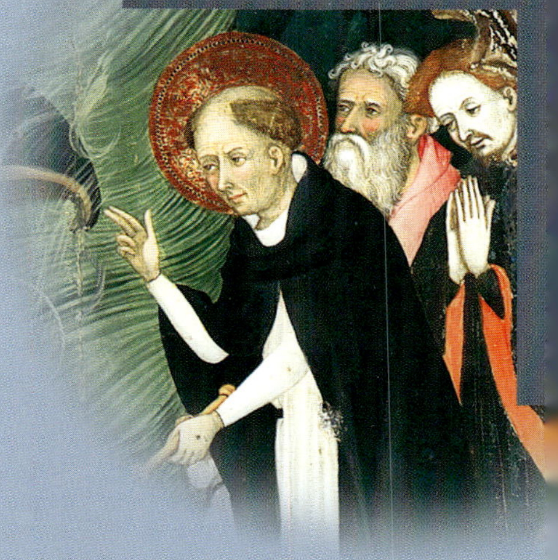

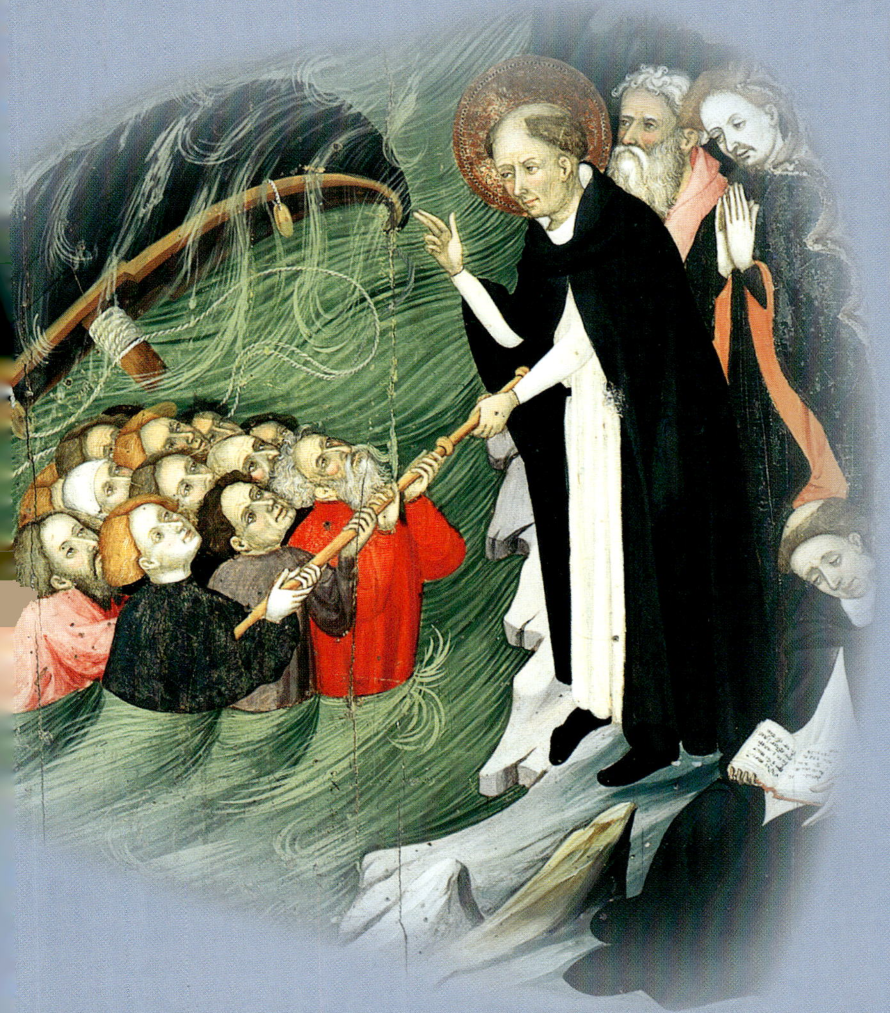

Saint Dominique sauvant des pèlerins naufragés
En 1211, des pèlerins anglais, en route pour Compostelle, ont affrété une barque pour passer la Garonne. Trop chargée, elle chavire. Saint Dominique sauve les pèlerins à l'aide de son bourdon.
(retable de Lluis Borrassá, XVe siècle, Vich, Musée diocésain)

Pèlerins à bord d'une caraque
À partir du XIVe siècle, le perfectionnement des navires rendit la route maritime plus sûre. L'apparition, au siècle suivant, du grand voilier à trois mâts nommé caraque améliora le confort des voyageurs.
(Johannes Keyserberg, Navicula Penitentie, *bois gravé de Hans Burgkmair Augsbourg, 1511)*

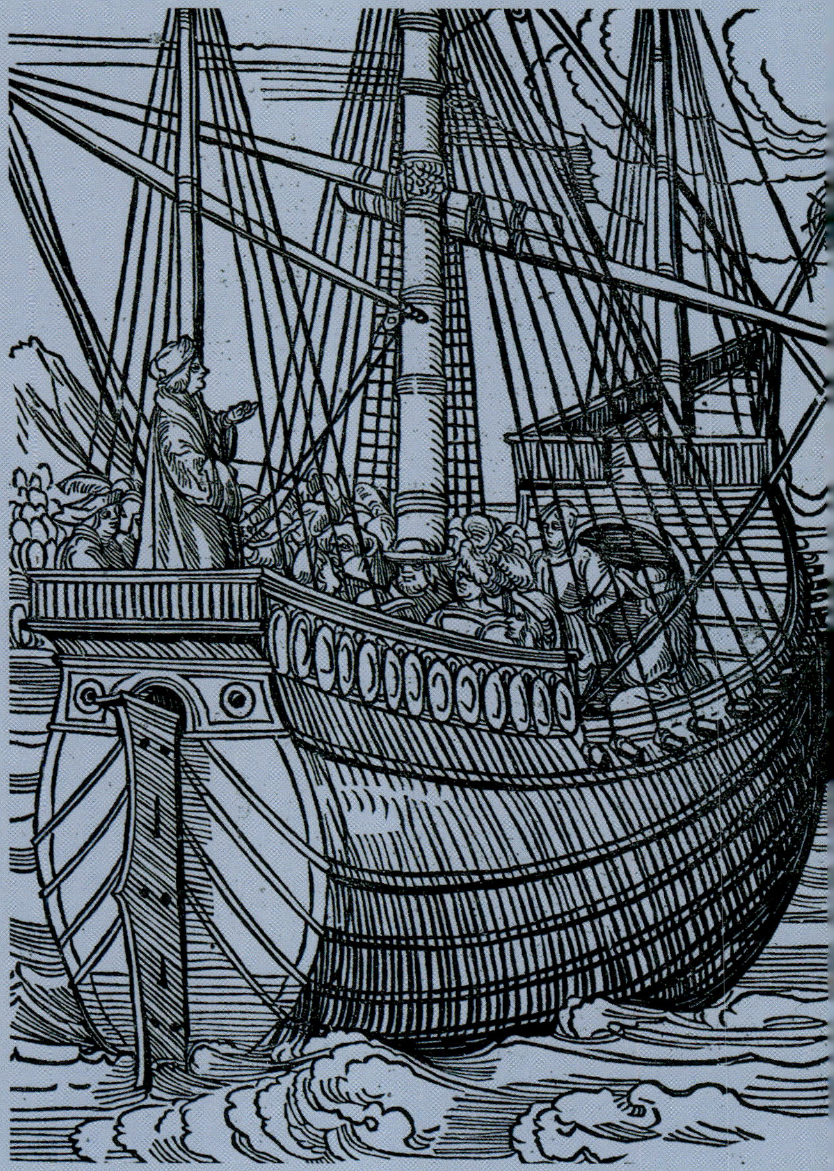

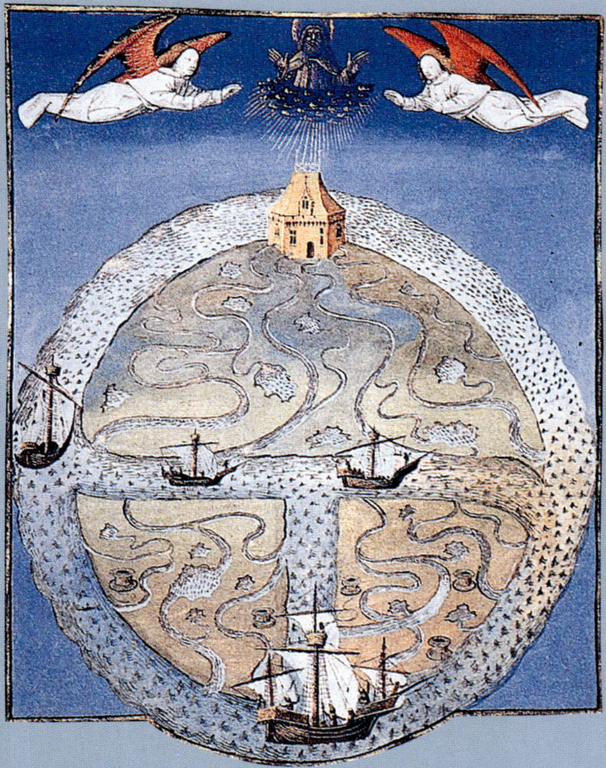

Les trois parties du Monde
Asie (en haut), Europe et Afrique, tel que décrites par Barthélémy l'Anglais, entre 1230 et 1240. Jérusalem, au plus près du ciel, domine le Monde. Telle un phare, elle semble guider les navires qui sillonnent les mers.
(Barthelemy l'Anglais, Livre des propriétés des choses, *1480, Paris, BNF, Ms Fr 9140)*

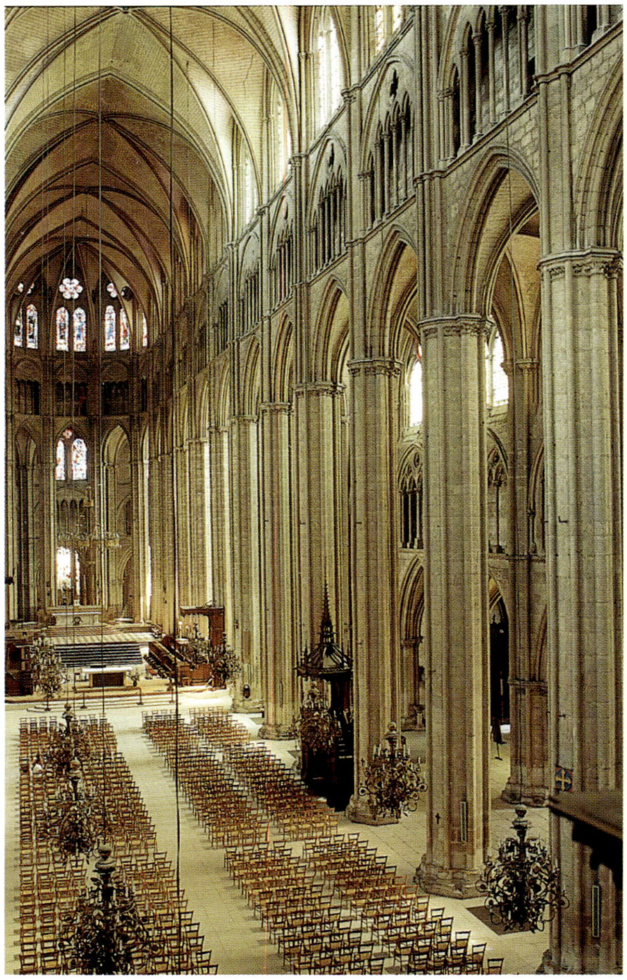

La cathédrale Saint-Étienne de Bourges
Située au carrefour de plusieurs routes se dirigeant vers le sud, Bourges offre aux pèlerins divers souvenirs de saint Jacques. Ainsi, dans la cathédrale, élevée à l'initiative de l'archevêque Henry de Sully à partir de 1195, des vitraux, dont certains datent du XIIe siècle, sont consacrés à la vie du saint.

Bourges

Marcher dans les pas de saint Jacques à Bourges justifie une longue étape au cœur du Berry. Le voici tout d'abord dans la cathédrale Saint-Étienne, inscrite deux fois au Patrimoine mondial de l'UNESCO, pour sa valeur architecturale et pour sa position sur les grands itinéraires de Compostelle. Auparavant, seuls les Berrichons savaient que cette cathédrale était la plus belle de toutes, avec ses cinq portails et ses nefs d'une hauteur vertigineuse – simple effet d'un savant trompe-l'œil ! Plusieurs vitraux, dont deux du XIIIe siècle, représentent saint Jacques : la légende de sa vie dans une chapelle du déambulatoire et son image entre saint Thomas et saint Philippe sur une fenêtre haute du côté sud ; dans la chapelle Jacques-Cœur ornée des armes du grand argentier (la coquille symbolisant son prénom et le cœur son patronyme), saint Jacques et sainte Catherine encadrent une Annonciation ; dans la chapelle des Trousseau, il présente les parents du fondateur, Pierre Trousseau, chanoine de la cathédrale vers 1400 ; sur un vitrail (XVIe siècle) de la chapelle de Pierre Tuillier, il accompagne quatre chanoines ; et enfin, il figure sur un vitrail du XIXe siècle de la chapelle Sainte-Solange. On le retrouve aussi dans la crypte, présent à une Mise au tombeau du XVIe siècle, commandée par le chanoine Jacques Dubreuil.

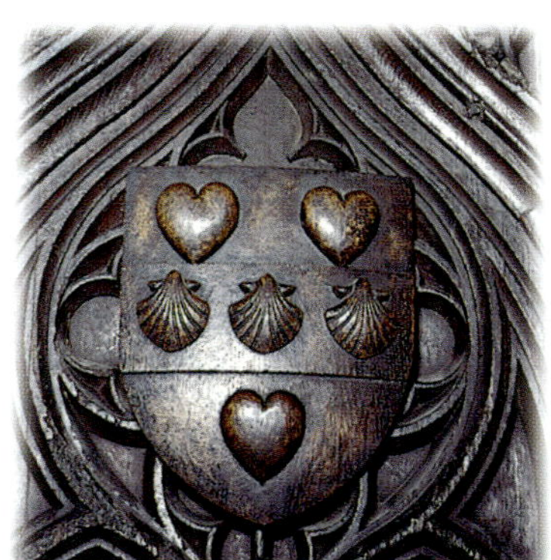

Les armes de Jacques Cœur
Le fameux marchand, argentier du roi de France Charles VII, avait fait le vœu de se rendre à Compostelle. Malheureusement, il n'y est jamais allé. Sur les murs de son palais et de plusieurs monuments de Bourges, on retrouve souvent ses armes évocatrices : coquilles Saint-Jacques pour le prénom, cœurs pour le nom. (Bourges, cathédrale Saint-Étienne, blason de la porte de la sacristie)

Non loin de la cathédrale, place Bascoulard, une fenêtre en ogive marque l'emplacement de l'ancienne chapelle Saint-Jacques, voisine du couvent des Augustins et siège, au XVIe siècle, de la confrérie Saint-Jacques. Elle possédait une relique de saint Jacques, relique aujourd'hui conservée dans le trésor de l'église Saint-Bonnet. Cette confrérie de pâtissiers marquait le 25 juillet de processions solennelles et, parfois, de représentations théâtrales racontant des miracles de l'apôtre. À l'actuel n° 109 de la rue d'Auron se trouve une maison qui fut, au XVIe siècle, l'auberge « à l'image de saint Jacques ». Le palais de Jacques Cœur offre une façade décorée à profusion des armes du grand argentier de Charles VII. Si le richissime marchand n'est jamais allé à Compostelle, il en avait fait le vœu alors qu'il était prisonnier. À partir du XVIe siècle, les coquilles ont fait penser aux alchimistes qu'il avait trouvé la recette de sa fortune sur le chemin de Compostelle, qui passait alors pour être le lieu de transmission de connaissances perdues. Par association, certains adeptes de l'ésotérisme voient depuis peu des signes semblables sur le plafond de la chapelle de l'hôtel Lallemant, au demeurant fort intéressant à visiter dans le vieux Bourges.

Buxerolles

Dans leur quasi-totalité, les pèlerins qui arpentent les chemins de Saint-Jacques du royaume restent des anonymes. L'un d'eux fait exception, Pierre de Soubrebost, chanoine de la cathédrale de Limoges. Il alla en pèlerinage à « Saint-Jacques-du-Poitou », ainsi

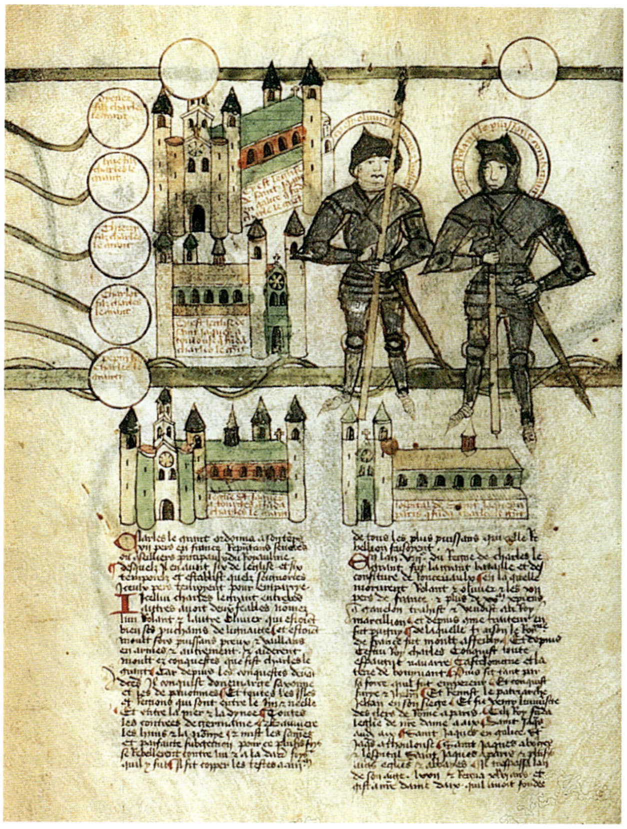

La fondation de Saint-Jacques de Bourges
Le Turpin énumère les églises fondées par Charlemagne. Cette liste diffère selon les manuscrits, mais la ville de Bourges a toujours affirmé qu'elle doit à l'empereur son église Saint-Jacques (devenue plus tard Saint-Laurent, puis Saint-Bonnet). (« Les églises fondées par Charlemagne », Grandes Chroniques de France, *xve siècle, BNF, ms fr 4991)*

qu'en atteste l'épitaphe gravée en 1384 sur son tombeau, aujourd'hui placée sur le mur de l'une des chapelles du chevet :

> *Ci-gît Mgr. Pierre de Soubrebost*
> *Autrement dit de Montault,*
> *Homme plein de qualités, chanoine de Limoges.*
> *Il voulut être placé, par respect,*
> *Près du Patriarche dont il fut le serviteur fidèle et obéissant.*
> *Il alla en pèlerinage à Rome et Saint-Jacques-du-Poitou,*
> *Il honora Catherine et Marie de Jean.*
> *À son retour, il resta malade pendant plusieurs semaines,*
> *Cloué au lit depuis la Madeleine jusqu'à la Sainte-Catherine.*
> *Il alla joyeusement vers la mort et trépassa à la 9e heure.*
> *Le 24e jour du mois de novembre, l'an 1384.*
> *Il a rejoint les défunts dans le repos éternel.*
> *Vous qui passez faites une prière.*

Cette épitaphe est un texte officiel, commandité par des ecclésiastiques qui ne pouvaient rien voir là d'extraordinaire ou de contraire au dogme. Le tombeau était exposé à la vue de tous, encastré dans le mur de clôture du chœur. Il faut donc considérer que, en 1384, il est parfaitement normal qu'un habitant de Limoges parte en pèlerinage à Saint-Jacques-du-Poitou. Se pose alors la question de localiser ce culte poitevin. Près de Poitiers, étape recommandée par le *Guide du pèlerin*, le village de Buxerolles (nommé au XIIIe siècle Saint-Jacques-de-Buxerolles) possédait une pierre baptisée « Pas de saint Jacques », car marquée de l'empreinte du pied de l'apôtre, de passage dans la région lorsqu'il évangélisait l'Occident. À côté de cette pierre, un trou formé par le bourdon du saint pèlerin. Au XIXe siècle encore, les paroissiens y venaient en procession le 25 juillet, après les vêpres, et y chantaient des cantiques. Ils se souvenaient que des pèlerins de Compostelle s'y arrêtaient pour prier et pour se restaurer, le seigneur leur servant des fouaces dans le cimetière de l'église. Au XVIIe siècle, le village comptait deux auberges vouées l'une au « grand saint Jacques » (de Compostelle ?) et l'autre au « petit saint Jacques » (de Buxerolles ?).

Saint-Hilaire de Poitiers
À Poitiers, le Guide du pèlerin, *recommande aux voyageurs en route pour Compostelle de visiter le tombeau de saint Hilaire, premier évêque de Poitiers au IVe siècle. Élevée sur son tombeau, la basilique, consacrée en 1049, présente un vaste chœur pourvu d'un déambulatoire propre à faciliter aux fidèles la vénération des reliques.*

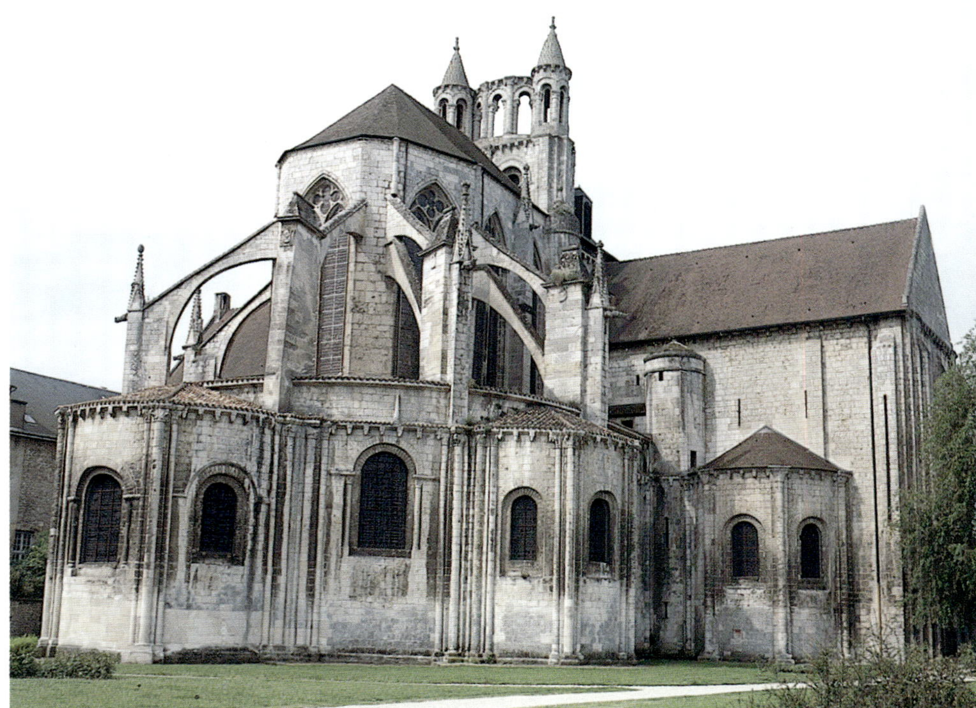

Limoges

La similitude entre les églises abbatiales Saint-Martin de Tours, Saint-Martial de Limoges, Sainte-Foy de Conques, Saint-Sernin de Toulouse et la cathédrale de Compostelle a été maintes fois notée. Limoges fut un grand sanctuaire qui accueillait les pèlerins venus prier saint Martial. Ont-ils vénéré saint Jacques ? Une chapelle lui fut consacrée en 1100 par l'abbé de Saint-Martial, et une église Saint-Jacques fut construite dans la ville, puis démolie au XVIIe siècle. La cathédrale conserve un buste reliquaire de saint Jacques datant du XVIIIe siècle, prouvant qu'une relique figurait parmi les collections. Quant aux liens avec Compostelle, ils comptent parmi les plus anciens car l'abbaye Saint-Martial conserva jusqu'à la Révolution une lettre datée du Xe siècle contenant le récit de la Translation de Jacques en Galice.

Une légende du Chemin : le « Bon Mariage »

Un élément jacquaire très intéressant se trouve au musée. Cet élément place Limoges, au XVIIe siècle, sur les chemins de Saint-Jacques, au prix d'une supercherie significative de l'époque.
Une pierre tombale datée du XIVe siècle porte le joli nom de *monument du Bon Mariage* et représente un couple allongé côte à côte. Elle est accompagnée d'une épitaphe gravée :

« Passant, arrête-toi pour regarder ce lieu /
Ce monument usé est dit : Bon Mariage.
Deux corps pleins de vertus, deux cœurs amis de Dieu
Que la mort a frappés en faisant son triage /
Se reposent ici. Le Poitou les produit,
Galice les appelle et Limoges y prétend. /
Le ciel les met d'accord, pas un n'est éconduit.
La femme meurt ici sans aller plus avant. /
On lui fait un tombeau de grandeur coutumière
Pour y serrer son corps. Cependant son mari,
Tout baigné dans ses pleurs, ne va point en arrière
Mais accomplit son vœu, et retournant guéri
De ses douleurs de corps, le souvenir poignant /
De sa perte revient et lui cause la mort.
Ce fut alors que Dieu se fit voir tout-puissant.
On ouvre le sépulcre, et sans aucun effort /
L'épouse se retire assez pour qu'il ait place.
Pour apprendre aux conjoints à s'entr'aimer toujours
Afin qu'ayant vécu en la divine grâce / Ils puissent voir le ciel à la fin de leurs jours. »

Si les gisants datent bien du Moyen Âge, il n'en est pas de même pour le texte, qui est plus tardif. La sépulture double provient du prieuré de Saint-Martin-sur-l'Autize, en Vendée, prieuré nommé, vraisemblablement pour cette raison, prieuré du « *Bon Mariage* ». Ce prieuré dépendait de l'abbaye des Feuillants, à Saint-Martin-lez-Limoges, laquelle se dota d'une nouvelle église, vers 1650. À cette époque, l'abbé trouva une nouvelle affectation à cette pierre médiévale et la dota d'une légende romantique propre à assurer la promotion de Compostelle en ces temps de Contre-Réforme.

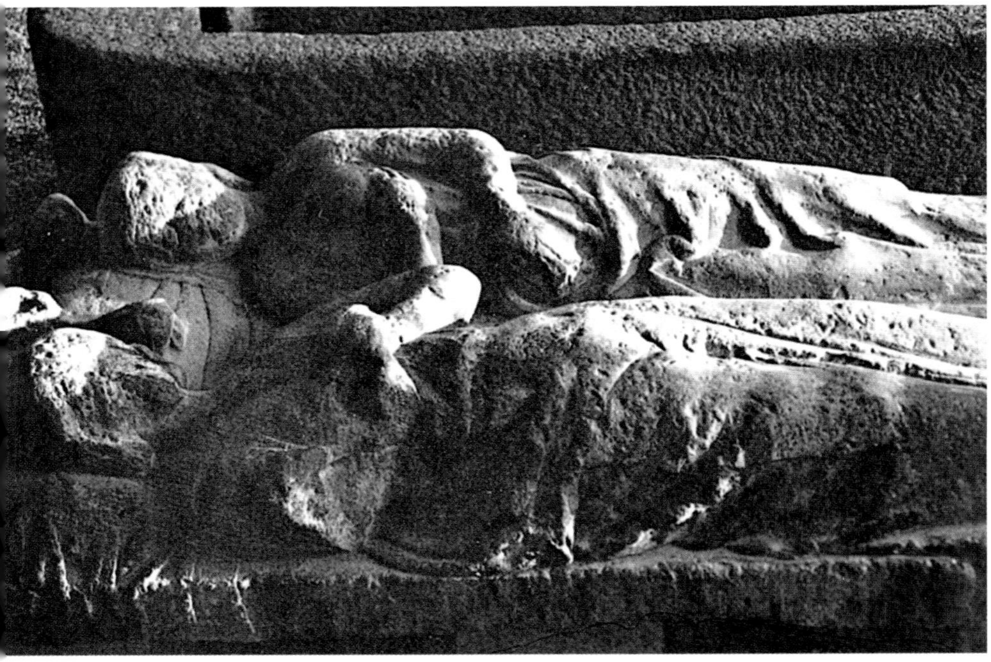

Le tombeau du « Bon Mariage »
La tradition veut que ces deux gisants soient la représentation d'un couple de pèlerins de Compostelle, morts en chemin. Une légende séduisante mais trompeuse, inventée au XVIIe siècle afin d'assurer la promotion du pèlerinage à Saint-Jacques. (pierre tombale, XIVe siècle, Limoges, musée de l'Évêché)

Saint-Léonard-de-Noblat

Saint-Léonard-de-Noblat est l'un des innombrables lieux de pèlerinage qui jalonnent les routes médiévales, et les pèlerins de Compostelle connaissent bien cette église qui enferme le tombeau de saint Léonard. Le *Guide du pèlerin* lui consacre un long passage et s'insurge contre les moines nivernais de Corbigny qui prétendent eux aussi posséder le saint corps. Le lieu

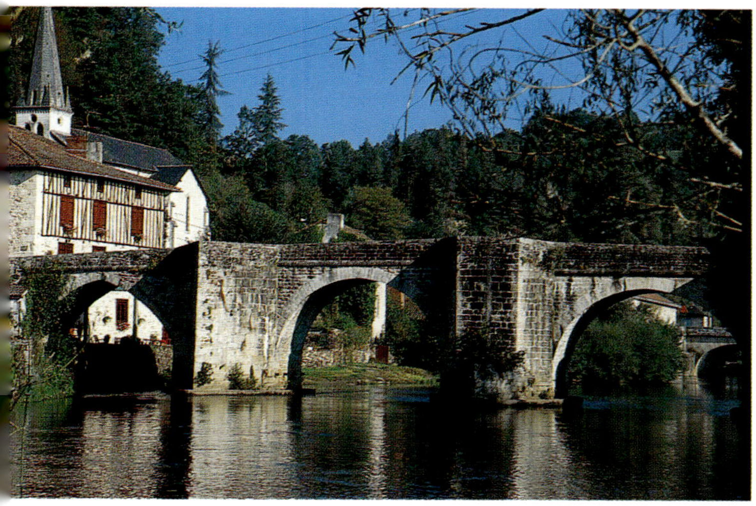

Pont-de-Noblat
En contrebas de Saint-Léonard-de-Noblat, au bord de la Vienne, ce village a pris le nom du pont qui, depuis le XIIe siècle, enjambe la rivière. Ce chemin vers le sud est indiqué sur les itinéraires médiévaux, en particulier sur les itinéraires dits « de Bruges », suivis par de nombreux voyageurs.

figure sur les listes de pèlerinages pénitentiels mineurs : au XIIIe siècle, des hérétiques convertis originaires de Gourdon (Lot) y viennent ainsi accomplir leur peine. Saint Léonard et saint Jacques sont parfois unis, ainsi dans l'église de Saint-Léonard-de-Noblat est un autel Saint-Jacques et, en Allemagne, au portail de l'église Saint-Léonard de Francfort-sur-le-Main est une statue de l'apôtre, entouré de ses pèlerins.

Femmes enceintes et prisonniers libérés par saint Léonard

En 1494, Jérôme Münzer, revenant de Compostelle, s'arrête sur le tombeau de Saint-Léonard-de-Noblat et entend son histoire, telle qu'on la raconte encore aujourd'hui : « Ce bourg est situé sur une belle colline au pied de laquelle coule la Vienne, dont l'eau est non seulement potable mais agréable au goût. Jadis s'y trouvait une forêt où venaient souvent chasser le roi et la reine, qui fut délivrée par saint Léonard du péril que lui causaient les douleurs de l'accouchement. Ce saint Léonard vivait à l'époque où Clovis devint le premier roi de France, et ses parents étaient liés par le sang au roi de France. Il fonda un monastère en ce lieu sylvestre où il fit jaillir une fontaine que j'ai vue de mes yeux. Encore aujourd'hui, le saint est renommé pour ses nombreux miracles. Nous avons vu sur place un très grand nombre de liens et d'entraves, offerts en ex-voto par des prisonniers libérés par ses prières. »

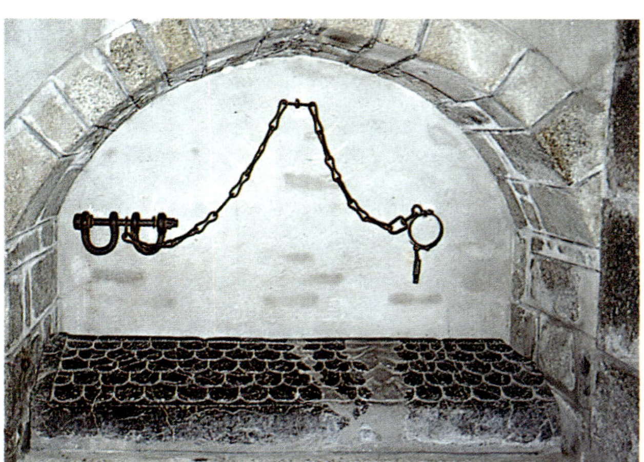

Tombeau de saint Léonard
La Vie de saint Léonard, *rédigée au XIe siècle, le présente comme un ermite, filleul de Clovis. Il aurait reçu de son royal parrain le privilège de libérer les prisonniers dignes de cette grâce. Mort, il continua d'intercéder pour eux, d'où les chaînes apportées en remerciement de leur ouverture miraculeuse.*
(collégiale de Saint-Léonard-de-Noblat)

L'importance politique d'un sanctuaire

Les différentes biographies de saint Léonard racontent qu'il est parent d'un roi, sans que celui-ci soit jamais nommé. À partir de 1400 seulement, ce roi devient Clovis, et Charles VII se recommande à lui en vertu de leur parenté, car Saint-Léonard-de-Noblat, situé à la frontière entre Aquitaine anglaise et France, est un enjeu considérable pendant la guerre de Cent Ans. Lorsque ce lieu est repris par les Français, et que réapparaissent les reliques disparues pendant la tourmente, les rois de France en font un sanctuaire national. De nombreux privilèges sont accordés en vertu de ce que « saint Léonard fut extrait du Sang et de la lignée de France », et la ville s'enrichit considérablement de cette renommée grandissante. Nombreux sont alors les prisonniers à prier saint Léonard et à venir lui rendre grâce de leur libération.

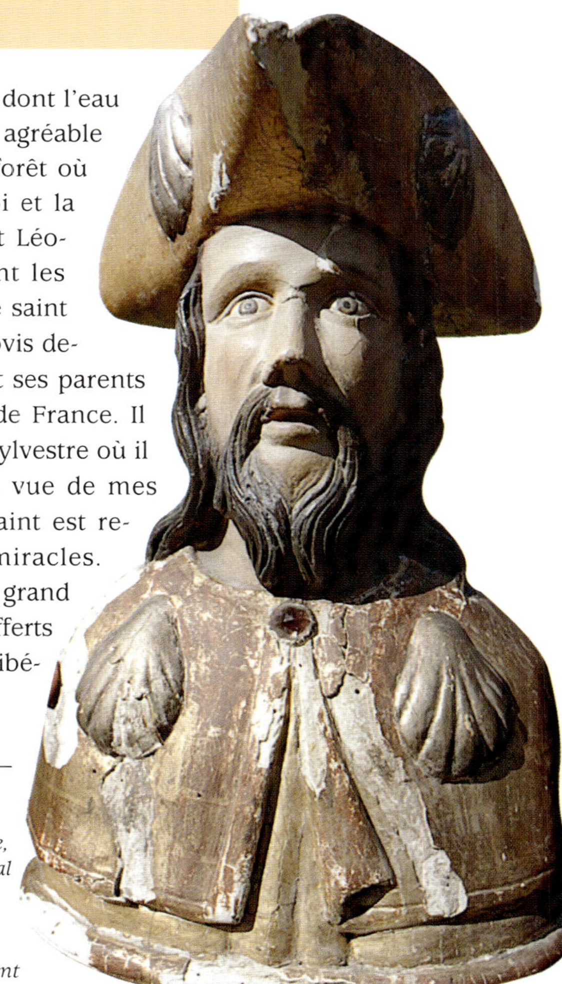

Buste reliquaire de saint Jacques
Comme le montre ce buste, la coiffure des pèlerins s'inspirait de celle des soldats du XVIIe siècle : un chapeau rond, relevé sur le côté droit afin de faciliter la mise en joue, sur le côté gauche pour la symétrie, puis sur l'arrière pour permettre de renverser la tête.
(bois peint et doré, XVIIIe siècle, trésor de la cathédrale de Limoges)

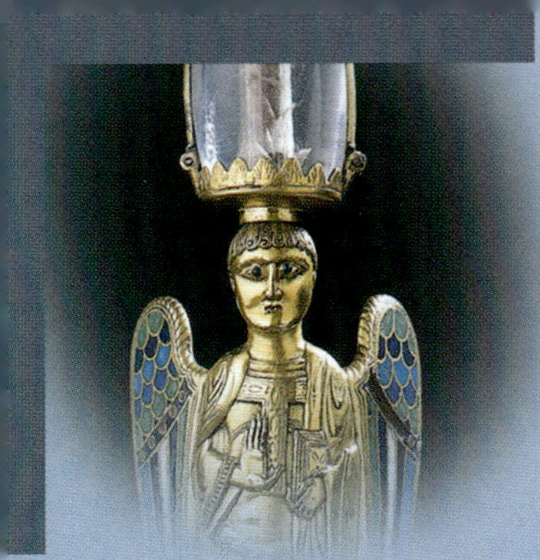

Reliques et reliquaires

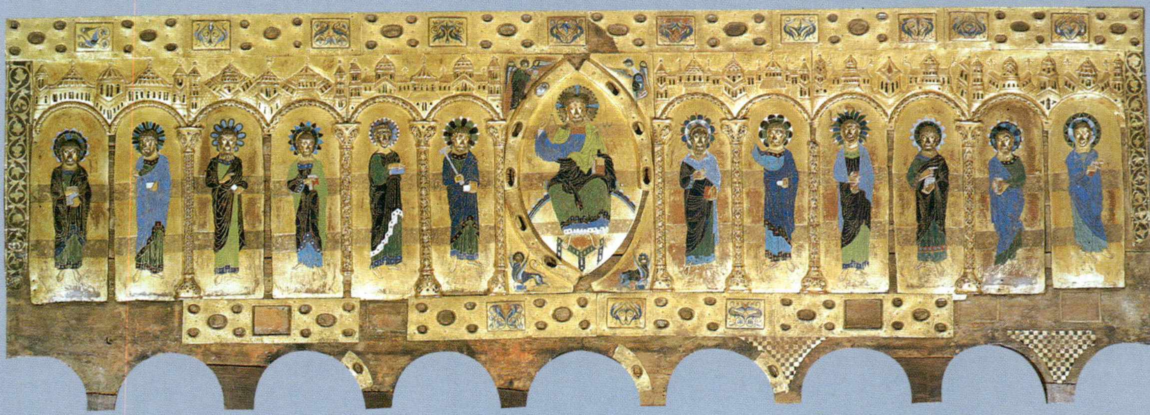

Urna de Silos
Témoin des faveurs accordées au monastère de Silos par la reine de Castille, Aliénore d'Angleterre, cet ornement funéraire et cultuel parait le flanc de la tombe de saint Dominique, fondateur du monastère. À l'origine, le sarcophage était encastré dans un mur de l'église, près de l'autel dédié au bienheureux abbé. Cette disposition associait ainsi étroitement la sépulture du saint et son autel.
(Silos, vers 1165, Musée provincial de Burgos)

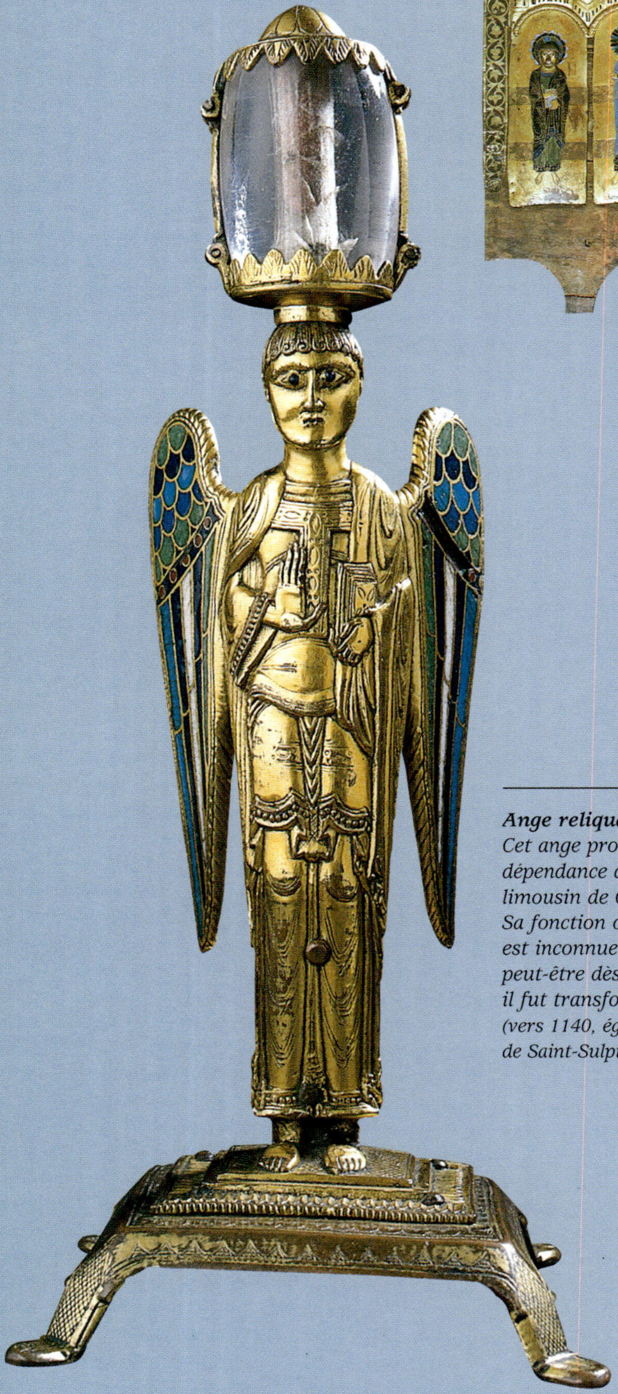

Ange reliquaire
Cet ange provient de Balezis, dépendance du monastère limousin de Grandmont. Sa fonction originelle est inconnue. Très tôt, peut-être dès le XIIIe siècle, il fut transformé en reliquaire.
(vers 1140, église paroissiale de Saint-Sulpice-les-Feuilles)

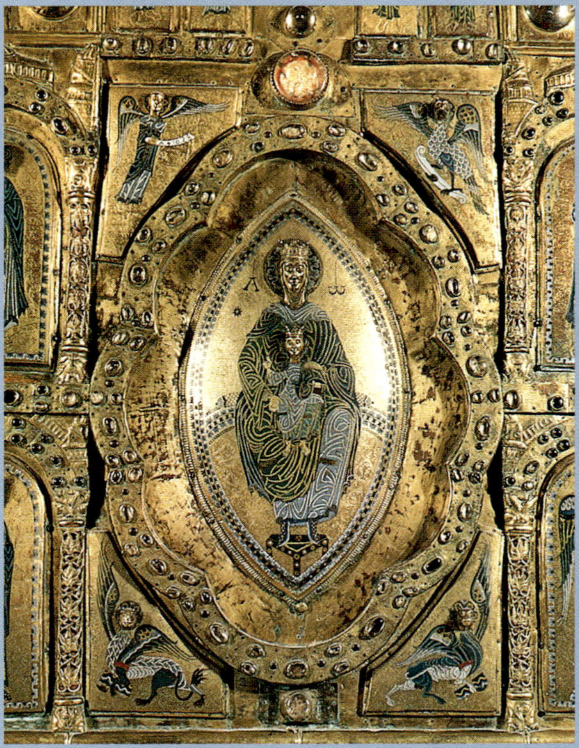

Devant d'autel
Réalisée par des artistes venus de Silos et de Limoges, sans doute installés à Pampelune, cette Vierge à l'enfant témoigne des échanges artistiques de part et d'autre des Pyrénées.
(domaine Plantagenêt, vers 1170-1180, San Miguel de Excelsis, Sierra de Aralar, Navarre)

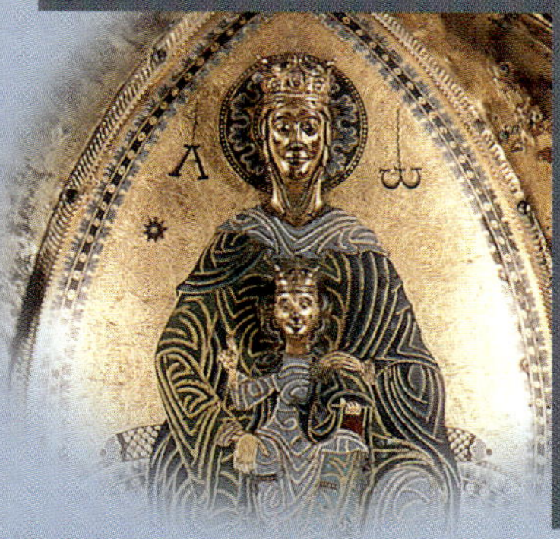

limousins

Au Moyen Âge, le culte des reliques a donné naissance à un grand nombre de reliquaires précieux réalisés par les orfèvres et émailleurs limousins.

L'émail est un mélange de poudres de silice, minium, potasse et soude, opacifié par adjonction de plomb ou d'étain, puis coloré par divers oxydes métalliques. Ces poudres humidifiées sont placées au sein de cavités creusées directement dans le support, selon la technique de l'émail champlevé. L'émail adhère fortement au métal après passage au four.
L'utilisation de plaques de cuivre et l'emploi de la technique de l'émail champlevé caractérisent la production des ateliers limousins. À partir de la seconde moitié du XIIe siècle, Limoges est le centre de production le plus actif et exporte ses œuvres dans toute la Chrétienté occidentale. L'afflux de pèlerins au tombeau de saint Martial de Limoges contribue sans doute à la propagation de cette renommée.
Les relations étroites entre le royaume d'Aquitaine et l'Espagne chrétienne facilitent la circulation des œuvres et des artistes de part et d'autre des Pyrénées. À la faveur d'un mécénat royal et aristocratique, les œuvres limousines apportent, par leur beauté, une part démonstrative à l'entreprise de la *Reconquista*.
Dans les chapelles et déambulatoires des églises romanes, sur les chemins de France et d'Espagne, les châsses limousines répondent à la perfection aux besoins des pèlerins, déroulant sur leurs flancs émaillés l'histoire des saints martyrs dont elles conservent les reliques.

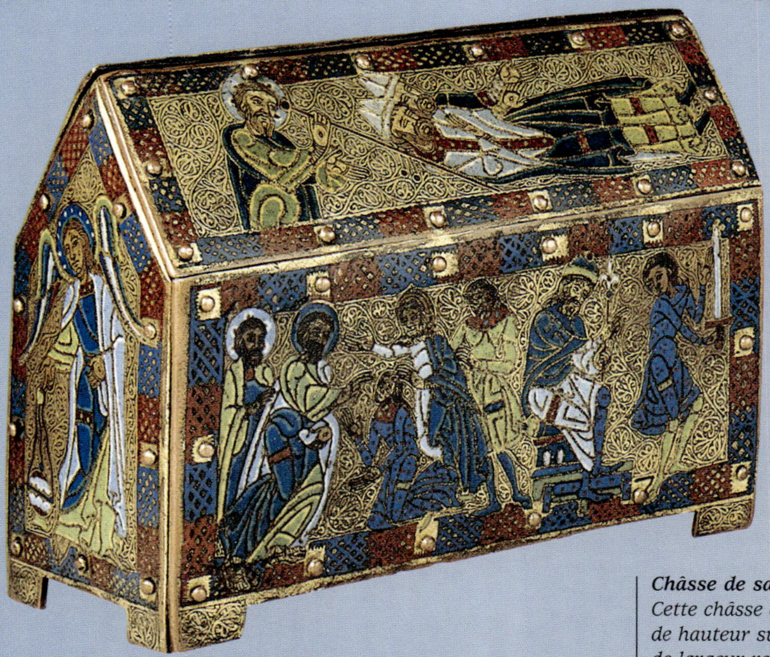

Châsse de saint Martial
Cette châsse de 12,5 cm de hauteur sur 16,5 cm de largeur relate l'histoire de saint Martial, premier évêque et patron de Limoges. (vers 1170, Paris, musée du Louvre)

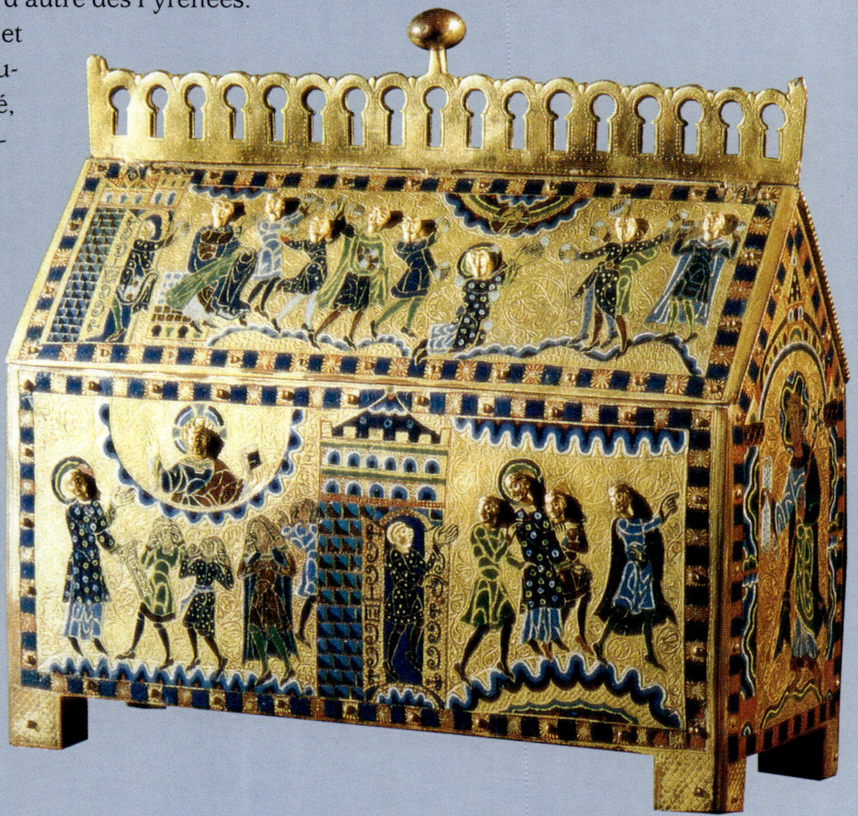

Châsse de saint Étienne
La face principale est consacrée à l'histoire de saint Étienne, patron de la cathédrale de Limoges : prédication aux Juifs, arrestation et lapidation. Le motif des fonds rappelle l'Urna de Santo Domingo de Silos, présentée en haut sur la page précédente. (vers 1170, Gimel-les-Cascades, trésor de l'église Saint-Pardoux)

La Saintonge et l'Aquitaine

Selon le *Turpin*, Charlemagne obéit à saint Jacques et, fort de ce que l'apôtre lui avait promis d'être son « secours en toutes choses », conquit toute l'Espagne sans coup férir avant de rentrer en France. Mais à peine était-il revenu que tout fut à recommencer car un nouveau roi sarrasin, Aigoland, chassa tous les chrétiens d'Espagne et ne craignit pas de poursuivre Charlemagne jusqu'en Saintonge et en Aquitaine. Bien sûr, l'empereur sortit victorieux de cette campagne et poursuivit le roi mécréant qui remonta la Charente avant de prendre la mer. Histoire ou légende ? Ces faits ont marqué les esprits et leur impact sur les mémoires collectives régionales fut tel qu'un auteur anonyme, au XIIIe siècle, rédigea un *Turpin* dit « saintongeais » qui, ajoutant de la fiction à la fiction, situe dans ces régions des épisodes placés ailleurs par le *Turpin* originel.

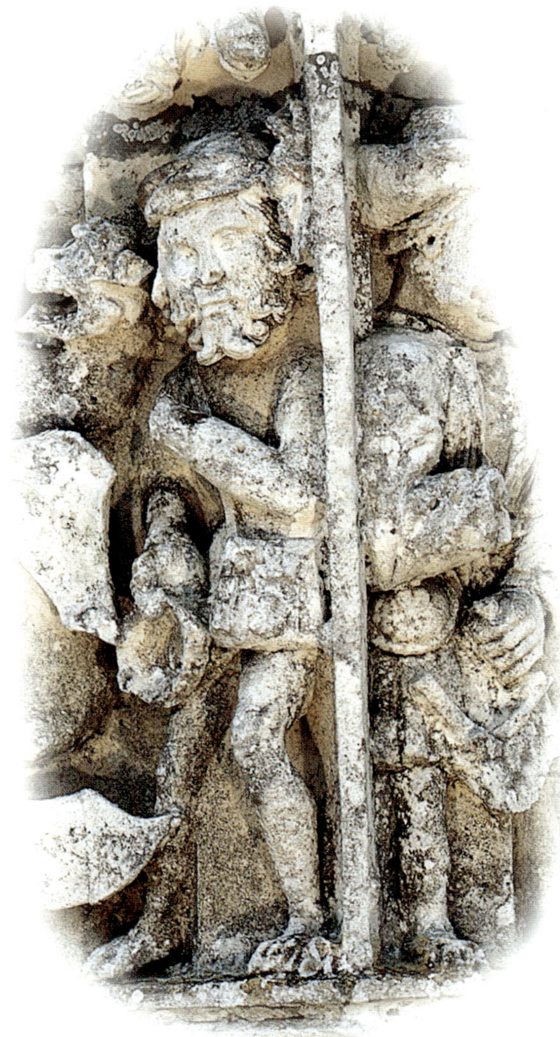

Pèlerin de Saint-Jacques, château de Crazannes
Sensible à la légende de Charlemagne, le seigneur du château de Crazannes, au XVe siècle, orna sa demeure d'éléments rappelant la bataille de Taillebourg remportée par l'empereur sur les Sarrasins à son retour de Compostelle, d'où le choix de ce pèlerin de Saint-Jacques.

Sur les traces de Charlemagne

De multiples noms de lieux gardent en mémoire cette expédition qui ne repose sur aucun fait historique. Charlemagne arrive par un « chemin Charlemagne » qui suit la voie romaine de Fontenay à Saintes. À la Pilette (commune de Moragne) on trouve encore un « chemin Charles », à Villeneuve, une fontaine « Charlemagne ». Le miracle des « Lances fleuries » se serait déroulé sur les rives de la Charente, à Saint-Saturnin-de-Séchaux (commune de Port-d'Envaux), dans le camp dressé avant la bataille de Taillebourg où les ennemis s'affrontèrent. Près du site mentionnons les lieux-dits « le moulin des Tombes, le bois des Héros » et l'église Saint-Saturnin, fondée par Charlemagne pour le salut de l'âme des soldats morts à Taillebourg. D'autres versions du *Turpin* situent ce miracle à Saintes, où Charlemagne se serait déguisé en pèlerin afin d'espionner Aigoland retranché dans la ville. À Port-d'Envaux, lorsqu'au XIIe siècle un seigneur de Taillebourg fonde un hôpital, il le met sous le vocable de saint Jacques. Saint-James (Saint-Jacques en anglais) devient le nom d'un hameau et celui de la longue chaussée qui franchit la Charente. Saint Louis a-t-il voulu mettre ses pas dans ceux de

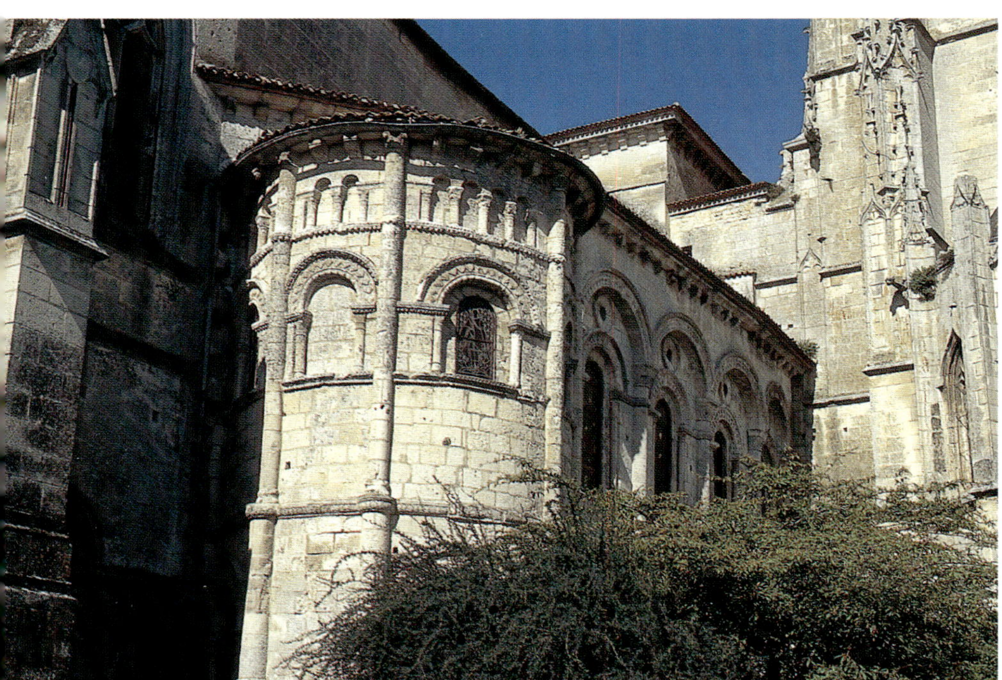

Saint-Eutrope à Saintes
L'église clunisienne de Saint-Eutrope fut consacrée par le pape Urbain II en 1096. De la « grande basilique élevée magnifiquement par les fidèles », célébrée par le Guide du pèlerin, *ne subsistent que le chevet et la vaste crypte à demi souterraine, véritable église comprenant nef et collatéraux, transept et chœur à chapelles rayonnantes.*

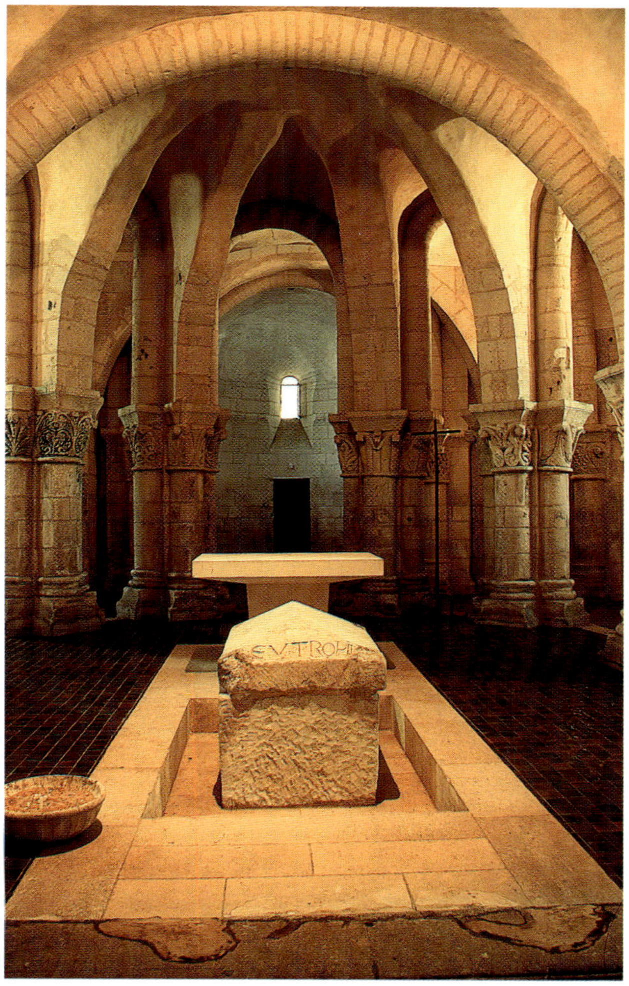

Le tombeau de saint Eutrope
Au XIIe siècle, le Guide du pèlerin *raconte longuement le martyre d'Eutrope, évangélisateur de la Charente et premier évêque de Saintes. Après la conversion d'Eustelle, la fille du roi du pays, il aurait été lapidé, battu puis décapité.*
(sarcophage du IVe siècle, Saintes, crypte de l'église Saint-Eutrope)

Charlemagne ? Le 25 juillet 1242, c'est là qu'il écrase les Anglais ; dans la mémoire collective, ces deux victoires se superposent. Au XVe siècle, près de Port-d'Envaux, le seigneur de Crazannes a orné son château d'éléments rappelant ces épisodes.

La bataille des Lances fleuries

« La veille d'une bataille, les soldats chrétiens préparèrent soigneusement leurs lances et les fichèrent en terre devant le camp, dans la prairie au bord du fleuve. Le matin, ceux qui devaient mourir dans cette bataille trouvèrent leurs armes couvertes d'écorce et de feuillages. Remplis d'admiration, ils coupèrent les lances presque à ras de terre, et les racines, restant dans le sol comme des surgeons, poussèrent et devinrent de grands arbres qu'on peut voir encore à cet endroit. »

Les inhumations des martyrs de Roncevaux

Après Roncevaux, le *Turpin* raconte comment les survivants ont enseveli certains morts sur place et en ont emporté d'autres en France où ils furent inhumés en différents lieux qui en acquirent une notoriété durable.

Au milieu des landes inhospitalières, sur la Leyre, le village de Belin reçut les « corps d'Olivier, fils du comte de Genève, Gondebaud roi de Frise, Ogier roi de Danemark, Arastagne roi de Bretagne, Garin duc de Lorraine et bien d'autres encore ». Bien que le *Turpin* qualifie Belin d'« heureux petit village où reposent tant de héros », les lieux n'ont pas conservé souvenir du tumulus qui recouvrait les corps. Non loin, près de Salles, un passage de la Leyre porte le nom de « Pas de Charles ».

Roland fut transporté « à Blaye sur deux mules, dans un cercueil tapissé d'or. Charles le fit ensevelir dans l'église de l'abbaye Saint-Romain dont Roland lui-même avait ordonné la construction. Son épée fut déposée près de sa tête et son olifant d'ivoire à ses pieds ». Bien plus tard, le roi François Ier vint se recueillir sur le tombeau, qu'on ouvrit en son honneur. Pour le pèlerin de Compostelle, Blaye est un lieu redoutable : c'est là qu'il embarque pour traverser la Gironde. La *grande chanson des pèlerins*, du XVe au XVIIIe siècle, reprend le couplet : « Quand nous fûmes au port de Blaye près de Bordeaux / Nous entrâmes dedans la barque pour passer l'eau / Il y a bien sept lieues par eau / Bonne me semble / Marinier, passe promptement, de peur de la tourmente. »

Puis, les versions du *Turpin* diffèrent : l'une dit que l'olifant de Roland, fendu en deux par la puissance de son souffle, fut déposé à Blaye puis volé par les prêtres de Saint-Seurin de Bordeaux ; l'autre que Charlemagne le déposa lui-même à Bordeaux. Toutes les versions s'accordent à dire que, dans le cimetière de cette église bordelaise, furent enterrés quinze mille soldats, dont « Gaifier roi de Bordeaux, Engelier duc d'Aquitaine, Lambert roi de Bourges, Gerin et Gerier, Renaut d'Aubespin, Gautier de Termes, Guielin et Bègue ».

Toutes ces sépultures terminées, continue le *Turpin,* Charlemagne distribua douze mille onces d'argent et douze mille besants d'or, pour le salut de l'âme des défunts. L'abbaye de Blaye, aujourd'hui disparue, fut particulièrement dotée de terres et d'exemptions d'impôts de toutes sortes.

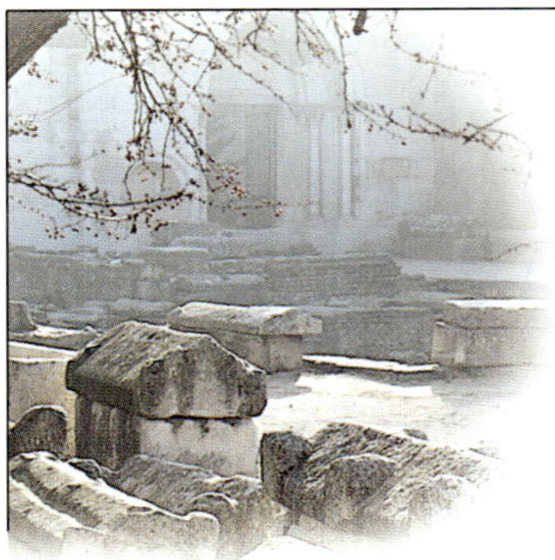

D'Aix-la-Chapelle à Compostelle, une route par l'Est

Partant d'Aix-la-Chapelle, cet itinéraire est tout aussi fictif que le premier, mais en même temps tout aussi plausible. Du nord au sud, il passe par l'Alsace et rejoint la Provence par les vallées de la Saône et du Rhône. Ensuite commence la longue marche vers l'Ouest, par Montpellier et Toulouse. Tout au long de ce chemin, les pas de saint Jacques évangélisant l'Occident se confondent avec ceux de Charlemagne allant à Compostelle ou revenant, après Roncevaux, chargé de ses milliers de morts que, selon la Chronique de Turpin, *il enterre sur le chemin. S'égrènent alors des lieux de culte voués à saint Jacques, des églises et chapelles conservant un corps, une relique de l'apôtre, ou la tombe d'un compagnon de Roland. Chemin faisant, d'autres sanctuaires associent le culte de saint Jacques à celui du saint principal.*

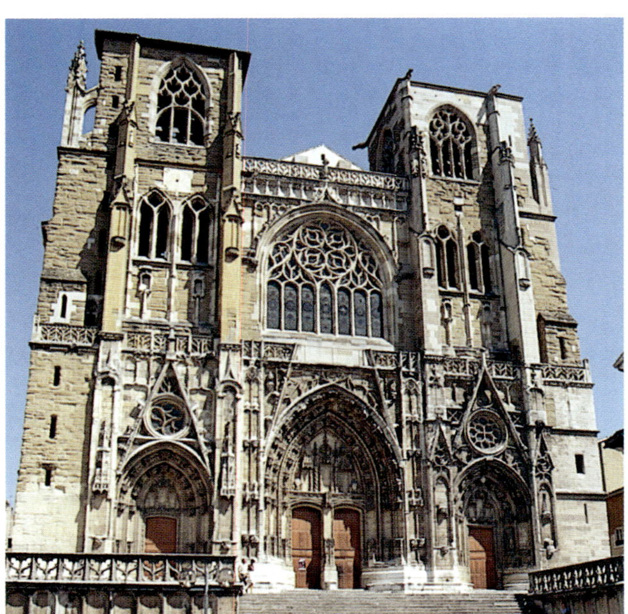

La cathédrale Saint-Maurice de Vienne
Vienne fut érigée en archevêché dès le Vᵉ siècle. Parmi les archevêques qui y officièrent figure Guy de Bourgogne, qui devint pape sous le nom de Calixte II. Le Turpin *situe dans cette cité l'un des miracles opérés par saint Jacques.*

Strasbourg

En 1372, Heinrich Blanghart de Laufen, marchand de drap à Strasbourg, tue un autre bourgeois de la ville. Condamné à effectuer un pèlerinage pénitentiel à Compostelle, il part. Arrivé en Avignon, il apprend que le pape Grégoire XI distribuait des dispenses de pèlerinage à cause des « guerres qui sévissaient dans la région ». Comme d'autres, il obtient la permission de rebrousser chemin contre la promesse de faire une fondation en l'honneur de saint Jacques. Ainsi naquit, à Strasbourg, un autel Saint-Jacques dans la chapelle de l'hôpital de la commanderie Saint-Jean de l'Île-Verte, situé dans l'un des bras de l'île, afin de « susciter dans le peuple le goût de rendre un culte au bon saint Jacques dans une église où le plus grand nombre de gens se rendaient ». Il ne reste rien de cette ancienne commanderie, sauf une église moderne, quai Saint-Jean, reconstruite sur les ruines de celle qui fut incendiée pendant la dernière guerre.

Vienne

Le pèlerin qui passe à Vienne, en Isère, ne peut manquer de se souvenir que Guy de Bourgogne, futur pape Calixte II, en fut l'archevêque de 1088 à 1119. Turpin, le prétendu auteur de la *Chronique de Turpin,* situe à Vienne un miracle dont il aurait été témoin, au temps de Charlemagne (on se souvient qu'en fait la chronique fut écrite vers 1120 par les proches de Calixte II) : un jour, alors qu'il chantait un psaume dans la cathédrale, il vit passer devant lui « des cohortes innombrables de noirs guerriers qui se dirigeaient vers la Lorraine. Derrière eux, un Éthiopien allait à pas lents ». Il reconnut en lui Satan. À sa demande « Où vas-tu ? » il lui répondit « À Aix-la-Chapelle, pour emporter l'âme de Charles en enfer ». Avant la fin du psaume, les cohortes revinrent dans le même ordre. Turpin interrogea à nouveau Satan : « Qu'as-tu fait ? » Il répondit : « Un Galicien sans tête nous a enlevé son âme car il a mis dans la balance toutes les bonnes œuvres faites en son nom. » Turpin comprit alors que Charlemagne venait de quitter ce monde, et qu'il avait été sauvé de l'enfer.

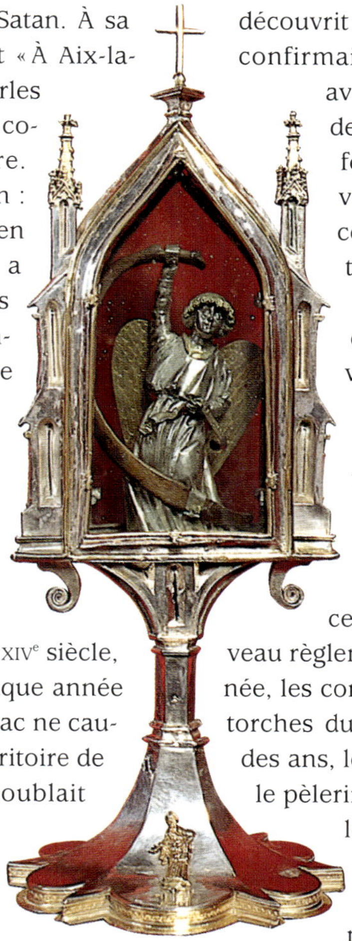

Le reliquaire de saint Jacques à Sallanches
Le reliquaire porte les armes du donateur, Nicod de Menthon. À l'intérieur, un ange tient la relique ainsi qu'un phylactère portant l'inscription : « S. IAC... LE MYNOR » (« saint Jacques le Mineur »). [argent et vermeil, 1429, Sallanches, trésor de l'église Saint-Jacques]

Échirolles

À l'église Saint-Jacques d'Échirolles, au XIVe siècle, les habitants de Grenoble venaient chaque année en pèlerinage « pour que les eaux du Drac ne causent aucun dommage à la ville et au territoire de Grenoble ». Sage précaution qui se doublait d'une inspection des rives avec les spécialistes chargés de prévenir les crues catastrophiques. L'église s'élevait derrière un tumulus renfermant... le corps décapité de saint Jacques. Outre les édiles de Grenoble, ce sanctuaire accueillait « une foule nombreuse de personnes venant de Rome [qui] disaient et assuraient qu'en ce lieu de nombreux malades graves recouvraient la santé grâce au corps inhumé ». En 1488, l'évêque de Grenoble s'émut de cette dévotion et procéda à une fouille discrète. Il découvrit effectivement un corps sans tête, ce qui confirmait la tradition selon laquelle cette tête avait été portée à Compostelle par le comte de Grenoble, en 1107. Après cette première fouille, l'évêque procéda à une seconde visite, officielle, au cours de laquelle le corps découvert possédait, cette fois, une tête. Il conclut donc que ce corps n'était pas celui de saint Jacques, mais celui d'un inconnu et qu'il « ne devait pas être vénéré publiquement comme saint, ni aucun office célébré en son nom ». Il convenait donc « d'ignorer les racontars, traditions et prodiges, sous peine d'excommunication ».

La ville de Grenoble elle-même ignora superbement cette interdiction : en cette même année 1488, un article du nouveau règlement de police rappelait que, chaque année, les consuls devaient porter à Échirolles quatre torches du poids de quatre livres chacune. Au fil des ans, les comptes continuèrent de mentionner le pèlerinage, les dépenses, les menus des repas, le nombre de convives... Au XVIIe siècle seulement, le lieu perdit de sa solennité et il sembla admis que le tombeau n'abritait que le corps d'un pèlerin anonyme mort sur la route.

Une côte de saint Jacques à Sallanches

Dans les Alpes, un saint Jacques apôtre fut vénéré avant d'être relégué au rang d'évêque de Tarentaise. À Sallanches en 1388, une église Saint-Jacques à demi ruinée prit une nouvelle importance en devenant collégiale. En 1429, le seigneur du lieu, Nicod de Menthon, de retour d'un pèlerinage à Compostelle, offrit un reliquaire contenant une « côte de saint Jacques ». On ignore s'il l'avait rapportée de Galice ou si elle était déjà présente dans l'église.

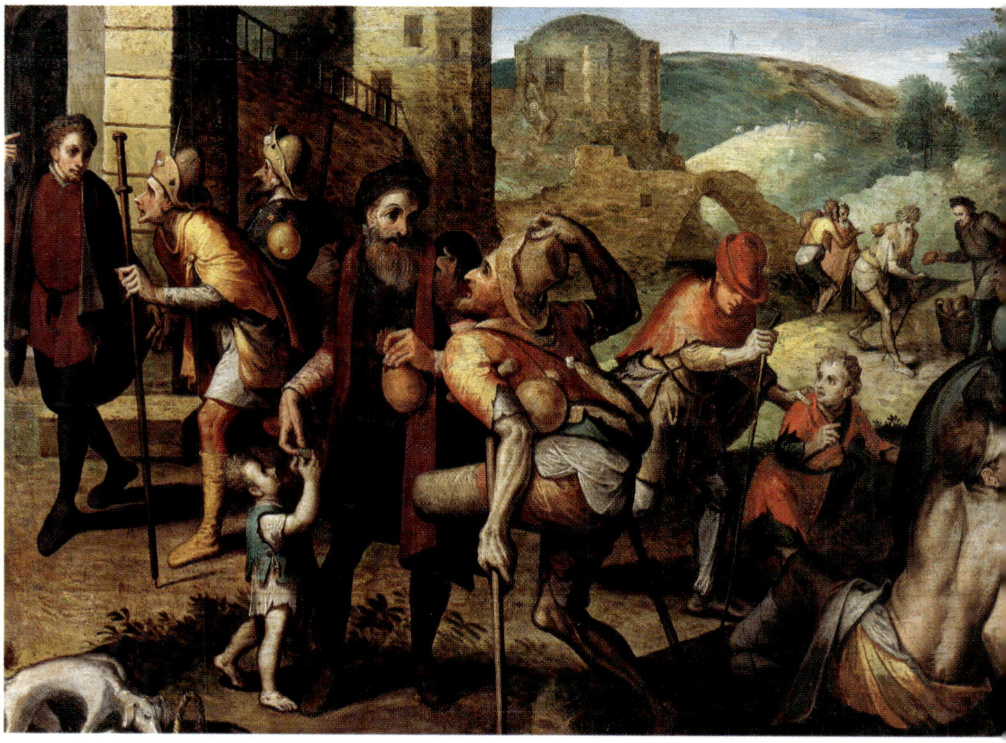

Pèlerins du Nord
Qu'ils aillent à Compostelle ou à Rome, les pèlerins arpentent les routes, parfois seuls, mais bien souvent en petits groupes pour se prémunir des dangers du chemin. (Maître du Fils prodigue, Les Œuvres de Miséricorde, *XVIe siècle, Valenciennes, musée des Beaux-Arts)*

Arles, le cimetière des Alyscamps
Le Guide du pèlerin *recommandait la visite de la nécropole des Alyscamps censée abriter selon le* Turpin *les tombes de dix mille soldats de Charlemagne morts à Roncevaux. Ce nom vient d'*Elysii campi*, c'est-à-dire les champs Élysées, ce lieu où reposaient les guerriers défunts.*

Saint-Antoine-l'Abbaye

Sur les grandes routes, les nombreuses commanderies de l'ordre de Saint-Antoine côtoient souvent les établissements voués à saint Jacques, sans qu'on puisse expliquer pourquoi. Cet ordre hospitalier est né à la fin du XIe siècle à Saint-Antoine-l'abbaye, dans le Dauphiné,pour garder les reliques de saint Antoine l'ermite. À cette époque, une épidémie dite « mal des ardents » ravageait la région. Les moines purent aider à éradiquer cette maladie, d'où le nom de « feu de Saint-Antoine ». On sait aujourd'hui que ce « feu » qui gangrenait les membres des malades en même temps qu'il leur causait des hallucinations était dû à la présence, dans le seigle, d'un parasite, l'ergot, contenant du LSD.
Un pèlerin allemand, Hans von Waltheym, passe à l'abbaye de Saint-Antoine en 1474. Il raconte : « Dans l'église se trouve la dépouille de saint Antoine, au-dessus du retable du maître-autel, dans un cercueil décoré d'argent, d'or, de pierres précieuses. De plus, on montre le bras de saint Antoine, travaillé dans de l'or et des pierres précieuses, et l'os du bras est nu, de sorte qu'on peut l'embrasser dessus et sur le côté. C'est le matin et le soir qu'on le montre, et on le met sur un autel. Il est une coutume selon laquelle on achète des souvenirs, comme des chapelets, que l'on frotte contre le bras nu et dont on reçoit un pouvoir particulier contre le mauvais esprit et d'autres choses. »

L'hôpital Saint-Jacques

À côté de l'église et du premier hôpital où sont admis les malades, un second hôpital est fondé en 1380, sous le vocable Saint-Jacques. Il héberge les anciens malades, diminués physiquement, qui ont choisi de finir là leur vie en échange de travail. Hans von Waltheym les décrit, « l'un qui n'a plus de pouce, à l'autre manquent plusieurs doigts, à l'autre un pied, à l'autre une jambe. Ils font toutes sortes de travaux, chacun selon ses possibilités ».
D'autres documents attestent qu'en effet des « foules s'y pressaient quotidiennement » et que ce pèlerinage à Saint-Antoine était la première richesse du Dauphiné, avant les mines de fer et le commerce.

Arles et le cimetière des Alyscamps

Une quarantaine d'années avant que soit écrit le *Guide du pèlerin*, vers 1120, la *Chronique de Turpin* explique pourquoi Arles est un sanctuaire à visiter, en particulier à cause du fameux cimetière des Alyscamps : Charlemagne y a enterré dix mille de ses soldats morts à Roncevaux. « Après quoi, Charles traverse la Gascogne et Toulouse et arrive en Arles. Là, nous rencontrâmes l'armée des Bourguignons qui s'étaient séparés de nous à Ostabat et étaient arrivés en passant par Morlaas et Toulouse, avec leurs morts

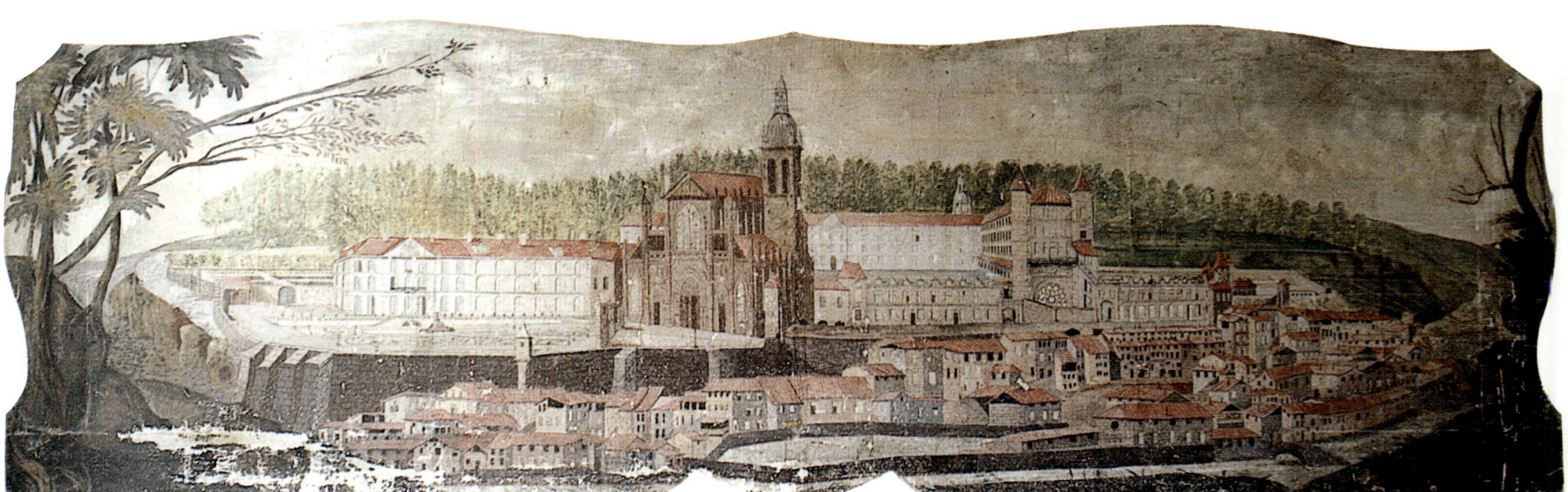

L'abbaye de Saint-Antoine en Dauphiné
Cette vue cavalière souligne l'importance de l'abbaye autour de laquelle s'est bâtie la cité. Parmi les remèdes proposés par les Antonins aux pèlerins malades, le « saint vinage » était une boisson dans laquelle avaient trempé les reliques de saint Antoine. (XVIIe siècle, Saint-Antoine-l'Abbaye, trésor de l'abbaye)

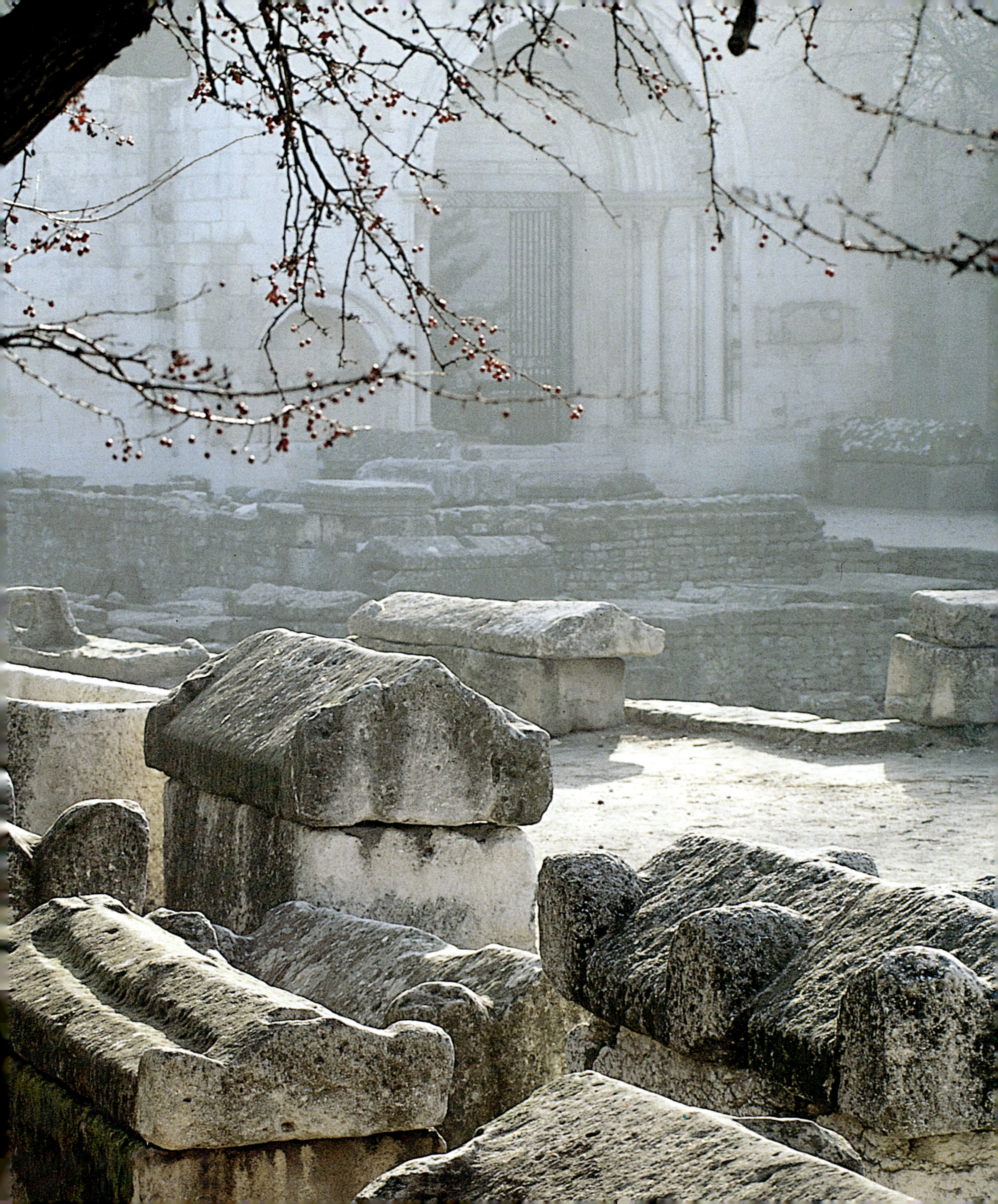

et leurs blessés. Furent ensevelis dans le cimetière des Alyscamps, par nos mains : Estout comte de Langres, Salomon et Samson duc de Bourgogne et dix mille autres. Pour les âmes de ces chevaliers, Charles donna aux pauvres d'Arles douze mille onces d'argent et douze mille besants d'or. » Là fut placée également la tombe de Vivien, neveu de Guillaume d'Orange tué lui aussi à Roncevaux. De cette nécropole, païenne puis chrétienne, ne subsiste qu'une allée mélancolique qui se prête merveilleusement à l'évocation du souvenir de ces inhumations fictives.

Saint-Gilles en Provence

Au portail roman de l'église figurent les deux saints Jacques. Le Majeur porte un livre sur lequel est gravée une phrase de l'Épître : « Tout don de valeur et tout cadeau parfait descendent d'en haut, du Père des Lumières. » Au Moyen Âge, Saint-Gilles-du-Gard est un sanctuaire très connu, au point que le *Guide du pèlerin* cite la « route qui passe par Saint-Gilles » comme premier lieu important de la route venant d'Italie.

Le péché inavouable de Charlemagne

Ce sanctuaire pénitentiel fut vraisemblablement associé à celui de Compostelle à cause d'un miracle qui se retrouve dans l'un et l'autre lieu, sous deux formes différentes.

Sans aucun souci de chronologie, ce miracle met en scène saint Gilles recevant, dans les années 700, une confession de Charlemagne né en 742. Qu'importe. Cette confession avait été incomplète, le roi n'ayant pas osé avouer son péché d'inceste avec sa sœur, péché d'où était né Roland. Mais, pendant la messe célébrée par saint Gilles, un ange déposa sur l'autel un billet sur lequel était écrit ce péché. Gilles vint alors trouver Charles qui tomba à genoux. Il lui donna l'absolution. Dans le *Livre des Miracles* (voir p. 33), c'est un Italien anonyme qui avoue un ignoble péché à son évêque, lequel, horrifié, l'envoya à son homologue compostellan. Afin que ce dernier puisse juger, il confia au coupable un billet sur lequel était relatée la faute. À l'arrivée, le feuillet était vierge, comme si rien n'avait jamais été écrit. On cria au miracle, le pécheur reçut l'absolution. Jérôme Münzer, pèlerin allemand

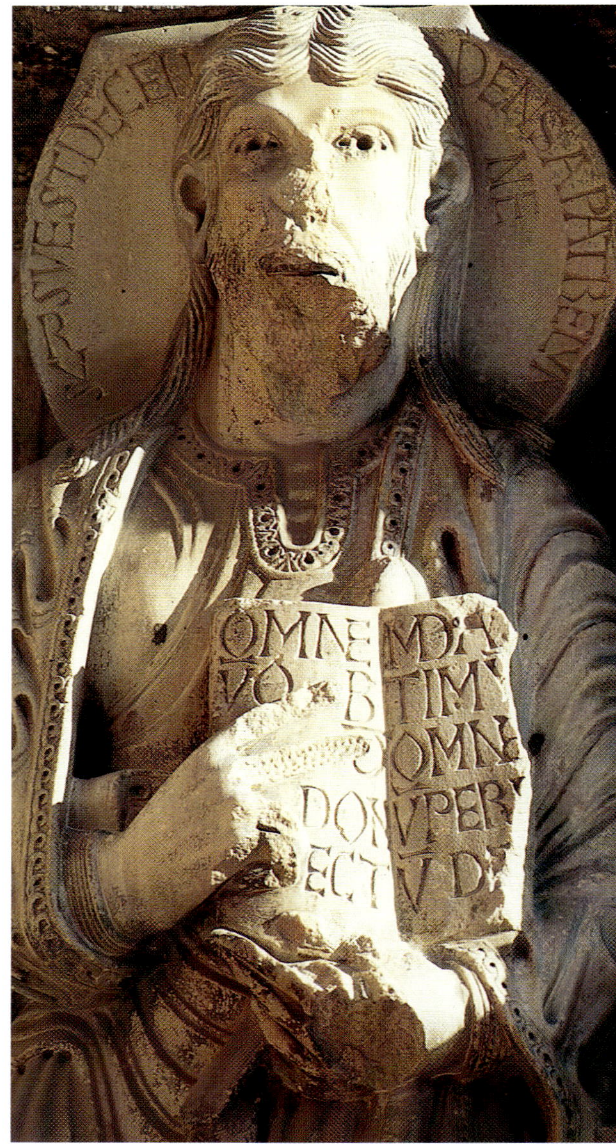

Saint Jacques auteur de l'Épître
Sur la façade du grand sanctuaire de Saint-Gilles-du-Gard, saint Jacques le Majeur est représenté tenant l'Épître dont il est l'auteur. La citation commencée sur l'ouvrage se prolonge sur son nimbe.
(portail de Saint-Gilles-du-Gard, vers 1150)

à Saint-Gilles en 1494 raconte : « Nous gagnâmes le château de Saint-Gilles où nous vîmes le magnifique monastère. Sous l'église se trouve une vaste crypte grâce à laquelle les frères ne sont tourmentés ni en été par la chaleur ni en hiver par le froid. On nous montra le chef de saint Gilles, enfermé derrière des barreaux de fer et de solides verrous, et beaucoup de ses os.

« Au lieu où le saint faisait pénitence, une vieille chapelle en ruine à l'entrée d'une grotte. Le saint y fut blessé lors d'une chasse au cerf. »

Les Saintes-Maries-de-la-Mer

Les Saintes-Maries sont célèbres par la légende selon laquelle un bateau chargé de chrétiens fuyant les persécutions à Jérusalem parvint sur la côte camarguaise. Parmi eux se trouvaient Marie-Jacobé, sœur de la Vierge, Marie-Salomé, mère de Jacques, et leur servante noire Sara. Toutes trois demeurèrent sur les lieux de l'accostage tandis que leurs compagnons entreprenaient l'évangélisation de la Provence : Lazare le ressuscité évangélisa Marseille et Autun ; sa sœur Marie-Madeleine se retira à la Sainte-Baume, son autre sœur Marthe tua la Tarasque de Tarascon et Maximin devint le premier évêque d'Aix-en-Provence. Restèrent auprès de lui Sidoine, l'aveugle-né de l'*Évangile,* et leurs deux servantes, Marcelle et Suzanne.

Une tête de saint Jacques

En 1448, le roi René ordonne de procéder à des fouilles dans le sol du chœur de Notre-Dame-de-la Mer afin de retrouver les corps des saintes femmes dont on avait oublié l'emplacement.

En même temps que leurs corps, on découvre une tête d'homme, assez grosse, entourée de lames de plomb. Cette tête est décrétée être celle de saint Jacques le Majeur, emportée dans la barque par sa mère Marie.

Un quart de siècle plus tard, la tête est toujours présentée à la vénération des pèlerins, mais comme étant celle de saint Jacques le Mineur. Pourtant, avant la fin de ce XVe siècle, Jérôme Münzer détaille les reliques qu'on lui montre sans mentionner celle-ci. Il faut probablement y voir le signe que la relique est déjà oubliée.

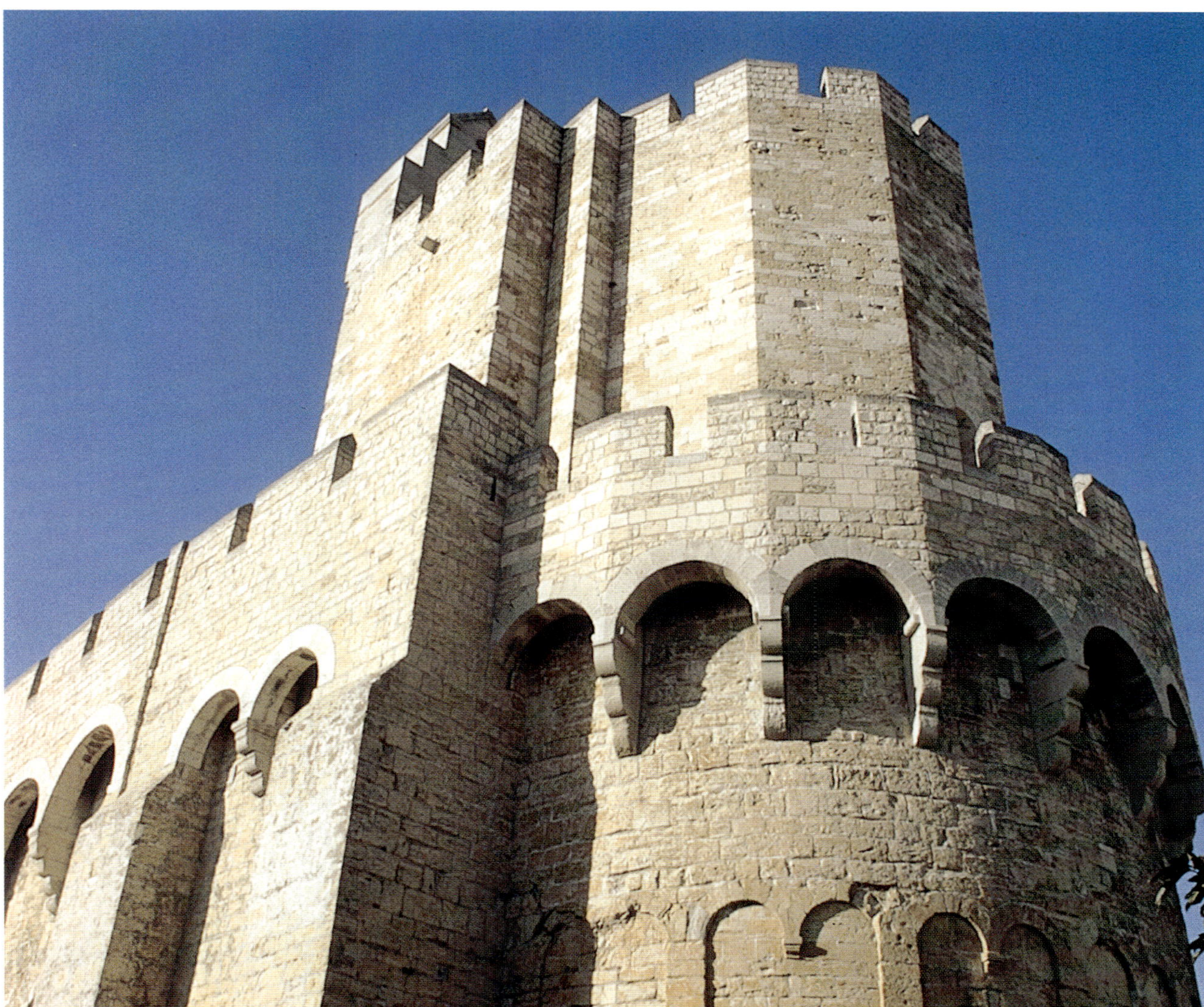

Les Saintes-Maries-de-la-Mer
Après avoir traversé Arles, certains pèlerins effectuaient un détour par les Saintes-Maries-de-la-Mer où l'on célébrait le culte des deux Marie : Marie-Salomé, la mère de Jacques et de Jean, et Marie-Jacobé, la sœur de la Vierge.
(église Notre-Dame-de-la-Mer, XIIe siècle)

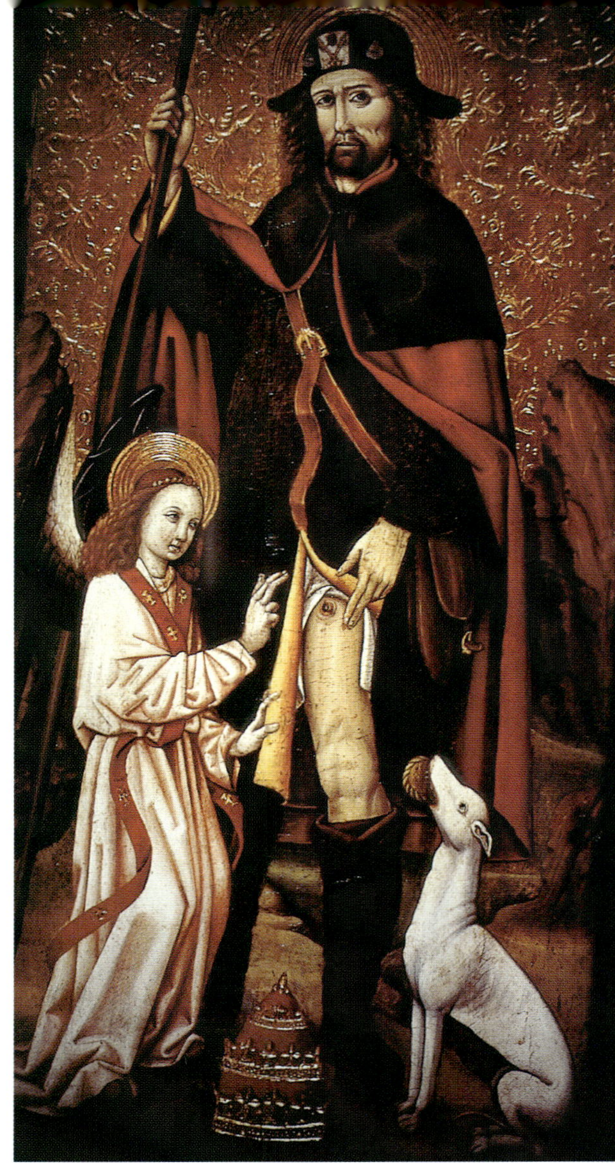

Nîmes

À Nîmes, en 1321, les membres de la confrérie Saint-Jacques soupirent qu'ils seraient bien plus heureux « si Dieu et saint Jacques voulaient les pourvoir de maison et d'hôpital » afin qu'ils exercent convenablement leurs devoirs envers les pauvres. Dieu et saint Jacques les ont entendus car les premiers dons arrivent, qui leur permettent d'acheter une maison en 1326. Cet hôpital est situé à l'intérieur des murs, près de la porte Saint-Antoine. Il a pour vocation d'accueillir les pèlerins et les pauvres passants. En 1482, une épidémie de peste conduit les notables de la ville à réorganiser le système hospitalier en supprimant tous les hôpitaux situés à l'intérieur des murailles, dangereux à cause de la contagion. Les confrères se rebellent, protestent qu'ils ont pour vocation d'« accueillir les pèlerins de Saint-Jacques » mais ne conservent leur hôpital qu'à la condition qu'ils renoncent à pratiquer cet accueil et acceptent de n'ouvrir qu'aux pauvres de la ville. Ils obtiennent en contrepartie de conserver le produit de la vente des dépouilles des passants défunts !

Saint Roch supplante saint Jacques
On prête parfois à saint Roch, natif de Montpellier, davantage d'efficacité qu'à saint Jacques, notamment contre la peste. Revêtu du costume du pèlerin, il se distingue toutefois par le bubon qu'il montre toujours à sa jambe, et par le chien qui lui sauva la vie en lui apportant chaque jour un pain.
(saint Roch, XVe siècle, évêché de Montpellier)

Montpellier

En 1220, le roi Jacques Ier d'Aragon, dit le Conquérant, ordonne la fondation d'un hôpital à Montpellier et demande à son mandataire « d'y vouloir mettre le nom de saint Jacques, à cause qu'il s'appelle Jacques ». Il considère en effet ce nom de Jacques comme un signe du destin, une élection divine qui fait de lui, le Catalan, la figure symétrique de celle de Jacques de Galice. Lui aussi est fils d'une Marie, Marie de Montpellier, épouse délaissée de Pierre II d'Aragon, une sorte de sainte qui, si l'on en croit les chroniqueurs de l'époque, a conçu miraculeusement son enfant. Les bourgeois de Montpellier, soucieux de voir leur princesse leur donner un héritier, ont usé d'un subterfuge pour glisser Marie dans le lit de son mari volage, à la place d'une de ses maîtresses, au soir du 1er mai 1207 (fête de Saint-Jacques). De cette unique rencontre naquit un enfant dont le choix du nom se fit selon un rite antique : on alluma douze cierges portant chacun le nom d'un apôtre et on donna à l'enfant le nom de celui qui brûla le plus longtemps : Jacques. Cet hôpital était situé au nord-ouest de la ville, dans le faubourg Saint-Jaumes. Il était géré par les bourgeois de la ville, assistés d'une confrérie Saint-Jacques. Au XVe siècle, le pèlerin Hermann Künig signale que là, « l'hôte n'aime pas les Teutons » !

Saint-Guilhem-le-Désert
Saint-Guilhem appartient à la fois à l'histoire carolingienne et à la légende. L'abbaye fut fondée au IXe siècle par l'un des preux de Charlemagne, Guillaume, comte de Toulouse, qui s'y retira. Elle accueillait de nombreux pèlerins venant de Montpellier.
(église abbatiale, XIe siècle)

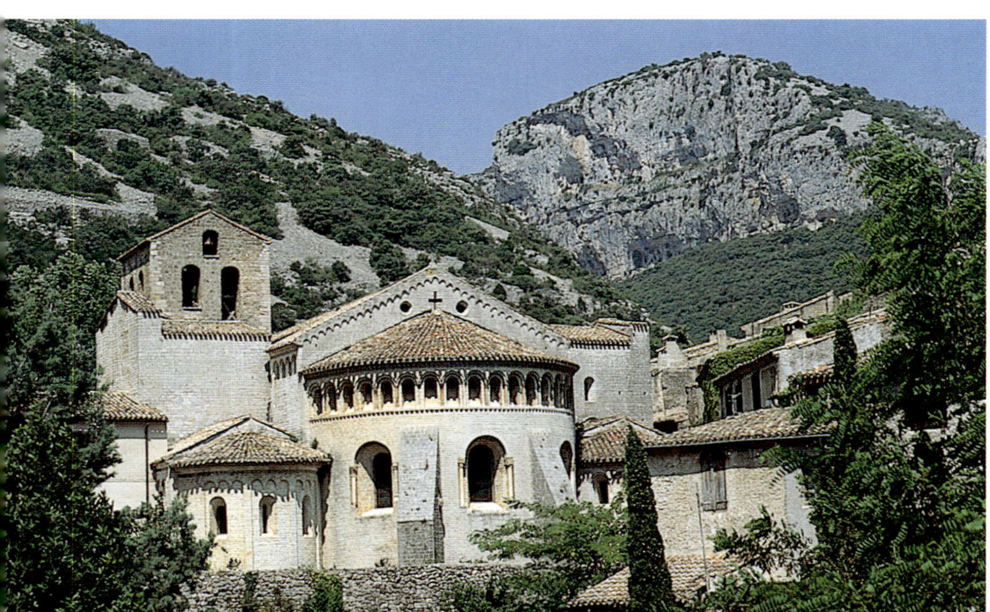

Compostelle,

UN CHEMIN DE SAINTETÉ

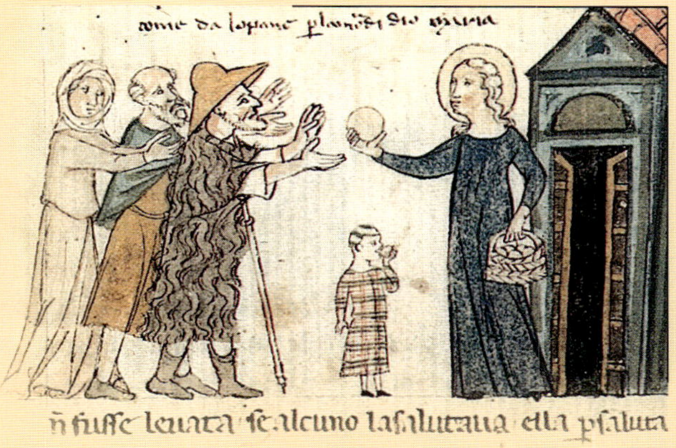

Le pèlerin, homme sauvage
Afin de retrouver la pureté évangélique, certains pèlerins se plaisent à renoncer à tout signe de richesse et à se vêtir de peaux de bêtes.
(Méditations sur la vie de notre Seigneur, *XIVe siècle, Paris, BNF, ms italien 115)*

À tort ou à raison, quelques pèlerins (ou leurs biographes) ont considéré Compostelle comme une étape indispensable à l'expression d'une sainte vie. En 1125, une *Vie* de saint Evermare, vénéré à Andenne près de Namur, fait même aller le saint en Galice… vers 695, bien avant la découverte du tombeau ! À peine quelques années plus tard, Pons de Léras, fondateur de l'abbaye aveyronnaise de Silvanès, part au moment où il songe à quitter sa vie agitée de laïc pour la vie monastique, tout comme le fait saint Godric de Norfolk avant de passer de l'état de riche marchand à celui d'ermite. En cette fin de XIIe siècle, la bienheureuse Bonne de Pise n'alla pas moins de neuf fois à Compostelle, souvent accompagnée de saint Jacques en personne, lequel lui fit accomplir plusieurs miracles. Avant ces pèlerinages, elle avait eu plusieurs fois des apparitions de l'apôtre !

Au XIIIe siècle, en Normandie, un autre bienheureux, Thomas Hélye, s'est fait ermite avec une telle application que l'évêque de Coutances lui reproche sa tenue vestimentaire par trop négligée, lui disant que « la saleté ne convient pas à celui qui sert Dieu » et lui conseillant de devenir prêtre. Afin de réfléchir, Thomas quitte le pays et part en pèlerinage visiter « les tombeaux de saint Pierre, de saint Paul, de saint Jacques ».

En Italie, Antoine le pèlerin, connu aussi sous le nom de bienheureux Antoine de Padoue (« concurrent » malheureux de son saint homonyme), prend la route avec une constance telle qu'il n'est connu que par son état de pèlerin. Ce fils de famille vagabonde dès son adolescence, « se rendant dans les parties plus lointaines de la terre par divers chemins, soumettant courageusement son corps à la servitude. Il parvient à la patrie du bienheureux saint Jacques qui est appelée la Galice ». Rentré à Padoue, il vit au monastère de Santa-Maria de Porciglia où il meurt en odeur de sainteté.

Quant à cet autre fils de famille que fut saint François d'Assise, même si son biographe saint Bonaventure inscrit un voyage à Compostelle dans sa vie, il semble bien qu'il n'y soit jamais allé. Dans ses *Fioretti*, il le montre cheminant vers la Galice avec ses frères avant de recevoir, à son arrivée, l'ordre divin de fonder des couvents plutôt que de rester en groupes inorganisés.

Au XIVe siècle, sainte Brigitte de Suède part à Compostelle accompagnée de son mari, de laïcs, de moines et de prêtres. Ils font une première halte à Cologne, puis à Aix-la-Chapelle et on les retrouve, sans transition, à la Sainte-Baume. Ils s'embarquent à Marseille et arrivent par mer sur les côtes espagnoles. Le livre de ses *Révélations* relate comment sainte Brigitte fut accueillie dans la cathédrale par les dignitaires de l'ordre de Saint-Jacques afin de prier pour « réveiller chez les fidèles le désir de croisade ». Cette réception grandiose témoigne de ce que des prophéties émanant d'une femme ont une audience certaine auprès des autorités religieuses.

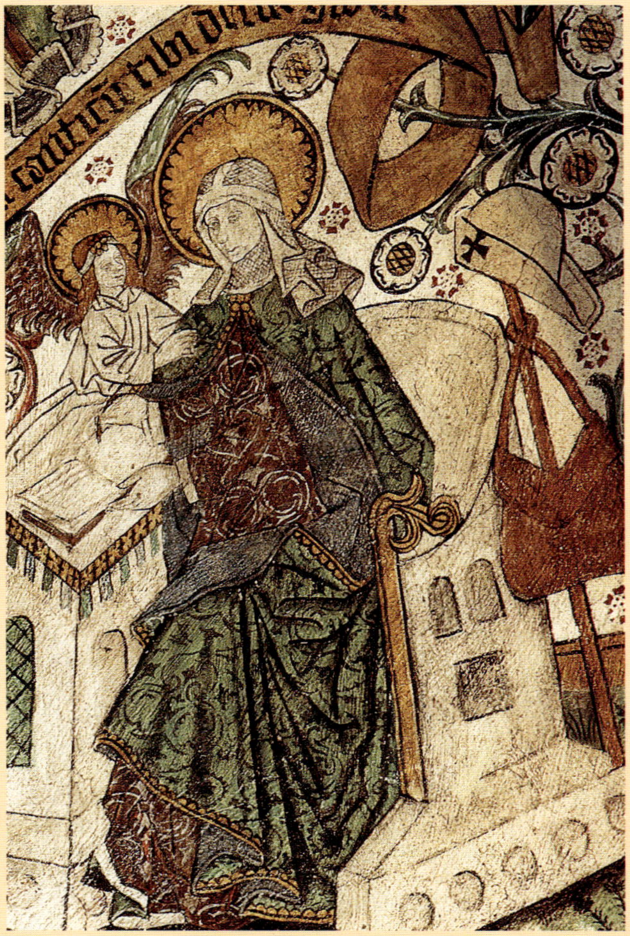

Sainte Brigitte de Suède
Après la mort de son mari en 1344, sainte Brigitte se retira au couvent d'Alvastra, où elle eut des visions qu'elle communiqua au pape d'Avignon. Cette peinture murale la représente rédigeant ses « révélations célestes ». Derrière elle, son sac, son bourdon et son chapeau évoquent tout autant son retour de Compostelle que son prochain départ pour Rome. (1490-1500, église de Tolfta, Uppland, Suède)

Toulouse

Entre l'abbaye de Saint-Sernin et l'église Saint-Jacques dépendant de la cathédrale, Toulouse ne compte pas moins de deux corps de saint Jacques, l'un décapité et l'autre intact, ainsi qu'une tête isolée.

À Saint-Sernin, un corps entier et un corps sans tête

Un inventaire des reliques dressé au XIVe siècle mentionne « en premier, le corps de saint Jacques et sa tête. Idem le corps de saint Jacques le Mineur, excepté sa tête qui est en Galice ». Là, l'obligation est évidente de bien distinguer deux saints puisqu'il y a deux corps au même endroit.

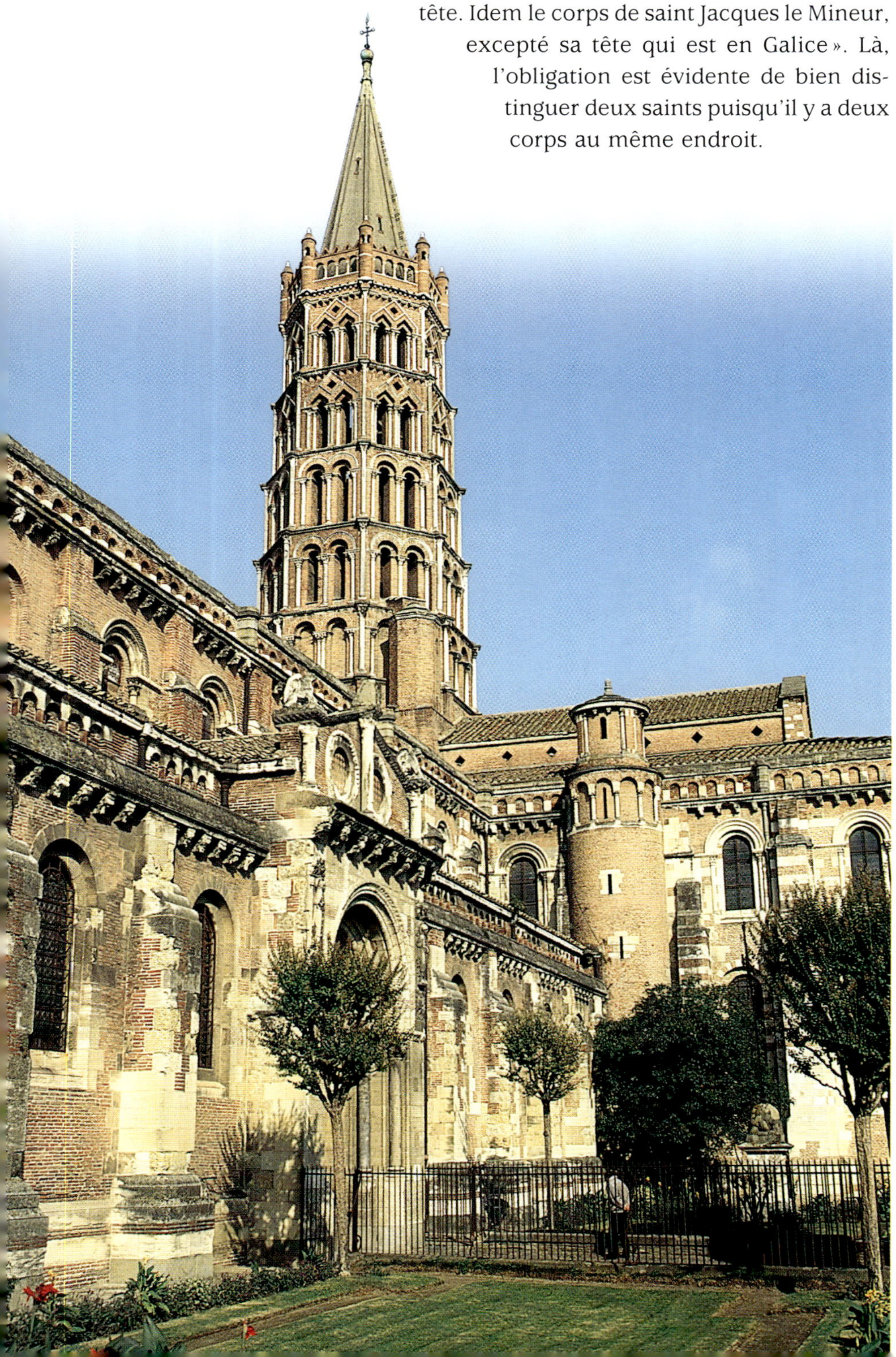

Quant à la tête portée en Galice, c'est une vieille histoire : Compostelle possède, en sus d'un corps dans son intégralité, une tête dont elle ne sait pas trop comment justifier la présence ! Selon les uns, elle arrive de Jérusalem, selon d'autres, d'Échirolles ou de Toulouse. Pourquoi, on ne sait !

En 1385, l'abbaye Saint-Sernin décide, pour une raison restée inconnue, de relancer le pèlerinage à saint Jacques le Majeur. Cela se fait de la manière la plus classique, par un transfert solennel du corps de l'apôtre dans un nouveau reliquaire. Mais les chanoines de l'abbaye vont plus loin et décident de décapiter le corps du Majeur, et de mettre le corps dans un reliquaire et la tête dans un autre.

Le reliquaire contenant le corps décapité, connu par une série de gravures du XVIIIe siècle, a la forme d'une église gothique dominée par un clocher dont la flèche portait une bannière aux armes des donateurs. Sur les rampants du toit figurent les quatre évangélistes dans un semis de coquilles. Sur la face inférieure de la châsse, saint Jacques est entouré de huit statues d'évêques, plus petites. La tête, elle, repose dans un buste-reliquaire représentant l'apôtre coiffé d'un chapeau d'argent à large bord aux armes du duc Jean de Berry (gouverneur du Languedoc, présent à la cérémonie). L'aile du chapeau est relevée sur le front et maintenue par un joyau de pierres précieuses. Le cordon est une chaîne d'argent se nouant avec une émeraude. Le cou du saint s'orne d'une chaîne d'or à laquelle est suspendu un grand « saphir d'une grosseur peu ordinaire ».

Les chanoines racontent aux pèlerins que ces reliques ont été rapportées de Compostelle par Charlemagne et leur montrent également le cor de Roland, déposé là par Charlemagne, bien évidemment. Pour faire bonne mesure, certains sont même admis à embrasser le saint crâne, en guise de preuve supplémentaire.

Saint-Sernin de Toulouse
Au même moment, durant le dernier quart du XIe siècle, sont édifiées, à Compostelle et à Toulouse, deux gigantesques églises de pèlerinage comportant tribunes, déambulatoire et chapelles rayonnantes. Autre similitude : tout comme Saint-Jacques, Saint-Sernin se targue de posséder un grand nombre de reliques données par Charlemagne à son retour de Compostelle... dont, très paradoxalement, le corps de saint Jacques.

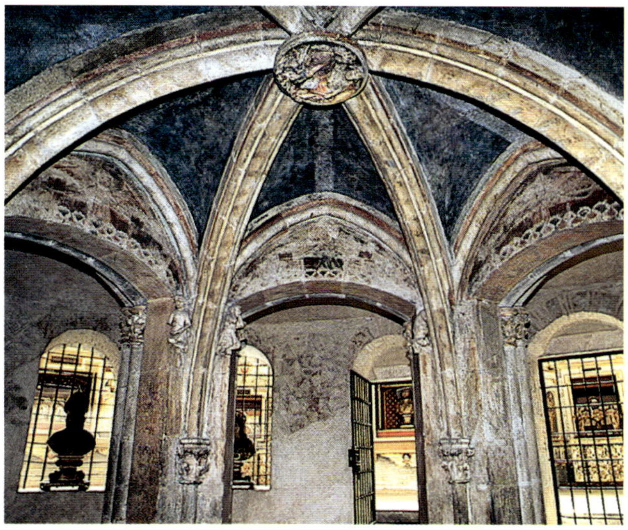

Crypte de Saint-Sernin
À l'époque gothique s'achève l'édification de Saint-Sernin avec la construction, aux XIIIe et XIVe siècles, de deux cryptes. Elles conservent toujours de nombreuses châsses reliquaires, dont celles de saint Jacques le Majeur et saint Jacques le Mineur.

La tête de la cathédrale

Vers 1460, l'archevêque de Toulouse, Bernard du Rosier, cherche à retracer l'histoire de la fondation de sa cathédrale. Dans les archives, il découvre des documents attestant que Charlemagne a fondé la première cathédrale, sous le vocable Saint-Jacques. L'un de ces documents existe encore, daté de 843 et signé de la main de Charles le Chauve. Un autre rapporte que l'empereur, « après avoir vaincu et chassé les Infidèles des parties d'Aquitaine, Toulouse et Espagne », fait enterrer la tête de saint Jacques près de l'autel Sainte-Quiterie et, au-dessus, dresse un pilier formé de quatre grandes pierres, dont deux sont enfoncées dans le sol. Sur la pierre de marbre du sommet, ronde, il fait peindre la « figure ou image de la tête M. saint Jacques », surmontée d'une coquille.
Fort de ces trouvailles, l'archevêque critique l'authenticité de la tête de Compostelle : « Plusieurs gens allant à Saint-Jacques en Galice sont dans l'erreur quant ils disent y avoir vu la tête de monsieur saint Jacques le Majeur car certainement elle est ici. »
En 1490, des fouilles sont entreprises après un interrogatoire de nombreux témoins. Ceux-ci attestent que la relique est vénérée non seulement par des habitants de Toulouse ou de la région, mais aussi par des pèlerins étrangers venus parfois d'Allemagne ou d'Italie. Ces pèlerins ne s'étonnent guère, même s'ils sont en route pour Compostelle. En présence de plus de cinquante personnes, un tailleur de pierres, assez sûr de sa technique pour prétendre ne pas attenter à la solidité de l'église, commence la fouille. Effectivement, plusieurs cavités sont mises au jour, contenant des morceaux d'un crâne. Dès que la nouvelle est connue, toute la ville se précipite à « grandes troupes » et plus de deux cents miracles ont lieu dans les semaines suivantes. L'église Saint-Jacques ayant été détruite, il ne reste rien de cette relique.

Les pélerins témoignent

En 1490, Jean de Tournai, à son arrivée à Compostelle, se souvient d'avoir vu à Toulouse « le corps des deux saints Jacques » et conclut : « Pour moi je crois que le corps est à Toulouse et le chef à Saint-Jacques. »
En 1494, Jérôme Münzer raconte : « À Saint-Sernin, dans une châsse superbe, le corps de saint Jacques le Majeur, et de même sa tête dans un reliquaire d'argent. Un chanoine le fit ouvrir en notre honneur, ce qui est très rare, et nous avons embrassé le crâne de Jacques. Et, bien que ceux de Compostelle disent avoir saint Jacques chez eux, ils ne se basent que sur la crédulité pour affirmer cela. Les Toulousains ont l'histoire pour eux, selon le témoignage de laquelle Charlemagne, après avoir vaincu l'Espagne, en emporta saint Jacques. Et le corps de saint Jacques le Mineur, dont la tête pour le coup est à Compostelle. »
En 1499, Arnold von Harff écrit : « À Toulouse est une église appelée Saint-Sernin dans laquelle reposent en personne six apôtres dont : saint Jacques le Grand et saint Jacques le Petit, sans sa tête qui est à Compostelle en Galice. »
En 1517 encore, l'historien toulousain Nicolas Bertrand écrit que Saint-Sernin possède « saint Jacques le Majeur et le corps de saint Jacques le Mineur, ôté le chef [...] qui fut porté à Compostelle ».

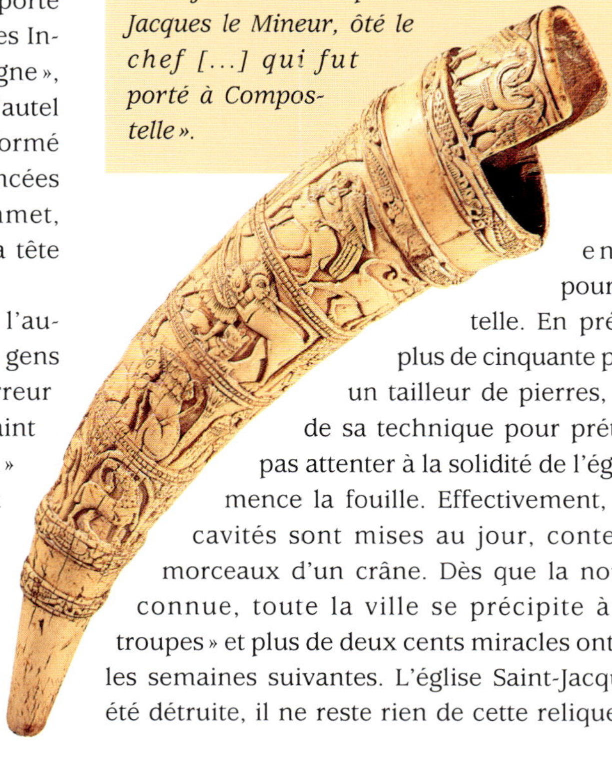

Le cor de Roland dans le trésor de Saint-Sernin
Pour mieux accréditer la légende carolingienne, ce cor était montré aux fidèles et aux pèlerins comme étant celui de Roland. Preuve irréfutable : on y voyait la fêlure provoquée par le souffle du héros. (ivoire, XIe siècle, Toulouse, musée Paul-Dupuy)

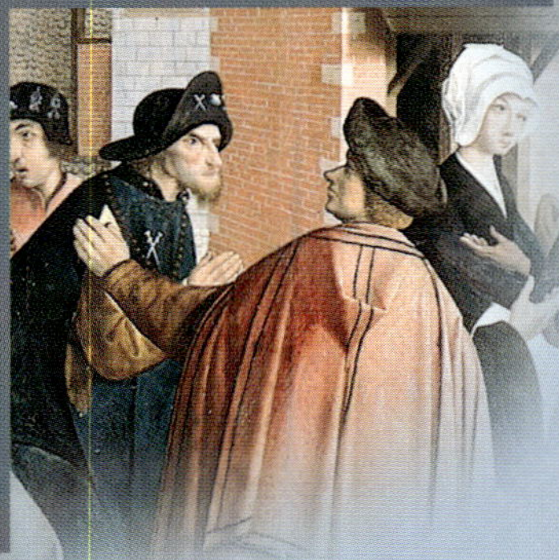

L'hospitalité

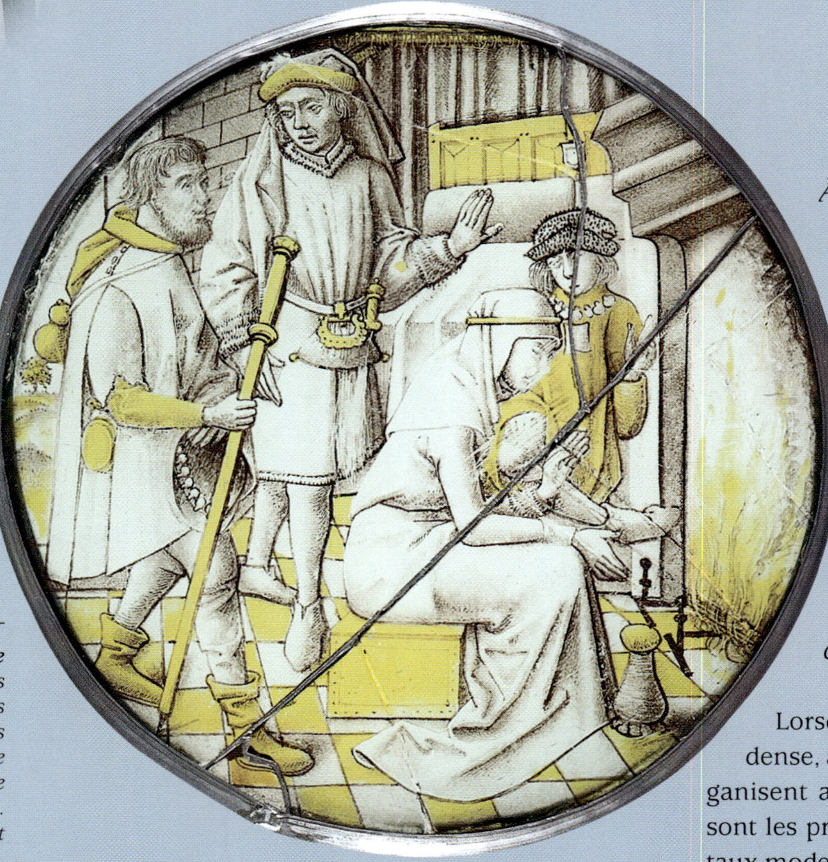

L'arrivée à l'étape
L'hôte a bien compris les besoins immédiats des pèlerins, fatigués après la marche de la journée : un siège et un bon feu.
(vitrail, dernier quart du XVe siècle, Paris, musée de Cluny)

À l'origine, chaque propriétaire d'une maison se devait d'accueillir le voyageur. La religion chrétienne reprit ces préceptes et demanda que tout étranger fût reçu comme s'il était le Christ : « Car j'ai eu faim et vous m'avez donné à manger. J'ai eu soif et vous m'avez donné à boire. J'étais étranger et vous m'avez accueilli. J'étais nu et vous m'avez vêtu. J'étais malade et vous m'avez visité [...]. Toutes les fois que vous avez fait ces choses à l'un des plus petits de mes frères, c'est à moi que vous les avez faites. »

Lorsque la circulation des hommes se fait plus dense, aux XIe et XIIe siècles, les communautés s'organisent afin de fonder des lieux d'hospitalité. Ce sont les premières maisons-Dieu, ancêtres des hôpitaux modernes, ouvertes aux voyageurs, aux pèlerins mais aussi aux pauvres de la région comme aux enfants abandonnés ou orphelins. Certaines ont également une fonction thérapeutique. Ces établissements vivent de la collectivité. Ils sont animés par des « confréries hospitalières » formées de frères et de sœurs infirmiers laïcs mais ayant fait vœu de vie en commun, de chasteté et de pauvreté. Pour tout salaire, ils ont le vivre et le couvert. L'hôpital rassemble ainsi idéalement toutes les classes sociales, pauvres du lieu et « pauvres passants », nantis qui assurent la bonne marche de la maison et voyageurs aisés, accueillis parfois comme à l'auberge (on voit en effet des hôpitaux recevoir des hôtes payant et des auberges héberger des pauvres). Théoriquement, le pèlerin reçoit vivre et couvert pour une nuit, voire davantage s'il est malade, dans une atmosphère, des bruits, des odeurs que les textes, selon les lieux et les époques, présentent comme des images du paradis… ou de l'enfer. Même les hôpitaux Saint-Jacques ne font pas exception à cette règle de mélange de toutes les personnes. Ce n'est qu'à la fin du XVIe siècle, au moment où Compostelle attire de plus en plus de fidèles, qu'apparaissent des hôpitaux réservés aux pèlerins de Galice.

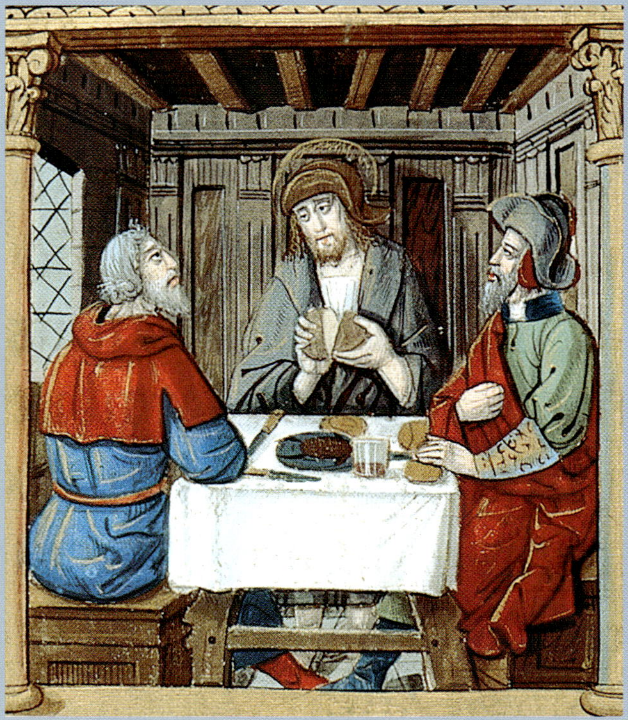

Le partage du pain à l'étape
Les disciples d'Emmaüs (Luc 24, 13-32) rejoints sur la route par Jésus ressuscité sont souvent représentés en pèlerins. Ils le reconnaissent en le voyant rompre le pain comme il l'avait fait lors du dernier repas.
(Lectionnaire des fêtes, *XVIe siècle, Lyon, BM, ms 5136*)

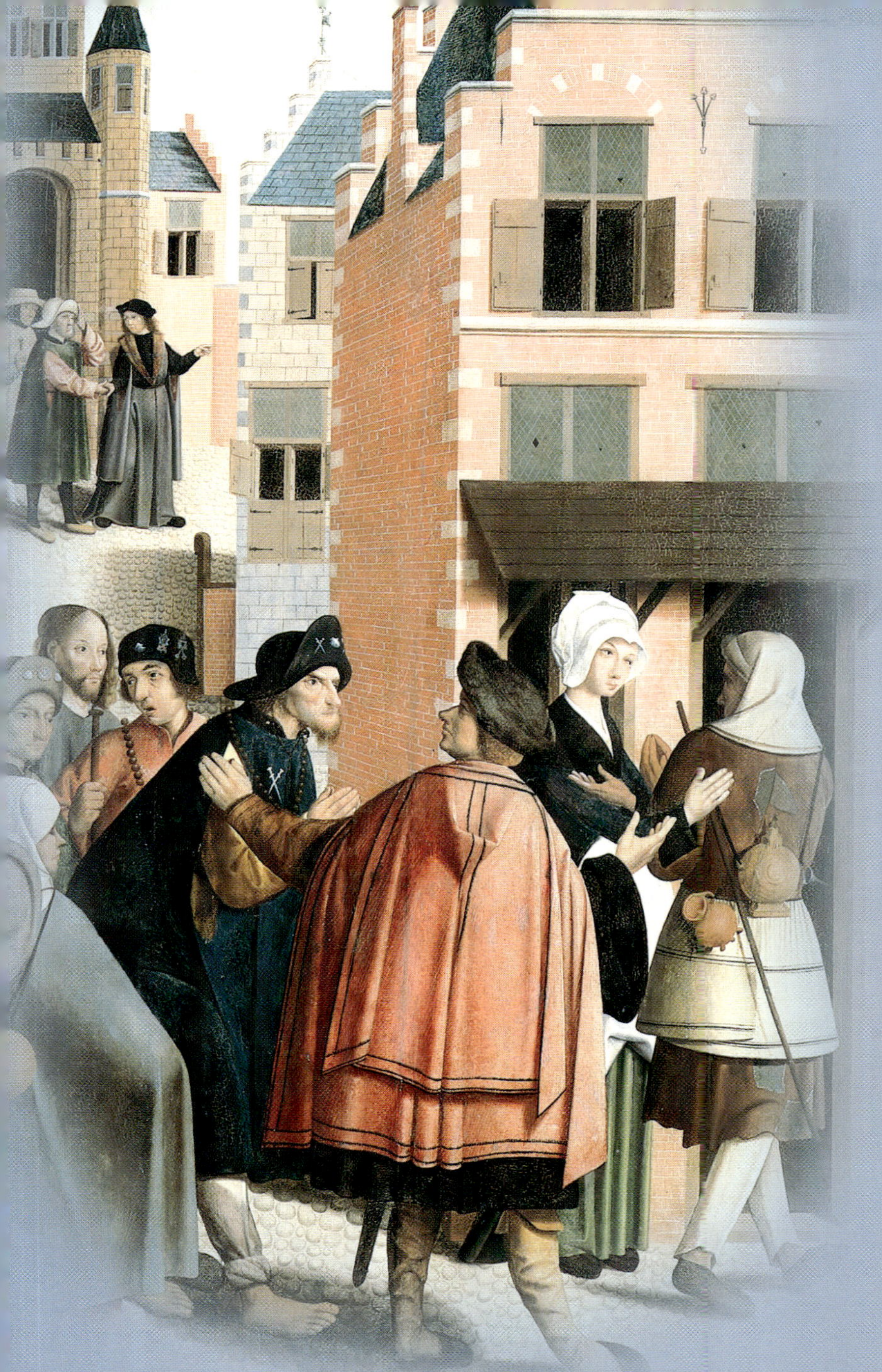

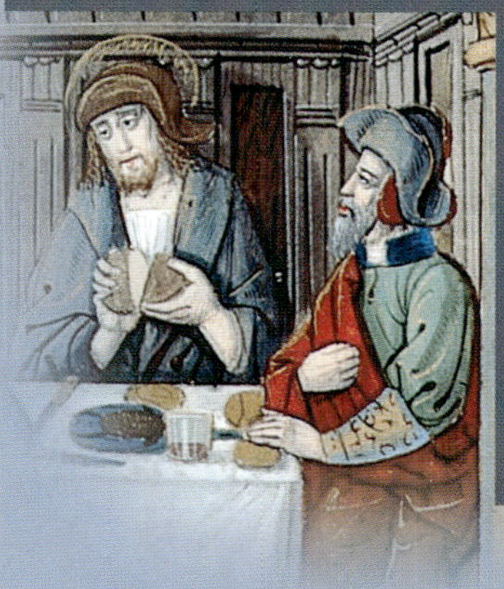

Accueillir les pèlerins
Dans une ville inconnue, où trouver un lieu d'accueil? Des habitants de la cité guident un groupe de pèlerins. Vers leur maison? Vers l'auberge? Un moment de rencontre entre sédentaires et voyageurs.
(Maître von Alkmaar, L'Hébergement des pèlerins, 1504, Amsterdam, Rijksmuseum)

Une enseigne trompeuse à Parthenay
Cette enseigne n'indique ni auberge, ni magasin. Elle marque seulement le rêve de Compostelle du sculpteur qui l'a dessinée, vers 1975. Elle fut accrochée en mémoire des marchands et fabricants de draps de ce quartier, qui avaient choisi saint Jacques comme patron.

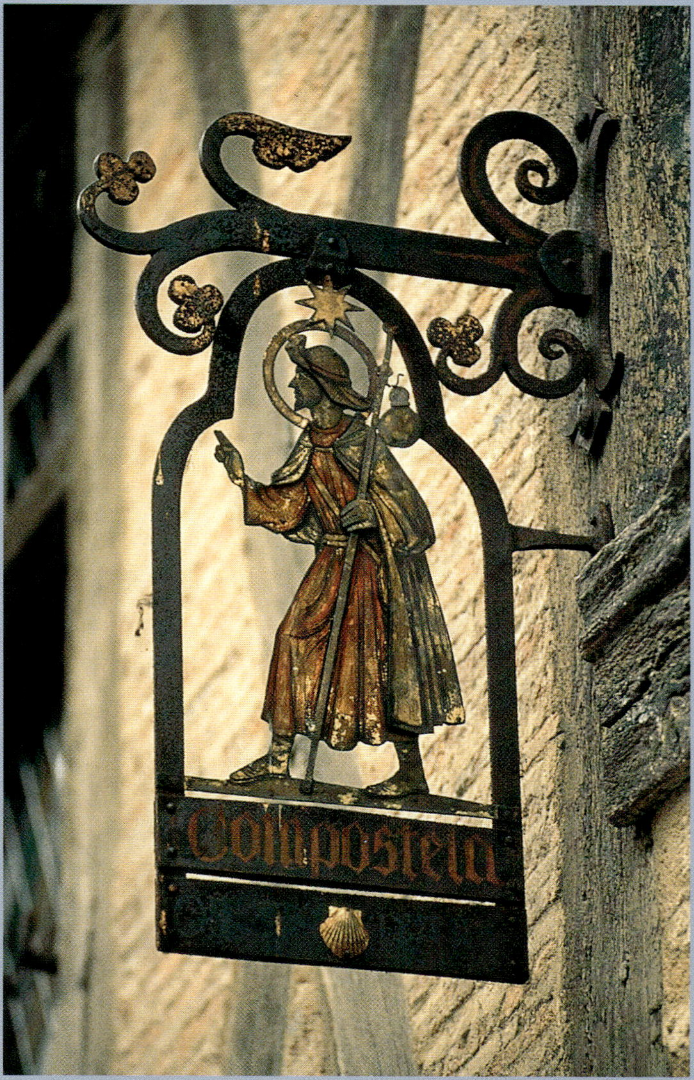

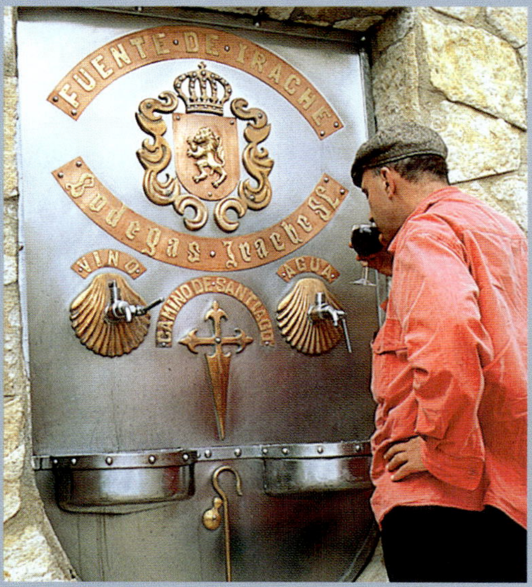

Donner à boire à ceux qui ont soif
Ainsi l'a entendu, très récemment, la coopérative viticole d'Irache, en Espagne, qui offre au pèlerin eau et vin de la Rioja à volonté, tout en leur conseillant de «déguster sans abuser».

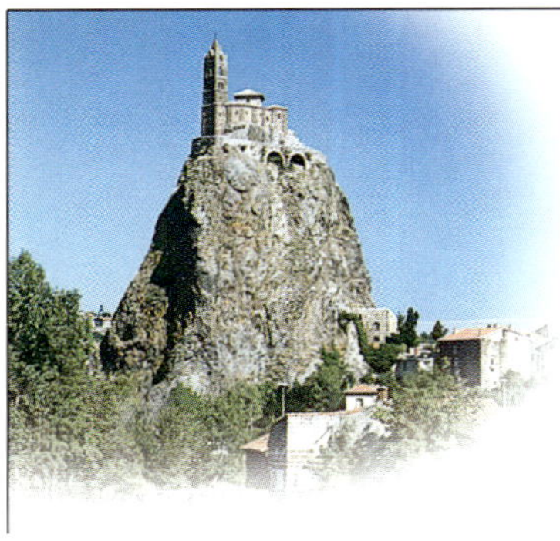

De Vézelay à Compostelle, par un chemin médian

Entre les deux « chemins de Saint-Jacques » possibles indiqués par la Chronique de Turpin *se glisse, au milieu de la Voie lactée, un troisième itinéraire, tout aussi imaginaire que les deux premiers. Choisi aujourd'hui spontanément par certains pèlerins, il s'inspire du* Guide du pèlerin, *et joint deux grands sanctuaires médiévaux, Vézelay et Le Puy, dont la gloire fut bien indépendante de celle de Compostelle. Il rallie ensuite Roncevaux par un chemin balisé à l'extrême, passant par l'Aubrac, Conques et Moissac.*

Vézelay

Par quel miracle le corps de sainte Marie-Madeleine a-t-il pu se retrouver à Vézelay alors que, débarquée aux Saintes-Maries-de-la-Mer, elle s'était ensuite retirée dans une grotte au flanc de la falaise de la Sainte-Baume où, pendant trente-deux ans, elle fut exclusivement nourrie d'un nectar divin distribué, sept fois par jour, par des anges qui l'enlevaient au-dessus de son précipice pour la déposer au haut de la montagne ? Très simplement, le corps fut soustrait

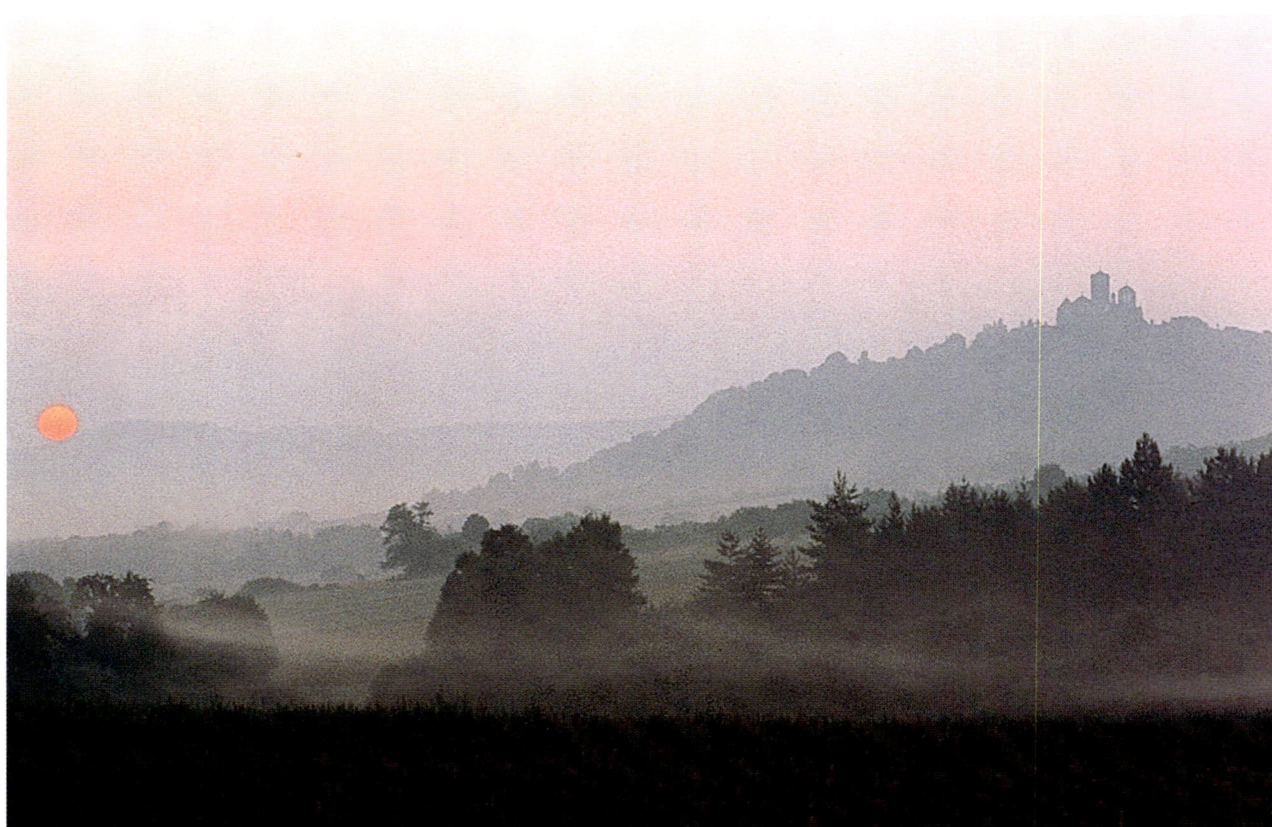

Vézelay, la « colline sacrée » *Patrimoine mondial de l'UNESCO, la colline de Vézelay fait partie de ces hauts lieux où souffle l'esprit. Lieu de pèlerinage très fréquenté depuis le XIIe siècle, le village tout entier était voué à l'accueil des pèlerins.*

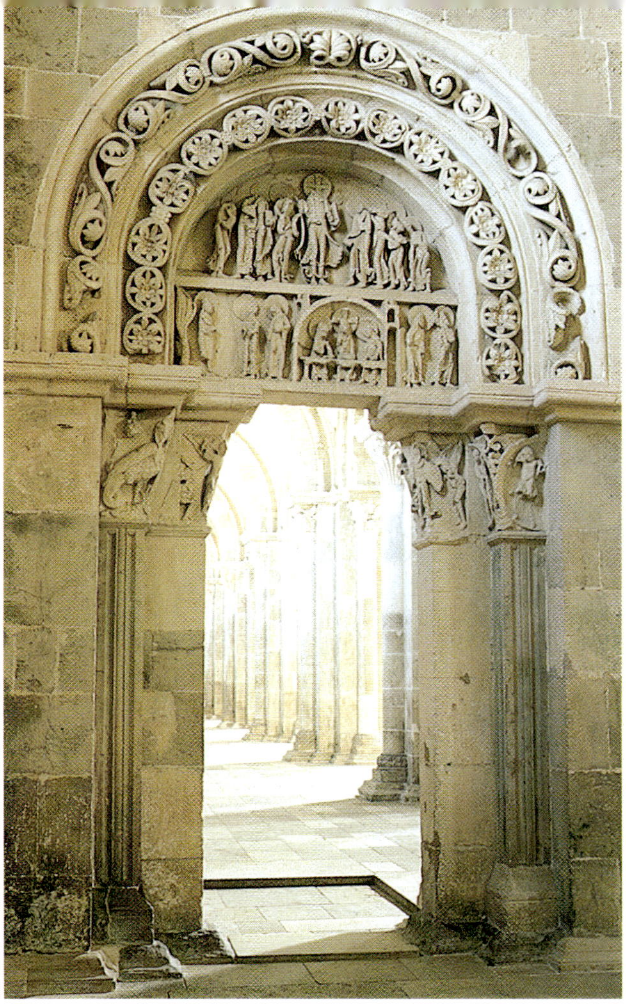

La basilique de Vézelay
Le narthex de la basilique n'est autre que « l'église des pèlerins », consacrée en 1132 par le pape Innocent III. Les trois portails ouvrant sur la nef illustrent la mission évangélique et la conversion des peuples. Outre les reliques de Marie-Madeleine, l'abbaye conservait « une once du pouce de saint Jacques ».
(portail latéral droit du narthex, 1125-1130)

aux dangers des invasions sarrasines qui ravagèrent la Provence aux IXe et Xe siècles et mis en sûreté à Vézelay, dans ce monastère fondé par le comte Girart de Bourgogne (le héros de la chanson de geste Girart de Roussillon, née au début du XIIe siècle). L'auteur de la *Translation du corps de Marie-Madeleine* varie selon les chroniques : Girart lui-même ou un moine nommé Badilon, revenant de Jérusalem. La date oscille également de 745 à 880.

En 1050, le pape Léon IX proclame la sainte patronne de l'abbaye, preuve que son corps y repose, ce que confirme le pape Étienne IX, en 1058. Les pèlerins affluent. Après un incendie de l'église, en 1120, un nouvel édifice est construit, longue nef et majestueux narthex que l'on connaît aujourd'hui. Pour l'accueil des voyageurs, une « église des pèlerins » est fondée en 1138, à Asquins, au pied de la colline (le fait que cette église ait été consacrée à saint Jacques a contribué à accréditer l'idée, fausse, qu'elle accueillait des pèlerins de Compostelle).

La notoriété du sanctuaire

En 1146, saint Bernard prêche à Vézelay la seconde croisade, preuve que l'endroit est aussi connu que Le Puy où le pape Urbain II avait prêché la première, en 1095. En 1190, lors du départ de la troisième croisade, le roi de France, Philippe-Auguste, et le souverain d'Angleterre, Richard-Cœur-de-Lion, se sont symboliquement donné rendez-vous à Vézelay. Lorsque, vers 1160, le *Guide du pèlerin* indique la Madeleine de Vézelay comme étant le point de départ de la seconde route vers Compostelle, il faut y voir la reconnaissance de la grande notoriété du sanctuaire. Mais rien ne permet d'accréditer la vision romantique de troupes de pèlerins se rassemblant à Vézelay avant de partir pour Compostelle. En 1265, sous la pression d'événements extérieurs, les moines de Vézelay veulent prouver qu'ils détiennent bien les reliques de la sainte. En présence de hauts dignitaires ecclésiastiques, ils creusent sous le maître-autel et exhument un coffre de cuivre contenant des restes humains entourés de soie. Est-ce bien elle ? Oui, car ces restes sont accompagnés d'une abondante chevelure féminine (les cheveux avec lesquels Marie-Madeleine a essuyé les pieds du Christ) et d'un certificat d'authenticité signé de Charles le Chauve, évidemment aussi faux que la chevelure. À Pâques, date symbolique où Marie-Madeleine vit le Christ ressuscité, une translation solennelle a lieu, suivie d'une concession d'indulgences faite par le pape Clément IV aux pèlerins visitant Vézelay « où repose son corps ».

La notoriété dura jusqu'à ce que, en 1279, le comte de Provence, Charles d'Anjou, sans doute jaloux de la popularité de Vézelay, ordonne des fouilles à Saint-Maximin. Ce qu'on y trouve est encore plus convaincant que la chevelure, bien qu'en contradiction avec les Évangiles : dans un sarcophage, une grosse tête entièrement entourée de chairs putréfiées, sauf à l'endroit touché par le Christ lorsqu'il apparut à Marie-Madeleine, le matin de Pâques, où un peu de peau intacte et des cheveux adhèrent encore aux os. Immédiatement, le pape Boniface VIII revient sur la décision de son prédécesseur et procède à une reconnaissance officielle. Cette conviction papale sonne le glas de Vézelay, qui ne garde que la perfection de son église et quelques pèlerins du voisinage.

Les bâtiments de l'abbaye furent rasés à la Révolution mais l'église, pourtant très endommagée, fut sauvée par Prosper Mérimée, qui en confia la restauration à Eugène Viollet-le-Duc, de 1840 à 1859.

Le Puy

Le Puy n'a guère eu de rapports étroits avec Compostelle avant 951, lorsque l'évêque Godescalc fit le voyage de Galice, en plein hiver, accompagné, comme c'était l'usage, d'une suite nombreuse. Si le *Guide du pèlerin* fait partir de là l'une des quatre routes de Saint-Jacques, c'est bien plutôt à cause du succès de la dévotion à la Vierge noire. Néanmoins, au XIVe siècle, un texte mentionne les fêtes du 25 juillet où l'on « célèbre les fêtes glorieuses de l'apôtre espagnol monseigneur saint Jacques le Majeur et le grand martyr Christophe ». Autrement, l'histoire est muette, à tel point que, en 1990, la cathédrale ne possédait même pas une statue de saint Jacques, réclamée par les nouveaux usagers du très fréquenté GR 65 ! Le père Comte, recteur de la cathédrale, acquit alors par souscription une statue du XVe siècle, totalement étrangère au département.

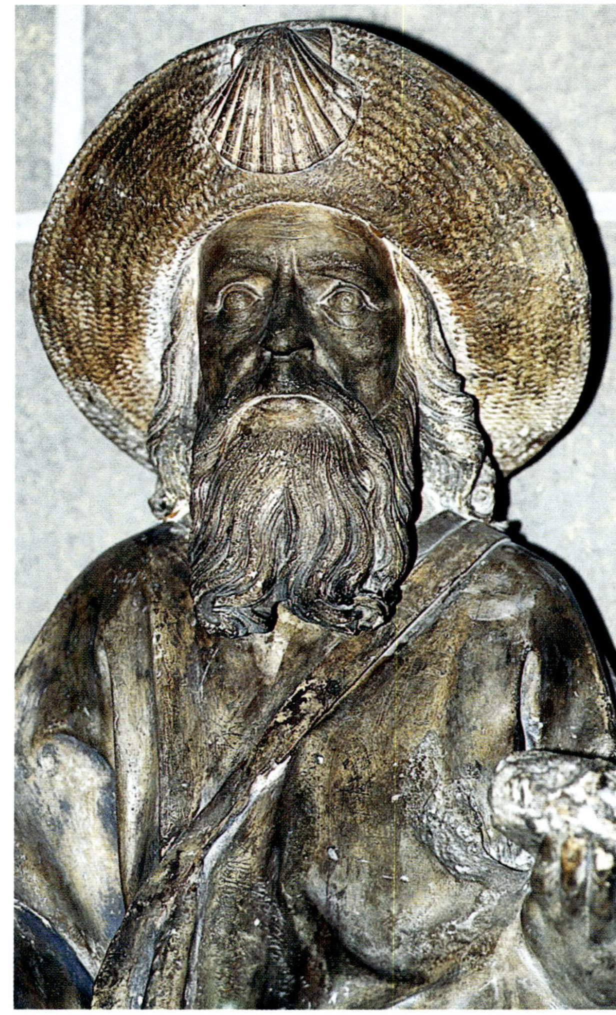

Saint Jacques à la cathédrale du Puy *Il fallait que les pèlerins d'aujourd'hui, en partance pour Compostelle, aient un support à leur prière. Cette statue de l'apôtre, œuvre du XVe siècle, fut acquise en 1990 et s'offre aujourd'hui à leur dévotion. (XVe siècle, Le Puy-en-Velay, cathédrale Notre-Dame)*

Si elle doit peu à Compostelle, la ville doit tout à la Vierge, l'une des plus belles Vierges noires d'Auvergne. En 1620, un historien constate que « la dévotion à la mère de Dieu a changé un lieu sauvage, rempli de ronces et halliers, en églises, maisons, boutiques et magasins où vivent citadins et bourgeois » et en a fait une « cité belle, ample, marchande et assez opulente ». De fait, auberges et hôpitaux regorgent de nourriture pour suffire à tous les arrivants, même en temps de disette. Fabriques d'insignes, de bijoux, d'images et autres souvenirs répondent à la demande des pèlerins et enrichissent fabricants et vendeurs qui se livrent d'ailleurs à une concurrence effrénée.

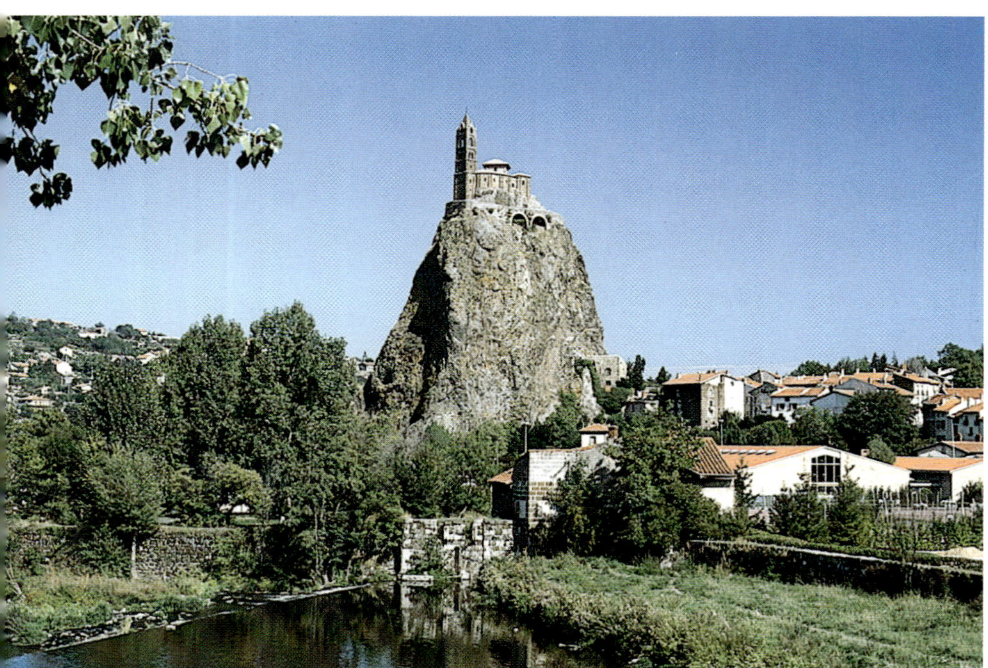

Saint-Michel d'Aiguilhe *Sur le mont Aiguilhe, cheminée de volcan déchaussée par l'érosion, la chapelle Saint-Michel fut érigée par l'évêque Godescalc, premier pèlerin « historique » de Compostelle, parti en 950 vers l'Espagne. (milieu du Xe siècle, Le Puy-en-Velay)*

Le mystère des Vierges noires

Les Vierges noires ont été très nombreuses dans tout l'Occident, à partir du XIIe siècle. Quatre d'entre elles ont influencé les autres : Le Puy, Chartres, Marseille et Monserrat. Celle du Puy est une copie de l'originale, détruite à la Révolution. C'est une Vierge à l'étrange visage d'icône, couverte d'or et de pierreries qui scintillent dans la lumière des cierges. Assise, elle présente l'Enfant à l'adoration des fidèles. Comme ses semblables, elle est vêtue, depuis le XVIe siècle, d'un riche manteau qui s'élargit en cône à partir des épaules et qui enferme l'Enfant dont n'émerge que la tête, à l'aplomb de celle de sa mère.
La couleur singulière de ces Vierges demeure un mystère. Aucun texte médiéval n'en donne une

quelconque explication. Visage noirci par la fumée des cierges ? Bois assombri par un long séjour dans l'eau, lorsque ces statues sont retrouvées enfouies ? Noires, à cause des femmes orientales admirées par les croisés ? Illustration du *Cantique des Cantiques* « Je suis noire et pourtant belle » ? Marie, héritière des noires divinités païennes du royaume des morts ? En raison du succès des vierges plus anciennes, plusieurs ont sans doute été peintes en noir, entre les XVe et XIXe siècles, sur une polychromie antérieure que révélèrent les restaurations.

Les pèlerinages

La Vierge du Puy est vénérée tout particulièrement lors des jours de jubilé, célébrés chaque fois que le Vendredi saint tombe un 25 mars, jour de l'Annonciation. Le premier de ces jubilés date de 992. En ces jours, des milliers de personnes s'assemblent, les unes poussées par la dévotion, les autres, dit un chroniqueur, « par curiosité de voir la fête et d'autres pour vendre leurs denrées ». Les scènes de bousculade et d'étouffement se répètent très fréquemment : en 1225, 1255, 1305, 1406, 1407, 1418, 1502. Les récits sont d'un réalisme effrayant. En 1255, les chanoines prennent peur et ferment les portes de la cathédrale devant la foule qui continue d'avancer ; alors, « la force des derniers poussant les premiers si violemment que, l'un tombant sur l'autre, plus de 1400 personnes finirent leurs jours en cette dure oppression ». Des règlements sont édictés pour éviter ces engorgements et canaliser le cheminement des pèlerins. En 1502, cela n'empêche pas les autorités d'être débordées par la foule aveugle se jetant vers la porte de la cathédrale « non pas comme pèlerins, mais comme vrais enragés ». Ne pouvant tenir dans les rues, ils escaladent les clôtures, saccageant tout et allant jusqu'à faire s'écrouler des murs sur des dizaines de personnes.

Le Puy figure également sur la liste des pèlerinages pénitentiels. Les rois de France y envoient ainsi, entre 1355 et 1480, vingt-deux condamnés originaires de l'actuelle Région Centre.

Enfin, de nombreux pèlerins de marque viennent se recueillir au Puy, après que, en 1095, le pape Urbain II y a prêché la première croisade : en 1255, Saint Louis à son retour de croisade ; en 1283, Philippe III le Hardi ; en 1385, le roi Charles VI et ses oncles ; Charles VII, à trois reprises (1420, 1424, 1438) ; en 1460, le bon roi René ; en 1469, Monseigneur de Guyenne, frère du roi Louis XI, ce dernier étant venu en 1438 et en 1475. Ces visites royales donnent lieu à des cérémonies spectaculaires. Toute la ville se porte en procession au-devant de l'arrivant, les rues sont tendues de draps et décorées. En plusieurs lieux, des scènes sont dressées pour la représentation de « belles et nobles histoires ». De telles « entrées » coûtent cher à la ville, mais les nobles personnages font des dons très généreux à la Vierge, telle cette « robe de velours d'or battu marqué des armes » du donateur.

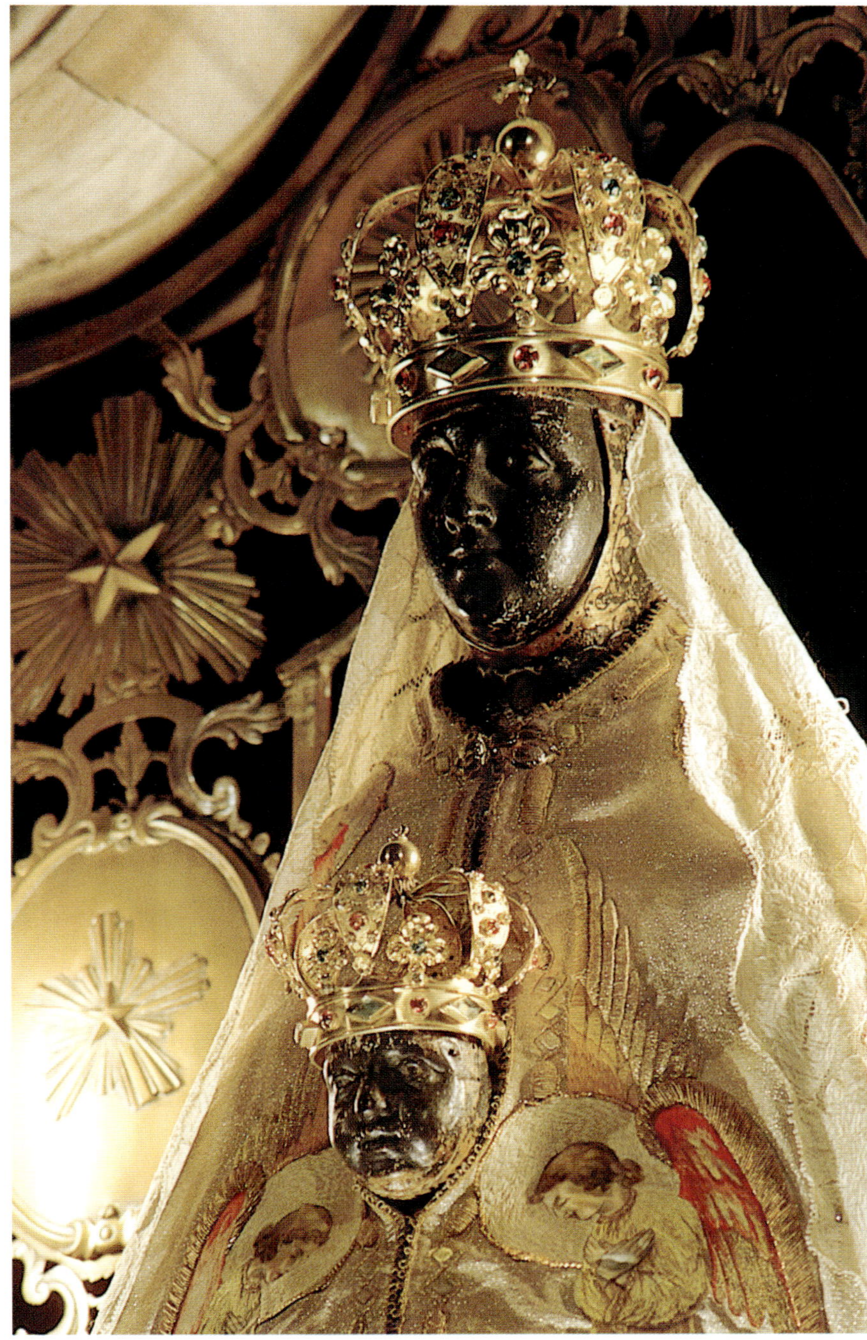

La Vierge noire du Puy
La Vierge noire qui était vénérée à la cathédrale depuis le Xe siècle fut détruite à la Révolution. Cette statue qui la remplace provient de la chapelle du couvent de la Visitation. Elle fut couronnée le 8 juin 1856 par l'évêque du Puy qui consacrait ainsi sa nouvelle fonction.
(XVIIe siècle, Le Puy-en-Velay, cathédrale Notre-Dame)

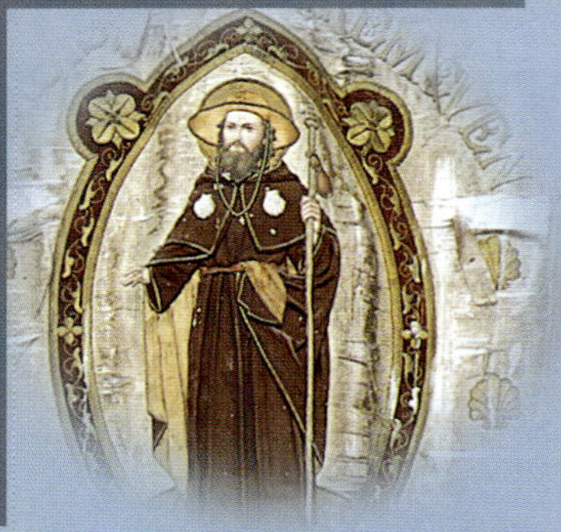

Les confréries

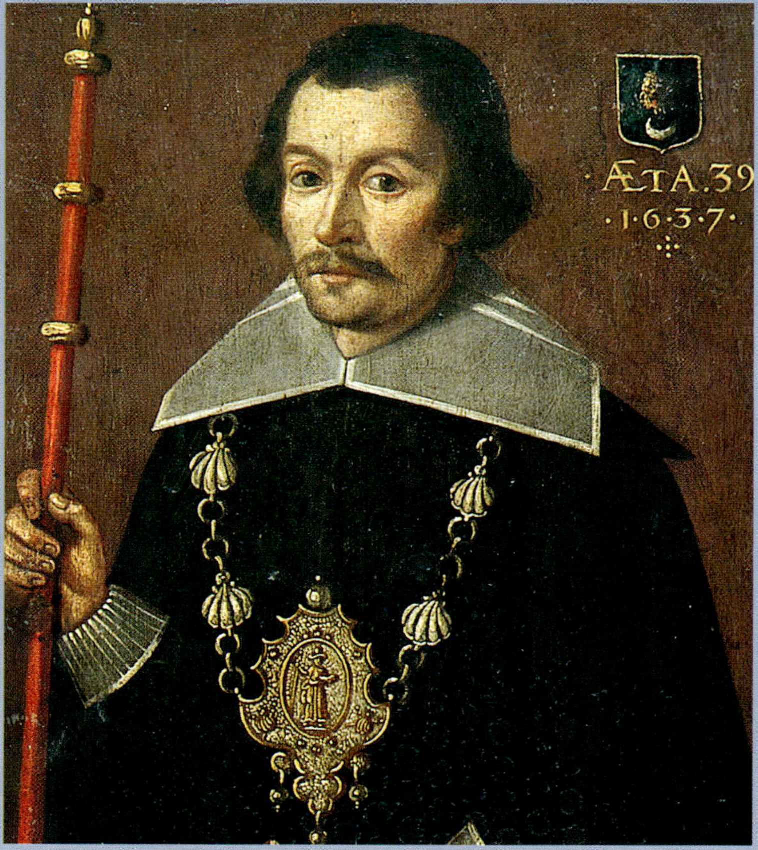

Un maître de la confrérie Saint-Jacques d'Arras
Ce portrait de Pierre Le Francq, 144e « mayeur » de la confrérie Saint-Jacques d'Arras, faisait partie d'un décor plus important réalisé en 1637 puis démantelé en 1781.
(Arras, musée des Beaux-Arts)

Une confrérie est un groupement de personnes dont l'activité s'organise, sous l'égide d'un saint patron, autour de la vie sociale et de la charité. Les confréries Saint-Jacques obéissent à ce schéma général tout en ayant la particularité supplémentaire d'unir parfois d'anciens pèlerins de Compostelle. Certaines d'entre elles exigent de leurs membres qu'ils soient allés à Compostelle, tout en prévoyant néanmoins des clauses arrangeantes pour les confrères à l'âme sédentaire.

Cependant, une majorité d'autres confréries Saint-Jacques se sont constituées sans que leurs statuts ne parlent de pèlerinage. Elles sont alors confréries de métiers ou tout simplement chargées de la garde et du fonctionnement du sanctuaire Saint-Jacques abritant leur siège.

Pour le service des pauvres ou du voyageur, il existe une forme spécifique de confrérie, la confrérie hospitalière, qui s'occupe de gérer l'hôpital qu'elle a fondé, ainsi à Nîmes ou à Blois. Ces confréries ne sont pas toutes vouées à saint Jacques.

Liée ou non au pèlerinage de Compostelle, chaque confrérie Saint-Jacques, par le culte qu'elle voue à son saint patron ou par les légendes qu'elle met en scène, contribue à diffuser l'imaginaire issu des traditions compostellanes et suscite forcément des désirs de voyages vers la Galice.

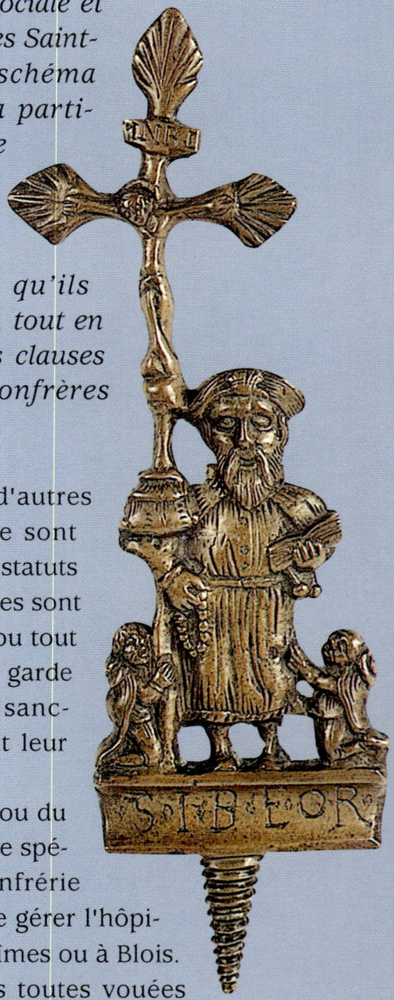

Sommet d'un bâton de confrérie
Le « bâtonnier » avait la charge de porter le « bâton » de la confrérie lors des processions. Le sommet est orné d'un saint Jacques et de deux pèlerins agenouillés. Il fut retrouvé lors de la démolition d'un mur à Haux (Gironde).
[cuivre ciselé, XVIe siècle, Bordeaux, musée des Arts Décoratifs]

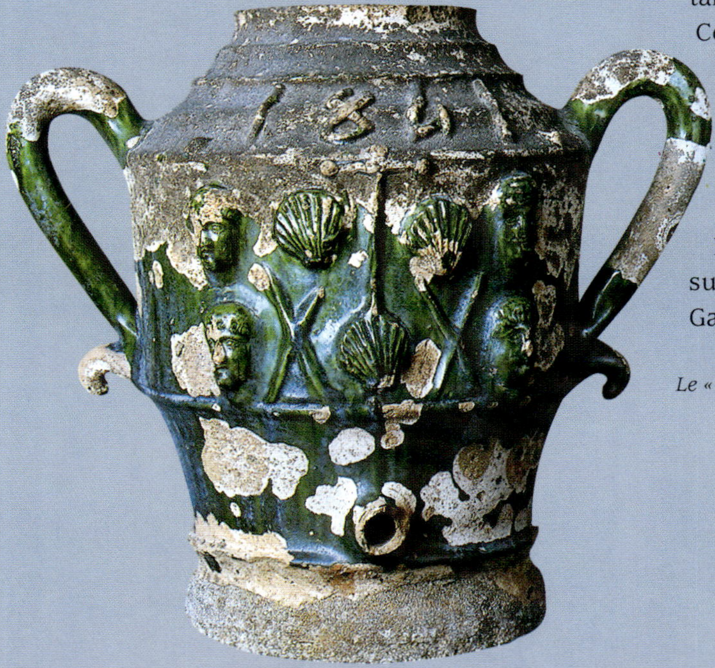

Fontaine de confrérie
Cet objet dont on ignore l'usage précis appartenait à la confrérie de Lavaur. Il est orné de têtes de pèlerins, de coquilles et de bourdonnets entrecroisés.
(terre cuite vernissée, 1841, musée de Lavaur, Tarn)

Saint-Jacques

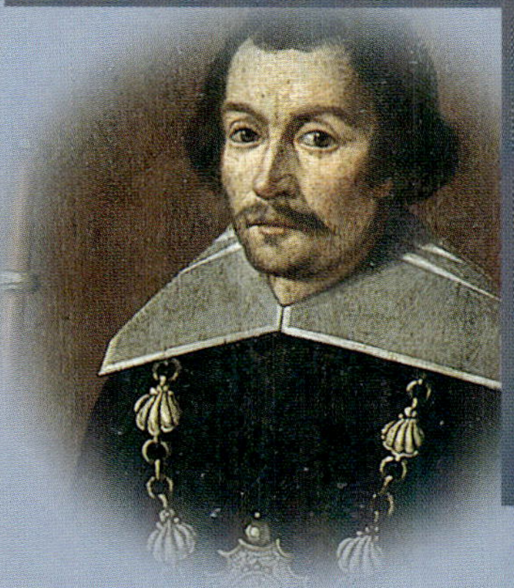

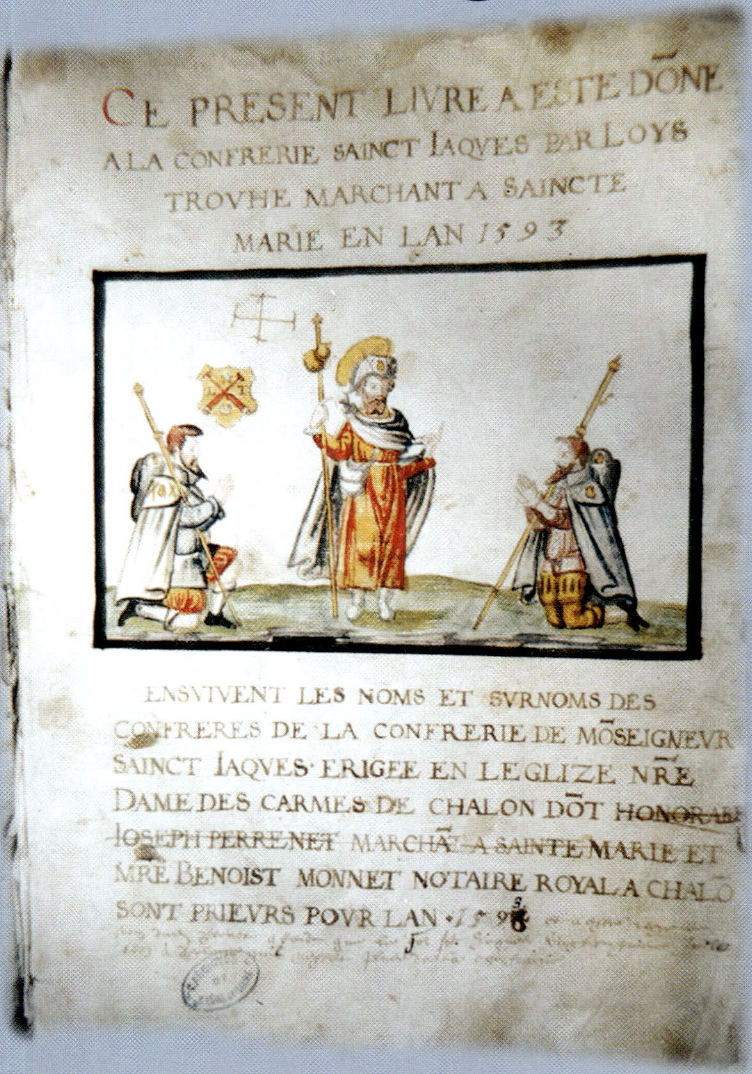

CE PRESENT LIVRE A ESTE DÕNE
A LA CONFRERIE SAINCT IAQVES PAR LOYS
TROVHE MARCHANT A SAINCTE
MARIE EN LAN 1593

ENSVIVENT LES NOMS ET SVRNOMS DES
CONFRERES DE LA CONFRERIE DE MÕSEIGNEVR
SAINCT IAQVES ERIGEE EN LEGLIZE NRE
DAME DES CARMES DE CHALON DÕT HONORABLE
IOSEPH PERRENET MARCHÃT A SAINTE MARIE ET
MRE BENOIST MONNET NOTAIRE ROYAL A CHALÕ
SONT PRIEVRS POVR LAN 1593

Livre de la confrérie Saint-Jacques de Chalon
La vie des confréries est connue, à partir du XIIIe siècle, grâce aux registres dans lesquels elles notaient leurs statuts, leurs dépenses, les noms de confrères, etc. En 1593, la confrérie de Chalon regroupait les notables de la ville, marchands, hôteliers et notaires. Ils se firent représenter en costume d'apparat, « accoutrés en pèlerins, avec chapeaux et bourdons en la manière accoutumée », agenouillés devant saint Jacques.
(XVIe siècle, Mâcon, Archives départementales)

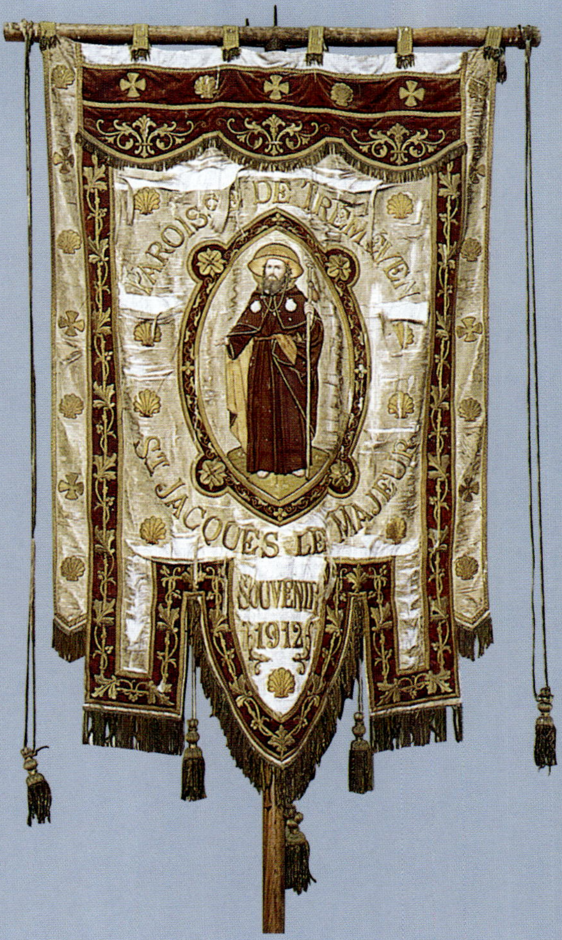

Bannière de procession
Les confréries, au même titre que les corporations de métiers ou les paroisses, font exécuter des bannières à l'effigie de leur saint patron. Lors des processions, les confrères sont précédés de tout un déploiement d'apparat où la bannière, souvent richement ornée, occupe une place d'honneur.
(1912, Tremeven, Côte-d'Armor)

Procession des confrères pèlerins de l'hôpital Saint-Jacques de Paris
En fin de procession, en bas à gauche, « les confrères et sœurs qui ont fait le saint voyage » se tiennent derrière leur bâtonnier. Richement vêtus, ils se distinguent des « pèlerins nu-pieds » ouvrant la procession.
(Lenfant, XVIIe siècle, Paris, musée Carnavalet)

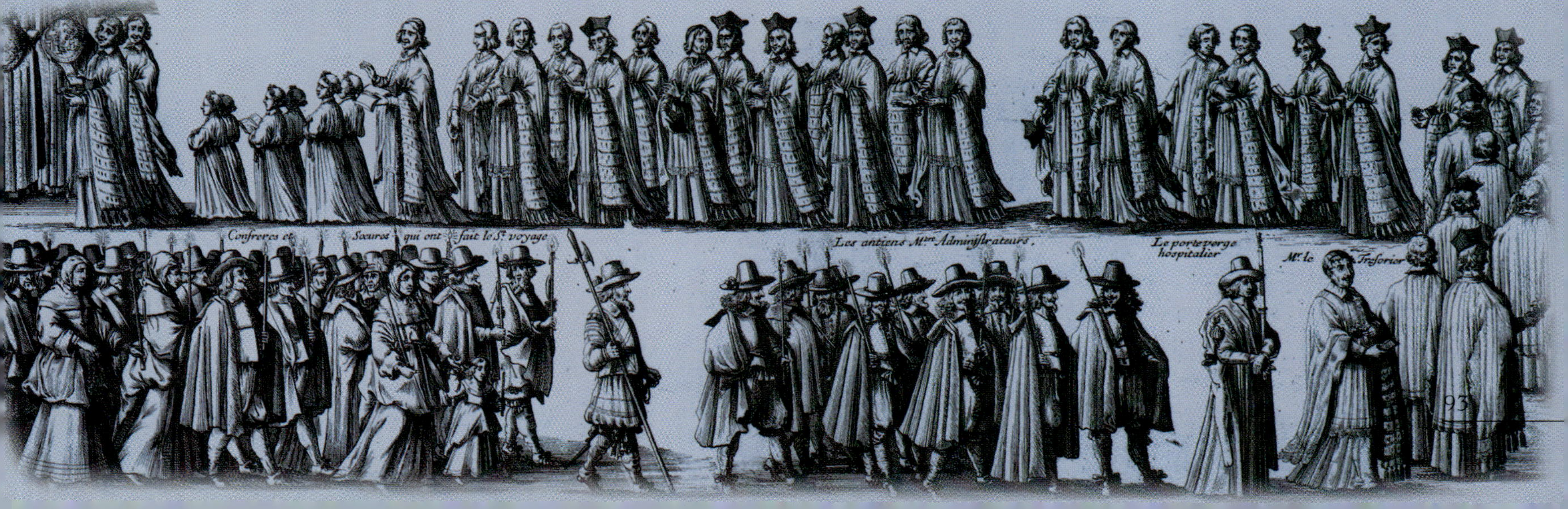

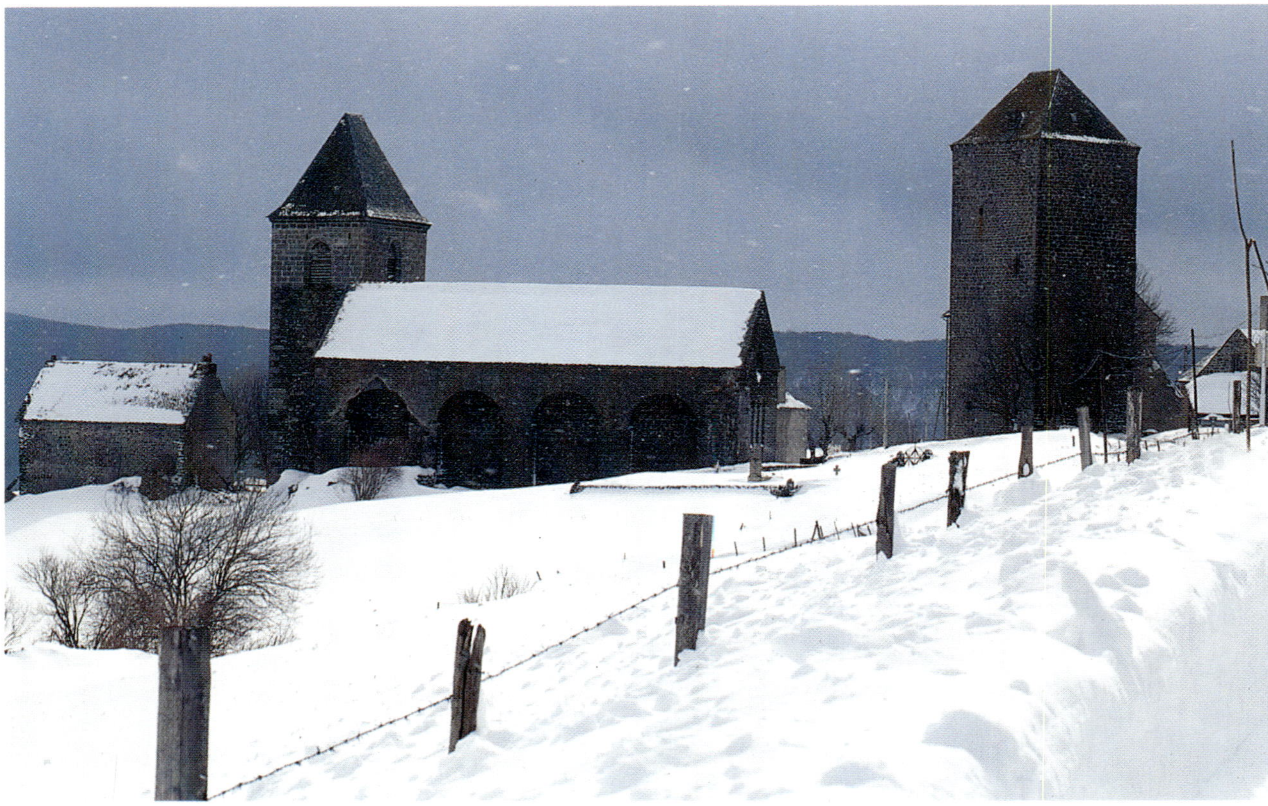

La dômerie d'Aubrac
La tour des Anglais et l'église, devenue celle du village, sont les seuls vestiges du riche établissement hospitalier fondé en 1120 par Adalard pour accueillir les pèlerins de passage. L'hiver, par neige ou brouillard, on raconte qu'un frère sonnait la cloche de l'église en permanence afin de guider les pas des égarés.

Les monts de l'Aubrac

Aux confins du Cantal, de l'Aveyron et de la Lozère, entre Truyère et Lot, le massif de l'Aubrac est un petit bloc volcanique très ancien, bien raboté en une haute pelouse désolée à peine ponctuée de quelques buttes. Tout est usé, même les quelques lacs qui se sont peu à peu comblés, lacs de Bord ou de Saint-Andéol. La forêt a pratiquement disparu, laissant la place à un alpage monotone où paissent les troupeaux de vaches blondes de race « Aubrac », autour des lourds burons aux toits de basalte. L'hiver, toujours précoce, est rude ; le brouillard qui noie le paysage a remplacé les troupeaux. Une seule route traverse le pays, une voie romaine qui mène de l'Allemagne et la Suisse, via Lyon, aux soleils d'Espagne. Elle court sur la ligne de crête qui sépare les eaux du bassin du Lot de celles coulant vers la Truyère. Une route difficilement praticable en hiver, bordée de villages (Nasbinals, Marchastel, Saint-Chély-d'Aubrac, Laguiole) où se disent des légendes effrayantes de voyageurs égarés ou trucidés par quelque bandit.

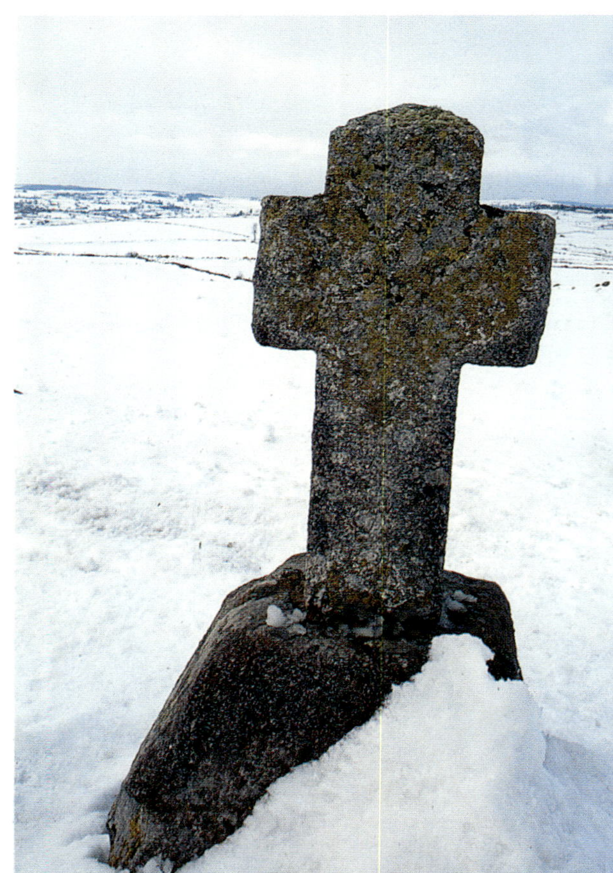

Les croix, points de repère
Partout en Aubrac, les croix signalaient un carrefour, les limites d'une paroisse ou rappelaient quelque événement dramatique. La croix de Nasbinals semble annoncer les dangers qui guettent le voyageur dans la traversée du plateau de l'Aubrac en plein hiver.

Plusieurs versions d'une même légende

La plus célèbre des légendes raconte, avec diverses variantes, la fondation de l'hôpital-dômerie d'Aubrac, en 1120, par un noble-pèlerin de Compostelle nommé Adalard, vicomte de Flandre. La plus ancienne version ne date que du XIVe siècle : Adalard, revenant de Compostelle avec sa suite de trente chevaliers, traversait l'Aubrac au crépuscule et cherchait sans doute un abri pour la nuit lorsqu'il avisa une grotte, cachée au plus profond des bois. Mais là, horreur ! ils y trouvèrent vingt à trente têtes de pèlerins assassinés. Le Christ apparut alors et demanda à Adalard de fonder un hôpital en ce lieu dangereux. Celui-ci acheva son pèlerinage et revint, seul, obéir à l'ordre divin. Selon les archives de l'hôpital, il reçut tous les pauvres passants et spécialement les pèlerins allant visiter « les églises de Sainte-Marie de Rocamadour, de Saint-Jacques, de Saint-Sauveur d'Oviedo, de Saint-Dominique d'Estrémadure et de nombreux autres sanctuaires, ainsi que ceux qui iront visiter le Saint-Sépulcre ».
Une autre version est représentée sur une tapisserie du XVIIe siècle tendue dans l'église : Adalard avait fait son vœu en partant à Compostelle mais l'avait oublié. Au retour, alors qu'il retraversait l'Aubrac, il fut rappelé à l'ordre par le Christ qui fit tomber sa mule dans la neige épaisse.
Selon une version du XIXe siècle, Adalard fut attaqué par des bandits sur le chemin de l'aller. Il fit le vœu, s'il leur échappait, de fonder en ces lieux un asile pour recevoir et escorter les pèlerins. Au retour, il fit construire l'hôpital, géré par des prêtres, servi par des frères, des sœurs et des oblats et gardé par douze chevaliers chargés en outre d'escorter les pèlerins. Il demeura là jusqu'à la fin de ses jours.

Que dit l'histoire ?

Plusieurs historiens auvergnats et flamands se sont vainement évertués à identifier Adalard. Il ne faut sans doute y voir que le mirage de Compostelle dans l'imaginaire de la chevalerie médiévale. Mais il est parfaitement exact que cette dômerie fut fondée tout là-haut, aux environs de 1120, et que le premier dom se nommait Adalard. Le lieu fut donné à l'abbaye de Conques, du diocèse de Rodez. La présence des chevaliers n'est signalée aux côtés des frères qu'à partir des années 1430, et leur fonction seulement en 1470. À cette date, dom Jean d'Estaing rappelle que le nombre des frères est limité à soixante-dix « parmi lesquels quatre chevaliers pour la garde et la défense de l'hôpital et de la solitude qui l'environne, contre les assassins et les voleurs, et pour escorter les voyageurs et les pèlerins à travers les bois et les lieux déserts des montagnes d'Aubrac ». Il ne s'agit donc pas de douze chevaliers, mais seulement de quatre, chargés avant tout de défendre cette importante dômerie dont les richesses attirent les bandits bien plus que les voyageurs imprudents.
Si l'une des fonctions de l'hôpital fut effectivement d'accueillir les voyageurs, elle ne justifiait pas à elle seule un établissement d'une telle importance. Aubrac est situé à la frontière des trois diocèses de Rodez, Mende et Saint-Flour. Ne s'agissait-il pas plutôt de la nécessité d'affirmer une présence forte face aux revendications sur la propriété du lieu, telle celle des Templiers qui cherchèrent à s'octroyer la dômerie en 1310. La Révolution a tout brisé, et le village d'Aubrac s'est construit avec les débris des bâtiments. Il reste une grande tour, la vieille église devenue paroissiale... et la grandeur du site.

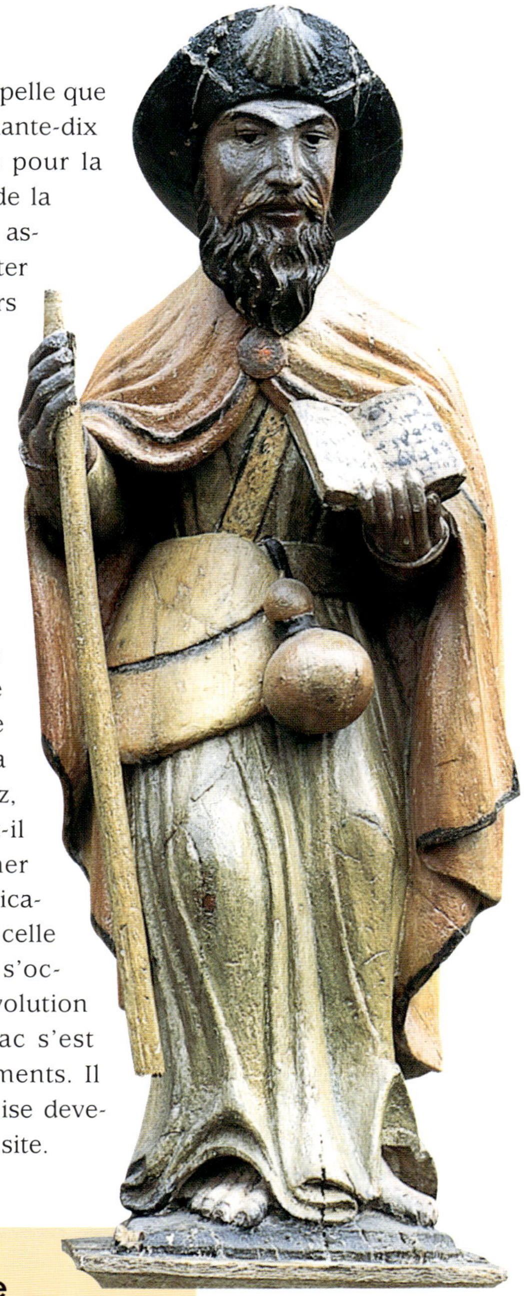

Statue de saint Jacques
Aux solitudes brumeuses de l'Aubrac succède la douceur de la vallée du Lot, dont Espalion était l'une des étapes majeures pour les pèlerins. Le musée municipal a conservé cette magnifique statue en bois polychrome représentant saint Jacques en habit de pèlerin. Malheureusement, sa provenance reste incertaine. (XVIe siècle, Espalion, musée Joseph-Vaylet)

Le témoignage de Bartolomeo Fontana

Bartolomeo Fontana, pèlerin italien en route vers Compostelle, passe à Aubrac le 25 novembre 1539 : « Nous partîmes d'Espalion accompagnés de la bise, un vent si cruel que, quand il souffle, personne n'ose passer ces grandes montagnes. Nous ne fîmes pas attention à cela et nous partîmes mais nous avons failli mourir : nous sommes devenus tout noirs comme des charbons éteints. Au sommet de la montagne, il y a une hôtellerie tenue par de très riches moines. Nous y sommes restés trois jours, jusqu'à ce que cesse ce vent qui a frappé et tué plus d'un voyageur. »

Rocamadour

Rouillée par les intempéries, l'épée de Roland plantée dans le rocher de Rocamadour (seulement depuis le XIXe siècle !) fait de l'endroit un autre Roncevaux. Roland... *Le Turpin*, une manière pour la petite cité de s'inscrire dans l'épopée de Charlemagne. Au XIIe siècle, le *Livre des miracles* de Rocamadour met en scène deux ou trois fois des pèlerins visitant à la fois Rocamadour et Compostelle. Un missel du XVe siècle signale que la cloche miraculeuse a sonné pour des pèlerins de Saint-Jacques en péril sur l'Océan qui invoquaient la Vierge noire de Rocamadour. La Vierge les a conduits à bon port.

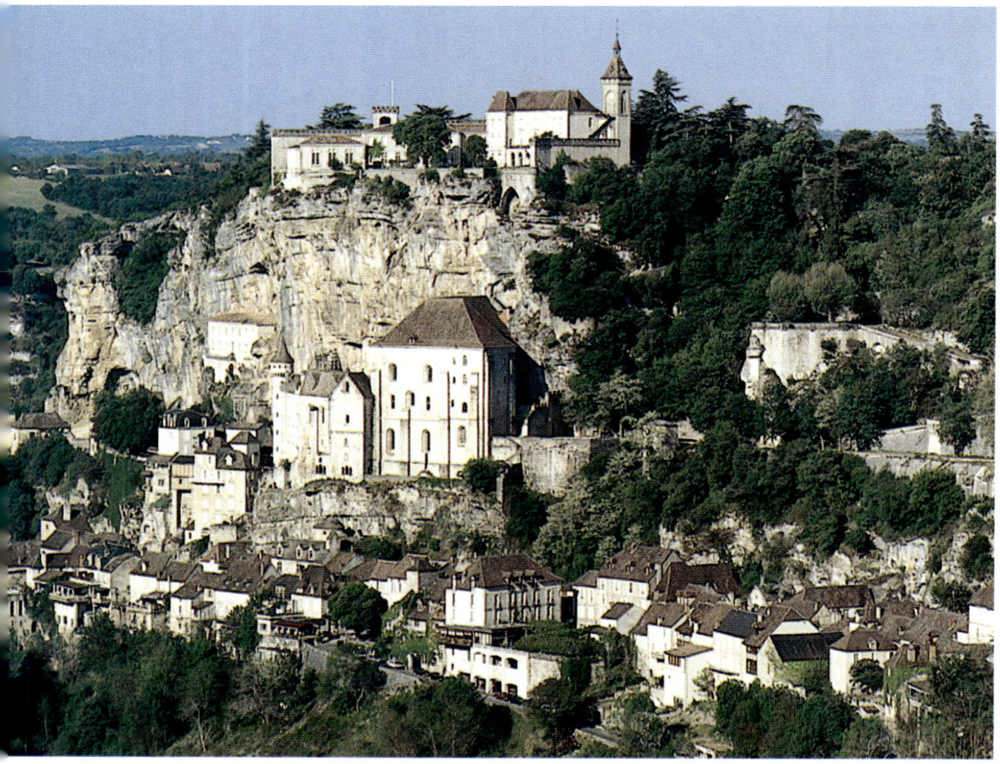

Rocamadour
Un site fantastique marqué du sceau du sacré. Un éperon rocheux, détaché du causse, tombe en abrupt sur un méandre de l'Alzou. La chapelle de la Vierge est nichée sous la falaise. Face à elle, une tour-porche abrite une chapelle dédiée à l'archange saint Michel.

Cette Vierge de l'ancienne « Vallée ténébreuse », enchâssée entre deux hautes falaises, est vénérée dans l'une des douze chapelles superposées qui sont construites à flanc de rocher. À ce culte s'est ajouté, en 1166, celui de saint Amadour dont on découvrit le tombeau. Qui est ce saint personnage ? Zachée (le riche percepteur d'impôts) ? un saint délivreur des âmes du purgatoire ? l'époux de Véronique (la « fille de Jérusalem » qui a essuyé le visage du Christ sur le chemin de sa Passion) ? le serviteur de la Vierge ? le premier évêque d'Auxerre ? Personne n'a tranché. La première mention des pèlerinages date de 1105, mais elle montre que, antérieurement, Rocamadour figurait sur la liste des pèlerinages pénitentiels mineurs. On y vient de loin et le sanctuaire compte des pèlerins prestigieux : le roi d'Angleterre Henri II Plantagenêt en 1159, Saint-Louis en 1244, Louis XI. Certes, ces visites ne sont pas exemptes de considérations politiques et chaque roi marque son territoire en se faisant pèlerin dans tel ou tel lieu. En 1427, le roi Charles VII, au plus fort de ses démêlés avec les Anglais pour imposer sa légitimité, soigne sa popularité en obtenant du pape Martin V la proclamation d'un Grand Pardon à Rocamadour. Cela eut pour effet d'attirer des milliers de personnes censées chanter les louanges du roi. Depuis le Moyen Âge jusqu'au début du XXe siècle, les pèlerins pauvres s'abritaient dans l'église Saint-Laurent et y passaient la nuit moyennant une modique redevance. Au lever du jour, l'église était nettoyée et les ordures balayées par les trous du pavement.

Comme au Puy, toute l'activité de la cité repose sur le pèlerinage. Hier comme aujourd'hui, les boutiques se serrent dans la rue de la Mercerie, aux alentours du grand escalier et sur le parvis des sanctuaires. Jusqu'à la Révolution, les meilleurs emplacements étaient réservés aux membres de la famille de l'abbé de Tulle, qui prélevait lui-même une grande part des revenus puisque le sanctuaire appartenait à son abbaye.

Conques et Moissac

Conques et Moissac ont retrouvé une dynamique grâce à la mise en valeur récente de la route du Puy, fondée sur les assertions du *Guide du pèlerin*. Mais ni l'un ni l'autre lieu n'ont jamais eu de rapports nets avec Compostelle. À propos de Conques, le *Guide* raconte le martyre de la jeune sainte Foy et de ses compagnons. Au XIIe siècle, au moment de sa rédaction, l'abbaye est à son apogée, enrichie par les reliques de la sainte, volées à Agen, pense-t-on, à la fin du IXe siècle. Dès le XIe siècle, un *Livre des miracles* chante les bienfaits de la douce martyre et décrit l'étonnant reliquaire qui figure, encore aujourd'hui, dans le trésor de l'abbaye. L'étrange et fascinante beauté de la « Majesté » de sainte Foy la fit traiter de « Vénus ou Diane » par Bernard, maître des écoles d'Angers, vers 1010, tant il est vrai que l'objet ressemble plus à une idole païenne qu'à une sainte chrétienne. Sainte Foy

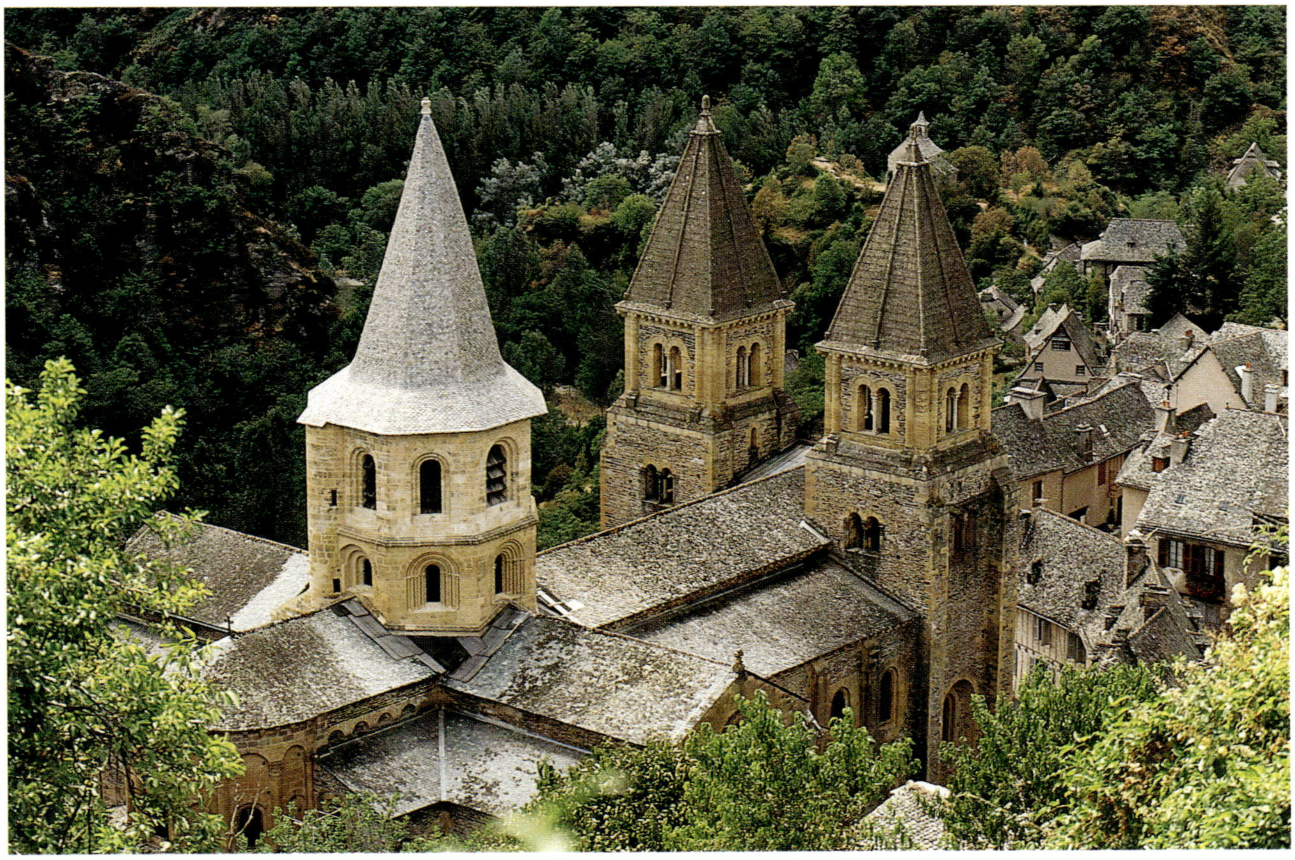

Sainte-Foy de Conques
La construction de la basilique romane de Conques fut entreprise sous l'abbatiat d'Odolric († 1065), afin de remplacer l'église primitive devenue trop exiguë pour accueillir les fidèles de plus en plus nombreux à venir prier sainte Foy. Étape majeure sur la route de Compostelle, l'édifice possède une remarquable unité et offre un plan caractéristique des grandes églises à relique : un transept à déambulatoire et un chœur très développé afin de faciliter la circulation des pèlerins.

reçut à Conques des pèlerins venus d'Anjou ou d'Île-de-France et, lorsqu'on l'estimait nécessaire, son reliquaire était déplacé jusqu'en Auvergne ou en Albigeois. L'église abbatiale date du milieu du XIe siècle et tire sa gloire du tympan du Jugement dernier dont le *Guide* ne dit pas un mot, se contentant d'évoquer une source « aux vertus admirables » qui était sur le parvis. Prosper Mérimée découvrit Conques en 1837 et obtint le classement et la restauration de cette merveilleuse abbaye.

Moissac ne bénéficie dans le *Guide* que d'une simple mention. Saint Jacques y est pourtant bien présent, depuis le tout début du XIIe siècle, par son effigie en pied dans le cloître de l'abbaye Saint-Pierre. Par ailleurs, tout un faubourg de la ville porte son nom : porte, rue, hôpital et église (l'église Saint-Jacques actuelle, plus récente, est intra-muros depuis 1585, en remplacement de celle du faubourg). Ce quartier, situé au bord du Tarn, avait une vocation liée au commerce, le Tarn conduisant à Bordeaux safran, vin et farines. Quantité de villes de France témoignent d'une association similaire entre saint Jacques et le commerce fluvial, ce qui semble indiquer que l'apôtre fut souvent choisi comme patron par les marchands en tant que protecteur des voyageurs et pour se garder du danger des périples sur l'eau. La confrérie Saint-Jacques de Moissac, en 1523, confirme cette impression et semble bien regrouper des métiers liés au commerce : elle nomme dans ses statuts deux marchands, un banquier et quatre professionnels des équipements de voyage (deux selliers, un bâtier et un cordonnier), auxquels s'ajoutent un menuisier, un serrurier et un mercier.

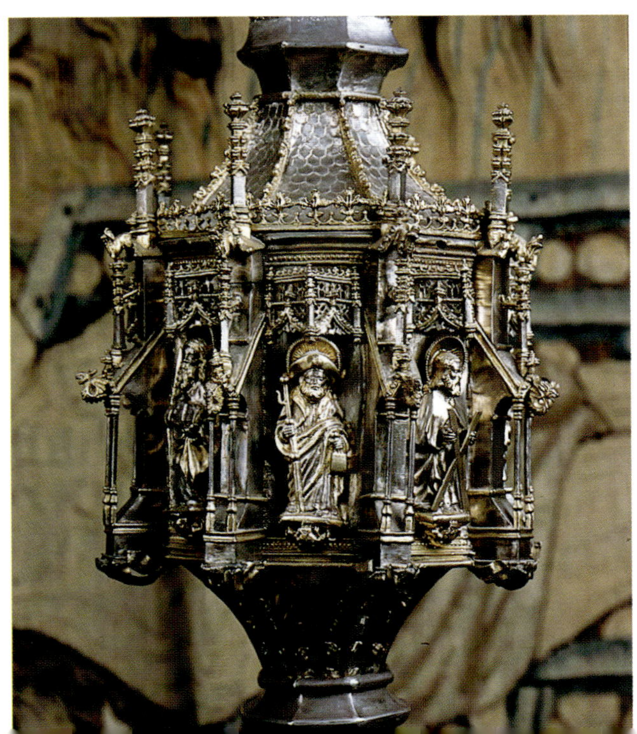

Grande croix de Conques
Jusqu'au XVe siècle, Conques possédait une croix de procession réalisée à la fin du Xe siècle, avec des morceaux d'une selle de cheval prise à un cavalier sarrasin. Il est probable qu'elle renfermait une relique de la croix du Christ. Disparue, elle fut remplacée par la croix actuelle vers 1500. En 1879, les Prémontrés y ont déposé, à leur arrivée, un nouveau morceau de la Croix. (Conques, trésor de l'abbatiale)

LES ROUTES D'ESPAGNE

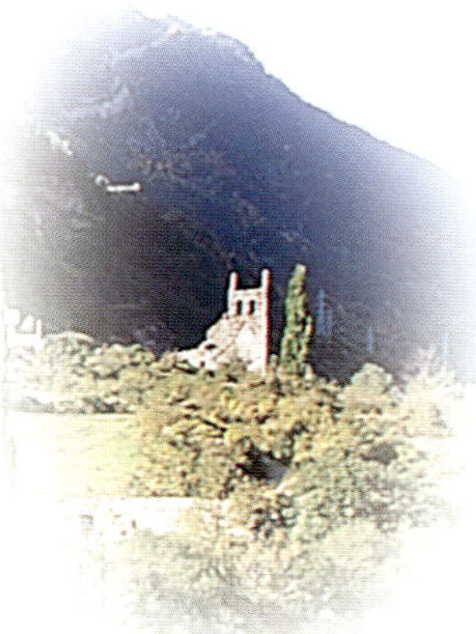

Pour rallier Compostelle en venant d'en deçà des Pyrénées, il existe trois points par où franchir les montagnes : à l'ouest, le Somport, au centre, Roncevaux, et, à l'extrême ouest, Saint-Jean-de-Luz.

Contrairement à ce que l'on pense aujourd'hui, il a toujours existé une grande variété d'itinéraires. Le plus connu est le *Camino francés,* qui part de Roncevaux et passe par Pampelune, Logroño, Burgos et León. Le chemin du Somport ouvre sur l'Aragón par Jaca et rejoint le *Camino* à Puente-la-Reina.

Depuis Saint-Jean-de-Luz s'offrent plusieurs directions : l'une emprunte la côte cantabrique par Santander, Oviedo, Luarca et Ribadeo ; une autre rejoint le *Camino francés* à Burgos via le mont Saint-Adrien et Tolosa. À partir de là, deux possibilités : continuer jusqu'à Compostelle ou, à León, remonter vers Oviedo, longer la côte d'Aviles à Ribadeo puis revenir sur le *Camino* à Arzua, peu avant Compostelle. L'un et l'autre de ces deux derniers itinéraires furent fort utilisés : ils sont en effet chantés dans toutes les versions d'une chanson connue de tous les pèlerins depuis le XIVe siècle, la *Grande Chanson*.

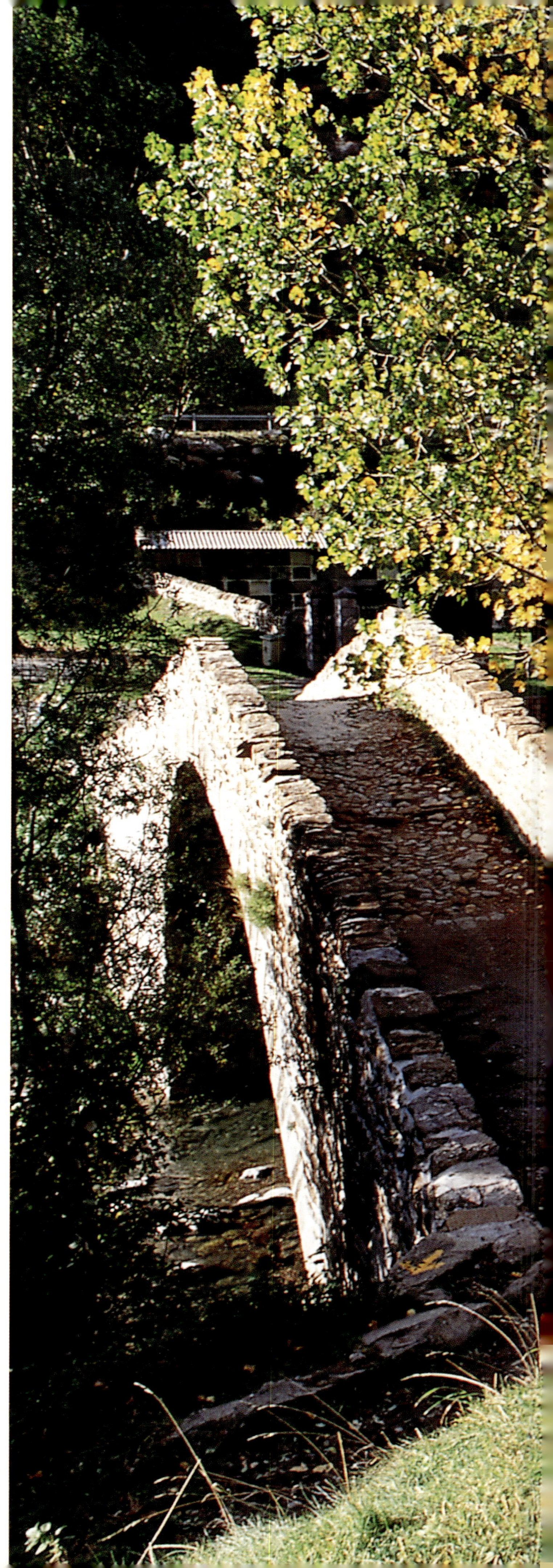

Le « Pont des pèlerins » à Canfranc Pueblo (Navarre)
Pour tout voyageur, le passage d'un fleuve ou d'une rivière est toujours périlleux, qu'il soit livré à lui-même ou à un passeur. Aussi la construction d'un pont est-elle un bienfait que « chantent » les pèlerins. Celui de Canfranc, mentionné dès le XIIIe siècle, franchit le río Aragón.

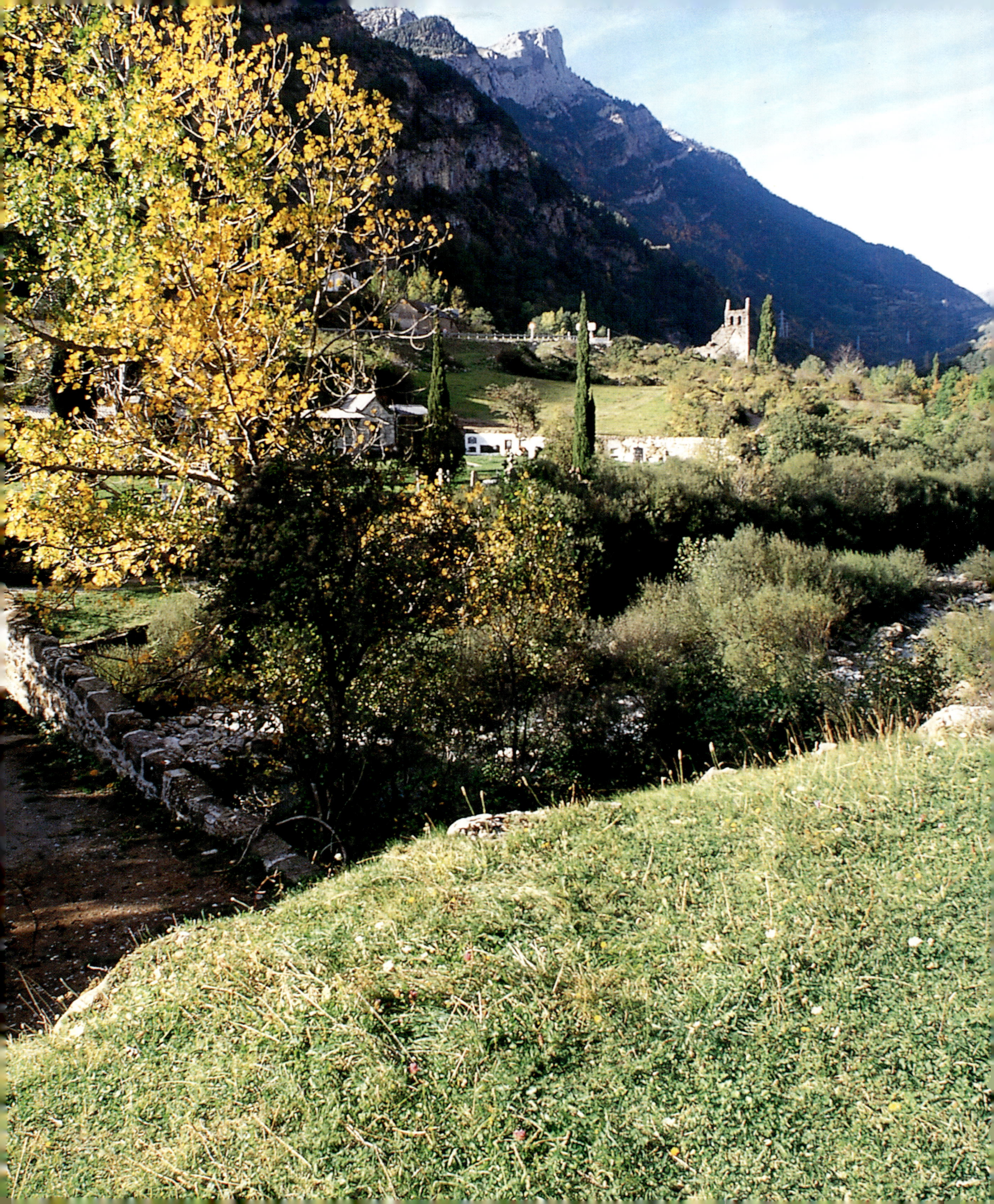

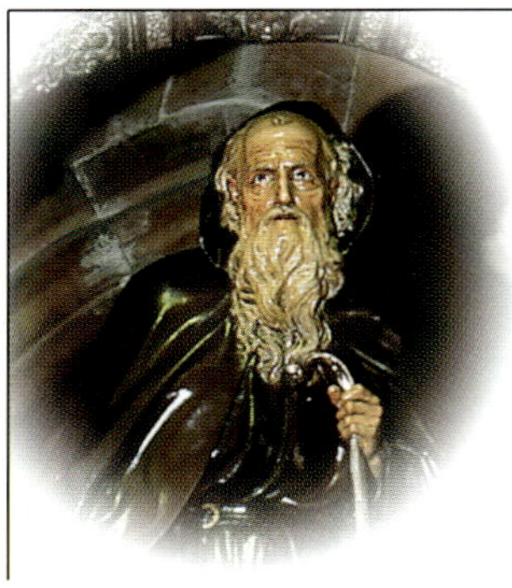

Le Camino francés, *le chemin de Charlemagne*

Notre-Dame de Roncevaux
Cette église, fondée au XIIe siècle, fut reconstruite par Sanche VII le Fort, roi de Navarre (1194-1234), qui voulut y être inhumé. Elle a subi diverses modifications au cours des siècles. Sur le maître-autel est placée une statue de bois et d'argent de la Vierge à l'Enfant, dite la « Reine des Pyrénées ».

Alors que la légende laisse une large part à l'imagination pour tracer le chemin suivi par Charlemagne entre Aix-la-Chapelle et les Pyrénées, elle permet de suivre précisément l'empereur sur les routes espagnoles lorsqu'il ouvrit le « chemin de Saint-Jacques », le Camino francés. *Selon le* Pseudo-Turpin, *il a par trois fois effectué un aller-retour Roncevaux-Compostelle, et les traces qu'il a laissées y sont plus présentes que les références à saint Jacques. Rien d'étonnant : saint Jacques n'est jamais passé par là puisqu'il est « arrivé » par bateau en Espagne et que, de son vivant, il n'a pas dépassé Padrón... Mort, il est resté à Compostelle.*

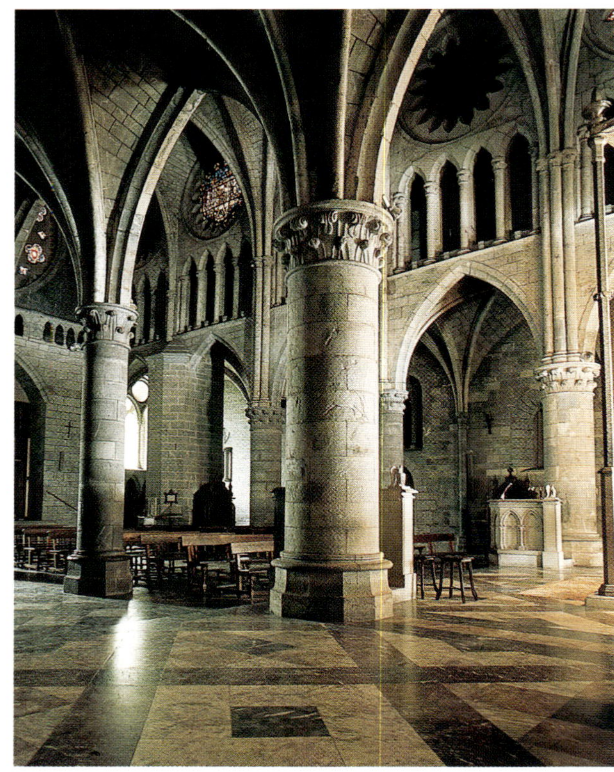

Roncevaux et les Pyrénées

Depuis toujours, les voyageurs eurent besoin d'être accueillis au plus haut de la montée du col. Mais on ignore à quelle date s'y établit une petite communauté religieuse. En 1127, elle devient collège de chanoines de Saint-Augustin, vivant dans de modestes bâtiments autour de la petite chapelle de San Salvador de Ibañeta. Puis, en 1132, les chanoines s'installent un peu plus bas, dans l'hôpital Notre-Dame de Roncevaux, fondé par l'évêque de Pampelune, Sanche de Larosa. Si l'exercice de l'hospitalité est un devoir charitable, il est aussi une source de revenus, et les chanoines vont s'employer à attirer les voyageurs, plus enclins à passer par le col du Somport ou par San Sebastián. Ils font de Charlemagne leur enseigne, reprenant et enjolivant chacune des légendes déjà présentes dans la région. Pour eux, tout passant devient un pèlerin de Compostelle mettant chacun de ses pas dans ceux de l'empereur, et répétant ses gestes de dévotion.

Le voyageur gagne Roncevaux par la « route Charlemagne », cette route des « ports de Cize » qui franchit les Pyrénées par les cols de Biahorre, Bentarte, Izendorre et Ibañeta. Là, dit le *Guide du pèlerin*, Charlemagne dressa une grande croix devant laquelle il « plia le genou, tourné vers la Galice, et adressa une prière à Dieu et à saint Jacques ». De même, à son arrivée au port d'Ibañeta, le pèlerin doit fléchir le genou et planter une croix au pied de la grande. Près des vestiges de la chapelle de San Salvador, une chapelle de Charlemagne a été érigée en 1965.
On trouve encore à Ibañeta l'« hôpital de Roland » et le « rocher de Roland », pierre moderne (1967) sur laquelle figure l'épée Durandal, entre deux masses de guerre. C'est là que Roland, épuisé, agonisa « sous un arbre, auprès d'une pierre de marbre ». Refusant l'idée que son épée tombe aux mains des Sarrasins,

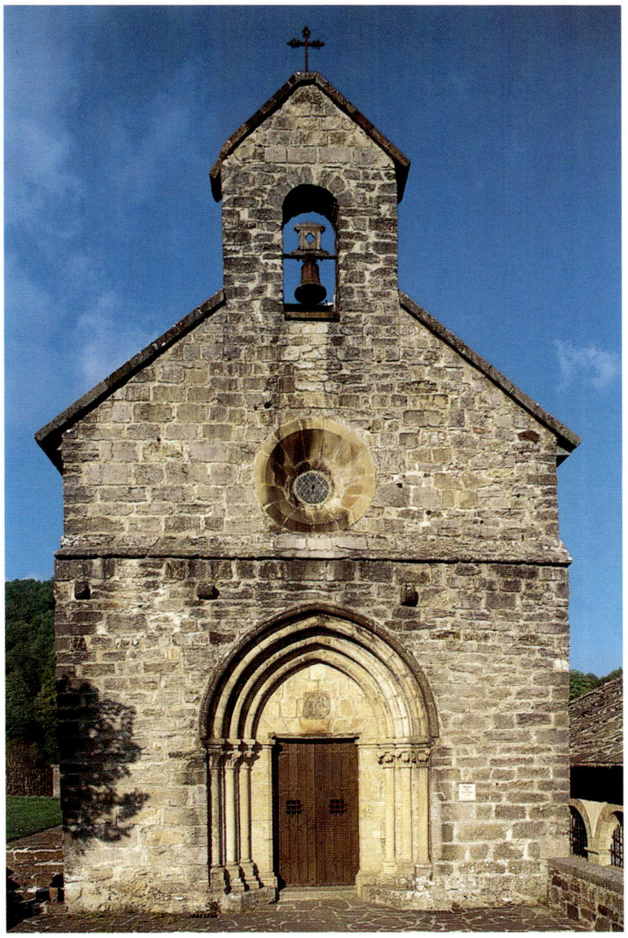

la fameuse bataille. Le *Turpin* le montre s'engageant dans « les défilés » du *Val Carlos*, la « vallée de Charles » qui longe le cours supérieur de la Nive, de sa source au col d'Ibañeta jusqu'à Saint-Jean-Pied-de-Port. L'empereur campait à Valcarlos en compagnie du traître Ganelon lorsqu'il entendit l'appel de Roland. Ganelon le dissuada d'y répondre, alléguant que Roland était simplement à la chasse. Charlemagne n'arriva à Ibañeta que pour assister à l'agonie du preux chevalier. Turpin célébra une messe des morts à Valcarlos et accompagna Charlemagne à Roncevaux, « où gisaient les cadavres des combattants ».

Chapelle Saint-Jacques à Roncevaux
Cette chapelle dite aussi « chapelle des pèlerins » fut érigée au XIIIe siècle, près de la chapelle romane du Saint-Esprit où se trouvait le « tombeau des Francs ». Comme les pèlerins pouvaient, à chaque visite, y acheter quelques ossements, le stock fut épuisé dès le début du XVIe siècle !

Une légende : la fondation de Sainte-Christine du Somport

Au XIIe siècle, l'hôpital Sainte-Christine du Somport compta parmi les plus importants établissements en Europe. Il aurait été fondé à la suite du vœu de deux pèlerins français. Une nuit de bourrasque, harcelés par les loups, ils se réfugièrent dans une grotte où ils prièrent la Vierge en lui promettant de fonder un refuge si elle les sauvait. Ils s'endormirent et furent réveillés par une colombe, dans une aube radieuse et ensoleillée. Ils tinrent leur promesse et firent sculpter la colombe qui fut ensuite l'emblème de l'hôpital. Il n'en reste aujourd'hui que quelques ruines.

il voulut la détruire en frappant la pierre, mais, « du sommet à la base, la pierre fut coupée en deux morceaux et l'épée n'en fut point ébréchée ». C'est ensuite l'épisode de l'olifant dans lequel il souffla pour appeler au secours.
Plus bas, à Roncevaux, le pèlerin contemple encore la « fontaine de Roland », située au bout de la promenade des chanoines, celle où Turpin puisa de l'eau pour soulager Roland pendant son agonie. Puis il entre prier dans la chapelle Saint-Jacques et, tout près, dans la chapelle du Saint-Esprit, dite « Silo de Charlemagne », qui servit de sépulture aux douze pairs de l'empereur (dont Roland) et à des centaines d'autres héros. Les chanoines ont longtemps montré aux voyageurs une belle collection de reliques : la masse d'armes de Roland, l'épée Durandal et l'olifant, le jeu d'échecs sur lequel jouait Charlemagne avec Ganelon au moment de l'appel de Roland, les pantoufles de l'archevêque Turpin, la masse et l'épée d'Olivier.
Le pèlerin peut emprunter une autre route, plus facile, suivie également par Charlemagne juste avant

Mort de Roland à Roncevaux
Le peintre Jean Fouquet a représenté deux épisodes en une même image : la bataille de Roncevaux et la découverte du corps de Roland par l'empereur Charlemagne. (Grandes Chroniques de France, *vers 1460, ms fr 6465, f°113, Paris, BNF)*

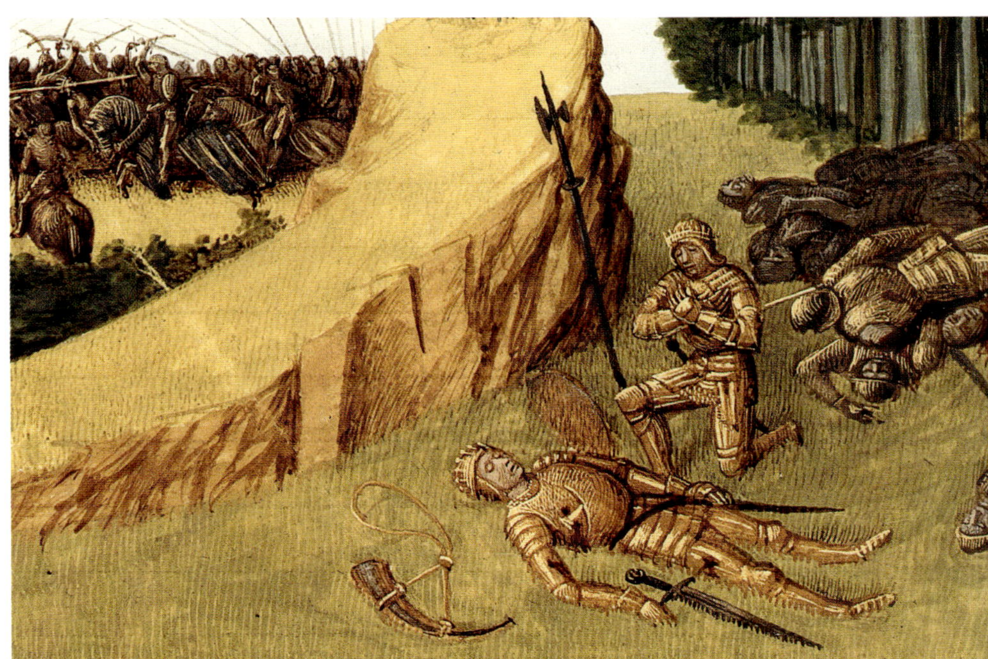

Dans l'ancienne Navarre

La *Chronique de Silos,* rédigée en 1110, attribue au roi de Navarre, Sanche III le Grand (†1035) l'aménagement du *Camino francés* en Navarre. Il est certain en effet qu'un tel axe de communication entre Nájera et Burgos ne pouvait que servir ses intérêts politiques d'expansion vers l'ouest. D'autres souverains, tels Alphonse VI (1072-1109) de Castille et Sanche Ier Ramírez d'Aragon, apporteront leur contribution à l'aménagement et à la sécurité du chemin. La légende, quant à elle, en attribue tout le mérite à Charlemagne.

Cathédrale de Pampelune
Le nom de Camino francés *viendrait en partie de l'installation d'émigrés français sur ce chemin, comme à Pampelune où, au* XII*e siècle, de nombreuses frictions eurent lieu entre* Francos, *établis autour des églises Saint-Sernin et Saint-Nicolas, et Navarrais. À proximité de la cathédrale, reconstruite aux* XIV*e et* XV*e siècles, se trouvaient la plupart des établissements hospitaliers.*

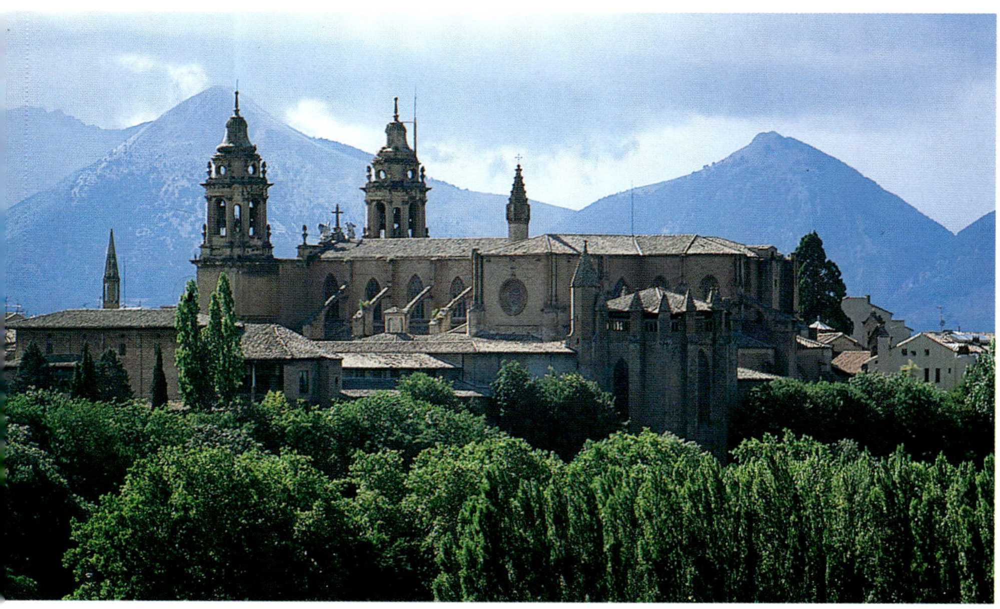

Pampelune

Sur le chemin de Compostelle, Charlemagne assiégea d'abord Pampelune pendant trois ans. Alors, seulement, il pensa à prier saint Jacques « Ô bienheureux saint Jacques, s'il est vrai que tu m'es apparu, accorde-moi de prendre Pampelune. » L'apôtre n'attendait que cette prière pour faire tomber incontinent les murailles prétendument imprenables. Mais le roi sarrasin Aigoland parvint à repousser hors d'Espagne les armées impériales et reprit la ville. Charles rassembla alors « cent trente-quatre mille hommes d'armes » et revint. Il n'y eut pas de siège, mais une bataille convenue entre l'empereur et Aigoland, d'où bien sûr le premier sortit vainqueur.

Villamayor de Montjardín

Dès le lendemain, Charles apprit qu'à Villamayor de Montjardín, entre Estella et Los Arcos, un autre ennemi s'offrait à le combattre. Il partit. Le soir, il demanda au Seigneur de lui désigner par un signe ceux qui allaient mourir. Le matin de la bataille, une croix rouge marquait les armures de cent cinquante chevaliers. L'empereur décida alors de les soustraire à leur destin en les cachant dans son oratoire. Mais, lorsqu'il revint les délivrer, il les trouva morts. La leçon est d'importance : elle rappelle que même Charlemagne n'a pas le pouvoir d'infléchir les desseins de Dieu. Il reprit néanmoins le château de Montjardín et, avec lui, toute la Navarre. Aujourd'hui, la colline est encore couronnée des ruines du château de San Esteban, ancienne forteresse musulmane.

Nájera

Peu après, un géant nommé Ferragu, descendant de Goliath, parvint à Nájera avec vingt mille « Turcs » pour combattre Charlemagne. Il mesurait plus de cinq mètres de haut et, à lui seul, avait la force de quarante guerriers. Il demanda un combat singulier. Charlemagne accepta et envoya successivement un chevalier, puis deux ensemble, puis vingt, qui tous furent défaits instantanément. Alors qu'il s'avouait vaincu, Roland se présenta. Aussitôt enlevé par Ferragu et jeté devant lui sur sa monture, Roland parvint cependant à désarçonner le géant et, reprenant son cheval, trancha en deux celui de son adversaire d'un seul coup d'épée. Puis, frappé au bras, Ferragu lâcha son arme mais parvint pourtant à tuer d'un coup de poing le cheval de son adversaire.
Sans épée et à pied, les deux hommes luttèrent pendant neuf heures avant de s'accorder une trêve d'une nuit, suivie d'un combat qui dura tout le lendemain. Ferragu demanda une autre trêve pour dormir. Roland, gentiment, lui plaça une pierre sous la tête en guise d'oreiller. Mais le géant commit l'imprudence de confier au preux chevalier que son nombril était son seul point vulnérable. Et, bien sûr, lorsque la bataille reprit, Roland parvint à porter le coup mortel. Une autre légende explique le nom « Pas de Roland » donné à une colline située peu avant Nájera : Ferragu y avait son château dans lequel il gardait des prisonniers chrétiens. D'une colline voisine, Roland vit le géant endormi devant sa porte et le tua d'une pierre qui l'atteignit au front.

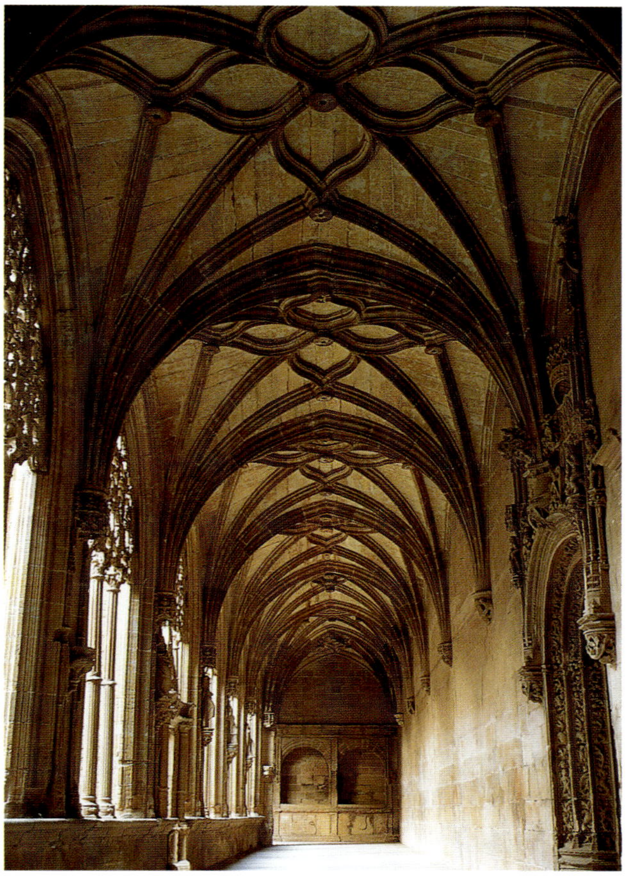

« Cloître des chevaliers » de Santa Maria la Real à Nájera
La légende raconte qu'en 1044, le roi Garcia III, chassant une colombe, la poursuivit jusque dans une grotte où il trouva une statue de la Vierge. Il édifia en ce lieu le monastère Santa Maria la Real et fonda un ordre de chevalerie, l'ordre de la Jarre, en souvenir d'un vase trouvé au pied de la statue.

Santo Domingo de la Calzada

Santo Domingo de la Calzada, en français Saint-Dominique-de-la-Chaussée, est une ville située entre Nájera et Burgos, sur les bords du río Oja (qui a donné son nom à la Rioja), aux frontières de l'ancienne Navarre et de la Castille. Elle doit son nom à un saint nommé Dominique, natif de la région.

Un moine bâtisseur

Au milieu du XIe siècle, Dominique y construisit un pont, organisa l'accueil des voyageurs et des pèlerins et, sur une trentaine de kilomètres, empierra les chemins d'accès, entre Nájera et Redecilla. Moine bénédictin, il avait beaucoup voyagé pour le compte de l'évêque d'Ostie et, rentré au pays, il avait pris conscience de l'état catastrophique des chemins et décidé de consacrer le reste de sa vie à leur amélioration. Il installa sa cabane d'ermite en ce lieu désert et particulièrement difficile à franchir, qui devint peu à peu la ville de Santo Domingo, dite de-la-Chaussée en hommage à cette action. Les habitants reconnaissants lui ont érigé un tombeau sur lequel fut élevée l'église actuelle, à la fin du XIIe siècle.

Un pendu dépendu

Cette église devenue cathédrale en 1232 doit bien davantage sa célébrité à deux volailles qui y caquètent dans une cage. Au XIVe siècle, la ville s'est désignée comme le lieu où se produisit le miracle du pendu dépendu : un jeune homme et ses parents, pèlerins de Compostelle, firent halte à l'auberge. La servante tenta vainement de séduire le fils et se vengea en cachant dans son sac une pièce de vaisselle. Le lendemain matin, elle fit poursuivre le trio sur la route en les accusant de vol. On les rattrapa et le juge condamna le jeune homme à être pendu. Les parents continuèrent leur route. Trois semaines plus tard, ils revinrent de Compostelle et trouvèrent leur fils vivant. Le père se précipita chez le juge pour lui annoncer la nouvelle mais le magistrat déclara qu'il ne croirait cette histoire que si la poule et le coq qui rôtissaient dans la cheminée se mettaient à voler et à chanter. Ce qu'ils firent immédiatement...

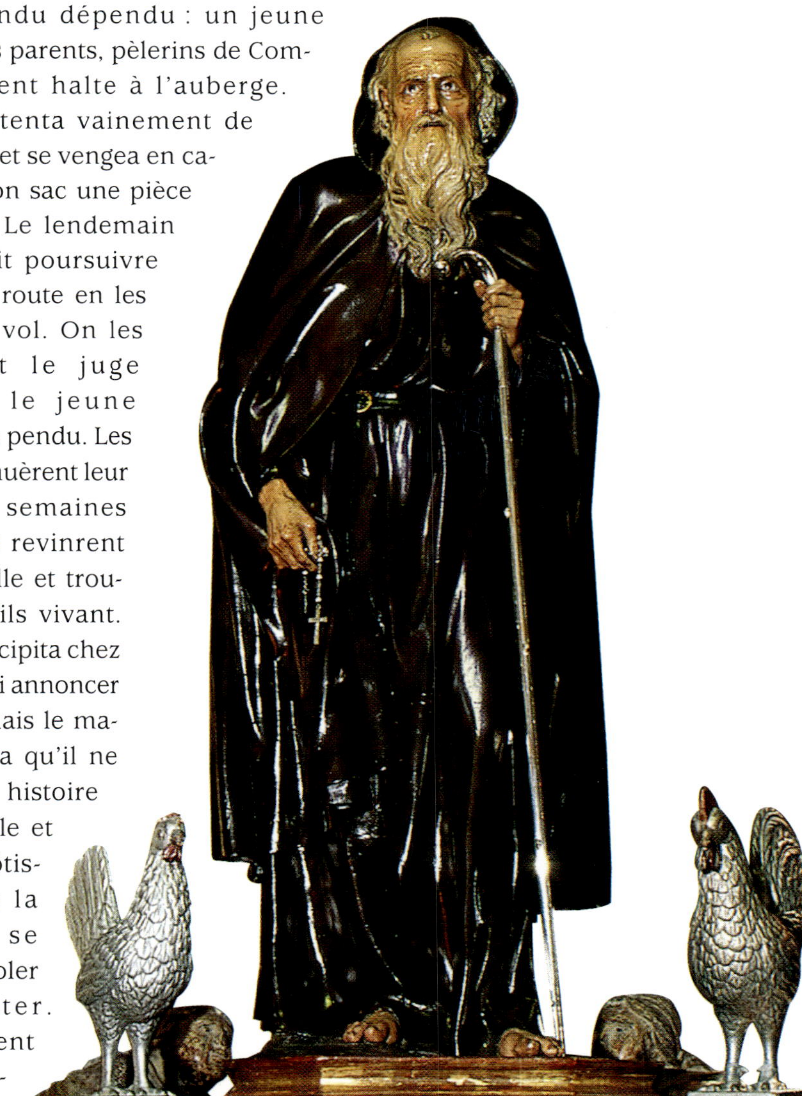

Saint Dominique
L'ermite saint Dominique, vieilli et fatigué, s'appuie sur le bâton des pèlerins dont il soulagea les peines en améliorant routes et ponts. À ses pieds, le coq et la poule évoquent le célèbre miracle du pendu dépendu.
(église de Santo Domingo de la Calzada)

Burgos

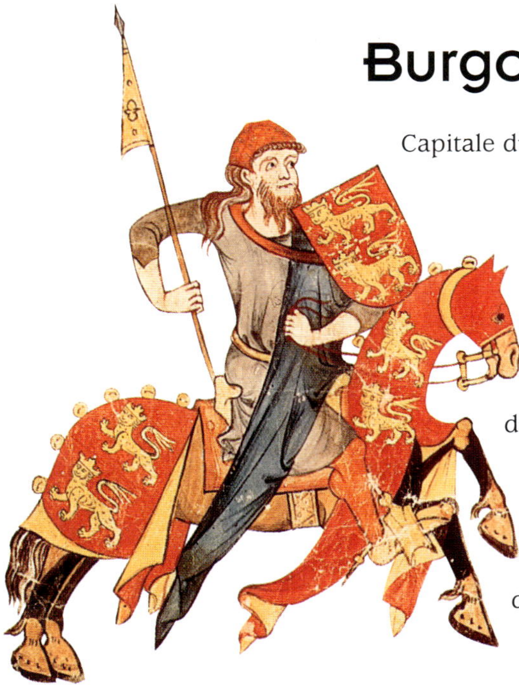

Cavalier de la confrérie Saint-Jacques de Burgos
Pour la pratique du « bofordar », un jeu équestre et militaire, les confrères sont armés d'une lance et d'un écu. Le registre de cette confrérie Saint-Jacques compte plus de trois cents portraits de ce type, réalisés entre le XIVe et le XVIe siècle. (Burgos, archives municipales)

Capitale du royaume de Castille en 1035, Burgos connaît à partir du XIe siècle un essor économique rapide. Au XVe siècle, la ville ne compte pas moins de trente-deux hôpitaux dont l'hospital del Rey, fondé en 1195. Laffi, un pèlerin italien du XVIIe siècle, évoque cet établissement qui « peut accueillir deux mille personnes » et où « l'on est très charitable envers les pèlerins et on leur donne très bien à manger et à dormir ».

Une puissante confrérie Saint-Jacques

Dans le déambulatoire de la cathédrale de Burgos s'ouvre la chapelle Saint-Jacques, qui fut celle de la *Confrérie royale du Saint-Sauveur et saint Jacques*. Fondée en 1338 par le roi Alphonse XI, cette confrérie comptait alors cent soixante et onze membres, soit la totalité de l'élite patricienne de la ville.

Qui sont ces confrères de saint Jacques d'un modèle inconnu ailleurs ? Ils forment un groupe social étroitement allié à la couronne, avec une double fonction, militaire et commerçante. Ils sont « chevaliers » mais n'appartiennent pas à la noblesse. Nés de l'aide militaire qu'ils ont apportée à la Reconquête et à la répression des velléités d'indépendance de la noblesse castillane vis-à-vis du roi, ils y ont gagné des privilèges. Leur fortune leur a permis de faire de Burgos une plaque tournante du commerce international, lui-même source de richesses. Dès 1345, les nobles se sont vu retirer le gouvernement de la ville, administrée dorénavant par les rois, uniquement appuyés par la confrérie, qui joue donc un rôle politique de tout premier plan.

Des confrères peu soucieux de Compostelle

La confrérie, malgré son nom, n'apporte aucun réconfort aux pèlerins de passage. Pas de gîte, pas de couvert, pas la moindre mention de Compostelle, pas de pèlerinage. Elle a pour seul objectif, si l'on en croit ses statuts, la pratique du *bofordar*, un jeu équestre et militaire consistant à jeter une lance, le *bofordo*, contre une tour de bois jusqu'à ce qu'elle s'effondre. La confrérie étale complaisamment sa richesse dans son registre, conçu comme un armorial noble, sur lequel chaque confrère est représenté en train d'exercer ce jeu.

À l'évidence, cette confrérie s'est bâtie sur le modèle de l'Ordre de Saint-Jacques de l'Épée Rouge, qui restait fermé à la bourgeoisie. Car, tout en étant payés par le roi pour combattre la noblesse, les confrères de Burgos rêvent d'alliances matrimoniales avec elle et en adoptent le mode de vie. Ils prétendent avoir

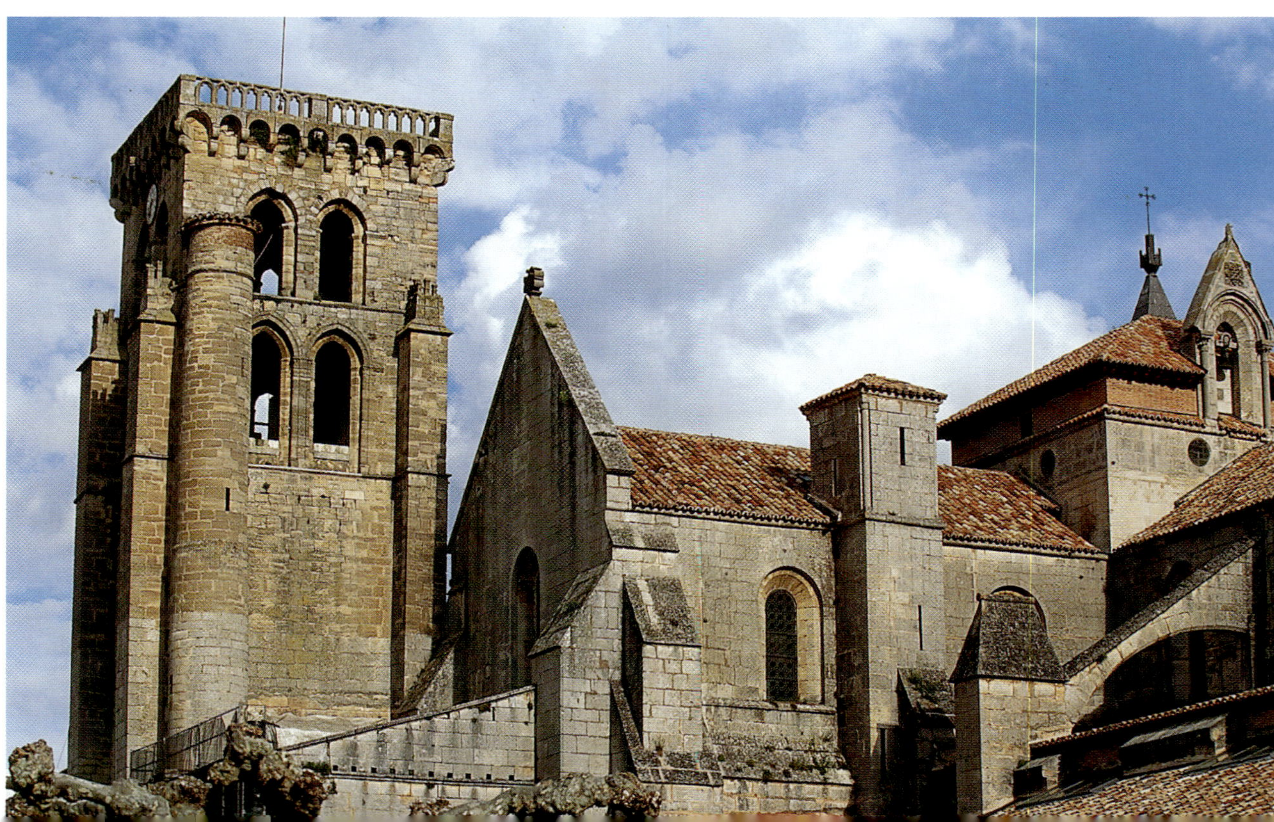

Monastère royal de las Huelgas à Burgos
Cette abbaye cistercienne fut fondée en 1187 par le roi Alphonse VII et son épouse Aliénor Plantagenêt, fille d'Aliénor d'Aquitaine. Panthéon des souverains de Castille, le monastère abrite la statue de saint Jacques aux bras articulés qui servait à l'adoubement des princes de sang royal.

choisi le vocable de saint Jacques « parce qu'il est bon d'avoir comme avocat un saint suffisamment connu qui intercédera pour eux, en ce monde et dans l'autre ». En même temps qu'ils narguent les nobles, ils cherchent certainement à faire plaisir au roi, armé chevalier au monastère tout proche de Las Huelgas Reales. Depuis le règne de Ferdinand III, en 1217, une statue de saint Jacques, aux bras articulés, donne l'accolade aux rois lors de leur adoubement. Les souverains de Castille sont ainsi faits chevalier par saint Jacques en personne. Tous les confrères habitent près de l'église Saint-Jacques, elle-même voisine de la cathédrale. Le 25 juillet est fêté avec un grand déploiement de faste : « La veille de la fête de saint Jacques, tous les confrères devront venir sur leurs chevaux caparaçonnés et briser des lances devant l'église Saint-Jacques. » Il est exigé que le bruit soit tel qu'on l'entende depuis la chapelle Saint-Jacques de la cathédrale ! Le jour même est plus calme, avec simplement messe et procession. Le reste des statuts consacre une large place aux confrères défunts, et l'on retrouve là une des spécialités de saint Jacques, la protection des âmes dans l'au-delà.

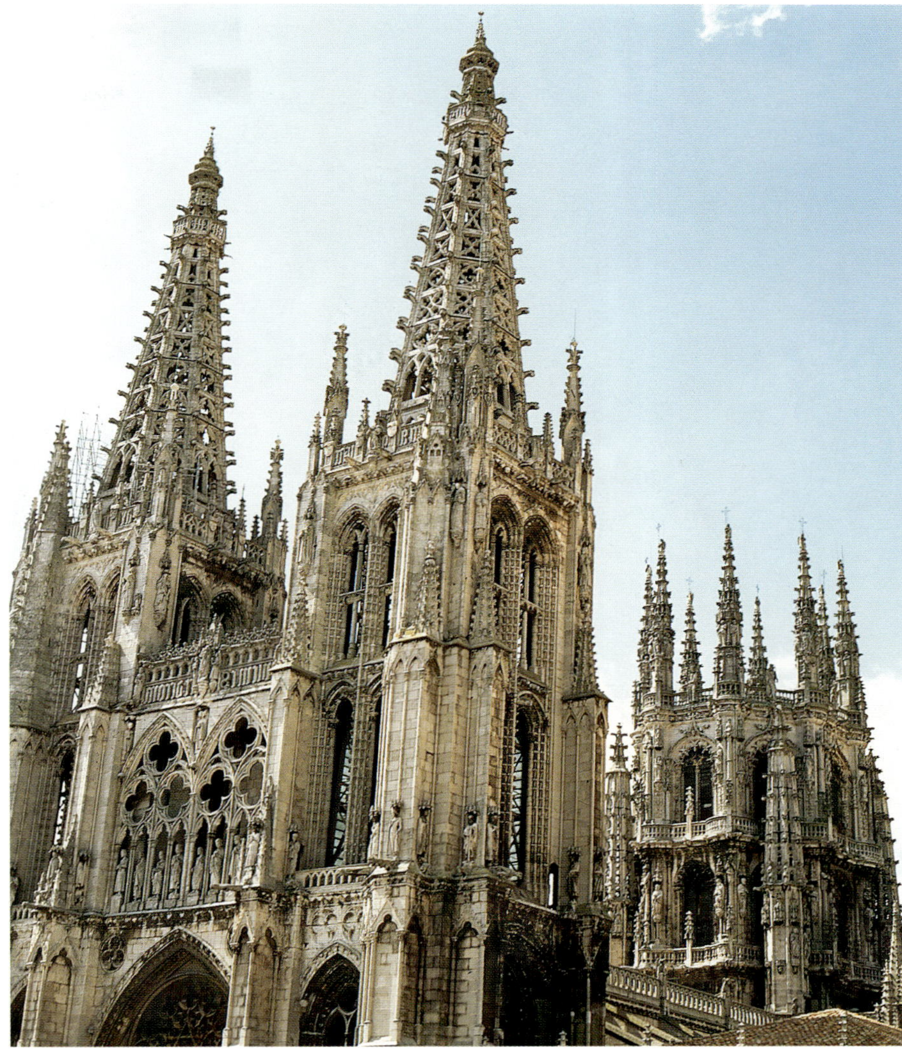

Cathédrale de Burgos
Capitale du royaume de Castille depuis 1035, la ville se dota, sous le règne de Ferdinand III, d'une cathédrale digne de son rang. La construction, qui débuta en 1222, se fit en deux grandes étapes, au XIIIe et au XVe siècles. Les flèches sont l'œuvre de Jean de Cologne.

Castrogeriz et Sahagún

Théâtre de nombreuses batailles entre chrétiens et Maures, au cours des IXe et Xe siècles, la Tierra de Campos, vaste plaine entre Burgos et Sahagún, est aussi un haut lieu de l'épopée de Charlemagne en Espagne.

Au XIIIe siècle, une suite est donnée à l'histoire de la libération par l'empereur du chemin de Saint-Jacques. Dans la chanson de geste *Anséïs de Carthage*, Charlemagne, ayant vengé Roncevaux et conquis toute l'Espagne, a confié la défense de Castrogeriz au jeune Breton Anséïs. L'empereur lui a remis son épée mythique, Joyeuse, pour se protéger contre les Infidèles. Pourtant, Anséïs est bientôt en grandes difficultés et contraint d'appeler Charlemagne au secours. L'empereur, très vieux, arrive quand même, traîné sur un char d'ébène et d'argent et aide le jeune homme à vaincre. La route de Compostelle est libre de nouveau.

Entre Burgos et León, Sahagún, sur les rives du Céa, constituait sans doute pour les pèlerins une étape réconfortante, tant pour ses établissements hospitaliers et ses nombreuses églises que pour ses peupleraies, jardins et vergers. C'est dans cette cité, née d'une abbaye fondée par Charlemagne, que le redoutable roi sarrasin Aigoland proposa à l'empereur un combat singulier à « un contre un, ou deux contre deux, ou vingt contre vingt, ou quarante contre quarante, ou cent contre cent, ou mille contre mille, ou deux mille contre deux mille ». Successivement, chaque combat donna la victoire aux chrétiens, mais Aigoland ne voulait pas s'avouer vaincu. Une dernière grande bataille se prépara, avant laquelle se répéta le miracle des « Lances Fleuries » qui avait déjà eu lieu près de Saintes. Aujourd'hui, le pèlerin qui passe peut contempler encore le Pré des Lances qui borde la rivière et penser aux valeureux chevaliers qui l'ont précédé. Côté chrétien, la victoire coûta quarante mille morts, dont le père de Roland. Ils furent inhumés dans l'enceinte de l'abbaye, dont il ne reste rien.

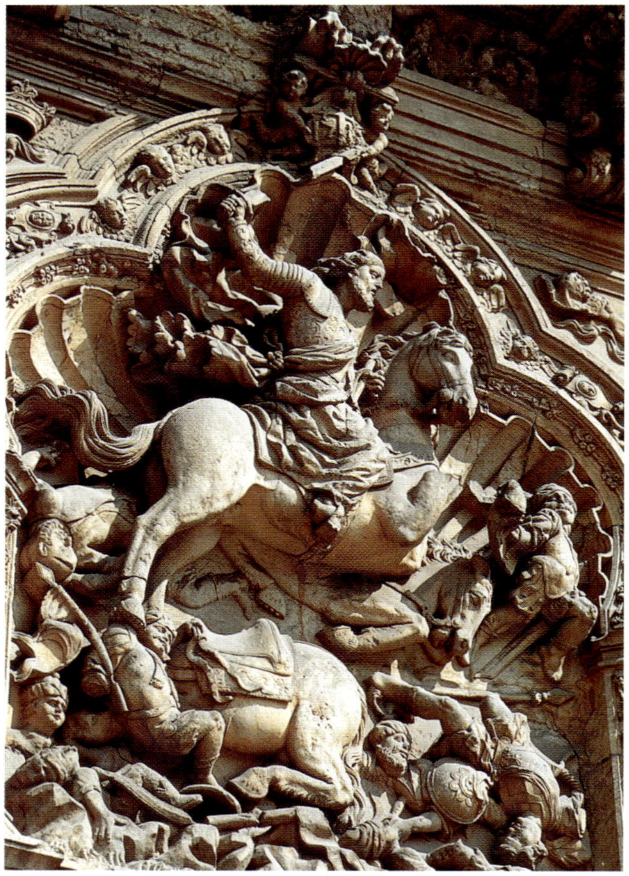

Saint Jacques Matamore
Sur le portail ouest de l'hôpital San Marcos veille un très réaliste saint Jacques, pourfendeur des Infidèles qui périssent sous les sabots de son cheval. L'ensemble de l'édifice, construit entre les XVIe et XVIIIe siècles, est un bel exemple d'architecture espagnole.
(León, façade de l'hôpital San Marcos)

León

Au début du Xe siècle, le royaume des Asturies s'étant agrandi, León succéda à Oviedo comme capitale, donnant même son nom à ce royaume qui incluait désormais les régions de Zamora et Salamanque. León fut capitale jusqu'en 1230, date à laquelle le royaume de León fut inclus dans celui de Castille. D'origine romaine, la ville a conservé une partie de ses anciennes murailles et de nombreux monuments médiévaux.
Au XVIe siècle, Antoine de Lalaing décrit ainsi la ville : « Elle est très grande et assez marchande. Elle tire grand argent de la fabrication des chapelets et statuettes de saint Jacques que l'on taille dans le jais extrait d'une mine voisine et qui sont vendus à Compostelle. »

Une étape majeure sur la route de Compostelle

Plusieurs monuments retiennent l'attention du pèlerin de Saint-Jacques : le monastère de San Marcos qui abrite un hôpital, l'ancien couvent des Augustins et la cathédrale.

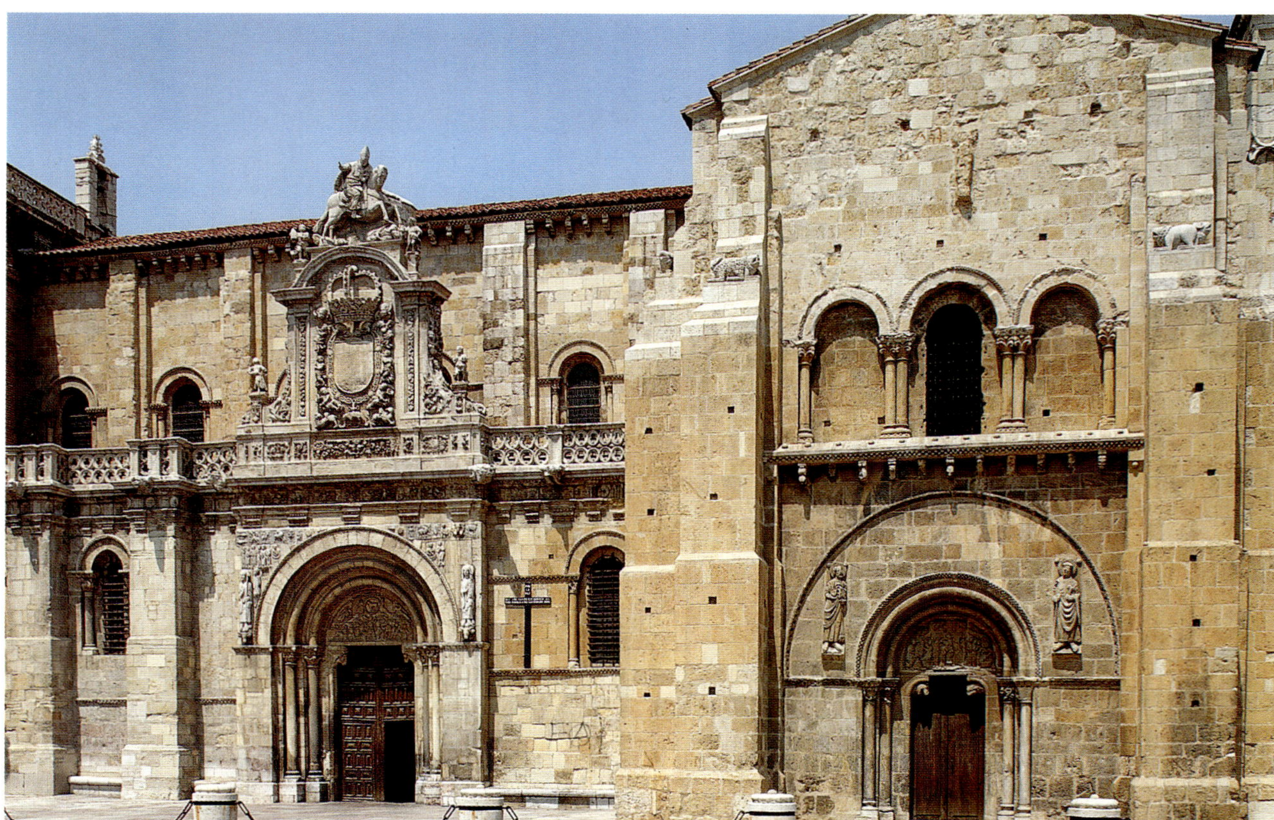

Saint-Isidore de León
En 1168, un décret royal place le monastère Saint-Isidore sur le parcours des pèlerins. Onze rois, douze reines, une vingtaine de princes furent inhumés dans ce Panthéon royal, construit par Ferdinand Ier, premier roi de Castille et León (1035-1065).

Près du pont monumental de San Marcos, sur le río Bernesca, le couvent San Marcos s'ouvre sur la place du même nom. Il appartint aux chevaliers de « Saint-Jacques de l'Épée Rouge ». Premier hôpital de l'ordre, fondé au XIIe siècle pour les « pauvres du Christ », il fut reconstruit au début du XVIe siècle, entre autres par Juan de Badaroz, à la demande du roi Ferdinand le Catholique qui s'était imposé comme Grand Maître de l'ordre. Des embellissements y ont été apportés jusqu'au XVIIIe siècle. Derrière la façade constellée de coquilles, gardée par un saint Jacques Matamore sculpté sur un bas-relief, les pauvres n'ont aujourd'hui plus droit de cité. Ils ont cédé la place à un luxueux « parador » (hôtel appartenant à l'État) et au musée archéologique provincial. Passé le pont, la *Grande Chanson des pèlerins* (voir p. 116) signalait une croix près de laquelle ils devaient choisir entre la direction d'Oviedo et celle de Compostelle : « un chemin à droite à Saint-Sauveur mène, l'autre à monsieur saint Jacques ». Au cœur de la ville, une église fut fondée au XIe siècle pour accueillir les tombeaux des rois de León et, à partir de 1063, pour abriter les reliques de saint Isidore. Au XIIe siècle, le roi Alphonse VII y établit une communauté de chanoines augustins qui ouvrait le sanctuaire aux pèlerins. Ceux-ci semblaient davantage intéressés par les sépultures royales que par celle du saint. Au XVIe siècle, Antoine de Lalaing admira une cinquantaine de ces tombeaux « tant des rois de Castille que de León, et de leurs femmes et de leurs enfants » mais il ne fut pas impressionné par les fresques du XIIe siècle peintes sur les voûtes, pas plus qu'il ne remarqua le fait que ce panthéon royal est le seul vestige de l'église primitive du XIe siècle. Parmi les somptueuses pièces du trésor, l'étendard dit « de Baeza », représente saint Isidore à l'image de saint Jacques Matamore, une épée dans une main, une croix dans l'autre, chevauchant un destrier blanc et venant aider Alphonse VII à remporter une bataille.

La cathédrale Nuestra Señora la Blanca fut construite en plusieurs campagnes, étalées entre la fin du XIIe et le XVe siècles. C'est un remarquable chef-d'œuvre de l'art gothique espagnol. Au portail de la façade principale, sur le pilier central, la Vierge accueille les fidèles, accompagnée de plusieurs apôtres, dont saint Jacques, figurés dans les ébrasements. La colonnette sur laquelle il repose est usée par les mains des pèlerins qui viennent le saluer. À l'intérieur, sur le retable de l'autel majeur, des panneaux de bois peint représentent le transport de l'apôtre en charrette tirée par des bœufs, et un pèlerin près de son tombeau. Ce sont les restes d'un immense retable peint au XVe siècle et démantelé trois siècles plus tard.

Saint Isidore de Séville (570-636)

Né d'une noble lignée romaine, Isidore devient évêque de Séville en 600. Grand intellectuel, son souci premier est de former le clergé en le dotant d'outils de travail. Pour lui, il écrit des traités de mathématiques, de géographie, de vocabulaire, compose un précis sur les hérésies, édicte une règle monastique, etc.

En forme de synthèse, il rédige Les Étymologies, *un immense dictionnaire des connaissances absolument unique dans l'histoire du VIIe siècle. Il meurt à Séville et y est inhumé. En 1063, ses reliques sont transférées à León.*

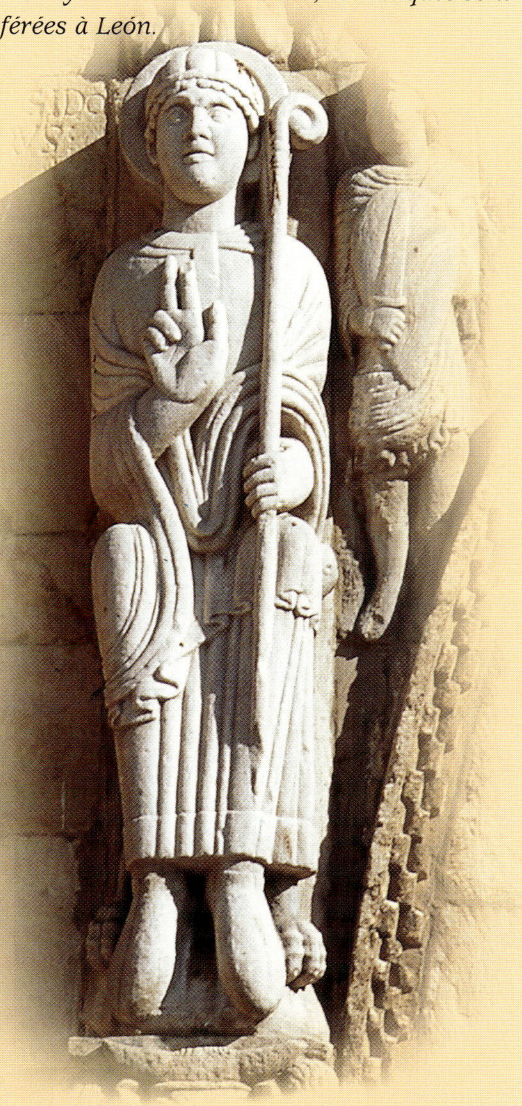

Saint Isidore
Au portail sud de la basilique, sur la façade dite « de l'agneau », saint Isidore bénit les pèlerins qui viennent se recueillir sur son tombeau. (1re moitié du XIe siècle, León, basilique Saint-Isidore)

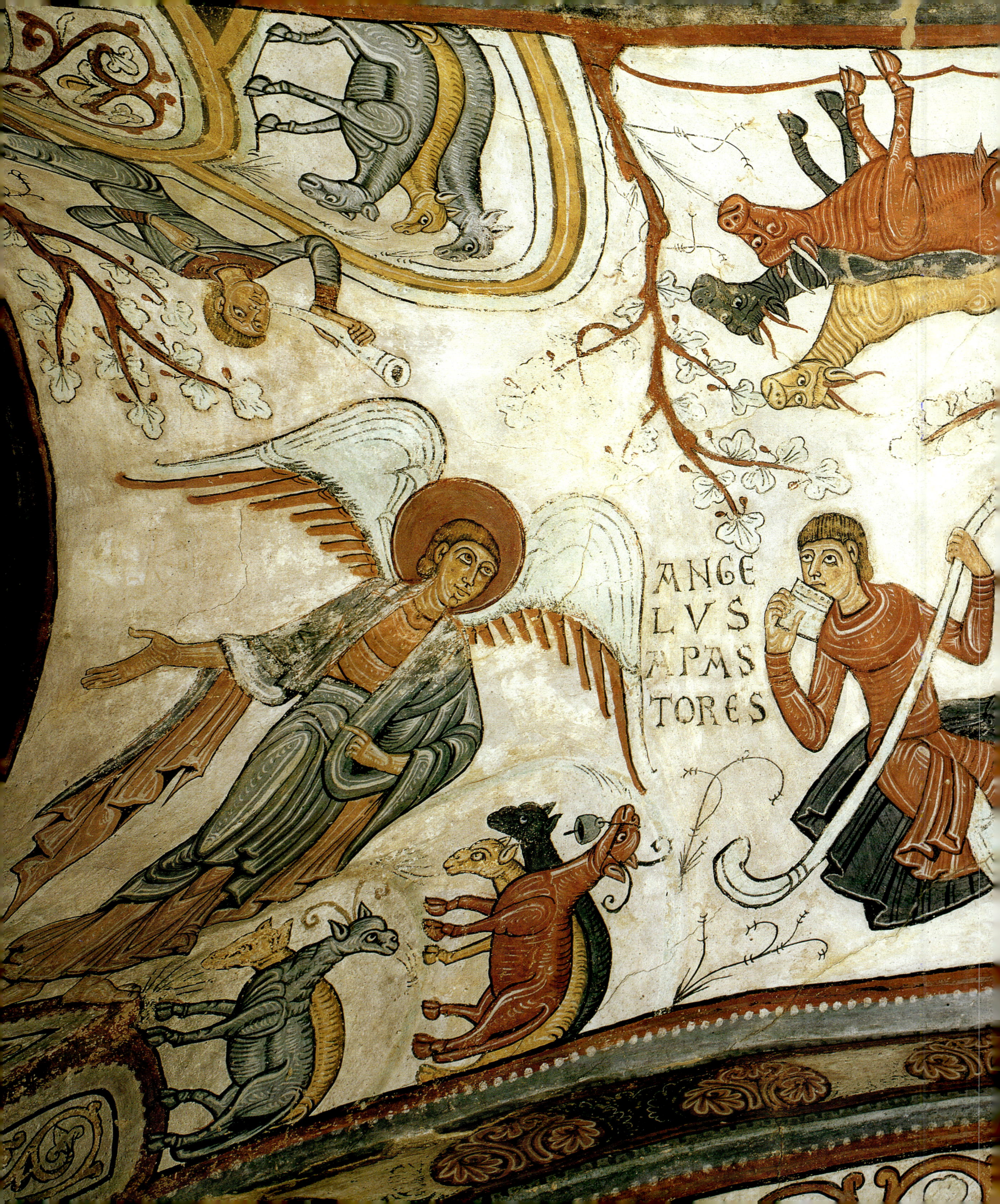
ANGE
LVS
APAS
TORES

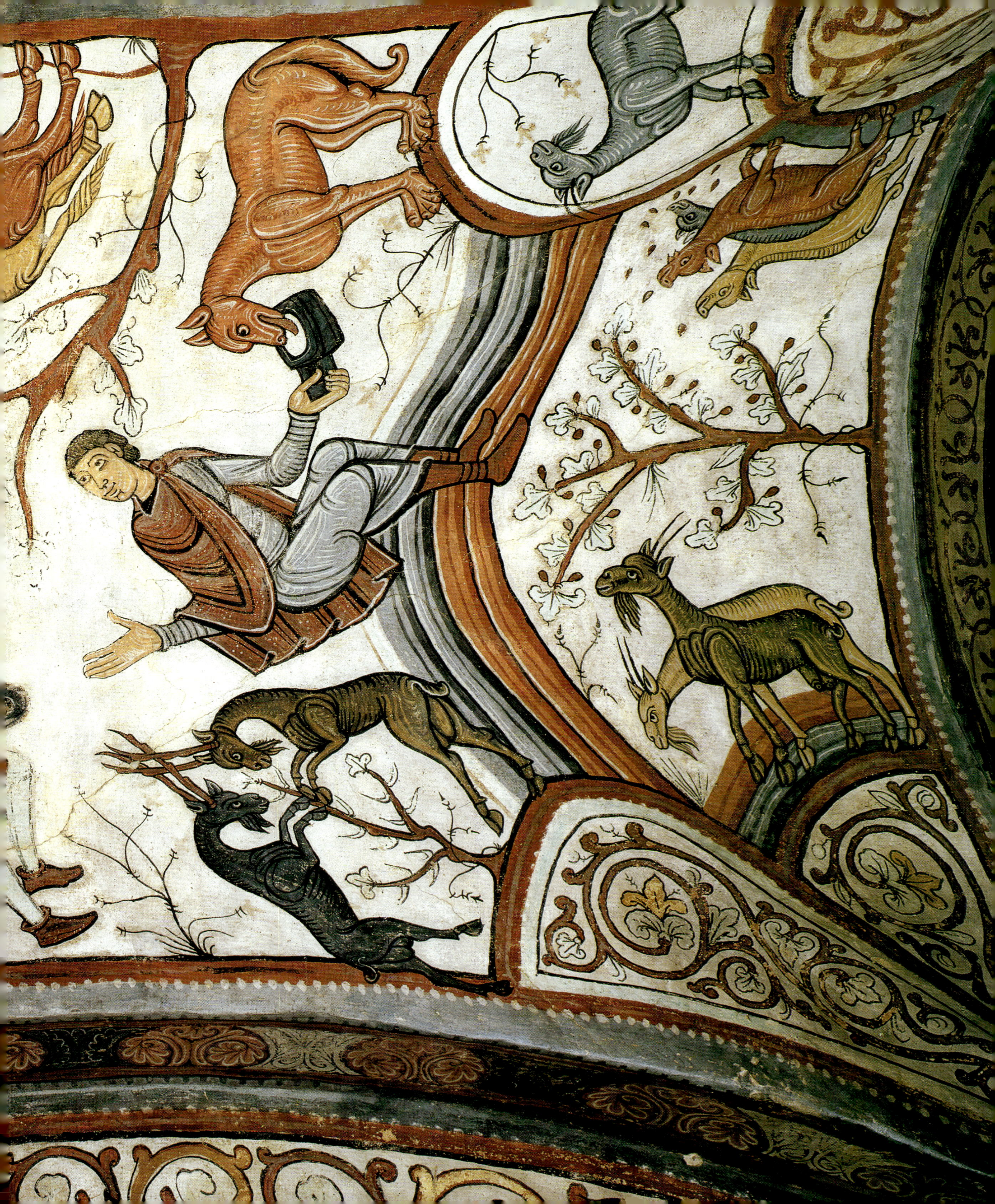

Orbigo

Au soir du premier janvier 1434, premier jour d'une année jubilaire compostellane, le bal donné par le roi Jean II de Castille fut interrompu par le héraut d'armes de Suero de Quiñones. Celui-ci annonça que le jeune chevalier tiendrait un « Pas d'armes » au moment des fêtes de saint Jacques, entre le 10 juillet et le 9 août de la même année.

Les exploits d'un ancêtre de Don Quichotte

Suero de Quiñones appartient à la plus puissante famille des Asturies et du León. Il a vingt-cinq ans et cherche un cadeau de rupture digne de la dame de ses pensées. Il choisit d'organiser cette forme de tournoi mi-théâtrale mi-sportive mise à la mode dans les années précédentes. Il va se poster sur ses terres, au pont d'Orbigo, entre León et Astorga et y défier tous les nobles pèlerins en route pour Compostelle. Aux combats s'ajoute le thème romanesque du pont, qui apparaît dans les légendes celtiques et arthuriennes comme un lieu hanté par les forces du Mal qui tentent d'en interdire la traversée. Suero veut affronter ces forces et ainsi se délivrer d'une « emprise ». Chaque jeudi, il arbore une chaîne d'argent doré, signe visible de la captivité de son cœur. En outre, il offre aux passants la possibilité de s'identifier, sans trop de danger, aux héros du *Turpin* partis défendre le tombeau de saint Jacques.

Double page précédente
L'annonce aux bergers
La richesse des fresques qui ornent ses voûtes a valu au panthéon royal de la collégiale Saint-Isidore l'appellation de « chapelle Sixtine de l'art roman ». Un Christ en majesté constitue la figure centrale de cet ensemble dont les scènes sont tirées de l'Apocalypse, de l'Enfance et de la Passion du Christ. (fresque, avant 1149, León, collégiale Saint-Isidore, panthéon royal)

L'année jubilaire

En choisissant une année jubilaire pour réaliser son exploit, Suero était assuré d'avoir à affronter un grand nombre de combattants.
À Compostelle, l'année est dite « jubilaire » lorsque le 25 juillet tombe un dimanche. Ces années-là, les pèlerins se voient octroyer une indulgence plénière, c'est-à-dire une remise des peines exigées par le confesseur afin d'obtenir leur absolution : jeûnes, aumônes, exil... Elles sont marquées de solennités particulières dont l'une, symbolique, est l'ouverture de la porte Sainte (murée le reste du temps), dans l'après-midi du 31 décembre de l'année qui s'achève, au cours de laquelle l'archevêque détruit symboliquement le mur qui la ferme habituellement.

Les règles du jeu sont très strictes. Les combattants ne donnent leur identité qu'aux seuls juges. Toute dame noble venant à passer dans le rayon d'une demi-lieue de la lice doit abandonner son gant droit avant de continuer sa route, à moins qu'un chevalier ne le lui rachète et devienne ainsi son champion. Aucun assaillant ne pourra racheter plusieurs gants. Un gros diamant sera offert au premier qui se constituera champion d'une dame.
Peu avant le pont est élevée sur la route la statue de marbre d'un héraut qui, la main gauche sur la hanche, indique de l'autre le chemin en brandissant une banderole où se lit « Le Pas ». Des lices de bois de

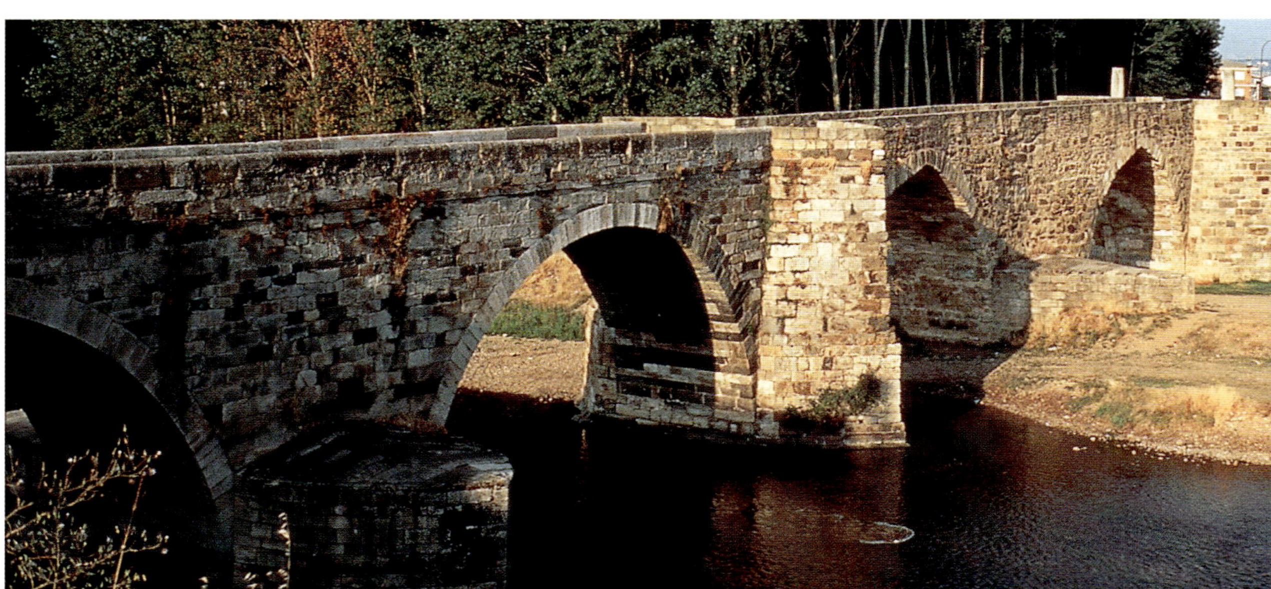

Pont sur l'Orbigo
En 1434, tout chevalier souhaitant franchir ce pont menant à Hospital de Orbigo se devait de relever le défi lancé par Don Suero de Quiñones, en participant au « tournoi » organisé par le seigneur du lieu.

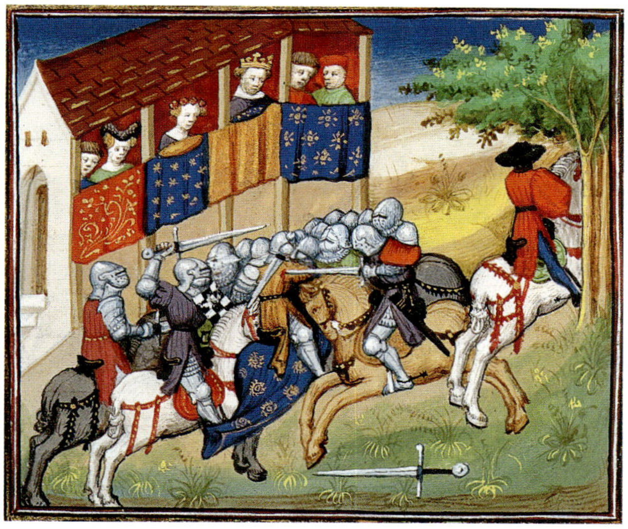

Les combattants d'un pas d'armes
Les chevaliers s'affrontent sous le regard des dames.
(Roman des chevaliers Galaad, Tristan et Lancelot, XVe siècle, ms 648/404, f° 183v, Chantilly, musée Condé)

deux cent cinquante mètres de circonférence sont dressées, entourées de hautes palissades. Les deux entrées opposées sont décorées d'armes, de tapisseries et de bannières. À l'intérieur, vingt-deux tentes pour l'hébergement des concurrents, des spectateurs et des juges, une maison de bois pour les banquets, traversée par un ruisseau détourné de son cours afin de la maintenir fraîche. S'y ajoutent une chapelle avec tous les ornements nécessaires et de nombreuses reliques, ainsi qu'un hôpital dirigé par la mère de Suero et ne comptant pas moins de sept infirmières.

Le Pas s'ouvre le samedi 10 juillet par une messe. Elle est suivie d'un défilé d'honneur avec l'entrée de neuf preux chevaliers, précédés de musiciens et d'un char conduit par un nain. Suero ferme la marche, escorté de trois pages et de nombreux seigneurs à pied. Le 25 juillet, le jeune homme veut affronter trois chevaliers à lui seul, dépourvu de trois pièces de son armure, sous prétexte « que pour l'amour d'une dame il est allé à Grenade guerroyer contre les Maures avec son bras droit découvert et que Dieu, qui l'a alors préservé de tout mal, le protégera aussi maintenant ». Mais les juges le consignent sous sa tente, malgré son insistance et son violent mécontentement. Tout ne se passe pas sans heurt : Herbert de Claramont meurt après avoir reçu une lance dans l'œil. L'évêque d'Astorga lui refusant la sépulture en terre chrétienne, le malheureux est inhumé dans un champ voisin. Des chevaliers catalans reprocheront à Suero d'avoir empêché des pèlerins de se rendre à Compostelle de crainte d'avoir à combattre, ce dont il se défendra.

Lors de la clôture du Pas, Suero est délivré de sa chaîne, symbole de son engagement amoureux, puis fait une entrée triomphale à León jusqu'au palais Quiñones, où il se remet de ses blessures. Une fois guéri, il effectue le pèlerinage à Compostelle et offre à saint Jacques le collier d'argent doré qu'il avait porté jusque-là en l'honneur de sa dame. Sur une pièce de cristal de roche attachée à ce collier, on lit : *Si a vous non playst avoyr mesura certes ie di que ie suy sans ventura* (« Si à vous ne plaît avoir retenue et pudeur, je dis que je n'ai pas droit au bonheur »). On peut le voir encore aujourd'hui à la chapelle des Reliques de la cathédrale, autour du cou du buste reliquaire de saint Jacques Alphée, à l'endroit même où le chevalier l'a déposé. À la fin de 1434, Suero épouse Doña Leonor de Tovar. Il mène une vie aventureuse avant de périr en 1458, assassiné sur ses terres lors d'une embuscade tendue par Guttiere de Quejada, l'un de ceux qu'il avait battus en 1434, vingt-quatre ans auparavant.

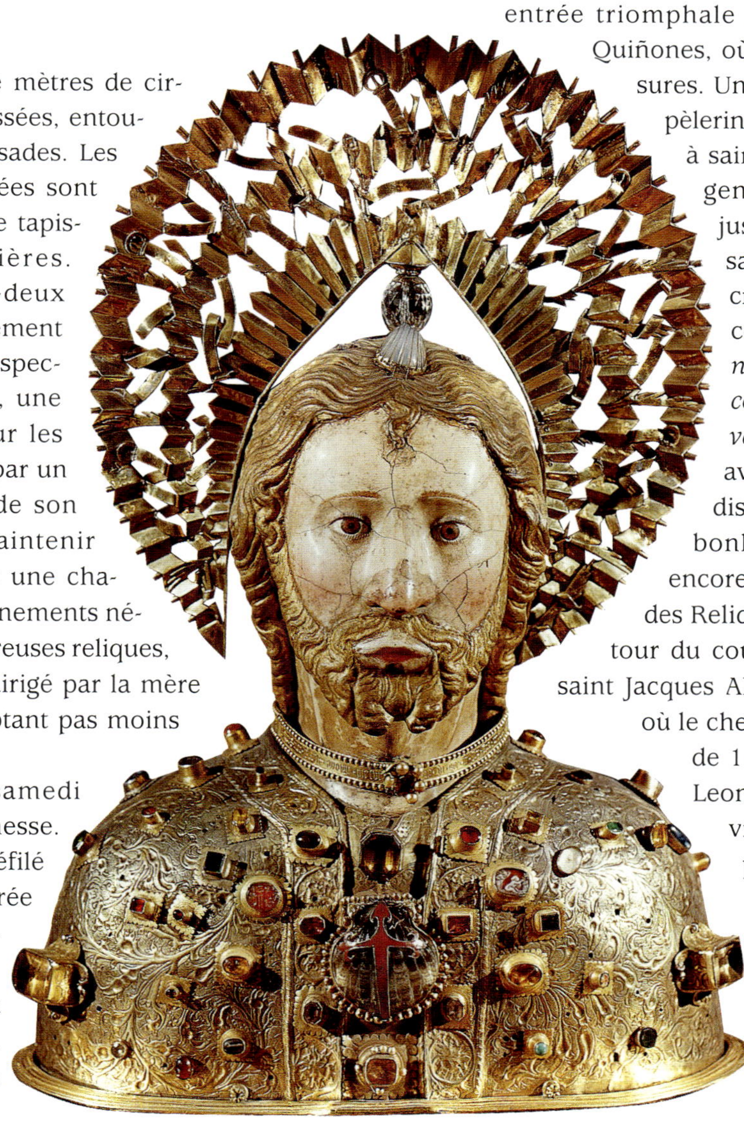

Buste reliquaire de saint Jacques Alphée
À son arrivée à Compostelle, Suero déposa le collier qui le liait à la dame de son cœur. Il le plaça au cou du reliquaire du chef de saint Jacques, dit le « Mineur », reliquaire offert par l'archevêque français Béranger de Landore au début du XIVe siècle. (Saint-Jacques-de-Compostelle, trésor de la cathédrale)

El Cebreiro

En quittant Villafranca del Bierzo, le *Camino* remonte le cours du Valcarce, entre la Sierra d'Ancares et celle du Caurel, avant d'entrer en Galice. Tout en haut, à 1 292 m d'altitude, le village d'El Cebreiro offre une halte autour d'une église préromane datant du IXe siècle. En 1072, le roi Alphonse VI confie le lieu aux moines français du monastère Saint-Géraud d'Aurillac. Il passe ensuite aux moines de Cluny et reste dépendance française jusqu'au XIXe siècle.

Une légende dont les pèlerins sont friands

Arrivant en Galice, Les pèlerins actuels, semblent pénétrer dans un village hors du temps. Ils sont reçus dans un refuge original, une *palloza,* construction d'un type très ancien, maison ovale adaptée au climat dans laquelle vivaient hommes et bétail. L'ancien hôpital des pèlerins est devenu l'auberge Saint-Géraud – le village comptait moins d'une dizaine d'habitants au début des années 1990. Actuellement, la renommée du village s'accroît d'année en année, à cause de l'intérêt que lui portent les passionnés d'ésotérisme ou d'alchimie, de plus en plus nombreux sur le chemin de Compostelle : le saint Graal serait conservé dans l'église.

Le miracle d'El Cebreiro

Les pèlerins d'aujourd'hui s'arrêtent, médusés, devant ce saint Graal qu'ils croyaient perdu à tout jamais. Que voient-ils ? Dans la pénombre brillent les lumières d'une vitrine abritant un calice et une patène du XIIe siècle, deux pièces liturgiques destinées à recevoir l'une le vin de la messe, l'autre les hosties. Elles sont accompagnées de deux reliquaires de cristal du XVe siècle, contenant de la chair et du sang du Christ, issus de la transformation miraculeuse d'une hostie et du vin lors d'une messe célébrée un jour d'hiver.
Une chronique du XVIIe siècle raconte en effet que vers l'an 1300 un habitant d'un hameau voisin était si pieux que, chaque jour, il s'astreignait à parcourir les deux kilomètres qui le séparaient du village pour aller entendre la messe. Un jour de tempête et de grand froid, l'homme affronta la neige qui effaçait les chemins, le vent et la tourmente, et arriva à l'église,

Église d'El Cebreiro
L'église préromane de Santa Maria date des IXe et Xe siècles. C'est l'un des sanctuaires les plus anciens du chemin vers Compostelle. Les fonts baptismaux sont de l'époque de la construction, lorsque l'on pratiquait encore le baptême par immersion.

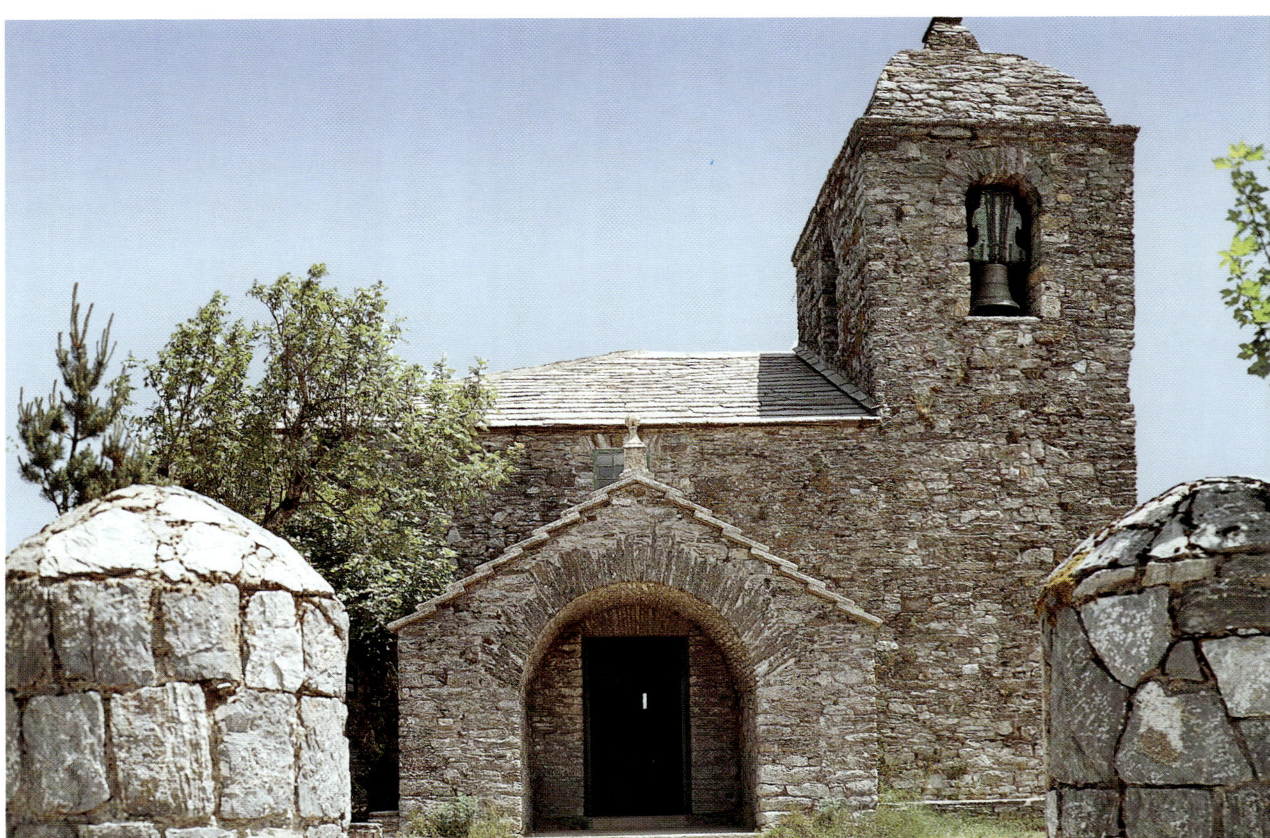

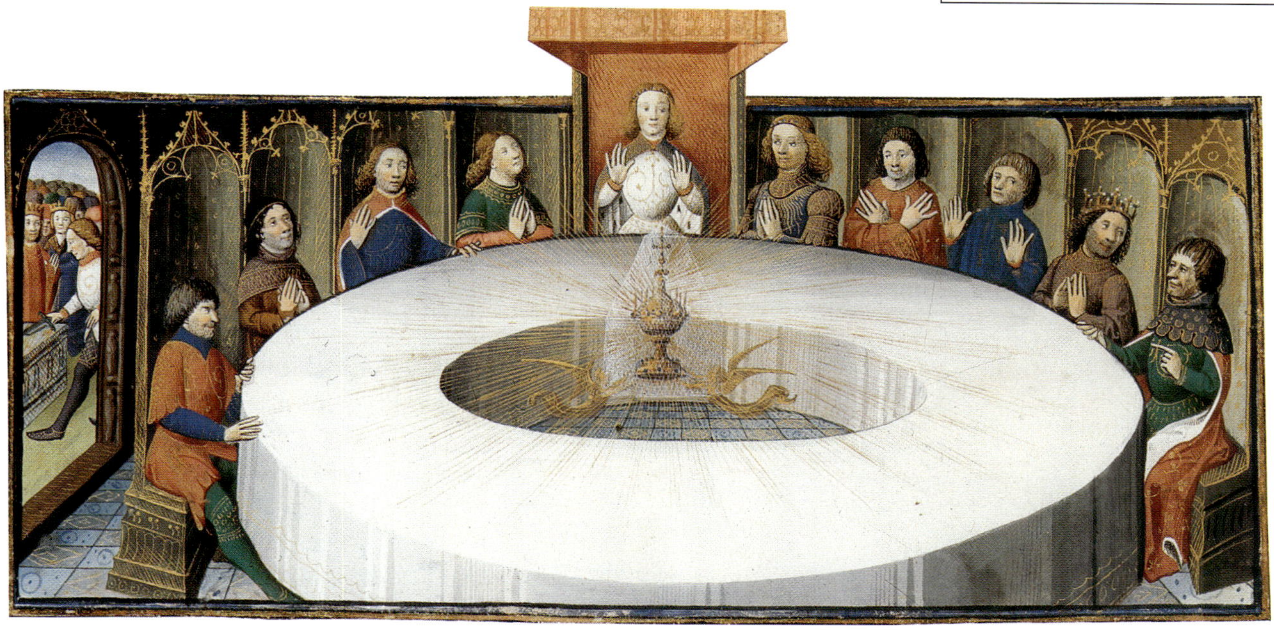

Apparition du saint Graal aux chevaliers de la Table ronde
Dans la littérature du XII*e siècle, le Graal, ce vase précieux où fut recueilli le sang du Christ, est riche de symboles liés à la lumière divine. Sa clarté est telle qu'on ne saurait percevoir la lumière des torches, « comme les étoiles quand le soleil et la lune brillent ».*
(Livre de Messire Lancelot du Lac, *de Gautier de Moap,* XV*e siècle, ms fr 120, f°524v, Paris, BNF)*

Le saint Graal

Décrit par Robert de Boron dans le Roman de l'histoire du Graal *ou* Joseph d'Arimathie *écrit à la fin du* XII*e siècle.*
Un disciple du Christ nommé Joseph d'Arimathie, celui qui prêta à Jésus son propre tombeau, avait en sa possession le calice et la patène utilisés par Jésus lors du dernier repas avec les disciples au cours duquel il leur donna la communion par le pain et le vin. Lorsque Jésus fut descendu de la croix, Joseph fit la toilette de son corps et recueillit son sang dans ce même calice. Ce vase eucharistique appelé Graal *a la particularité inexpliquée de demeurer invisible aux méchants. C'est Perceval, le pur chevalier, qui le retrouve au terme d'une longue quête de cinq ans.*

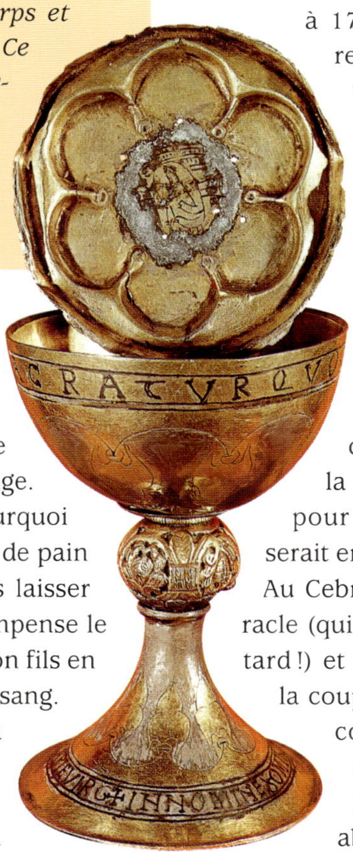

Patène et calice dit « du miracle » d'El Cebreiro
Dans l'église brillent la patène et le calice, où, un jour d'hiver, aux environs de 1300, dit la légende, l'hostie se transforma en chair et le vin, en sang. Certains voient dans ce calice le Graal de la légende arthurienne.
*(*XII*e siècle, église Santa Maria d'El Cebreiro)*

épuisé. Un des prêtres du monastère y expédiait sa messe, à laquelle personne n'assistait. En entendant grincer la porte, il se retourna et vit arriver le pauvre homme, hagard et couvert de neige. En son for intérieur, il se moqua : « Pourquoi se donner tant de mal pour voir un peu de pain et de vin ? » Le Seigneur ne voulut pas laisser impuni ce manque de foi, ni sans récompense le zèle du fidèle : il rappela la Passion de son fils en changeant l'hostie en chair et le vin en sang. Longtemps, la chair imputréfiée resta sur la patène et le sang dans le calice ainsi que sur le corporal où il avait débordé, jusqu'à ce que la reine Isabelle la Catholique, passant par là, sur la route de Compostelle, donne l'ordre de déposer les reliques dans deux reliquaires qu'elle fit confectionner, ceux que l'on voit encore aujourd'hui.

Du miracle au saint Graal

La première mention écrite de ce miracle date seulement de 1550. Quant à la vision du calice comme étant le saint Graal *(Santo grial gallego)*, elle est plus tardive encore puisqu'elle ne serait pas antérieure à 1750, si l'on en croit les historiens, et reposerait sur des « considérations aventureuses ». De nos jours, certains auteurs n'hésitent pas à transformer cette histoire en y apportant leur touche personnelle, touche bien propre à séduire les pèlerins alchimistes, mais sans le moindre souci de vraisemblance. S'appuyant sur la vision du poète allemand Wolfram von Eschenbach qui, au début du XIIIe siècle dans son *Parzival*, décrit le Graal comme une pierre magique, ils en font la pierre philosophale. Comme on l'a dit pour Nicolas Flamel (voir p.63), Wolfram serait ensuite allé en pèlerinage à Compostelle. Au Cebreiro, il aurait entendu raconter le miracle (qui n'aura lieu pourtant qu'un siècle plus tard !) et « il a contemplé de ses propres yeux la coupe », la coupe du Graal. Bien qu'elle ne corresponde en aucun cas à sa pierre, il comprend cependant qu'elle est en ce lieu. La démonstration est faite, si absurde soit-elle.

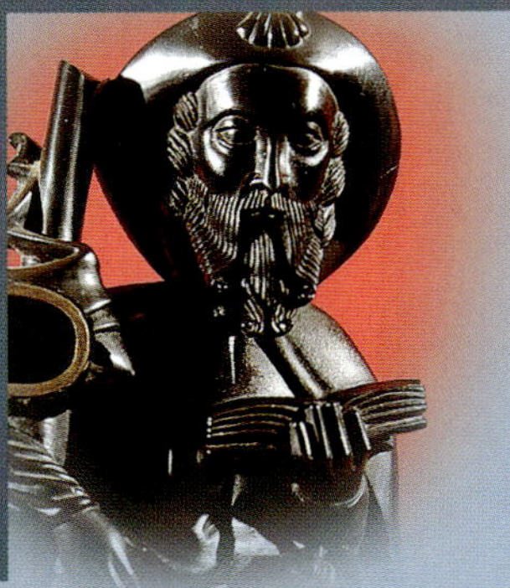

Une spécificité le travail du jais

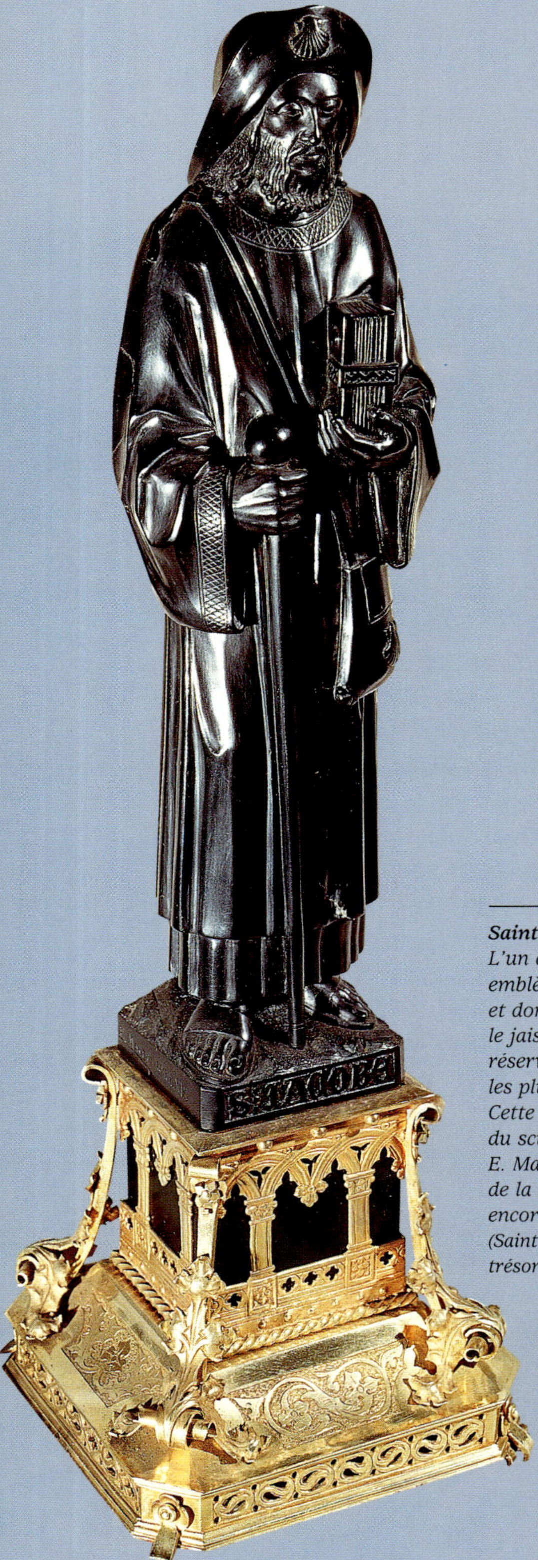

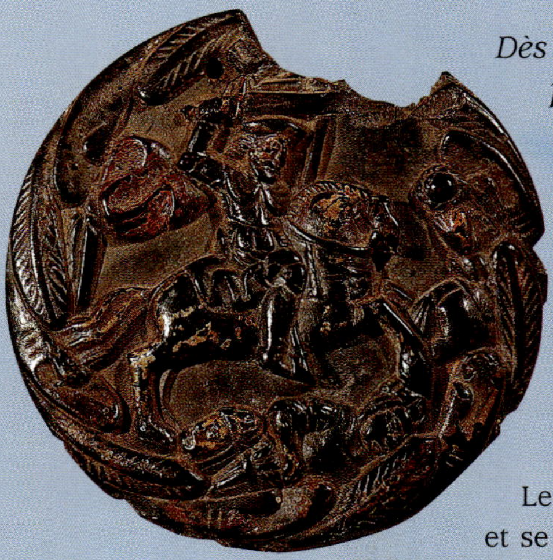

Dès le XIIe siècle, Compostelle était réputée pour le travail de ses orfèvres qui offraient aux pèlerins des souvenirs réalisés en différentes matières, en particulier en jais, pierre semi-précieuse réputée bénéfique. Aujourd'hui, après avoir failli disparaître, cette production connaît un nouvel essor depuis le renouveau du pèlerinage, à la fin des années trente.

Saint Jacques Matamore
Ce petit médaillon circulaire présente la figure du Matamore pourfendeur des Infidèles, thème moins fréquent que la représentation de saint Jacques pèlerin. Il s'agit vraisemblablement d'un pendentif, brisé à l'endroit où il était percé.
(XVIe siècle, Madrid, Instituto Valencia Don Juan)

Saint Jacques en pèlerin
L'un des innombrables emblèmes du pèlerinage. Fragile et donc délicat à travailler, le jais reste un matériau de luxe, réservé aux pèlerins les plus fortunés. Cette statuette est l'œuvre du sculpteur contemporain E. Mayer. Elle témoigne de la vitalité d'un artisanat encore très actif aujourd'hui.
(Saint-Jacques-de-Compostelle, trésor de la cathédrale)

Le jais est une variété de lignite dure, noire et se prêtant bien au polissage. Il provient du bois de conifères fossilisés en charbon. Depuis l'Antiquité, il est très recherché en raison des vertus magiques qu'on lui prête : il protège les yeux, fait fuir les serpents, les démons et permet de prouver la virginité des jouvencelles. Paradoxalement, il brûle avec de l'eau et s'éteint avec de l'huile. Les anciens l'ont appelé « ambre noire », et aussi *lapis Gagates* car les premiers morceaux ont été ramassés à l'embouchure de la rivière Gaïas en Asie Mineure, d'où l'ancien français *gaïet* qui a donné *jais*, l'arabe *az abache* et l'espagnol *azabache*. En Espagne, on trouve du jais surtout dans les Asturies, en Aragon et un peu en Galice. À Compostelle, dès 1443, les artisans forment un groupement de métier totalement indépendant, avec des dynasties familiales très fermées. Celles-ci avaient le monopole de la fabrication et de la vente des produits.

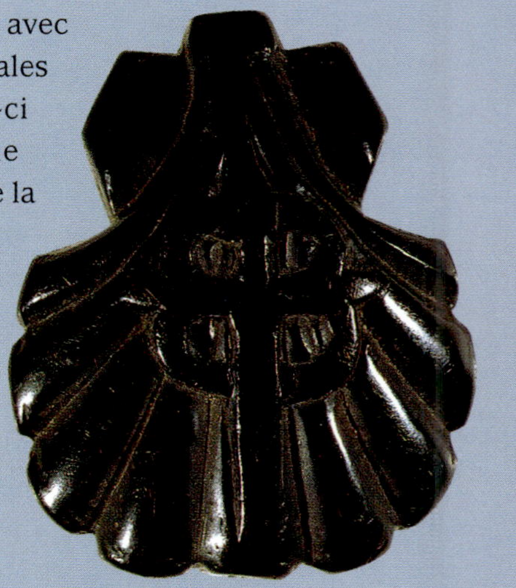

Coquille avec la croix de Santiago
Cette pièce provient sans doute d'un collier d'abbesse. Elle associe à la coquille une croix en forme d'épée avec un cœur sur le pommeau et des fleurs de lys aux extrémités, symbole héraldique de l'ordre de Santiago.
(XVIe siècle, Pontevedra, musée des Beaux-Arts)

compostellane :

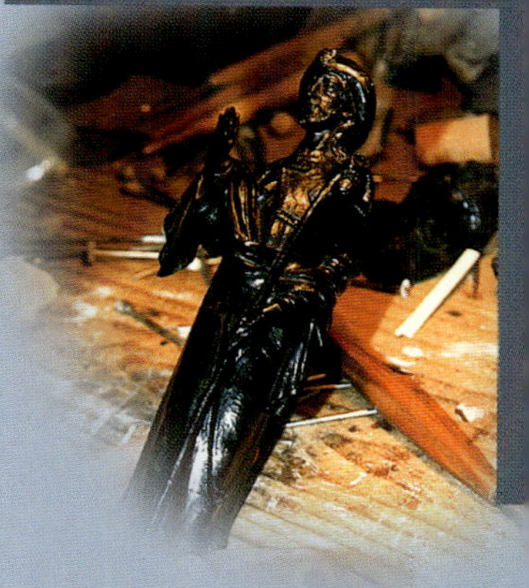

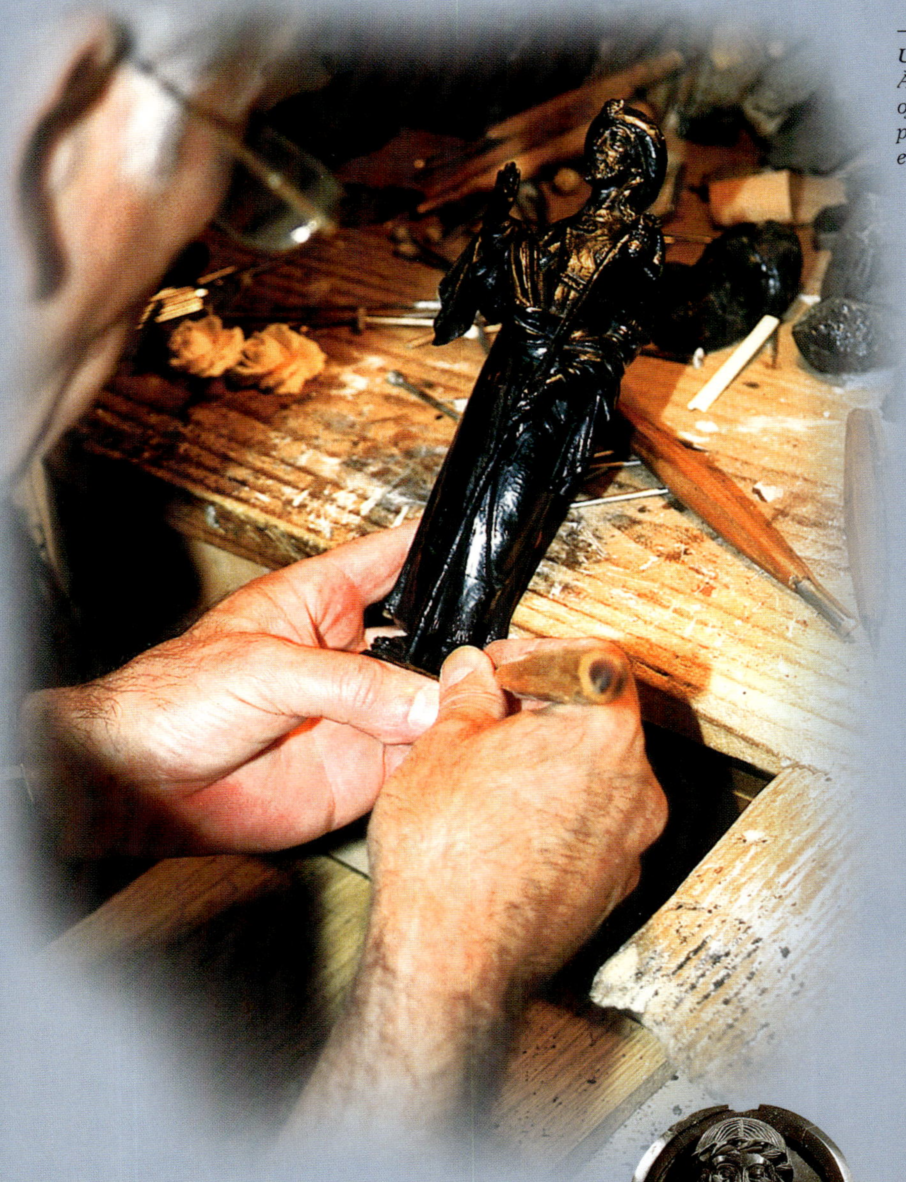

Un sculpteur de jais au travail
À Compostelle, la tradition se maintient et les ateliers offrent encore des pièces de dévotion et des objets personnels. Pour seuls instruments, des mains agiles et les outils traditionnels venus du Moyen Âge.

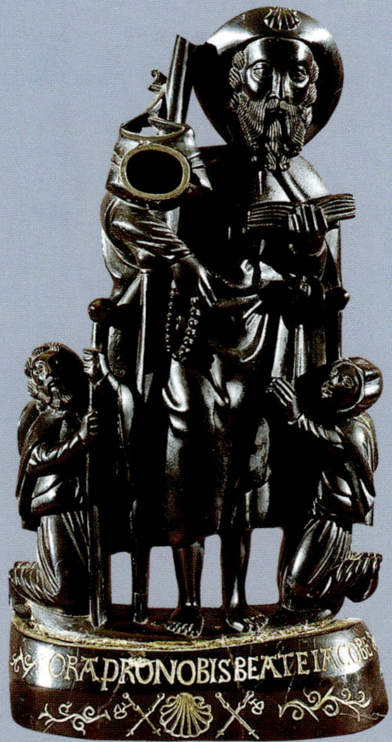

Saint Jacques en pèlerin
Les pèlerins aisés aiment à se faire représenter aux pieds de saint Jacques, lui-même figuré avec tous les attributs traditionnels du pèlerin : chapeau orné d'une coquille, bourdon auquel sont suspendues la besace et la calebasse, livre à la main et rosaire à la ceinture.
(XVIe siècle, Avila, musée de la cathédrale)

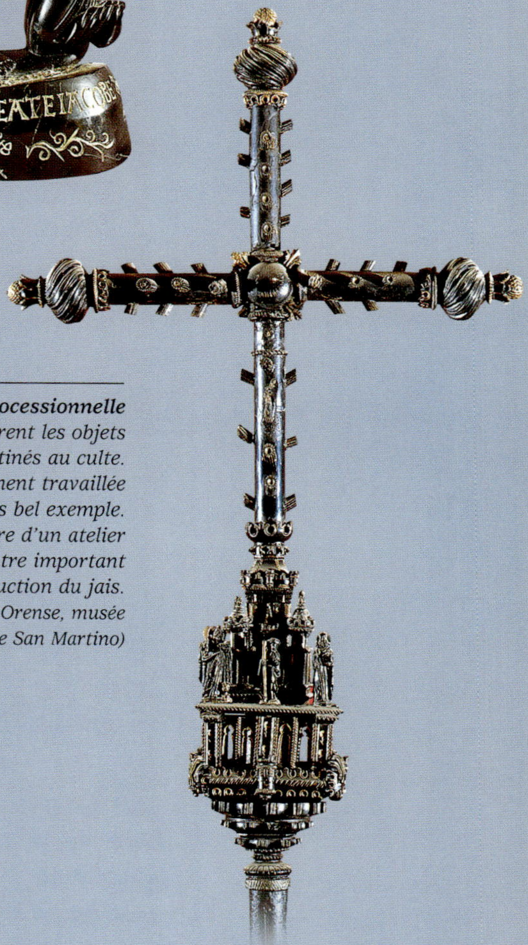

Croix processionnelle
Nombreux furent les objets de jais destinés au culte. Cette croix finement travaillée en est un très bel exemple. Elle est l'œuvre d'un atelier de León, centre important de production du jais.
(1497, Orense, musée de la cathédrale San Martino)

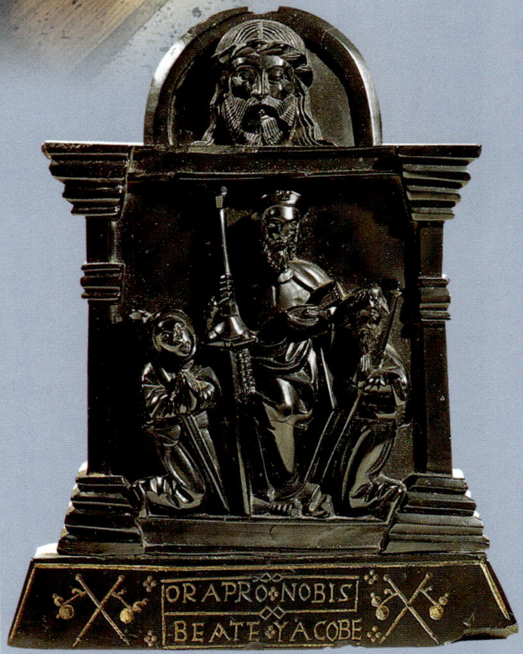

Porte-paix
Le porte-paix est une effigie du Christ que l'on présente aux fidèles durant la messe, au moment du « Baiser de paix ». Une grande importance est donnée à saint Jacques, accompagné de deux pèlerins agenouillés. Le socle porte des bourdons entrecroisés avec l'inscription en latin : « Saint Jacques, priez pour nous. »
(début du XVIe siècle, Pontevedra, musée des Beaux-Arts)

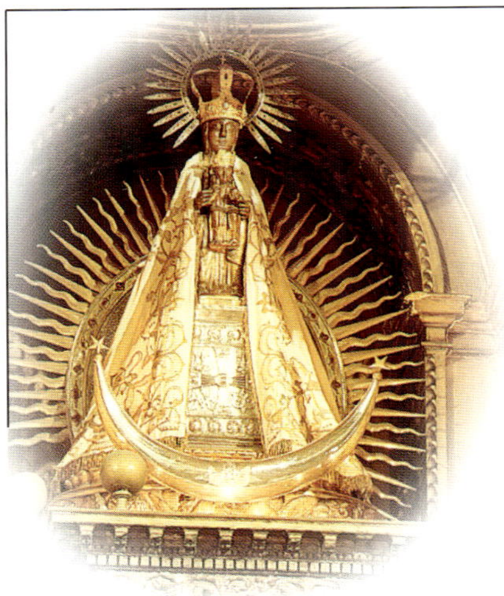

Sur la route cantabrique, *avec les pèlerins* *de la* Grande Chanson

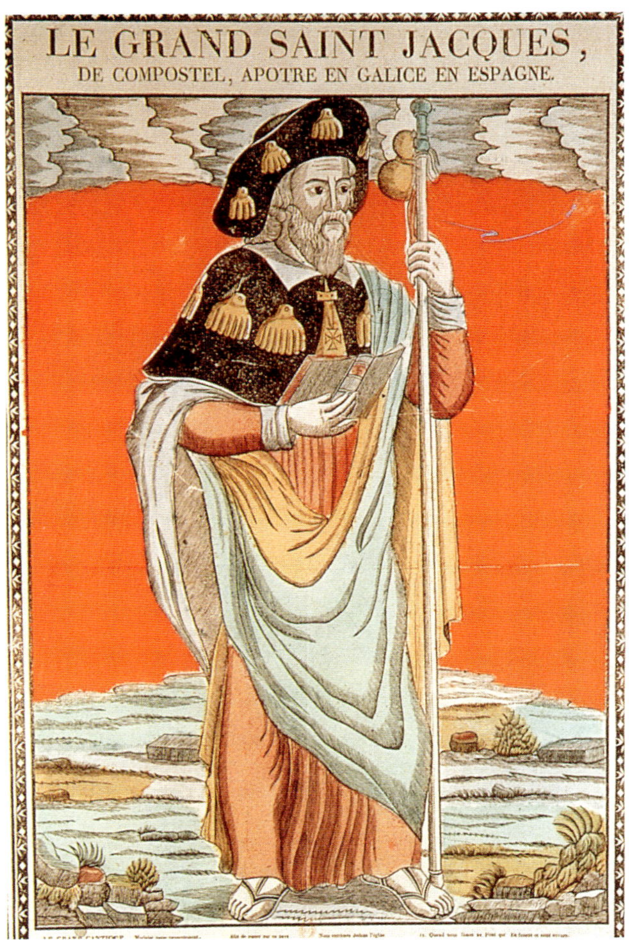

« Le Grand saint Jacques »
Le texte de la Grande Chanson, *désignée ici sous le titre* Le Grand Cantique des pèlerins de saint Jacques, *est précédé d'une représentation traditionnelle de l'apôtre en pèlerin.*
(Gravure du XIXe siècle, collection particulière)

Tous les pèlerins ne se souciaient pas de mettre leurs pas dans ceux de Charlemagne, ou de se fatiguer pour passer le col mythique de Roncevaux, ainsi qu'en témoignent plusieurs versions de La Grande Chanson des pèlerins de Saint-Jacques. *Abondamment diffusée par l'imprimerie à partir du XVIIIe siècle, cette chanson reprenait des mélodies anciennes qui versifiaient les itinéraires afin d'aider ceux qui ne savaient pas lire à se les remémorer. Éditée sous forme de livrets peu coûteux, elle fut connue des pèlerins qui, après les guerres de Religion, se firent si nombreux sur les routes de Compostelle. En outre, les pèlerins s'en servaient pour gagner leur vie en chantant dans les villes, sur une musique ressemblant à des psalmodies aux accents médiévaux.*

Ces itinéraires, rédigés à partir d'Aurillac, Paris, Troyes ou Toulouse sont pratiquement identiques et montrent que les pèlerins prenaient la voie la plus directe et passaient dans les régions les moins difficiles à franchir : Poitiers, Saintonge, Aquitaine… et Bayonne, là où les Pyrénées se font plus douces. En Espagne, leur parcours un peu sinueux emprunte à la fois aux vieux chemins de la côte cantabrique et au *Camino francés*.
Cette *Grande Chanson* est en même temps une chanson descriptive ; aux choix des itinéraires se mêlent des invocations pieuses, des avertissements, des conseils : « Vous aurez loisir, cheminant en Espagne, de vous contenter de peu. Maintes montagnes il vous faudra monter. En ces tristes demeures, vous n'aurez pas souvent pain et vin à vos heures quand n'aurez pas d'argent. »
Dater les textes est pratiquement impossible, la trame étant la même pour tous. La chanson la plus

ancienne et la plus courte est certainement celle des pèlerins d'Aurillac. Elle semble dater du XIVe siècle. Les autres sont toutes plus tardives. Deux versions parlent de la Saintonge saccagée par les Huguenots : La Rochelle connut deux sièges sanglants, en 1572 et en 1627-1628. Impossible de dire après lequel sont passés les pèlerins… Une autre évoque la « patente de confession » : en tant que substantif, le mot « patente » apparaît au XVIe siècle. On peut simplement en conclure que ces différentes versions ont été chantées entre les XIVe et XVIIIe siècles, voire au XIXe.
En chantant la *Grande Chanson*, suivons ces chemins espagnols autrefois très fréquentés qui, aujourd'hui, accueillent à nouveau des pèlerins.

À Sainte-Marie d'Irún, le passage de la frontière

Pour un pèlerin venu des Flandres ou d'Allemagne, la route la plus facile mène du seuil du Poitou vers l'Aquitaine, par la Saintonge. Pas de montagnes, pas de risques de neige, de loups, des régions peuplées, à l'exception des Landes qui, avec la traversée de la Gironde, constituent les soucis majeurs de cette partie française du chemin. Le choix des itinéraires varie : Blaye, Bordeaux, les Landes, ou Bordeaux, Langon, Bazas, Mont-de-Marsan. Tous convergent vers Bayonne, la grande ville où les pèlerins procèdent aux opérations de change, avec une sorte de regret et une secrète angoisse de se voir spoliés. Tous en parlent : « Quand nous fûmes dedans Bayonne, changer fallut nos gros blancs, nos quarts d'écus qu'on nomme francs » ou « nos couronnes et fleurs de lys » ou « nos couronnes, nos écus et puis nos blancs » ou « nos beaux louis ». Ils réalisent brusquement que, tout en étant encore au royaume de France, ils ne comprennent pas le basque… « C'est pour passer la Biscaye où l'on n'entend pas les gens… C'est un pays rude à passer, d'un différent langage où il y a d'étrange monde. » L'étrange monde est l'étranger ! Point de vue bien chauvin qui considère comme vaguement menaçant celui qui s'exprime d'une façon différente de la sienne ! D'où leur stupéfaction de rencontrer, à Saint-Jean-de-Luz, des gens accueillants et charitables qui donnent à profusion en leur demandant seulement de se souvenir d'eux. C'est ensuite le passage de la Bidassoa. Hendaye, sur la rive française eut, au XIIe siècle, un prieuré Saint-Jacques dont l'emplacement reste marqué d'une croix. Passée la rivière, ils entrent enfin en Espagne, à Irún, qu'ils nomment tous « Sainte-Marie », en référence à la Vierge du XIe siècle qui y est vénérée dans l'église Santa Maria del Juncal. L'angoisse des pèlerins est à son comble : « Nous fûmes bien étonnés quand nous fûmes à Sainte-Marie. Tous mes compagnons et moi dîmes adieu à la France jolie. Et en pleurant nous mîmes à dire : adieu les nobles fleurs de lys. En Espagne nous faut suivre. C'est un étrange pays. » L'aventure commence réellement. « Nous avons marché longtemps, dans les montagnes de Biscaye, cheminant toujours rudement par le pays, en droite voie jusqu'au mont Saint-Adrien. »

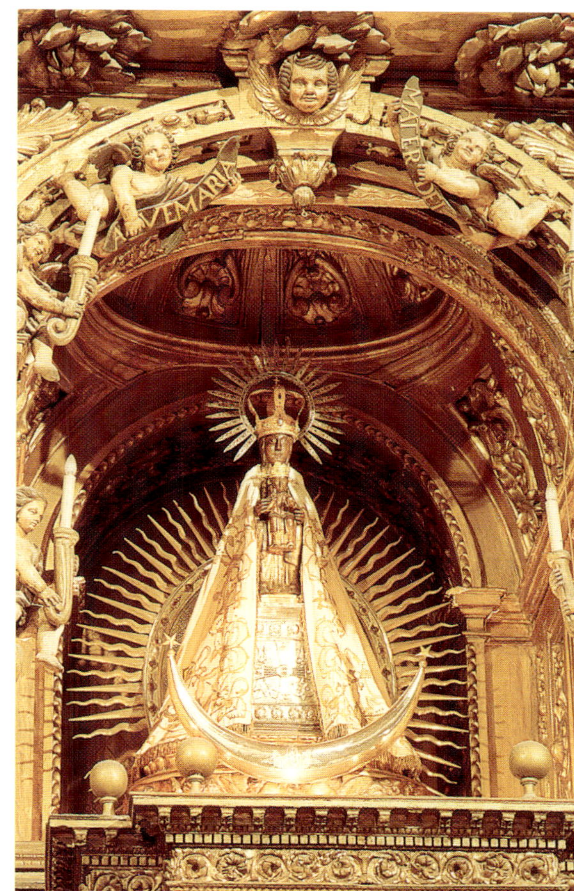

Vierge à l'Enfant
Les pèlerins gagnant l'Espagne par la côte landaise franchissaient la rivière Bidassoa pour rejoindre Irún, où un quartier portait le nom de Saint-Jacques. Ils ne manquaient pas de venir prier la Vierge, dans l'église Santa Maria del Juncal.
(XIe siècle, Irún, église Santa Maria del Juncal)

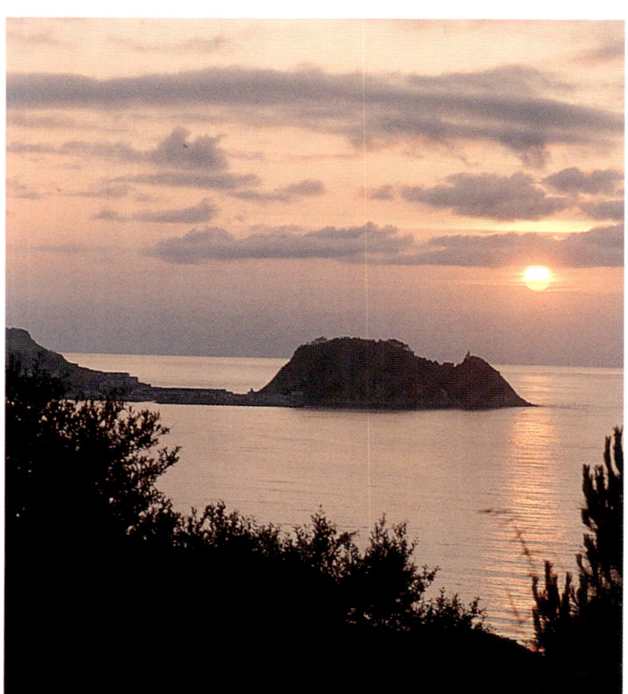

Baie de Getaria, sur la côte basque (Guipúzcoa)
Petite cité de la corniche basque située près de San Sebastián, Getaria est l'un de ces petits ports où les pèlerins pouvaient trouver à se ravitailler avant de s'enfoncer dans les montagnes vers Hernani où de poursuivre leur route au long de la côte.

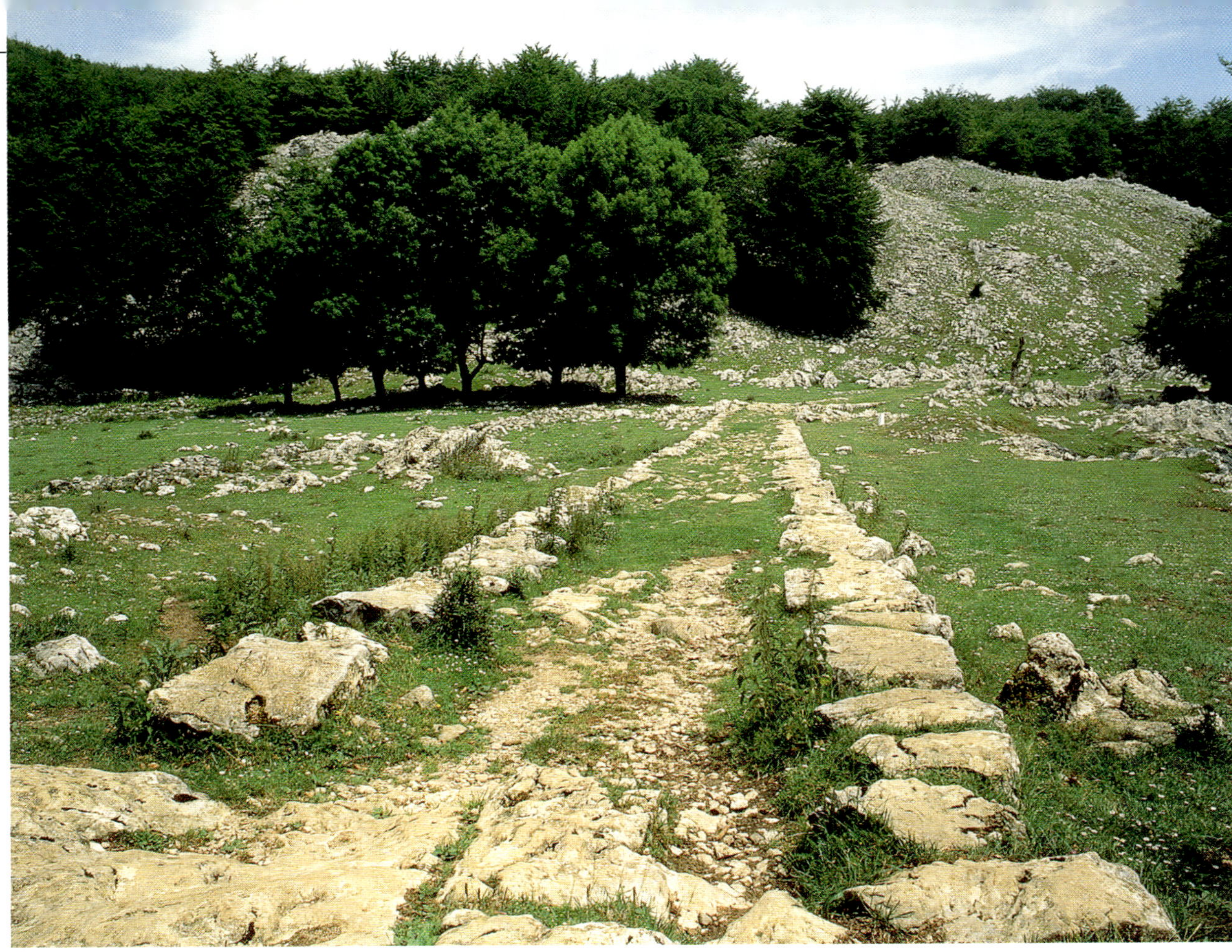

Ancienne chaussée romaine de Saint-Adrien
Le tunnel de Saint-Adrien est situé sur l'ancienne grande route Bayonne-Burgos. Celle-ci offrait aux pèlerins un passage terrestre direct entre la Castille et l'Aquitaine, sans avoir à passer par la Navarre.

Au mont Saint-Adrien

Cette Biscaye de la *Grande Chanson* n'est plus celle d'aujourd'hui. Une partie est devenue la province de Guipúzcoa dont la capitale, San Sebastián, n'est pas mentionnée dans la *Grande Chanson*. Le paysage est fait de montagnes entrecoupées d'étroites vallées vertes. Le chemin de Saint-Jacques s'y enfonce, passant par Hernani, Tolosa, Ordizia, Beasain, Segura, Zegama. Puis il pénètre au cœur d'une montagne qui ferme l'horizon et interdit le passage. Il ne s'ouvre qu'à la toute dernière extrémité, quand le marcheur, croyant devoir faire demi-tour, découvre un tunnel percé dans le roc. Dans cette gigantesque « bouche de l'Enfer », les hommes ont aménagé en vis-à-vis une chapelle et une auberge-hôpital. On en parle depuis le XIIIe siècle comme d'un bienfait dans ce lieu désert où de grands dangers menacent les voyageurs. Inutile de dire que chaque récit l'évoque, dont la *Grande Chanson* : « Quand nous fûmes à la montée Saint-Adrien appelée, il y a un hôpital fort plaisant où les pèlerins qui passent ont pain et vin pour leur argent. »
Mais cette bonne auberge n'est ouverte que l'été : « On n'atteint pas le sommet de la montagne puisqu'il y a en elle un grand orifice qui la transperce de part en part, de la longueur d'une portée d'arbalète. À l'intérieur s'écoule une source dont l'eau filtrée par les rochers d'en haut est recueillie dans une auge taillée à même le roc et, en été, on a l'habitude d'y poster un aubergiste. »
Malgré la neige, cette route est empruntée l'hiver, ouverte en permanence devant les voyageurs par les paysans des villages voisins, qui payent ainsi par du travail une partie de leurs impôts. Antoine de Lalaing, membre de la suite du roi Philippe le Beau, le père de Charles Quint, y passe en janvier 1502. Il est bien sûr frappé par cette « montagne Saint-Adrien, mauvaise et dangereuse à franchir, toujours chargée de neiges, sous laquelle il y a une porte où il faut nécessairement passer pour aller à Saint-Jacques, en l'honneur duquel il y a une chapelle sous cette porte ». Il se trompe, la chapelle est sous le vocable de saint Adrien, mais qu'importe...
Au siècle suivant, une noble dame française prend cette route à son tour, en plein hiver, dans un carrosse. Elle aussi est impressionnée : « On trouve un rocher fort élevé qui semble avoir été mis au milieu du chemin pour enfermer le passage et séparer ainsi la Biscaye de la Vieille Castille. Un long et pénible travail a percé cette masse de pierre en façon de voûte : on marche quarante ou cinquante pas par-dessous

sans recevoir de jour que par les ouvertures qui sont à chaque entrée ; elles sont fermées par de grandes portes. On trouve sous cette voûte une hôtellerie que l'on abandonne l'hiver à cause des neiges. On y voit aussi une petite chapelle de Saint-Adrien et plusieurs cavernes où d'ordinaire des voleurs se retirent [...] »

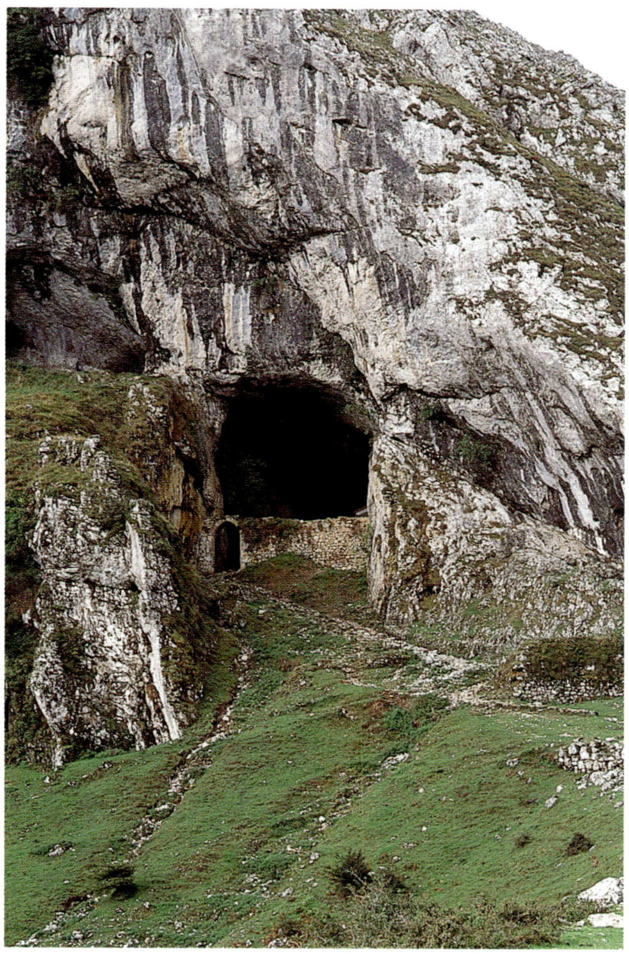

Tunnel de Saint-Adrien
Ce passage impressionne tous les voyageurs. : « On marche quarante ou cinquante pas par-dessous, écrit l'un d'eux en 1679, sans recevoir de jour que par les ouvertures qui sont à chaque entrée ; elles sont fermées par de grandes portes. On trouve sous cette voûte une hôtellerie [...] une petite chapelle et plusieurs cavernes où d'ordinaire des voleurs se retirent [...] »

La montagne parfumée

Puis, au-delà de Saint-Adrien, les voici à Zalduondo où il ne faut pas manquer d'admirer une superbe statue de saint Jacques dans l'église, puis à Salvatierra, que les pèlerins contournaient parfois pour éviter des contrôles douaniers. Le pays reste escarpé et stérile. Pour survivre, les habitants étaient obligés d'aller quérir leurs victuailles dans les ports de Fuenterrabia, Irún, San Sebastián, Bilbao, sur des ânes et des mulets. D'où l'immense joie des pèlerins quand enfin s'abaisse l'altitude et que le climat devient pratiquement méditerranéen : « Entre Peuple et Victoire, fûmes joyeux de voir sortir des montagnes si grande odeur, de voir le romarin fleurir, thym et lavande. » Pour les besoins de la rime, il y a inversion des deux noms de villes, Peuple (La Puebla de Arganzón) et Victoire (Vitoria).

Vitoria (Victoire)

Tous les moyens sont bons pour mémoriser les noms de lieux : Vitoria, d'abord, « victoire » sur les difficultés vaincues, avec sa cathédrale Sainte-Marie (XIIIe-XVe siècle). Une chapelle Saint-Jacques dans cette cathédrale, à laquelle répondent dix-huit paroisses vouées à saint Jacques dans l'ensemble du diocèse. Au XVIe siècle, la ville fut très prospère, enrichie par le commerce. D'où les belles demeures dans le cœur historique.

La Puebla de Arganzón (Peuple)

Puis, à 8 km au sud, La Puebla de Arganzón est une ancienne petite cité entourée de remparts, située au croisement de deux routes. Une rue Saint-Jacques mène à l'ermitage du même nom. Passé le pont et l'hôpital, c'est ensuite Estavillo puis Miranda de Ebro, où la traversée obligatoire du fleuve fut source de terreur jusqu'à la construction du pont, au XVe siècle. Auparavant, il fallait traverser sur une série de ponceaux, apparemment assez mobiles : « Quand nous fûmes sur les ponceaux, comme ils tremblèrent, au passage qu'on fit ! Nous croyions mourir "Paix ! Ah Paix ! Sauve les pèlerins, saint Jacques !" » C'est ce que vécurent les pèlerins de la *Grande Chanson* d'Aurillac. Un hôpital y accueillait « pauvres et passants ». Au XIVe siècle, les pèlerins d'Aurillac rejoignent directement Burgos mais, plus tard, tous les autres ne manquent pas de passer par Santo Domingo de la Calzada : « Arrivés à Saint-Dominique, le coq chanta. Nous l'entendîmes dans l'église. On nous dit que le pèlerin, par un miracle, à ce signe fut ressuscité. Ce n'est pas une fable ».
Voici enfin nos pèlerins sur le *Camino francés*. Tous se dirigent vers León. Vont-ils droit à Saint-Jacques ? Non, pas tous. Les plus courageux infléchissent leur route vers le nord, vers Oviedo où ils vont vénérer le Saint-Sauveur. Le premier village, Santiago de La Villas est déjà à 1048 m d'altitude.

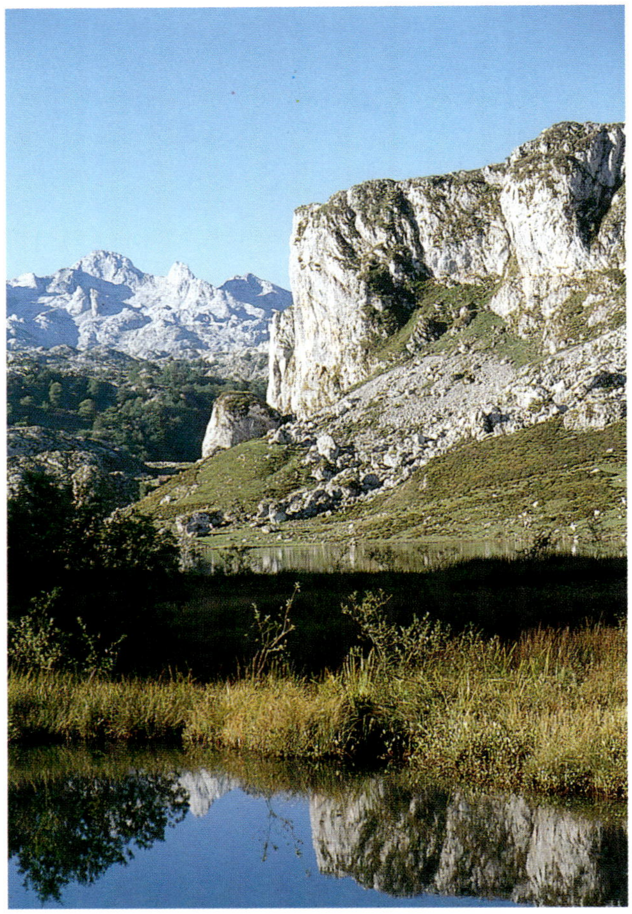

Paysage près de Covadonga
Au nord de la cordillère cantabrique, Covadonga fut, selon la tradition, le théâtre de la première grande victoire en terre ibérique des chrétiens sur les Maures, marquant le début de la Reconquista.

Pics d'Europe

Les pèlerins de la *Grande Chanson* semblent suivre un itinéraire bien sinueux, mais celui-ci correspond au contournement des Pics de l'Europe, cet ensemble montagneux de la côte Cantabrique dont les sommets culminent à 3000 m avant de s'abîmer dans la mer, entre Santander et Oviedo. Les routes n'ont pénétré que très lentement ce massif fait de sommets, de glaciers, de défilés interminables, de versants abrupts coupés de vallées profondes et de lacs. L'accès au cœur de cette forteresse naturelle imprenable est plus difficile par le sud que par le nord, et on comprend que ces montagnes aient servi d'asile aux chrétiens fuyant l'invasion arabe du VIIIe siècle.

Santo Toribio de Liebana

Bien abrité, le monastère Santo Toribio de Liebana, mentionné au VIIIe siècle, fut l'un des noyaux de la résistance chrétienne à l'islam, en même temps qu'un foyer religieux réputé et un grand sanctuaire de pèlerinage. Au nord, on y accède par La Hermida, au long de la rivière Deva, en suivant un défilé anguleux de roche calcaire long de 19 km, dont les parois atteignent la hauteur impressionnante de 600 m. Puis Potes qui possédait, jusqu'au XVIIe siècle, un hôpital Saint-Jacques. On venait à Liebana, et on y vient encore, vénérer le *Lignum Crucis*, le morceau le plus grand que l'on conserve de la Croix du Christ, rapporté, dit-on, de Jérusalem par saint Toribio, le premier évêque évangélisateur de la région. Sur la tombe de ce saint se produisent des miracles.
En 1512, le pape Jules II accorda au monastère, à l'image des pratiques en usage à Compostelle, non pas une année jubilaire, mais une semaine jubilaire chaque fois que le jour de saint Toribio (16 avril) tombait un dimanche. Cette semaine fut transformée en une année par le pape Paul VI en 1961. Les pèlerins obtiennent le jubilé en passant sous une porte, nommée porte du Pardon. La dernière année sainte fut l'an 2000. Depuis le XVIIIe siècle, la relique, protégée par une enveloppe d'argent, est conservée dans une niche d'une chapelle baroque.

Covadonga – Cangas de Onis

Au nord-ouest de Liebana, plus proche de la mer, Covadonga est perché sur un promontoire rocheux, sur les contreforts des Pics de l'Europe. Le village fut le théâtre, en 722, d'une bataille entre chrétiens et musulmans où, pour la première fois, les chrétiens remportèrent la victoire. À n'en pas douter, cette victoire fut due, certes à saint Jacques, mais aussi à la Vierge, que l'on remercie toujours dans la « Sainte grotte ».
Après cela, Pélage, le chef de guerre chrétien, fut proclamé roi et installa sa cour à Cangas de Onis, à 8 km. de là. Elle y resta pendant plus de un siècle.

Vers Oviedo, les monts « Étuves »

Les pèlerins de la *Grande Chanson* frémissent de cette montée, bien plus dure que prévue : « Jamais nous n'eûmes si grand froid, quand nous fûmes au mont d'Étuves. Étions transis jusqu'au cœur, ne voyant Soleil ni Lune. Le vent, la pluie nous importunent. Et font plusieurs cœurs dolents, et font plusieurs

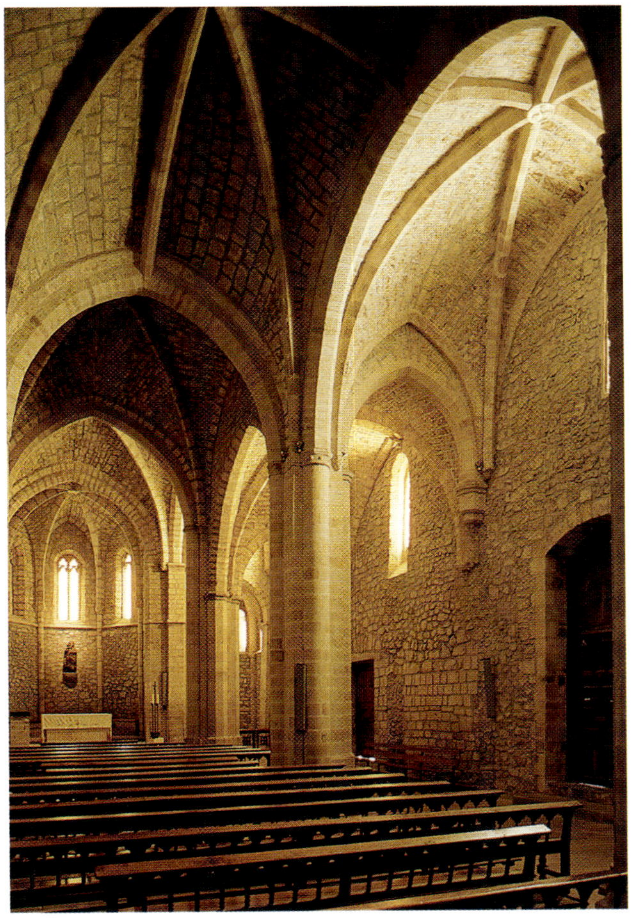

femmes veuves, orphelins petits enfants. Mon Dieu, le vrai médiateur, nous a délivrés de la pluie, jusque dans Saint Salvateur. »

Là encore, les pèlerins jouent sur les mots. ÉTUVES qu'on lit souvent ESTURGES, signifie ASTURIES mais évoque en même temps le contraste entre la chaleur de l'« étuve » et le froid ressenti. De fait, il existe dans ces montagnes des sources d'eau chaude (en espagnol *caldas*), que les pèlerins rencontrent sur leur route dans les deux villages de Caldas de Luna et Robledo de Caldas. Malgré la chaleur des eaux, il fait froid : le mont Cirbanal tout proche culmine à 2081 m. Plus loin, il faut encore franchir les monts Saint-Antoine, Sainte-Marie, et le mont du Patron. Antoine de Lalaing, ambassadeur du roi Philippe le Beau en 1502, dit que « les pèlerins redoutent d'y passer pour aller à Saint-Jacques, tant le pays est mal habité, stérile et montueux ». La région, dit-il, est pire que la Biscaye, et on n'y trouve rien à acheter pour se nourrir. Il faut se munir de ses victuailles. Dans les quelques villages traversés, La Pallio Rodighe, Pont-de-Fer, Mieres del Camino, les hommes et femmes, poursuit Antoine de Lalaing « sont à comparer à des Égyptiens ». Les femmes arrangent leurs cheveux en « petites anses de pots et pendent à leurs oreilles de grands anneaux en forme d'étrier ».

Monastère Santo Toribio de Liebana
Le moine le plus célèbre de ce monastère fut Beatus de Liebana qui, au VIIIe siècle, écrivit les Commentaires de l'Apocalypse, *abondamment répandus dans toute la chrétienté médiévale. L'église actuelle conserve des vestiges de la première église romane. Sur la nef sud, la porte du Pardon s'ouvre seulement durant l'année du jubilé.*

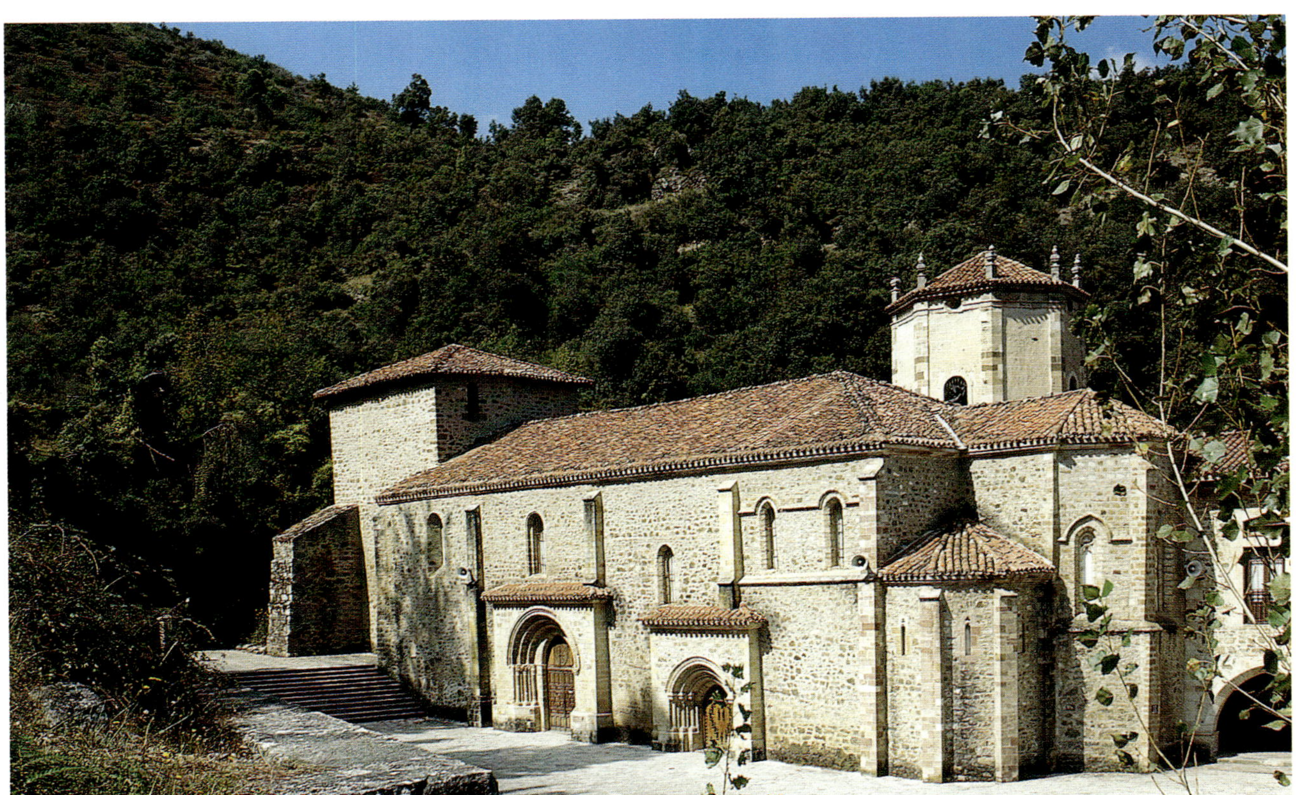

Monastère Santo Toribio de Liebaña
Au VIe siècle, Toribio, venu évangéliser la région, y rencontra un bœuf et un ours qui se battaient. Par sa parole, il réussit à les réunir sous un même joug pour qu'ils l'aident à construire l'église qu'il voulait édifier. À la vue de ce miracle, les païens de la région se convertirent.

Oviedo

Pourquoi tant d'efforts pour arriver à Oviedo ? On y vénère des reliques originaires de Jérusalem, rapportées de Tolède, dit-on, au IXe siècle par Alphonse II afin de les protéger des invasions musulmanes. La plus célèbre de ces reliques est un morceau de la Vraie Croix, à laquelle s'ajoutent un lambeau du saint suaire, une des six bouteilles de vin restant des noces de Cana, un soulier de saint Pierre... Elles furent déposées dans une chapelle dite la *Cámara santa* et objet d'un pèlerinage si couru qu'au XIIIe siècle, le roi Alphonse VIII promulgua une constitution en faveur des pèlerins de Saint-Jacques et de Saint-Sauveur d'Oviedo. Les pèlerins tiennent en effet à rendre visite au Seigneur avant d'aller voir son serviteur.

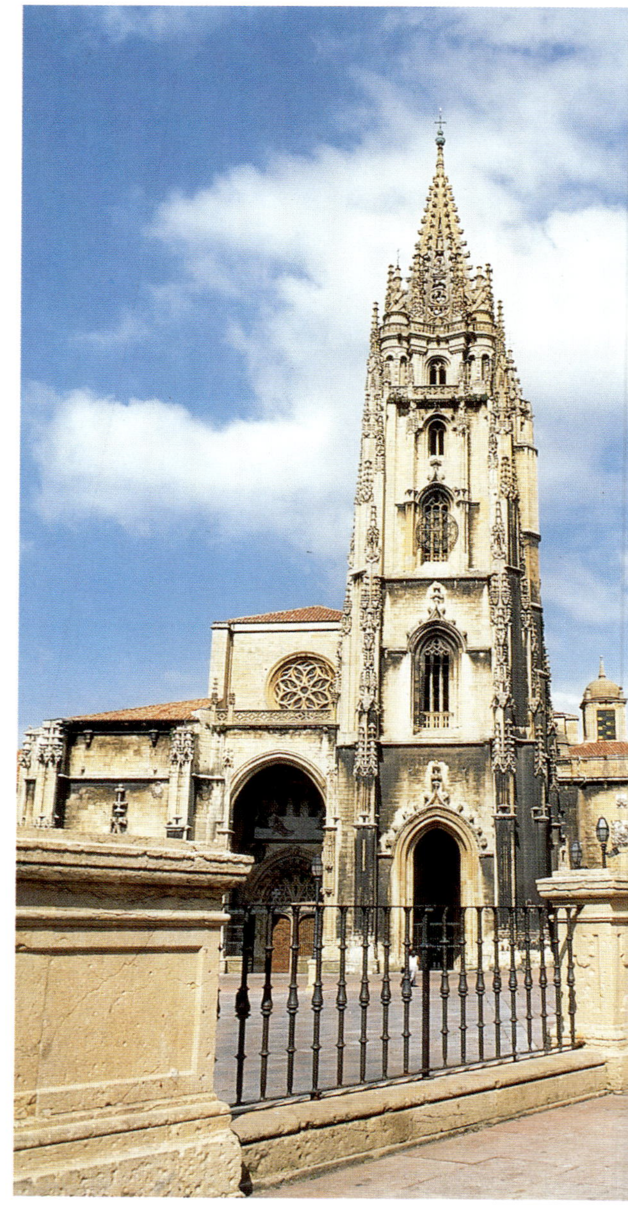

Cathédrale d'Oviedo
Devenue capitale du royaume des Asturies au XIVe siècle, Oviedo se dota d'une cathédrale digne de son rang. À l'intérieur du sanctuaire, une chapelle est dédiée à saint Jacques mais c'est surtout la Sainte Châsse et ses quatre-vingt-trois reliques qui, depuis le XIe siècle, attirent les pèlerins.

La possédée d'Oviedo

Ou comment saint Jacques guérit, entre Jaca et Oviedo, une jeune fille possédée du démon. Ce récit accompagne une notice relatant, en 1180, l'arrivée à Oviedo de plusieurs reliques, dont une de saint Jacques en provenance de Jérusalem.

Au XIIe siècle, une fille née, peut-être à Toulouse, de relations illégitimes, est donnée au démon à l'âge de sept mois. Il l'élève comme une princesse. Lorsqu'elle a seize ans, il l'amène à l'abbaye de Jaca, la laisse seule un moment afin d'entrer au monastère « pour tourmenter les moines ». Pendant ce temps, saint Jacques apparaît et grave le signe de la croix sur le majeur gauche de la jeune fille. À son retour, furieux, Satan pénètre le corps de la jeune fille et s'exprime violemment par sa bouche. Incapables de secourir la jeune fille, les moines effarés la gardent en leur monastère, mais, au bout d'une année sans résultat, ils lui conseillent d'aller chercher guérison à Oviedo ou à Saint-Jacques.

Arrivée à Oviedo, elle entre dans la cathédrale et se prosterne en hurlant devant les reliques de la *Cámara santa*. Un chanoine-exorciste lui serre le cou de son étole afin d'étouffer les paroles du diable. Ce sont les pratiques courantes de l'époque. Il ne s'interrompt qu'en voyant gonfler le corps de la jeune fille ! Le diable reprend son souffle et menace de dévoiler des secrets inavouables. Le chanoine, sachant que le Malin fuit devant la croix, apporte la croix des Anges. Échec. La possédée étouffe et gonfle de nouveau. On lui lit l'Évangile. Toujours en vain. Pensant que leur pureté sera plus efficace, on fait appel à des enfants

Croix des Anges
Deux orfèvres-pèlerins, dit la légende, vinrent offrir leurs services au roi Alphonse II qui leur donna l'hospitalité. Les deux voyageurs étaient en réalité des anges qui disparurent le lendemain, laissant en présent cette croix. Dans le récit d'un miracle de saint Jacques, elle sert à exorciser une femme possédée par le démon. (IXe siècle, cathédrale d'Oviedo, Cámara santa)

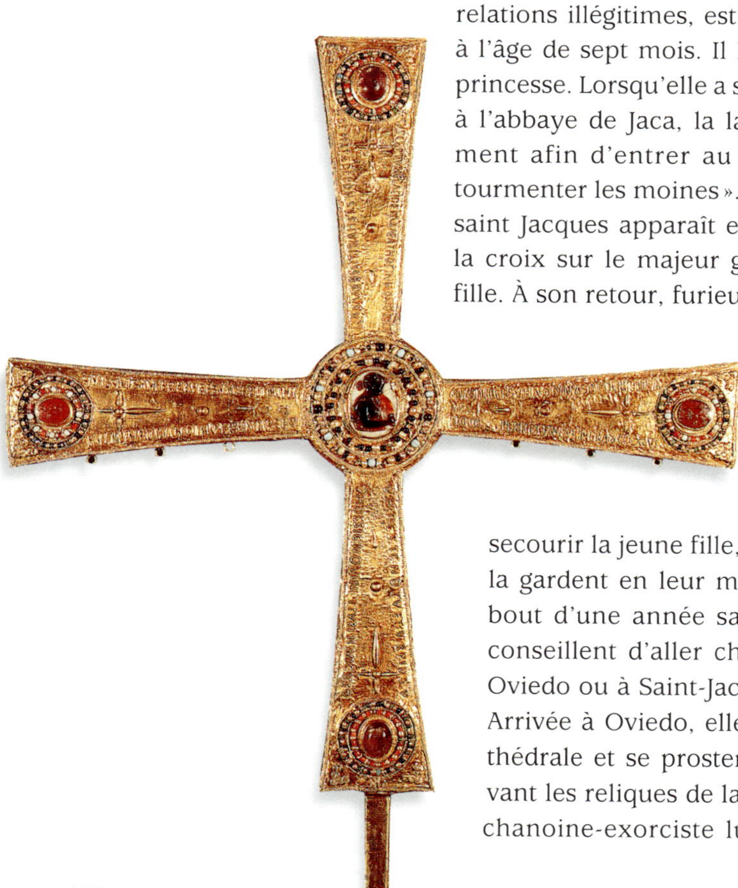

qui exhortent le diable à partir. Effectivement, enfin terrorisé, il gémit : « Ces voix me torturent. »
Puis le chanoine a l'idée d'appeler saint Jacques à l'aide. Dans la chapelle Saint-Jacques de la cathédrale, en présence des reliques de l'apôtre, le Malin cède brusquement et quitte le corps de la jeune fille, qui reste inanimée. On la reconduit devant l'autel du Saint-Sauveur mais, saisie de nouveau par le démon, elle s'envole et retombe sur le pavé, battue par le Malin qui crie et répète qu'elle est à lui. Après plusieurs allées et venues entre la chapelle du Saint-Sauveur et celle de Saint-Jacques, le diable mord le chanoine, entre à nouveau dans le corps de la jeune fille, laquelle est à nouveau étranglée par l'étole du chanoine furieux.
Finalement, le diable abandonne définitivement le corps de la malheureuse créature en lançant un terrible aboiement. Dès lors, la jeune fille cesse de manger des herbes crues comme elle le faisait auparavant et leur préfère le pain et les aliments dont se nourrissent les hommes. Elle part alors en pèlerinage à Saint-Jacques, Sainte-Marie de Rocamadour et Saint-Thomas de Canterbury, puis vers Jérusalem et le Saint-Sépulcre.

Le Pont-qui-tremble

Toutes les versions de la *Grande Chanson* évoquent la peur éprouvée au « Pont-qui-tremble », dans la grande tradition des romans arthuriens, où le passage d'une rivière constitue une épreuve redoutable. Dans les eaux se cache le diable, lequel cherche toujours à attirer de bons chrétiens. Soit il fait chavirer leurs embarcations, soit il leur offre le confort d'un pont construit en une nuit en des lieux où de telles constructions sont impossibles, soit il fait chuter les pèlerins depuis des ponts.
Après Oviedo, les pèlerins éprouvés par leur difficile chemin cherchent à remonter vers le nord pour retrouver le chemin longeant la côte. Mal leur en prend, car ils doivent franchir un nombre impressionnant de petits fleuves côtiers descendant des montagnes. En outre, la montagne plonge dans la mer. À marée haute, il est donc impossible de traverser. En un lieu que d'aucuns situent à Tablizo, entre Las Ballotas et Canero, et d'autres à Luarca, une passerelle fragile permet seule le passage au-dessus des eaux mugissantes : « Là nous fûmes bien étonnés quand nous fûmes au Pont-qui-tremble, mes compagnons et moi, de nous voir entre deux montagnes et de voir la mer en grande tourmente. » Tous sont figés par la peur, jusqu'à ce que l'un d'eux déclare : « On ne peut demeurer là. Compagnons, il nous faut cheminer. » Ils sont bien d'accord, mais qui va passer le premier ? Courageusement, ils se disent l'un à l'autre « Compagnon, marche devant, je t'en prie, c'est pour à Saint-Jacques aller. »

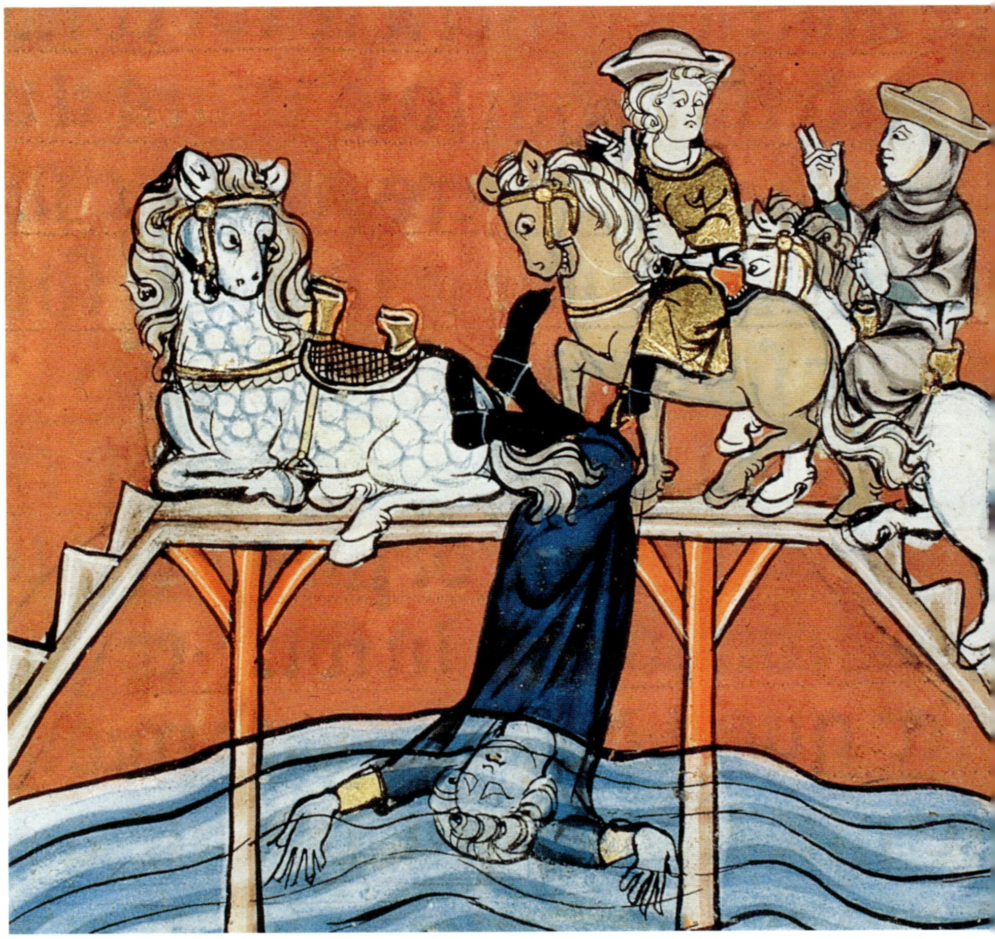

Passage d'un pont
Le franchissement d'un pont est toujours dangereux : l'eau abrite des monstres maléfiques. Dans les romans arthuriens, franchir une rivière figure parmi les épreuves initiatiques imposées aux chevaliers. Le Pont-qui-tremble de la Grande Chanson *s'inspire de ces légendes.*
(« La Pénitence d'Adam », Histoire du Graal, *de Robert de Boron, XIII*e *siècle, ms fr 95, Paris, BNF)*

Au XVIIe siècle, un pèlerin-humoriste et ses compagnons arrivent au Pont-qui-tremble : « Nous allions par monts et par vaux. Quand nous fûmes au Pont-qui-tremble, nous rencontrâmes trente pèlerins » et un pèlerin poitevin qui leur jure sur sa coquille qu'un tombeau de saint Jacques se trouve à Angers. Fous de joie, les pèlerins rebroussent chemin et se dirigent vers l'Anjou, où ils sont assurés de pouvoir passer sans encombre les gués de la Maine : « Puisque saint Jacques est à Angers, adieu Galice, adieu Castille. Nous passerons à Saint-Maurille le Pont-qui-tremble sans dangers. »

AU BOUT DU CHEMIN

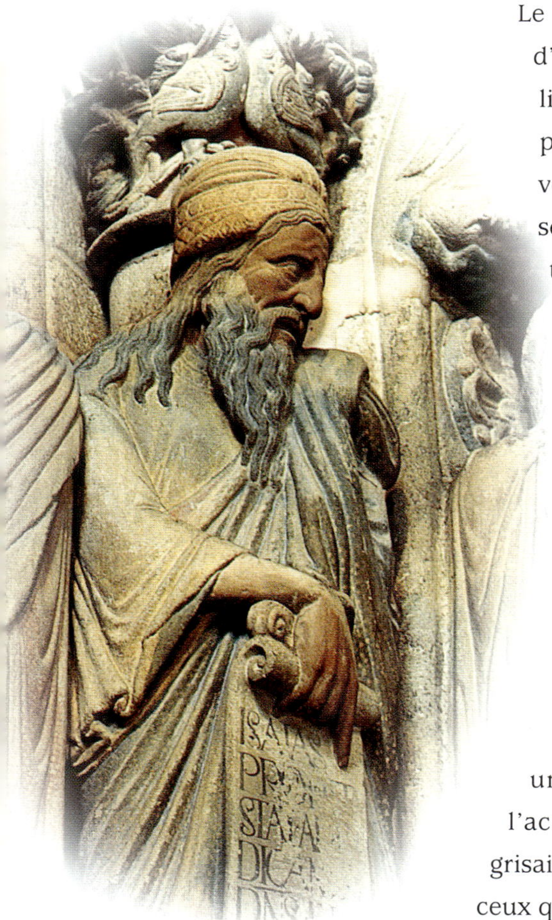

Le rêve va bientôt s'achever. À la hâte d'arriver enfin à Compostelle, en ces lieux si longtemps espérés, se mêle imperceptiblement un sentiment nouveau d'inquiétude. Et après ? Oui, qu'en sera-t-il de nous une fois franchi le portail de gloire où nous attend l'apôtre ? Certes, il sera possible de prolonger encore un peu le chemin jusqu'à Padrón, Noia et le mythique cap Finisterre, là où la terre s'est arrêtée. Une tradition veut que le pèlerin y brûle ses vieux vêtements en signe de renouveau. Mais est-il pour autant complètement dépouillé ? Certains rentrent définitivement transformés par le chemin, d'autres sont enthousiastes un temps plus ou moins long, puis l'acquis du chemin s'estompe dans la grisaille de l'existence retrouvée. Heureux ceux qui gardent vivantes les découvertes de leur cheminement vers Compostelle : simplicité de la relation, fraternité du partage, reconnaissance pour tous les dons reçus, pour la nature, le soleil, le vent et les étoiles. Le pèlerin s'attarde une dernière fois, son regard suit le long ruban nacré de la Voie lactée qui s'estompe là-bas dans l'océan. Un nouveau rêve commence, celui du retour à Compostelle.

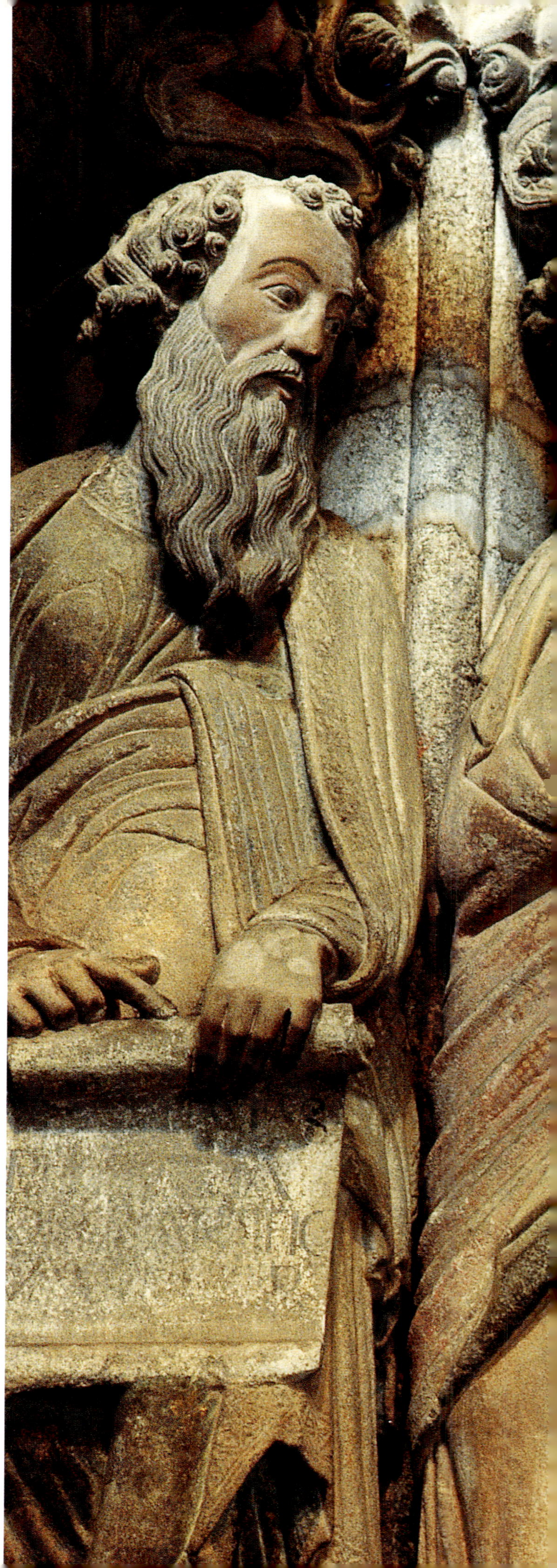

Pilier des Prophètes
Les prophètes de l'Ancien Testament sont les « colonnes de l'Église », les annonciateurs de l'avènement du Royaume de Dieu. De gauche à droite, Jérémie, Daniel, Isaïe et Moïse, portant les Tables de la Loi, accueillent les pèlerins à l'entrée du sanctuaire. (Portail de la Gloire, 1188, Compostelle, cathédrale Saint-Jacques)

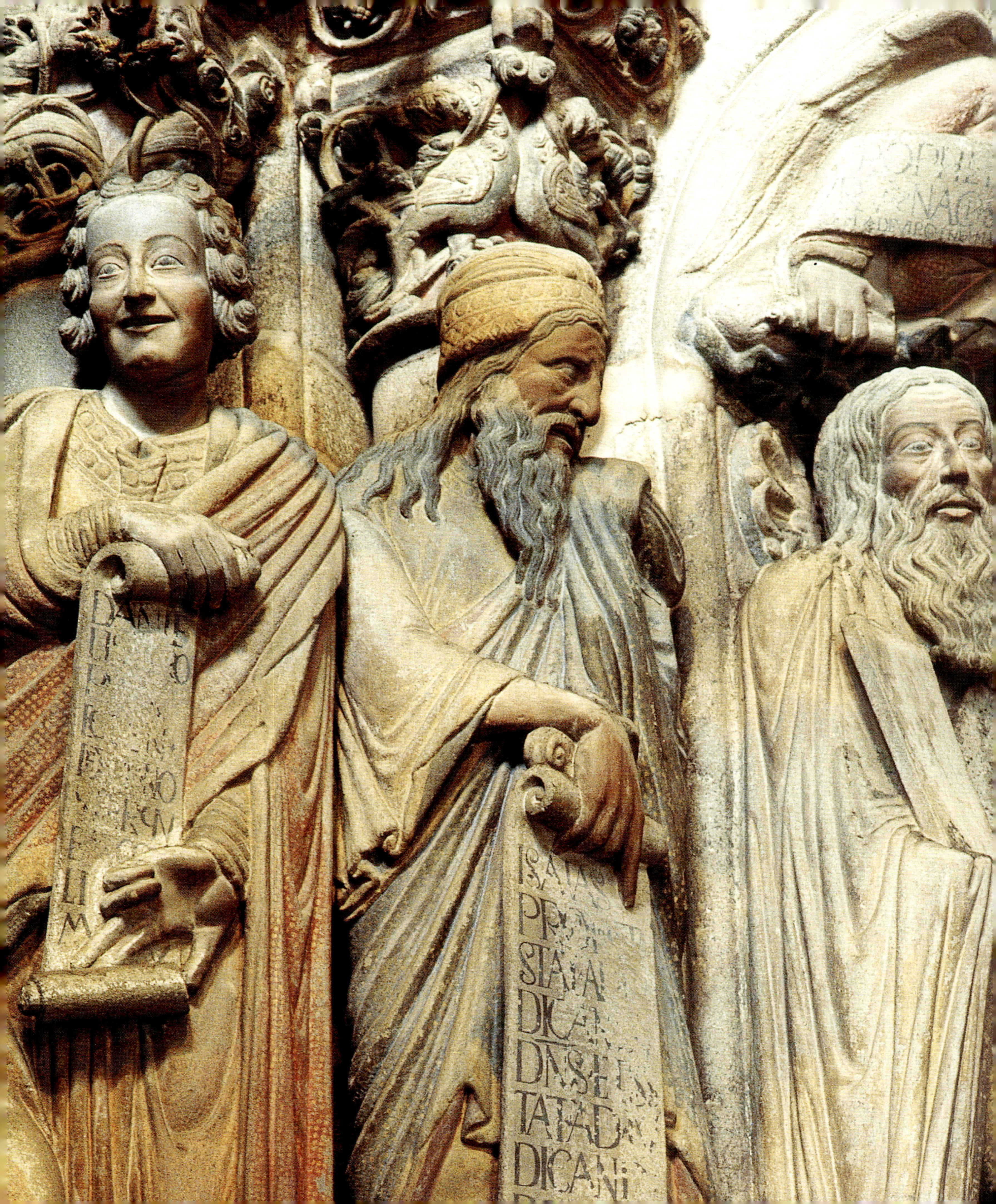

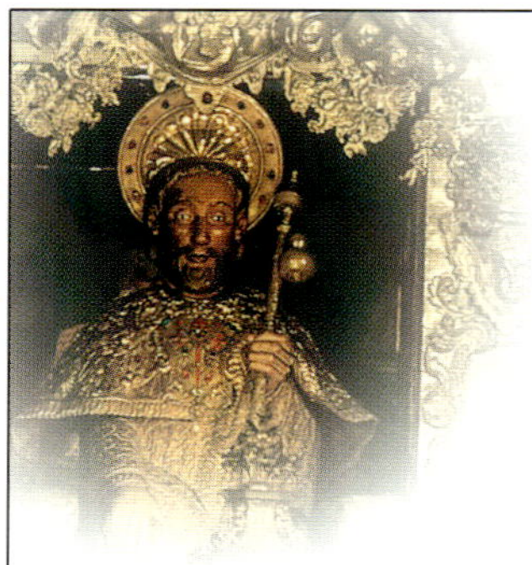

Ultreïa ! L'arrivée à Compostelle

Aujourd'hui comme hier, le pèlerin qui arrive à Compostelle par le Camino francés *pénètre dans la ville par la porta del Camino. Grande est sa hâte de voir enfin la cathédrale dont il a rêvé. Il lui faut d'abord découvrir la ville, son dédale de ruelles pittoresques où il ne veut pas s'arrêter. Il butte sur des murs historiques, couvents ou collèges dont il n'a que faire. Enfin, la voici ? Mais non, il n'est encore que devant une porte latérale. Il demande une dernière fois son chemin pour déboucher, le plus souvent par un côté, sur la place prestigieuse. Compostelle se mérite, il le vérifie une fois encore. Soudain, la cathédrale est là, devant ses yeux… peu lui importent les autres bâtiments qui ferment la place. La voilà, enfin.*

Saint-Jacques de Compostelle
La cathédrale est un chef d'œuvre d'architecture romane que ne laisse guère entrevoir son enveloppe extérieure, profondément remaniée aux XVIIe et XVIIIe siècles dans le style baroque. La façade ouest, élevée par Fernando de Casas y Novoa, entre 1738 et 1750, se dresse en avant de la façade romane originelle.

Premières impressions

Après plusieurs semaines passées loin de ses repères habituels, l'homme est bien différent de celui qui a pris le départ. Il est devenu pèlerin. Il en prend conscience brusquement par l'intensité des sentiments qui l'étreignent. Ce moment est peut-être celui qu'il partage le plus avec les pèlerins des siècles passés. Plus rien ne bouge devant le marcheur brusquement immobilisé. Il est obligé de fixer son regard sur une église qu'il découvre bien différente de ce qu'il avait imaginé. Avait-il même imaginé ? Le *Codex Calixtinus*, tout à son souci de promotion de la ville, l'avait promis : « Celui qui contemple cette ville sent son cœur se gonfler de joie, émerveillé par sa variété et sa grandeur. » Or la joie n'est pas au rendez-vous, mais la surprise, l'étonnement, l'émotion surtout. La *Chronique de Turpin* ne dit rien des impressions de Charlemagne entrant dans Compostelle ! Jean de

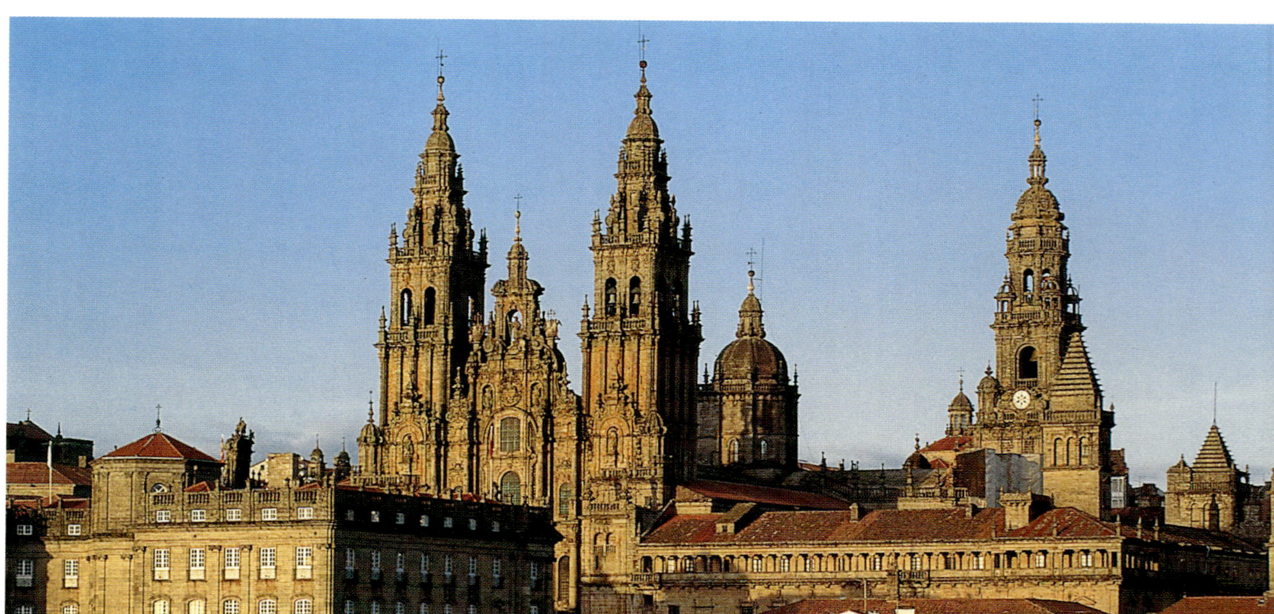

Tournai arrive au soir du 25 janvier 1490. C'est un dimanche, il pleut. Il est déçu lui aussi et trouve Compostelle « bien sale, pauvre et repoussante ». Il ne fait guère que quelques pas dans la ville, sur la grand-place où il admire la fontaine. En mars 1512, Jehan de Zeilbeke arrive au petit matin et son impression est à peu près semblable devant cette ville qu'il juge petite. Il s'étonne de voir beaucoup de maisons abandonnées et en ruine et, qu'en cette année jubilaire les pèlerins sont plus nombreux que les habitants. De grands personnages comme Antoine de Lalaing, en 1502, n'ont le temps de rien remarquer car ils sont pris en charge dès leur arrivée par les instances officielles.

Paradoxalement, hier comme aujourd'hui, le premier geste n'est pas d'entrer dans la cathédrale mais de différer ce moment tant rêvé, comme s'il fallait se retrouver d'abord pour ne pas le gâcher. Alors le pèlerin cherche l'auberge, dont il n'oubliera pas le nom. Jean de Tournai s'installe à l'Écu de France, Jehan de Zielbeke aux Trois Coulons. Ce dernier se réjouit de trouver la maison tenue par des Flamands, et d'y être particulièrement bien traité. Mais impossible d'y avoir une chambre car la ville est remplie de pèlerins. Ceux-ci dorment chez les bourgeois et les artisans. À son auberge, il rencontre deux compagnons picards émigrés au Portugal qui lui offrent un bon repas et des souvenirs à épingler sur son chapeau.

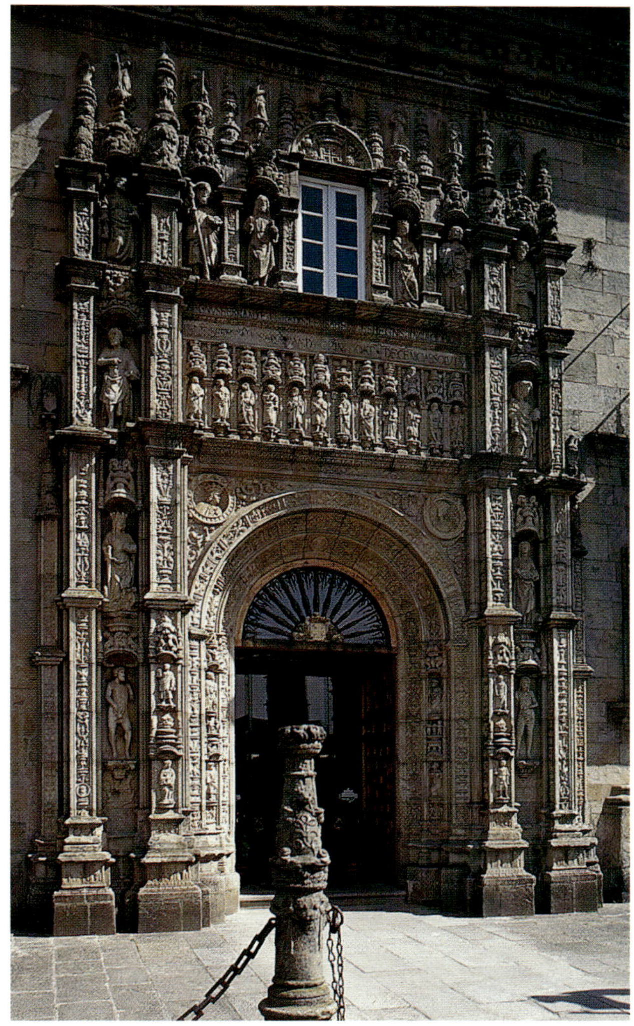

Hôpital des Rois catholiques
Sur la place de l'Obradoiro, l'Hôpital des Rois Catholiques fut construit au début du XVIe siècle sur ordre d'Isabelle la Catholique, héritière de la Castille et épouse du roi Ferdinand d'Aragon. S'il accueille les pèlerins de toute condition, sa fonction première est de porter secours aux pauvres et aux malades.

L'hôpital des Rois Catholiques

Les pauvres vont à l'hôpital, le fameux hôpital des Rois Catholiques. Imprimée en 1718, *La Grande Chanson du devoir des pèlerins* informe que dans cet hôpital, « de coutume ancienne, on y prend la portion, mangeant le pain des anges qui descendirent du ciel pour notre Salut », une jolie manière de rappeler que l'on offre à manger aux pèlerins. Cet hôpital, bien que transformé en « parador », continue par devoir cette tradition : chaque jour, dix pèlerins sont admis à y prendre un repas... en partageant celui du personnel, dans les sous-sols !

En 1490, Jean de Tournai passe devant sans le voir car il devait être en piteux état. Lorsque, en mars 1512, Jehan de Zeilbeke le visite, il est tout nouvellement rénové. Il ne tarit pas d'éloges sur ce luxueux établissement, dont la structure est la même aujourd'hui. Les malades occupent deux étages superposés donnant sur la première cour. Certaines chambres ouvrent sur la chapelle afin que, du lit, on puisse entendre la messe. Sur la seconde cour ouvre une salle pour les femmes malades, car hommes et femmes sont séparés, ce qui, ailleurs, ne devient courant qu'au XVIIe siècle. Mais, remarque-t-il sans étonnement, seuls sept lits sont chaque jour réservés gratuitement aux pèlerins. Pour les autres, « chacun qui veut loger là est logé selon son état », c'est-à-dire selon ses moyens, dans « plusieurs belles chambres où on loge les gens de bien », à l'étage. Il ajoute que « plusieurs belles chambres pour loger le roi quand il y vient ou la reine » sont spécialement affectées à cet usage et que d'autres, garnies de « beaux lits richement équipés de courtines », sont mises à la disposition des « médecins, chirurgiens et confesseurs ». Il visite même la pharmacie « pleine de pots, flacons, boîtes et autres médecines pour les malades » et s'étonne en particulier de voir les malades « servis dans des vaisselles d'argent » par des infirmiers et infirmières « habillés comme des gens de bien ».

Le sanctuaire

Enfin vient l'heure d'entrer dans le sanctuaire. Un moment difficile pour le pèlerin d'aujourd'hui, perdu dans la foule des familles espagnoles venues en voiture vénérer leur saint patron (90 % d'Espagnols parmi les 8 à 10 millions de visiteurs annuels, incluant seulement 100 000 pèlerins au long cours, venus à pied, à cheval ou à bicyclette). Lui, il a marché pour retrouver la mentalité de ses prédécesseurs et il a maintenant du mal à se situer. Songeur, il gravit les escaliers menant au porche de la Gloire et, mécaniquement, prend la file d'attente. Docilement, sur la colonne centrale, il pose sa main au même emplacement que des milliers d'autres avant lui. Cette colonne de marbre brille des marques des doigts qui s'y sont agrippés. Aucun récit de pèlerin des siècles passés ne parle de cet usage. Qu'importe. Deux mètres plus haut, le visage de saint Jacques se penche, bienveillant, sur les prières des fidèles qui montent vers lui.

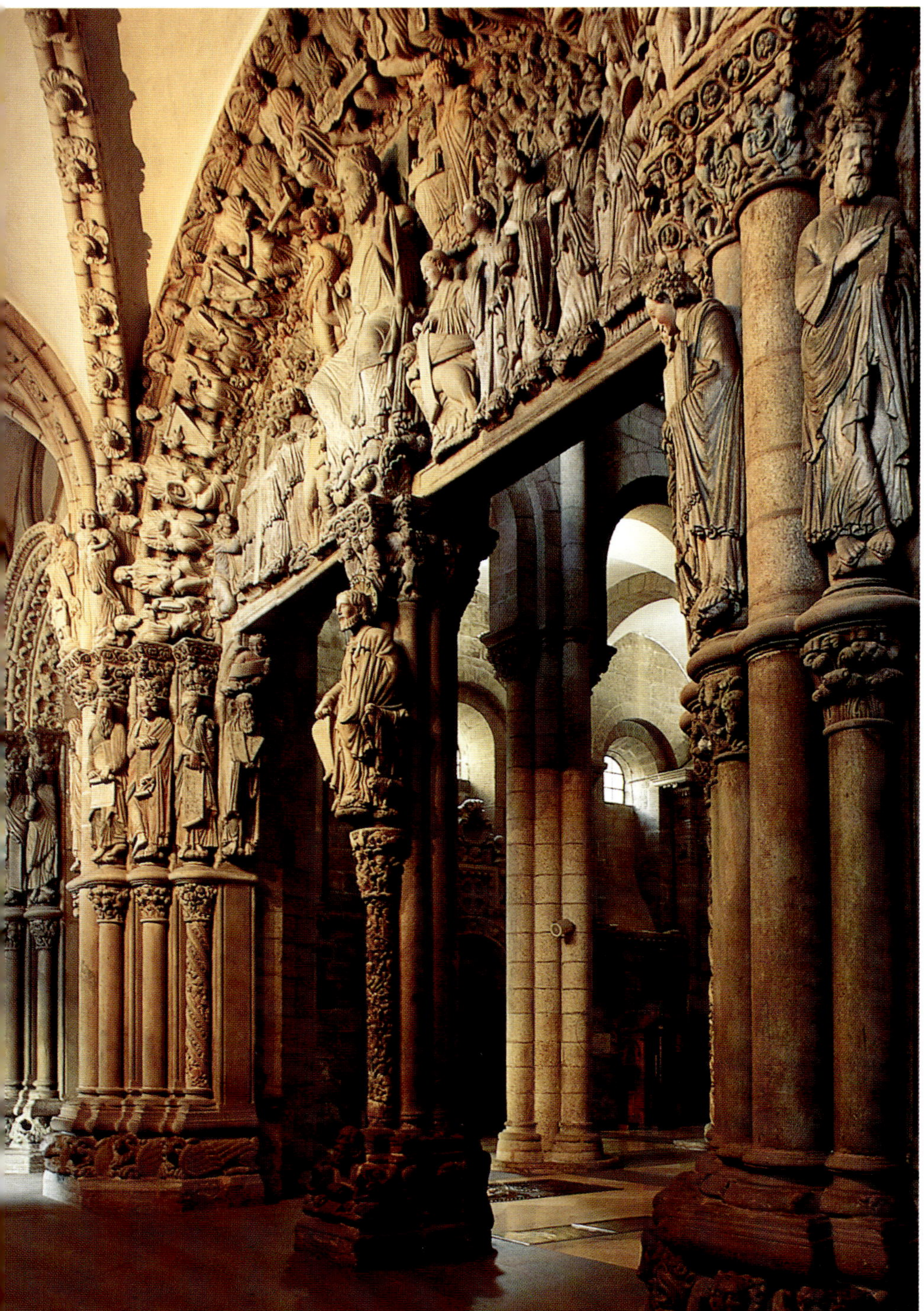

Les gestes autour de l'autel majeur

Le pèlerin avance, magnétisé par la lumière qui émane de la grande statue de l'apôtre assis, posée sur le grand autel. Tout le faste est centré sur cet autel, dont on dit qu'il enferme le corps de saint Jacques. Là, le pèlerin au long cours, cartésien ou pas, croyant ou pas, plonge dans une atmosphère magique et partage l'émerveillement de ceux qui l'ont précédé en se prêtant aux mêmes rituels. Instants suspendus où ressurgit toute la culture chrétienne fondatrice de notre civilisation. Si le somptueux décor actuel ne date que des XVIIe et XVIIIe siècles, la statue de saint Jacques, elle, est une œuvre du XIIIe siècle. Elle est bien celle que Jean de Tournai regarde, « tenant en ses mains un rouleau sur lequel est écrit en lettres romanes que saint Jacques montre de son doigt : *Ici repose le corps de st. Jacques fils de Zébédée* ». En 1502, Antoine de Lalaing la voit aussi, couverte de plaques d'argent. Hier comme aujourd'hui, le rituel demande au pèlerin de passer derrière l'autel et de monter pour embrasser la nuque de cette statue. Un escalier a remplacé l'échelle.

Notre pèlerin moderne revient ensuite contempler l'autel, mais, perdu devant les dorures et la chair appétissante des anges, il ne sait où porter son regard. Ses prédécesseurs, eux, fixaient leurs yeux sur la statue autour de laquelle étincelaient le tabernacle orné de statues d'argent, une croix d'or, la maquette d'un

Porche de la Gloire
Derrière la façade de l'Obradoiro, le porche roman, œuvre de maître Mateo. Achevé en 1188, il rassemble plus de deux cents figures. Il est, écrit un pèlerin du XVe siècle, la représentation de « tout ce qui est arrivé depuis Adam et de tout ce qui arrivera jusqu'à la fin des temps ».

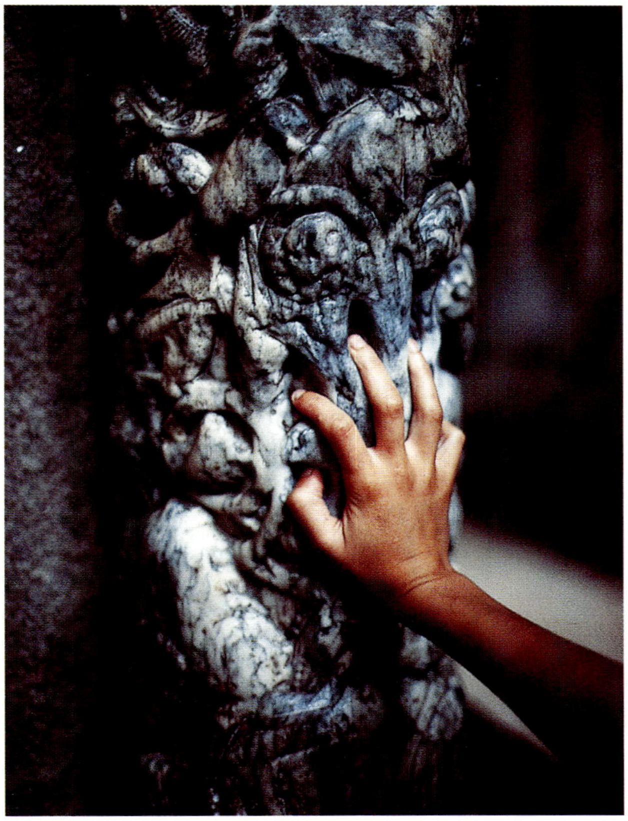

Un geste répété par des milliers de pèlerins
Avant d'entrer, les pèlerins ne manquent pas de poser leur main sur le pilier central du porche de la Gloire. Au dos de ce pilier, regardant vers l'intérieur, une statue assise, image supposée de maître Mateo, est dite « le saint des bosses ». Les pèlerins posent le front contre cette tête de pierre afin d'obtenir la science du grand architecte.

château en argent, sous la lumière des douze lampes données par le roi de France Louis XI. Trois reliques prestigieuses s'offraient encore à leur admiration : au-dessus, « le glaive avec lequel saint Jacques a été décapité, suspendu par une chaîne en or » et la « chaîne avec laquelle il a été fait prisonnier ». Cette chaîne, dit Léon de Rosmital, délivrait de certains maux la personne qui s'en entourait. Enfin, « le bourdon avec lequel le saint avait l'habitude de parcourir le monde entier était fixé à l'autel et recouvert de plomb. En effet, explique-t-il, les pèlerins en arrachaient de petits morceaux, et il aurait été entièrement détruit si le pape ne l'avait fait protéger par cette enveloppe de plomb. Plus rien de ce bourdon ne resta visible, excepté la pointe de fer dont on peut toucher l'extrémité ». Au XVIe siècle, il fut mis à la place qu'il occupe aujourd'hui, sur le pilier situé en face de la chaire de l'Épître, dans une colonne de cuivre surmontée d'une statuette de l'apôtre datant précisément du XVIe siècle : Jehan de Zielbeke le voit « devant le chœur, dans une colonne creuse. On met sa main dessous et on tâte comme un fer aigu et un bâton ».

Hier, la confession se faisait dans les chapelles situées derrière le grand autel. Pour les Français, elle avait lieu, depuis le XIVe siècle, dans la chapelle axiale du déambulatoire. Cette chapelle du *Salvador*, la plus ancienne (1075) de la cathédrale fut richement dotée par plusieurs rois de France, Philippe V, Charles V, Louis XI, à tel point qu'elle a pris le nom de « chapelle des rois de France ». Des messes quotidiennes y sont encore célébrées. C'est là également qu'étaient remis les certificats de pèlerinage, dont on ne conserve que peu d'exemplaires avant le XVIIe siècle.

La cathédrale romane

Les grandes étapes de la construction

1078 : *début des travaux sous la direction, précise le* Guide du pèlerin, *de « Bernard le Vieux, maître admirable, et de Robert, avec environ cinquante autres lapicides qui travaillaient assidûment ».*

1088 : *interruption du chantier, conséquence du violent conflit qui oppose l'évêque Diego Peláez au roi de Castille Alphonse VI.*

1100 : *reprise de travaux après la nomination de Diego Gelmírez. Le nouveau maître-d'œuvre se nomme Étienne.*

1112 : *démolition de la cathédrale préromane, conservée jusque-là afin d'assurer l'exercice du culte.*

1117 : *insurrection contre Diego Gelmírez. La couverture provisoire en bois de la nef est incendiée.*

Vers 1124 : *arrêt des travaux bien que la nef ne soit pas totalement achevée. Début de la construction du cloître.*

1130 : *Aimery Picaud, l'auteur du* Guide du pèlerin, *décrit une cathédrale pratiquement terminée.*

Vers 1170-1190 : *maître Mateo achève la construction de la cathédrale (premières travées de la nef, portail occidental, porche de la Gloire)*

1211 : *consécration solennelle de la cathédrale par le pape Alphonse IX.*

Les dimensions

Longueur de la cathédrale : 97 m
Longueur du transept : 65 m
Largeur de la nef : 19,70 m
Hauteur sous voûte : 22 m

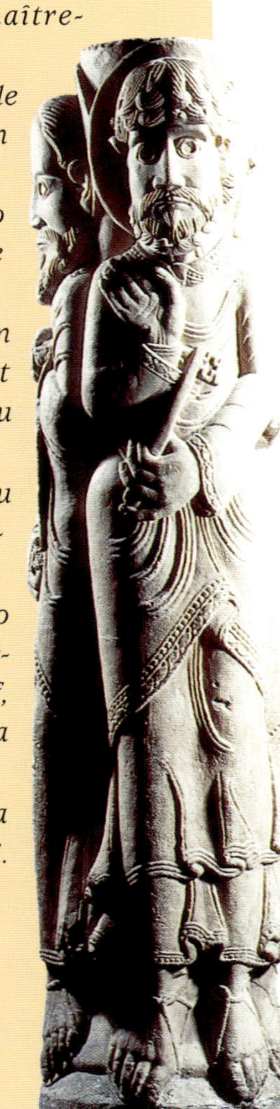

Saint Pierre
Aux XVIIe et XVIIIe siècles, la cathédrale fit l'objet de nombreuses transformations qui entraînèrent notamment la destruction, en 1604, du portail nord, dit « porte de France », ainsi qualifiée car elle donnait sur la place de l'Imaculada par où arrivaient les pèlerins venus du Camino francés. *(pilier provenant de la cathédrale, XIIe siècle, Madrid, Musée archéologique national)*

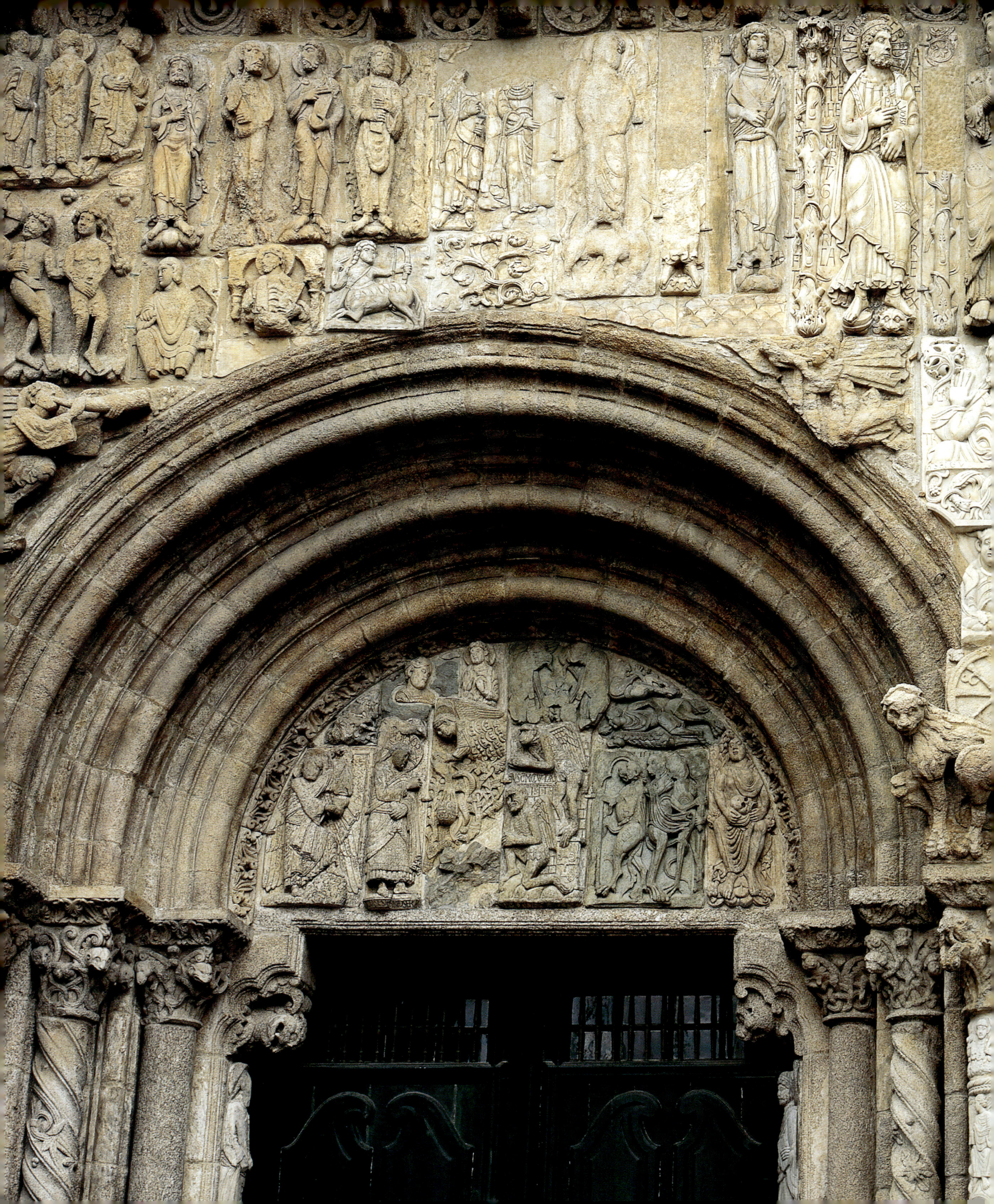

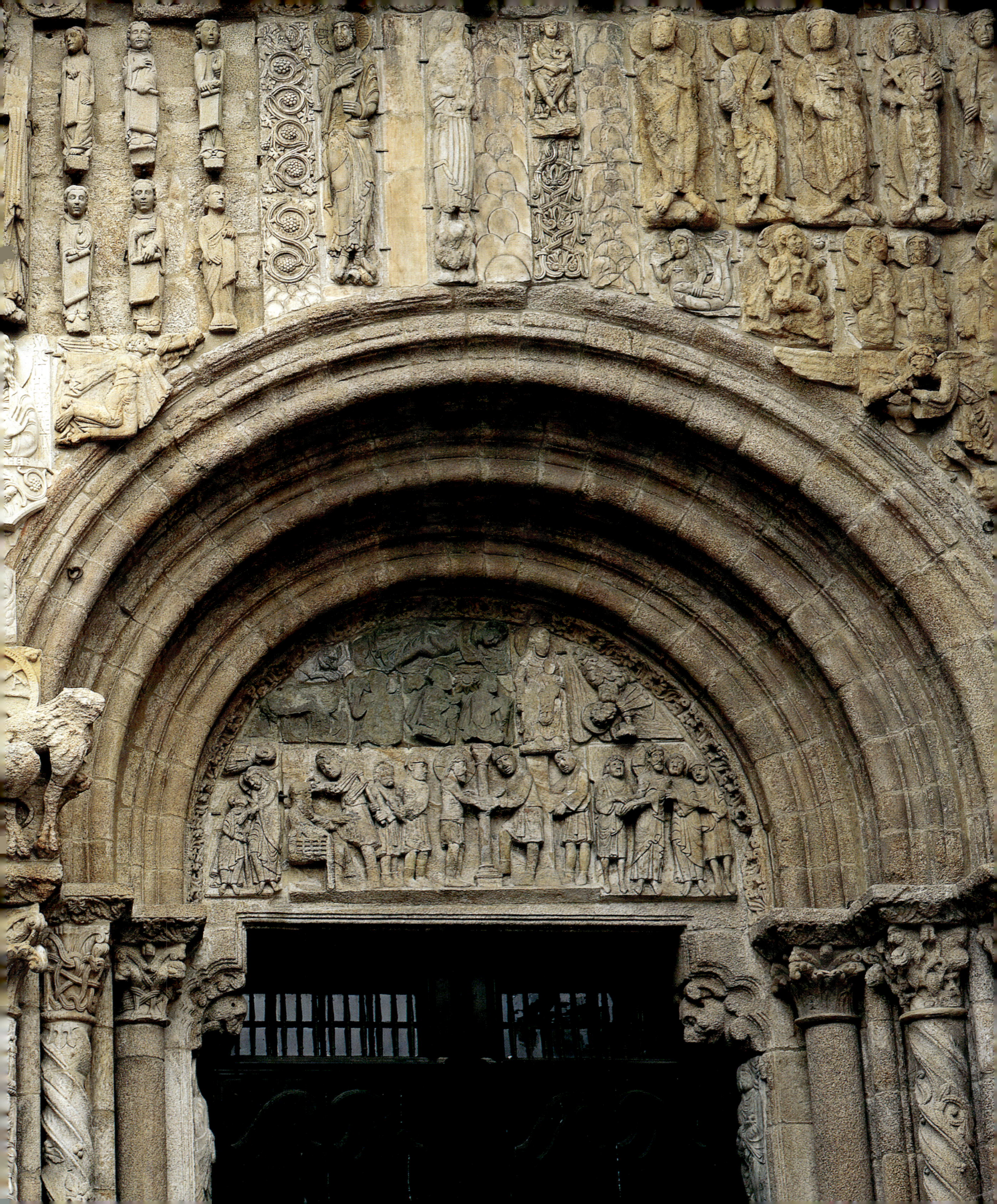

Double page précédente
Portail de Las Platerias
Le décor du portail méridional de la cathédrale de Compostelle est formé de blocs sculptés par différents artistes, d'où le côté désordonné de sa facture.

Capilla mayor
(« chapelle majeure »)
Derrière le maître-autel, de marbre et d'argent, une sorte de cabinet, le camarin, abrite la statue monumentale de l'apôtre que viennent embrasser les pèlerins. L'ensemble est surmonté d'un baldaquin monumental, ensemble architectural formidable et démesuré réalisé au XVIIIe siècle.

Tours de la cathédrale
Ces tours sont construites sur les bases des tours du XIIe siècle. Au premier plan, la tour sud, dite « tour des cloches », fut rehaussée au XVe siècle, renforcée ensuite puis dotée, vers 1670, du corps baroque sur lequel reposent les cloches. Selon ce modèle, la tour nord fut modifiée au siècle suivant.

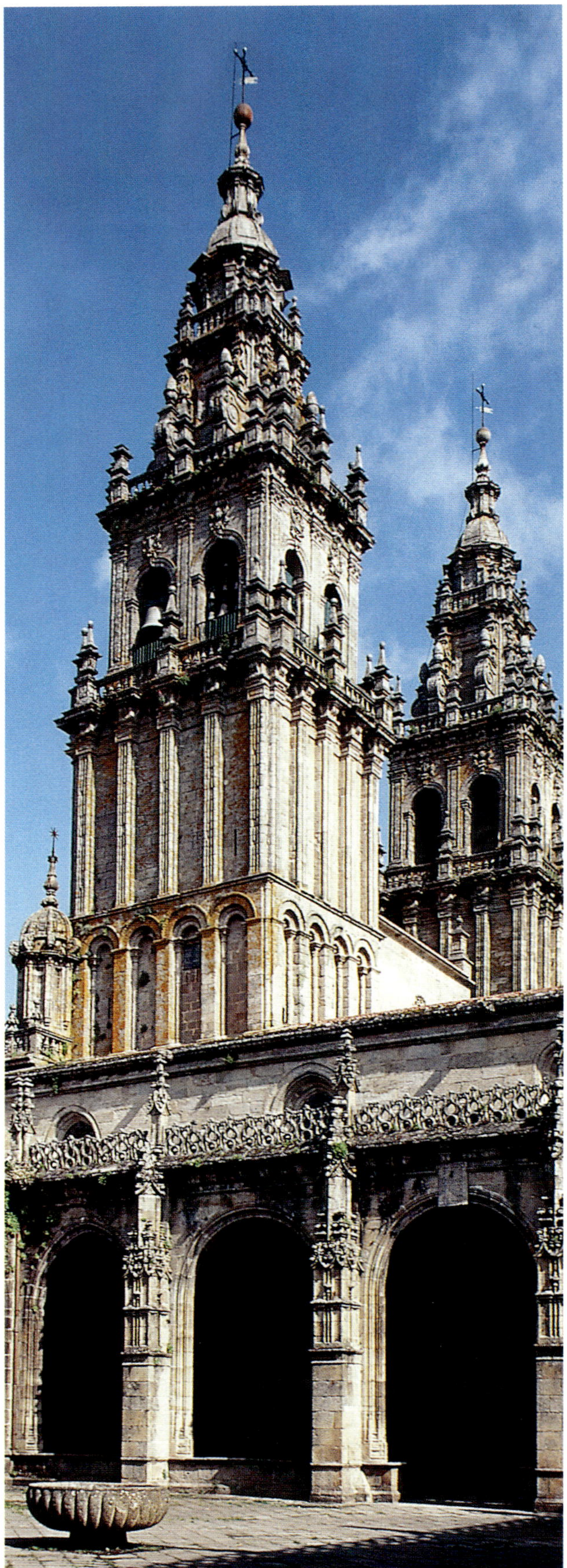

Dans les tours de la cathédrale

En 1490, un pèlerin de Provins raconte comment il s'est soumis à un dernier rituel sans lequel « le pèlerinage serait très inutile… puisque c'est par là qu'on gagne l'indulgence. Les pèlerins montent sur une plate-forme élevée, attachent quelques lambeaux de leurs habits à une croix de pierre qu'on y a élevée ; ils passent trois fois sous cette croix par un endroit

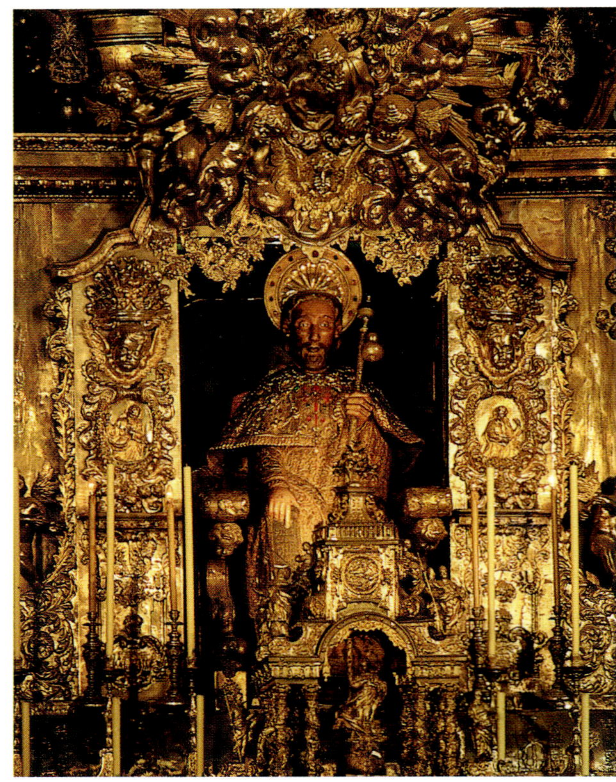

si étroit qu'ils sont contraints de se glisser sur l'estomac contre le pavé en courant les risques de se crever s'ils ont trop d'embonpoint ». C'est la fameuse « croix des haillons » qu'on ne montre plus aux fidèles. Les pèlerins, dit-on, s'y dépouillaient de leurs vêtements de voyage et y mettaient les habits neufs qu'on leur donnait. Vrai ou faux ? En 1502, Antoine de Lalaing donne une autre explication : cette croix est celle « avec laquelle saint Jacques prêchait » lors de sa mission évangélique en Espagne. Il faut se contorsionner, précise-t-il, pour passer dessous car ne passent pas les pèlerins en état de péché mortel. Les nobles visiteurs déposaient leurs armoiries dans une chapelle haute, ce que fit Léon de Rosmital : « Mon seigneur et ses nobles compagnons y laissèrent les leurs. » Et Antoine de Lalaing, dans ces tours, visite même le « logis où saint Jacques habita ».

Le tombeau de saint Jacques

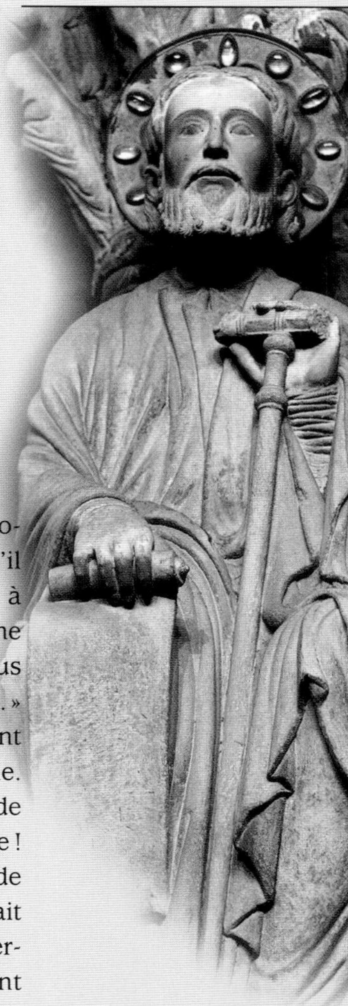

Jusqu'à la fin du XIXe siècle, les pèlerins ont dû se contenter de la mise en scène faite autour des reliques, sans jamais voir le tombeau de l'apôtre. À partir de la fin du Moyen Âge, ils ont commencé à s'étonner que les chanoines n'obéissent pas aux usages en vigueur partout ailleurs de donner accès au tombeau et de montrer les reliques. En guise de réponse, on leur hurle en trois langues que « celui qui pose la moindre question a fait le pèlerinage en vain ». En 1499, Arnold von Harff propose même une importante somme d'argent pour descendre voir ce fameux tombeau. En vain.
On lui répond que ce n'est pas la coutume de le faire, et que celui qui doute « à l'instant devienne fou comme un chien enragé ». Trois ans plus tard, Antoine de Lalaing demande la même chose. N'osant l'invectiver, on lui raconte, très posément, que personne n'est descendu depuis que saint Jacques a interdit l'entrée à l'un des évêques de Compostelle : le malheureux a eu le corps coupé en deux par la ceinture de son aube devenue tranchante comme une épée ! Et, pour prévenir toute objection de ce pèlerin trop curieux, on lui assène que, « s'il ne croit pas ces paroles, il sera excommunié. [...] »

Survient alors un doute, en cette époque où se profile le protestantisme : Luther aurait-il raison lorsqu'il affirme que la présence du corps de saint Jacques à Compostelle est illusoire ! Vers 1530 un vieux chanoine aurait même confié à un médecin anglais : « Nous n'avons ici ni un cheveu, ni un os de saint Jacques. » À Rome on se prend effectivement à douter, d'autant plus que le pape est en conflit avec le roi d'Espagne. Alors, en 1601, contraint et forcé, l'archevêque de Compostelle consent à ouvrir le tombeau. Il est vide ! On affirme que le corps a été enlevé en 1589 lors de l'expédition anglaise de l'amiral Drake qui souhaitait détruire Saint-Jacques, « principal bastion de la superstition papale ». Cette explication est obstinément répétée jusqu'à la redécouverte du corps... en 1879. Enfin, le 1er novembre 1884, Léon XIII promulgue la bulle *Deus omnipotens* par laquelle il officialise « la reconnaissance de la totalité de la présence du corps de saint Jacques à Compostelle ».
Ces événements sont suivis, pour la première fois dans l'histoire, de l'ouverture de la crypte orientale au public, réaménagée dans son état actuel. Mais, dès 1900, des voix s'élèvent à nouveau, au sein même de l'Église, contre la validité de cette découverte.

Saint Jacques
Sur le pilier central du porche de la Gloire, sous la figure triomphante du Christ ressuscité, l'apôtre saint Jacques accueille ses pèlerins. Appuyé sur son bâton, il tient dans la main droite un phylactère portant l'inscription misil me Dominus *(« le Seigneur m'a envoyé »).*

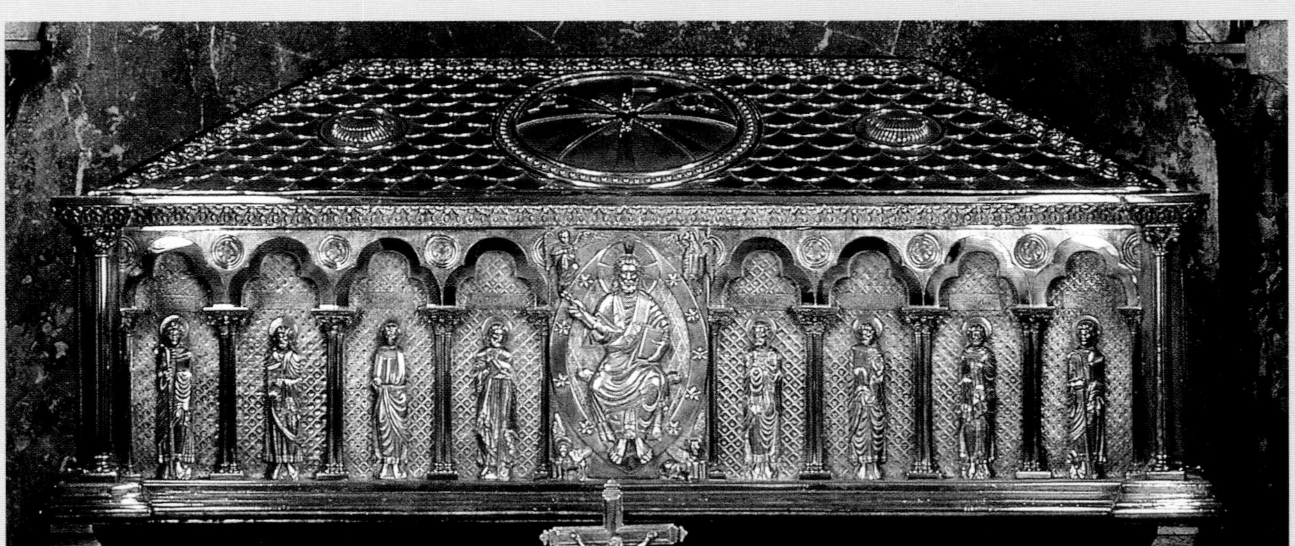

Le tombeau de saint Jacques
Dans la crypte située sous le maître-autel, un reliquaire d'argent est offert à la contemplation des pèlerins. Il contient, dit-on, les reliques de l'apôtre et de ses deux disciples Athanase et Théodore, reliques retrouvées à la fin du XIXe siècle sous les pavements de la cathédrale.

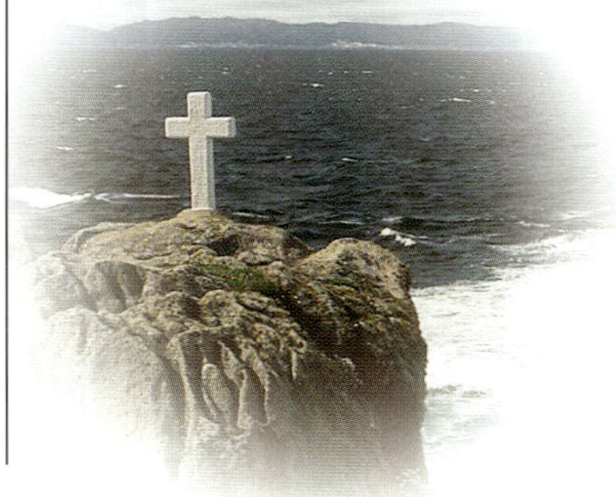

Là où la Voie lactée plonge dans l'Océan

Le périmètre sacré autour du tombeau de saint Jacques ne se limite pas à la cathédrale, ni même à la ville. Il commence à la colline de Monte del Gozo, d'où l'on aperçoit enfin les tours de la cathédrale, pour s'achever dans l'Océan, là où naquit la légende de saint Jacques. Le pèlerin, souvent pressé de rentrer, néglige d'aller jusqu'à Padrón, Iria Flavia, Noia ou Finisterre. C'est bien dommage, car il lui manque toute une part des anciens rites de sacralisation liés à la côte atlantique. Seul l'Océan peut arrêter la marche pèlerine, cet océan où naviguent les âmes des défunts, cet océan où habitent, dans leur jardin des Hespérides, les nymphes du Couchant, gardiennes des pommes d'or de l'immortalité, cet océan où fut engloutie l'Atlantide… La Chronique de Turpin *le sait bien, qui conduit Charlemagne jusqu'à Padrón où, dit-elle, il planta sa lance dans la mer « en rendant grâces à Dieu et à saint Jacques ». Elle note au passage que Turpin y baptisa les Galiciens qui le souhaitaient et que les autres furent exécutés ou faits prisonniers. Dans ces villages du bord de l'Océan, au fond des rías, les légendes se tissent, s'enroulent, se superposent, se déforment à partir des textes anciens encore bien présents dans les mémoires.*

Croix sur la pointe Roncudo
Aller vers l'Atlantique, là où la Voie lactée plonge dans l'Océan, c'est refaire en sens inverse le chemin par lequel le corps supplicié de saint Jacques est arrivé à Compostelle.

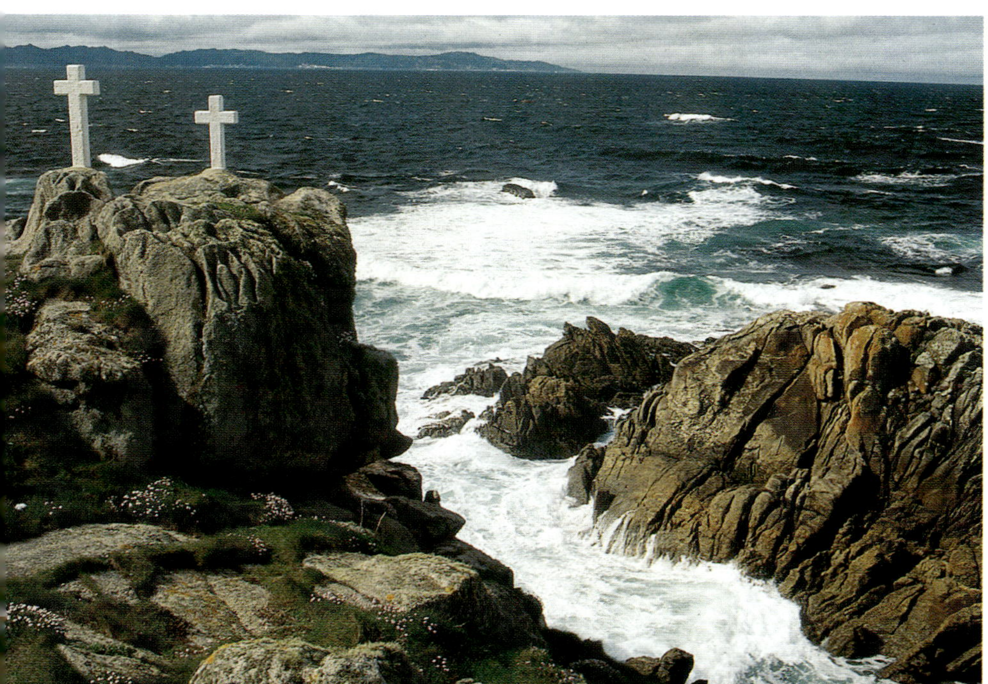

Padrón et Iria Flavia

Padrón fut fondée au XIe siècle par les évêques de Compostelle comme avant-poste protecteur pour leur commerce atlantique et contre les envahisseurs. Au XIIe siècle, l'archevêque de Compostelle Gelmirez y éleva la première église Saint-Jacques et un pont sur le Sar, y créa le port et concéda des franchises auxquelles s'ajoutèrent celles des rois Alphonse VI et Ferdinand Ier.

Mais bien avant, au VIe siècle, au fond de la ría de Arousa, Iria Flavia, qui n'est aujourd'hui qu'une paroisse voisine de Padrón, était siège d'évêché. Les deux bourgades gardent une certaine rancœur contre Compostelle qui s'abrite derrière Charlemagne pour expliquer le transfert du siège épiscopal : « Charlemagne, dit explicitement le *Turpin*, n'établit pas d'évêque à Iria Flavia, ne la considérant pas comme une ville, mais la plaça sous l'autorité du siège de Compostelle. »

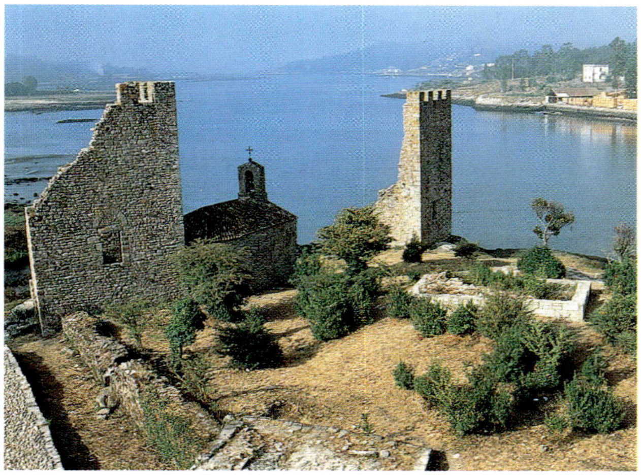

Saint Jacques, affirme-t-on, est venu deux fois à Iria : de son vivant et après sa mort. La première fois, sa barque a remonté la ría de Arousa et s'est arrêtée à la confluence des deux rivières de l'Ulla et du Sar. La suite s'est déroulée au-dessus de Padrón, sur le mont Santiaguino, auquel on accède par l'escalier Santiago qui part de la ville. Léon de Rosmital y monte en 1466 : « En dehors de la ville, il y a une petite église. On dit qu'elle a été construite par saint Jacques et que celui-ci y a habité un temps parce qu'il prêchait en Galice. Mais, avec toutes ses prédications, il n'a pu convertir plus de deux hommes. Un jour, sous les jets de pierres de trois tireurs, saint Jacques s'est retiré sous les rochers, s'est assis et s'est mis à pleurer de façon pitoyable ; il était affligé de n'avoir pu convertir davantage d'hommes. Là, il eut grand soif et enfonça son bâton dans la terre, d'où jaillit aussitôt une jolie source qui se trouve encore en cet endroit. Et l'on dit que saint Jacques se rendait de temps en temps à ladite fontaine, quand il voulait boire. Là, nous tous y bûmes. » On raconte encore aujourd'hui que, sur le tertre herbu au sommet duquel s'entassent des mégalithes, saint Jacques aurait prêché et dit ses premières messes. Lors des persécutions qu'il a encourues, les rochers se seraient ouverts miraculeusement par la grâce de son bourdon, pour lui offrir une cachette. Depuis, les pèlerins se glissent à leur tour dans ces cavités, pour obtenir « la remise de nombreuses fautes », dit Léon de Rosmital. Il convient d'y pénétrer « avec un sentiment religieux afin d'obtenir la rémission de nombreux péchés accordée par le pape à ceux qui y descendent ». Au cours de cette visite un membre de sa suite, obèse, faillit bien étouffer : « Johannes Zehrowsky en y descendant, tout noir et affaibli, perdit connaissance », et il fut sorti « à grand peine car l'ouverture était extrêmement étroite ».

De nos jours, les habitants de Padrón voient dans ce rituel un passage par l'enfer et le purgatoire, indispensable pour pouvoir un jour accéder directement au paradis.

Une barque de pierre

Saint Jacques, dit-on, repartit vers Jérusalem, emmenant ses deux disciples. Après son martyre, ces derniers chargèrent son corps sur une barque qui, sans voile ni gouvernail, les ramena à Padrón, en remontant le Sar. Une légende rapporte comment la barque fut entourée d'une escorte de saumons et comment saint Jacques les invita à se réjouir de leur destin qui consistait à nourrir les chrétiens ! À partir de là se déroulèrent les épisodes dramatiques de la reine Luparia (voir p. 27). Certains situent aujourd'hui à Ponte Maceira, près de Negreira, le pont qui s'est effondré sous les légionnaires romains envoyés à la poursuite des disciples de saint Jacques.

La barque fut amarrée à une pierre, cette pierre qui est conservée dans l'église, sous l'autel. Mais Léon de Rosmital, et d'autres, voient en elle la barque de pierre dans laquelle fut transporté saint Jacques : « Dans la ville de Padrón, il y a une grosse pierre qui a été descendue dans l'eau par ordre du pape parce que les pèlerins en emportaient de gros morceaux ; mais même dans l'eau elle est encore tout à fait visible. Aujourd'hui, on peut encore y voir la trace de son pied. Là où son corps et sa tête avaient reposé, il y avait dans la pierre une empreinte comme cela l'aurait fait dans de la cire. »

Au-delà de Padrón, les « tours de l'ouest », à Catoira, ferment la ría de Arousa en protégeant Compostelle des invasions. Ces tours antiques furent réaménagées par les Romains puis par les archevêques de Compostelle.

Les tours de l'ouest à Catoira
Cachées au fond de la ria de Arousa, depuis l'époque romaine, les tours de Catoira protègent les terres des incursions fréquentes des envahisseurs. Ici, dixit la légende, la main de Dieu conduisit le bateau où reposait le corps de saint Jacques jusqu'à Padrón.

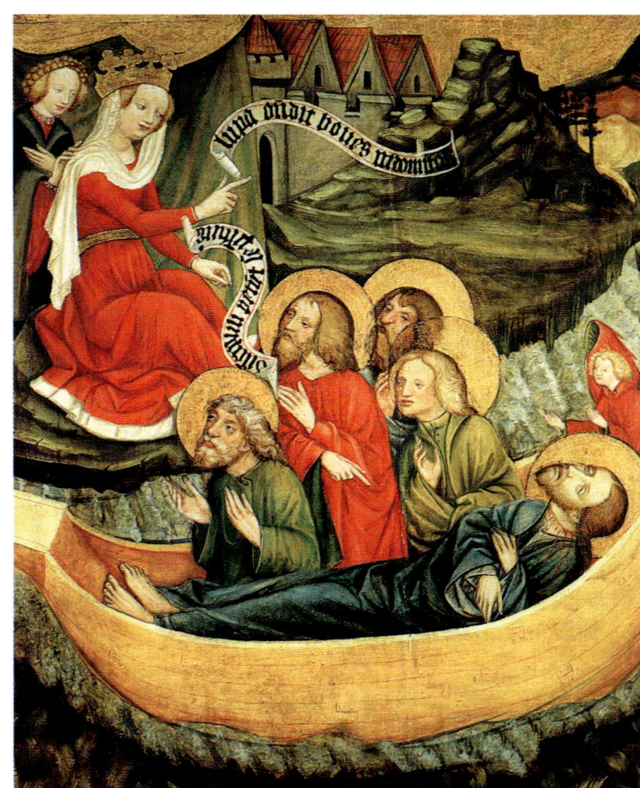

Arrivée du corps de saint Jacques
Les disciples abordèrent la côte à Padrón, nom dérivé de pedrón, qui évoque la « grosse pierre » ayant pris la forme d'un sarcophage lorsqu'ils y déposèrent le corps de l'apôtre. L'église Saint-Jacques de Padrón conserve encore ce précieux témoignage.
(Maître de Raigern, vers 1425, Vienne, Kunsthistorisches Museum)

Noia, la petite Compostelle

À une quarantaine de kilomètres à l'ouest de Compostelle, Noia fut, au XIVe siècle, la résidence d'un archevêque français, Béranger de Landore, qui avait été mal accueilli par les habitants de Compostelle. Béranger, membre de la haute aristocratie languedocienne, était en 1312 maître général de l'ordre des Dominicains et légat du pape en France. En 1317, le pape Jean XXII use de son autorité pour pourvoir le siège archiépiscopal de Compostelle, objet de conflits entre différents candidats : le 25 juillet 1317, il annonce la nomination de Béranger, qui arrive à Compostelle seize mois plus tard, en novembre 1318. Le nouvel archevêque a alors cinquante-six ans et une énergie guerrière incontestable. Il en a bien besoin car l'entrée dans sa cathédrale lui est interdite. Contraint à la retraite, il s'installe d'abord au château de la Rocha Fuerte, à 3 km au sud, puis au fond de la ría de Muros, à Noia, port de Compostelle alors très actif qui accueillait vraisemblablement les pèlerins venus par la mer. Il y est très bien accueilli. En remerciement, il fait de cette ville une petite Compostelle. Il obtient tout d'abord du roi une exemption d'impôts pour six ans, en même temps que l'autorisation de s'entourer de murailles. On comprend bien que là était aussi son intérêt ! Il prend part à d'autres embellissements et, en particulier, finance la reconstruction de l'église Santa Maria Novela. Sur le tympan de la porte d'entrée, il est représenté agenouillé devant la Vierge. Sur celui de la porte sud, une inscription est gravée : « Cette église fut reconstruite et consacrée par le frère Béranger, archevêque de Saint-Jacques, le 28 janvier 1327. » Des membres de sa suite, dont beaucoup de Français, font construire de riches résidences.

Peu à peu, Béranger vient à bout des résistances. En 1322, il est pleinement maître de son archevêché. On dit — mais que ne dit-on pas ? — que, pour y parvenir, il a tué de ses mains son pire ennemi, Don Suarez de Deza. Par la suite, il n'oublie pas Noia, qu'il dote d'un hôpital pour les voyageurs venus par bateau d'Angleterre.

La ville vivra très heureuse jusqu'à la mort au combat de Béranger, en 1330, ses soixante-huit ans et ses fonctions ne l'ayant pas empêché de participer à une campagne contre le royaume de Grenade. Puis la vengeance des vaincus s'abat sur Noia, brusquement privée de son protecteur.

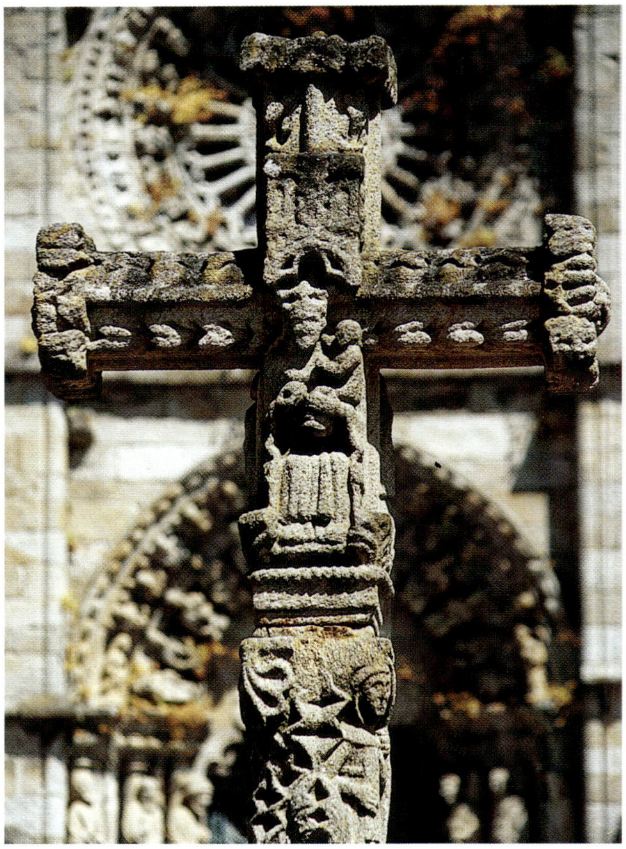

Calvaire de l'église Sant Martín
Sur le parvis de l'église San Martín de Noia, un calvaire de granit orné d'une Vierge à l'Enfant témoigne d'un riche patrimoine religieux dû à l'archevêque de Compostelle, Béranger de Landore.

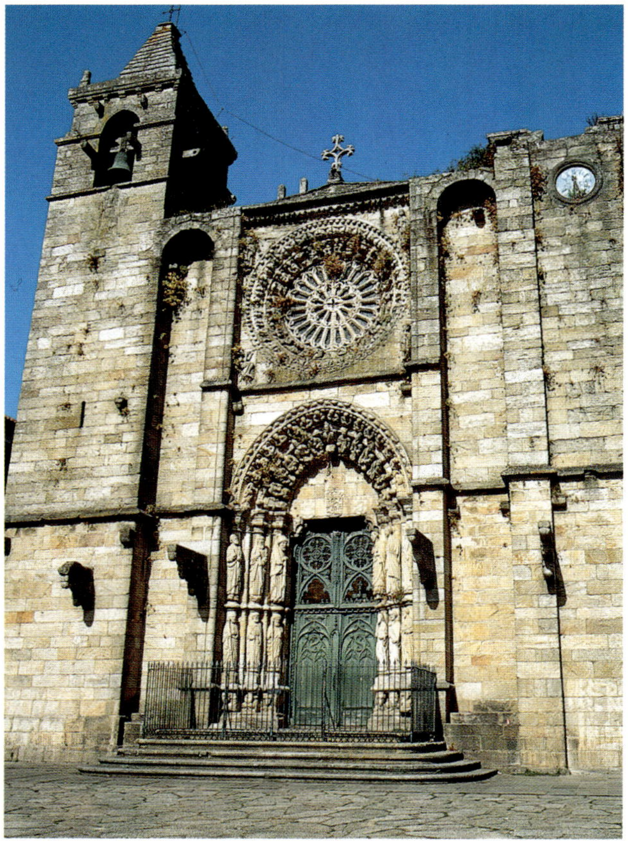

Église San Martín à Noia
Noia doit son surnom de « petite Compostelle » à l'installation, au XIVe siècle, de l'archevêque de Compostelle qui apporta à la cité une grande prospérité. Les plus belles demeures de cette époque furent bâties dans la pierre granitique des falaises voisines, à l'instar de l'église San Martín. Sur son portail figure un saint Jacques pèlerin, parmi le collège des apôtres.

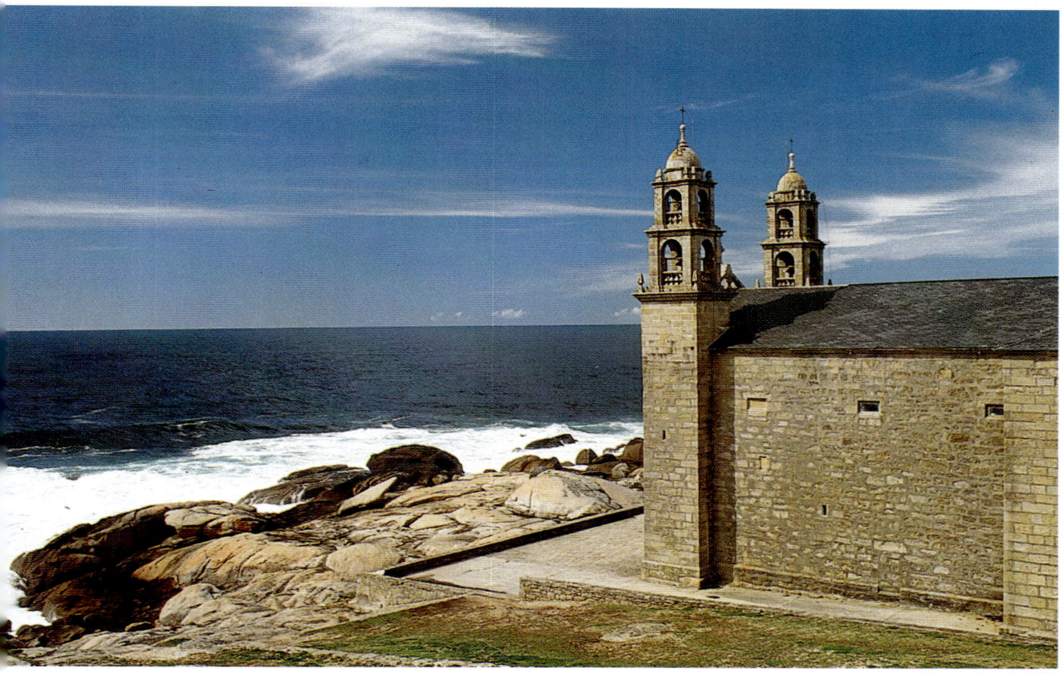

La pointe extrême du cap Finisterre fut un endroit redoutable pour les navigateurs. Sébastien Ilsung et d'autres racontent que « devant ce promontoire la mer est si haute et si violente que celui que le vent y pousse n'en revient pas et trouve là sa fin sur l'eau et sur la terre ». Le témoignage de Jehan de Zeilbeke laisse lui à penser qu'on aidait volontiers à ces naufrages. Passant au large des « colonnes de Mgr. saint Jacques en Galice, à Finisterre », il entend que « le diable fit là une tour en une nuit, sur laquelle il fit du feu pour attirer les navires afin qu'ils y sombrent ». Pratiques de pirates bien connues. Le phare a-t-il remplacé cette tour maudite ? Tout près était un ermitage dédié à saint Guilhem-du-Désert, au haut de ce mont Pindo dont les Celtes avaient fait l'Olympe. Léon de Rosmital et Jehan de Zielbeke nomment l'endroit « Finisterre l'Étoile ». La Voie lactée plonge bien là dans l'Océan.

Notre-Dame de la Barca
Aux environs du village de Muxia, sur le versant du mont Corpino, se dresse l'ultime sanctuaire sur le chemin de la Voie lactée. À l'instar de saint Jacques, la Vierge, dit la légende, vint en Galice et accosta en ce lieu, d'où le vocable de Notre-Dame de la Barca.

Costa de la Muerte
Dominée par le mont Pindo où, selon la légende, prêcha saint Jacques, la « côte de la Mort », au nord du cap Finisterre, doit son nom aux nombreux navires qui s'abîmèrent sur les fonds rocheux. La violence des éléments ne manqua pas d'impressionner les pèlerins venus achever leur pérégrination jusqu'à l'extrême fin des terres.

De Muxia à Finisterre

À la venue de saint Jacques en Galice s'ajoute celle de la Vierge et du Christ, que l'on retrouve de Muxia à Finisterre.

Sur un site rocheux, face à une mer sauvage, à la pointe sud de la ría de Camarinas, il est un sanctuaire fréquenté depuis des siècles, celui de Notre-Dame de la Barca. On y voit encore la barque dans laquelle la Vierge est arrivée, accompagnée du Christ. Jehan de Zielbeke, qui passe au large au XVIe siècle, aperçoit depuis son navire « la nef de pierre et un gros mât également de pierre ». On lui dit que ce mât peut être bougé d'un doigt par un chrétien en état de grâce. Mais, ajoute-t-il, « je n'ai parlé à personne qui l'ait fait remuer » ! En 1446, c'est à Finisterre que Sébastien Ilsung retrouve le souvenir de ces illustres évangélisateurs, en compagnie des saints Jacques, Pierre et Jean. Il y voit la trace du pied de Notre-Seigneur dans la pierre dure et un puits qu'il y a creusé. Ainsi que cinq fauteuils qui se sont creusés dans le rocher pour que s'y reposent les cinq évangélisateurs, venus sans doute à pied depuis Muxia... À cette époque, l'église Notre-Dame du village de Finisterre dépend de Compostelle.

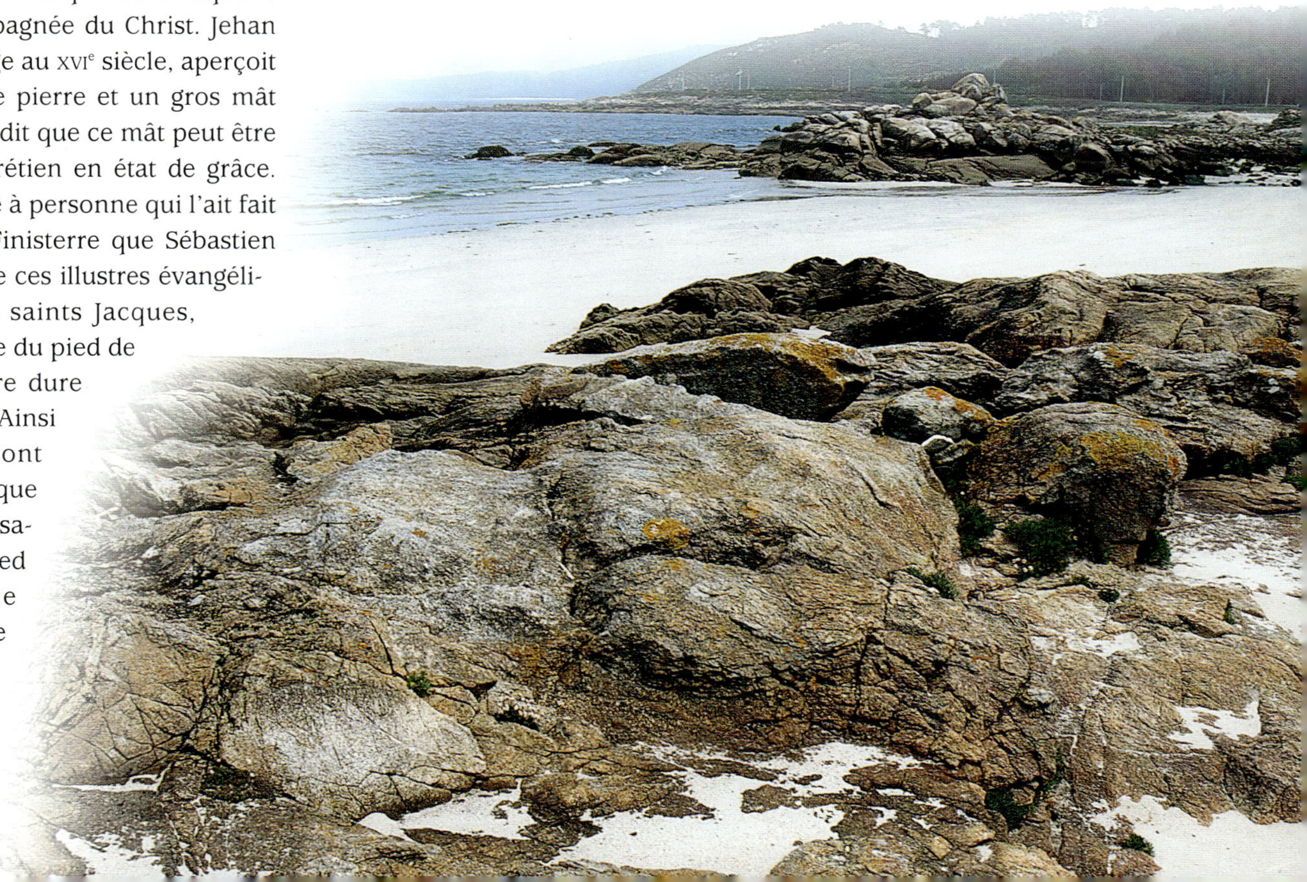

Bibliographie

Témoignages

- Bachetta (Florence), *En marche vers Compostelle*, Le Cerf, 1994.
- Barret (Pierre) et Gurgand (Jean-Noël), *Priez pour nous à Compostelle*, Hachette littérature, 1978, rééd. 1999.
- Bonnecaze (Jean) et Racq (Jean-Pierre), *Voyage de deux pèlerins à Compostelle au XVIIIe siècle*, Cairn, 1998.
- Bourles (Jean-Claude), *Passants de Compostelle*, Payot, 1999.
- Coelho (Paulo), *Le Pèlerin de Compostelle*, Anne Carrière, 1991.
- La Héronnière (Édith), *La Ballade des pèlerins*, Mercure de France, 1993.
- Rausis (Philippe Emmanuel), *Le Par-chemin*, Ad Solem, 1995.
- Vincenot (Henri), *Les Étoiles de Compostelle*, Folio, 1re éd. 1982.

Aux sources de saint Jacques

- *L'Épître de Jacques*, Nouveau Testament (Jc, 1-5).
- *Le Guide du pèlerin de Saint-Jacques-de-Compostelle*, éd. et trad. fr. Jeanne Vielliard, 1938 ; rééd., Librairie philosophique J. Vrin, 1997.
- « Le Protévangile de Jacques », dans *Évangiles apocryphes*, réunis par France Quéré, Point-Seuil, 1983.
- Jacques De Voragine, *La Légende dorée*, v. 1255, éd. et trad. J.B.M. Rose, Garnier-Flammarion, 1967.

Histoire et littérature

- Caucci von Saucken (Paolo), dir., *Saint-Jacques-de-Compostelle : 1 000 ans de pèlerinage en Europe*, Desclée de Brouwer, 1993.
- Chocheyras (Jacques), *Saint Jacques à Compostelle*, Ouest-France Université, 1997.
- La Coste-Messelière (René de), *Sur les chemins de saint Jacques*, Perrin, 1993.
- Péricard-Méa (Denise), *Compostelle et cultes de saint Jacques au Moyen Âge*, PUF, 2000.

Patrimoine

- Barral i Altet (Xavier), *Compostelle, le grand chemin*, Découvertes Gallimard, 1999.
- Boëlle (Yvon) et Huchet (Patrick), *Les Chemins de Compostelle en terre de France*, Ouest-France, 1997.
- Boëlle (Yvon) et Huchet (Patrick), *Les Chemins de Compostelle en terre d'Espagne*, Ouest-France, 1999.
- *Chemins de Saint-Jacques*, Guides Gallimard, 1999.
- *Les Chemins de Saint-Jacques-de-Compostelle*, MSM, 1999.
- Martinez (Gabriel), *À Compostelle*, Atlantica, 1999.
- *Toulouse sur les chemins de Saint-Jacques*, Skira/Le Seuil, 1999.

Spiritualité

- Adrian (Luc), *Foi dite en passant : carnet de route d'un pèlerin ordinaire*, Presses de la Renaissance, 1997.
- *Les Chemins de Saint-Jacques*, Zodiaque, 1970.
- Grandais (Serge), *L'Ange de Compostelle*, Brepols, 1997.
- Grandais (Serge), *Récits d'un pèlerin français*, Paris, Salvator, 2000.
- *Guide pour Compostelle, pèlerin de l'an 2000*, Jeunes chrétiens service, Le Sarment, Fayard, 2000.
- Sigal (Pierre-André), *Les Marcheurs de Dieu. Pèlerinages et pèlerins au Moyen Âge*, Armand Colin, 1974.

Les travaux des pionniers

Certains de ces ouvrages ont beaucoup vieilli, autant dans la description des chemins que dans celle se rapportant à la mentalité du pèlerin.

- Bennassar (Bartolomé), *Saint-Jacques-de-Compostelle*, Julliard, 1970.
- Bottineau (Yves), *Les Chemins de Saint-Jacques*, Arthaud, 1964, rééd. 1986.
- Dupront (Alphonse), *Saint-Jacques-de-Compostelle, puissances du pèlerinage*, Brepols, 1985.
- *L'Image du pèlerin au Moyen Âge et sous l'Ancien Régime, Actes du colloque international de Rocamadour*, Gramat, 1994.
- Oursel (Raymond), *Les Chemins de Compostelle*, Zodiaque, 1989.
- Oursel (Raymond), *Pèlerins du Moyen Âge*, Fayard, 1978.
- *Pèlerinages et croisades, Actes du 118e colloque du CTHS, Pau, 1993*, CTHS, 1995.
- Secret (Jean), *Saint Jacques et les chemins de Compostelle*, Horizons de France, 1955, Lanore, 1981.

Internet

- www.saint-jacques-france.org

Index

Les numéros en *italique* renvoient aux illustrations.

A

B

C

D

E

F

G

H

I

J

K

L

M

N

O

P

R

S

T

U

V

W

X

Y

Z

Crédits photographiques

Couverture : ARTEPHOT/ORONOZ ; pages de garde : ARTEPHOT/Nimatallah ; 6 : Bibliothèque municipale de Toulouse, Ms 15, f° 279r ; 10-11 : ARTEPHOT/ORONOZ ; 12h : GIRAUDON ; 12b : ARTEPHOT/ORONOZ ; 13b : BNF ; 13h : ARTEPHOT/ORONOZ ; 14h : RMN/Hugo Maertens ; 14b GIRAUDON ; 15 : LAUROS-GIRAUDON ; 16 : BNF ; 17 : ARTEPHOT/Nimatallah ; 18 : ARTEPHOT/Takase ; 19 : BNF ; 20g : EXPLORER/D. Repérant ; 20h : BNF ; 20d : STC D. Molinier/Mairie de Toulouse ; 21h : BNF ; 21g : ARTEPHOT/Nimatallah ; 21d : Michel WASIELEWSKI, 21bd : ARTEPHOT/J-P. Dumontiers ; 22h : BRIDGEMAN ART LIBRARY ; 22c : ARTEPHOT/Yvon Boëlle/Mériadec ; 23h : BRIDGEMAN ART LIBRARY ; 23b : ARTEPHOT/Yvon Boëlle ; 24-25 : ARTEPHOT/ORONOZ ; 26h et 26b : ARTEPHOT/ORONOZ ; 26c : ARTEPHOT/Henri Stierlin ; 27 et 28h : ARTEPHOT/ORONOZ ; 28b : EXPLORER/J. Armaya ; 29 et 30 : ARTEPHOT/ORONOZ ; 31h : MSM ; 31b : ARTEPHOT/ORONOZ ; 32h : GIRAUDON ; 32c : ARTEPHOT/ORONOZ ; 33h : GIRAUDON ; 33b : ARTEPHOT/ORONOZ ; 34h : BNF ; 34b : ARTEPHOT/ORONOZ ; 35h : LAUROS-GIRAUDON ; 35b : ARTEPHOT/ORONOZ ; 36h : ARTEPHOT/J.C. Varga ; 36c : RMN/Arnaudet ; 37 : BRIDGEMAN ART LIBRARY ; 38 : ARTEPHOT/J.C. Varga ; 39h : Bibliothèque municipale de Lyon/IRHT ; 39b : BNF ; 40-41 : ARTEPHOT/Nimatallah ; 42 : BRIDGEMAN ART LIBRARY ; 43h : Toulouse, Musée des Augustins ; 43b : AKG Paris/VISIOARS ; 44g : ARTEPHOT/ORONOZ ; 44d : ARTEPHOT/Henri Stierlin ; 45 : Musée national de Poznan/Adam Cieslaws ; 46h : AKG Paris ; 46c et 46bd : GIRAUDON ; 46bg : ARTEPHOT/Nimatallah ; 47hg : RMN/G. Blot ; 47hd et 47bg : ARTEPHOT/A. HELD ; 47bd : AKG Paris ; 48 : ARTEPHOT/Guy Fleury ; 49h et 49b : GAMMA/Deville-Gaillarde ; 50h : BNF ; 50b : ARTEPHOT/Yvon Boëlle ; 51g : ARTEPHOT/ORONOZ ; 51d : Archives Nationales ; 52 : BNF ; 53 : J-L. CHARMET ; 54-55 : ARTEPHOT/Yvon Boëlle ; 56h : PMVP/D. Lifermann ; 56b : ARTEPHOT/T. Schneiders ; 57 : BRIDGEMAN ART LIBRARY/The Stapleton Collection ; 58h : RMN/R.G. Ojeda ; 58b : BNF ; 59 : PIX/Valéry d'Amboise ; 60h : PMVP/D. Lifermann ; 60b : PMVP/P. Pierrain ; 61 : LAUROS-GIRAUDON ; 62 : PMVP/Giet ; 63hg : Archives TALLANDIER ; 63hd : ARTEPHOT/A. Held ; 63c : RMN/Gérard Blot ; 63b : ARTEPHOT/ADPC ; 64b et 64h : Michel WASIELEWSKI ; 65h et 65b : BNF ; 66h, 66b et 66c : BRIDGEMAN ART LIBRARY ; 67h : AKG Paris ; 67bg : BNF ; 67bd : Bibliothèque de Strasbourg ; 68h : ARTEPHOT/Anne Stierlin ; 68b : Michel WASIELEWSKI ; 69h : BNF ; 69b : Michel WASIELEWSKI ; 70 : Limoges, musée municipal de l'Évêché, musée de l'émail/Auteur ; 71h, 71bg et 71bd : Michel WASIELEWSKI ; 72h et 72g : Limoges, musée municipal de l'Évêché, musée de l'émail/F. Magnoux ; 72c, 72b et 73h : ARTEPHOT/ORONOZ ; 73c : RMN ; 73b : Limoges, musée municipal de l'évêché, musée de l'émail/F. Magnoux ; 74h : Photothèque région Poitou-Charentes/Françoise Roch ; 74b et 75 : ARTEPHOT/Yvon Boëlle ; 76h : EXPLORER/D. Repérant ; 76b : HOA-QUI/M. Ascani ; 77h : Sallanches/A. Bouvet ; 77b : LAUROS-GIRAUDON ; 78 : ADA, Saint-Antoine l'Abbaye ; 79 : EXPLORER/D. Repérant ; 80 : Michel WASIELEWSKI ; 81 : Inventaire Général ; 82h : Michel WASIELEWSKI ; 82b : EXPLORER/François Rouquet ; 83h : BNF ; 83b : ARTEPHOT/SCANDIBILD ; 84 : EXPLORER/P. Wysocki ; 85h : ARTEPHOT/Yvon Boëlle ; 85b : LAUROS-GIRAUDON ; 86h : Rijksmuseum, Amsterdam ; 86c : RMN/Gérard Blot ; 86b et 87hd : Bibliothèque municipale de Lyon/IRHT ; 87hg : Rijksmuseum, Amsterdam ; 87bg : EXPLORER/Ph. Lissac ; 87bd : EXPLORER/D. Mar ; 88h : Michel WASIELEWSKI ; 88b : EXPLORER/D. Repérant ; 89h : EXPLORER/F. Jalain ; 90b et 90h : Michel WASIELEWSKI ; 91 : DIAF/J-D. Sudres ; 92h : ARTEPHOT/Yvon Boëlle ; 92cg : Musée des Beaux-Arts d'Arras/Claude Thérier ; 92cd : Bordeaux, Musée des arts décoratifs/L. Gauthier ; 92bg : Lavaur, Musée du pays vaurais ; 93hd : Musée des Beaux-Arts d'Arras/Claude Thérier ; 93hg : Macon, Archives départementales ; 93cd : ARTEPHOT/Yvon Boëlle ; 93b : PMVP/Jean-Yves Trocaz ; 94h, 94b, 95, 96 et 97h : Michel WASIELEWSKI ; 97b : AKG Paris/Paul M.R. Maeyaert ; 98-99 : ARTEPHOT/Yvon Boëlle ; 100h : ARTEPHOT/Yvon Boëlle/Mériadec ; 100c : ARTEPHOT/ORONOZ ; 101h : HOA-QUI/Buss Woitek ; 101b : AKG Paris ; 102 : ARTEPHOT/Yvon Boëlle/Mériadec ; 103h : EXPLORER/J Armaya ; 103b : ARTEPHOT/Yvon Boëlle/Mériadec ; 104h : ARTEPHOT/ORONOZ ; 104b : HOA-QUI/Buss Woitek ; 105 : GIRAUDON ; 106h : AGE Fotostock ; 106b : ALFA-OMEGA/Antonio Viñas ; 107 : ARTEPHOT/Yvon Boëlle/Mériadec ; 108 et 109 : GIRAUDON ; 110 : MSM ; 111h : GIRAUDON, 111b et 112 : ARTEPHOT/ORONOZ ; 113h : AKG Paris ; 113b, 114h, 114c, 114bg et 114bd : ARTEPHOT/ORONOZ ; 115hg et 115hd : Proyecto Galicia. Hércules de Ediciones, S.A. ; 115c, 115bg et 115bd : ARTEPHOT/ORONOZ ; 116h : Pello LOSCOZ ; 116b : EXPLORER/J. Desmarteau ; 117g : IBERIMAGE/Heinz Hebeisen ; 117d : Pello LOSCOZ ; 118 : AGE Fotostock ; 119 : ARTEPHOT/Yvon Boëlle/Mériadec ; 120 et 121b : ARTEPHOT/Anne Stierlin ; 121h : ARTEPHOT/Henri Stierlin ; 122h : AGE Fotostock ; 122b : ARTEPHOT/ORONOZ ; 123 : BNF ; 124 et 125 : ANA/Henneghien ; 126h : Michel WASIELEWSKI ; 126b : IBERIMAGE/Heinz Hebeisen ; 127 : ARTEPHOT/Henri Stierlin ; 128 : ANA/Massimo Borchi ; 129h : IBERIMAGE/Heinz Hebeisen ; 129b : ARTEPHOT/Henri Stierlin ; 130-131 : ALFA-OMEGA/Candido ; 132g : ARTEPHOT/Henri Stierlin ; 132d : Michel WASIELEWSKI ; 133h : ALFA-OMEGA/Raoul Cortes ; 133b : MSM ; 134 : IBERIMAGE/Heinz Hebeisen ; 135h : AGE Fotostock ; 135b : ARTEPHOT/Ali Meyer ; 136h : ALFA-OMEGA/Antonio Viñas ; 136b : AGE Fotostock ; 137h : IBERIMAGE/Heinz Hebeisen ; 137b : HOA-QUI/Buss Woitek ; pages de garde : ARTEPHOT/Nimatallah ; 4e de couverture (de haut en bas) : IBERIMAGE/Heinz Hebeisen ; ARTEPHOT/ORONOZ.

Achevé d'imprimer : septembre 2001

Dépôt légal : septembre 2001

Imprimé par Artes Gráficas Toledo, S.A.U. (Espagne)

ISBN : 2 235 02310X

N° éditeur : 2910

D. L. : TO - 971 - 2001

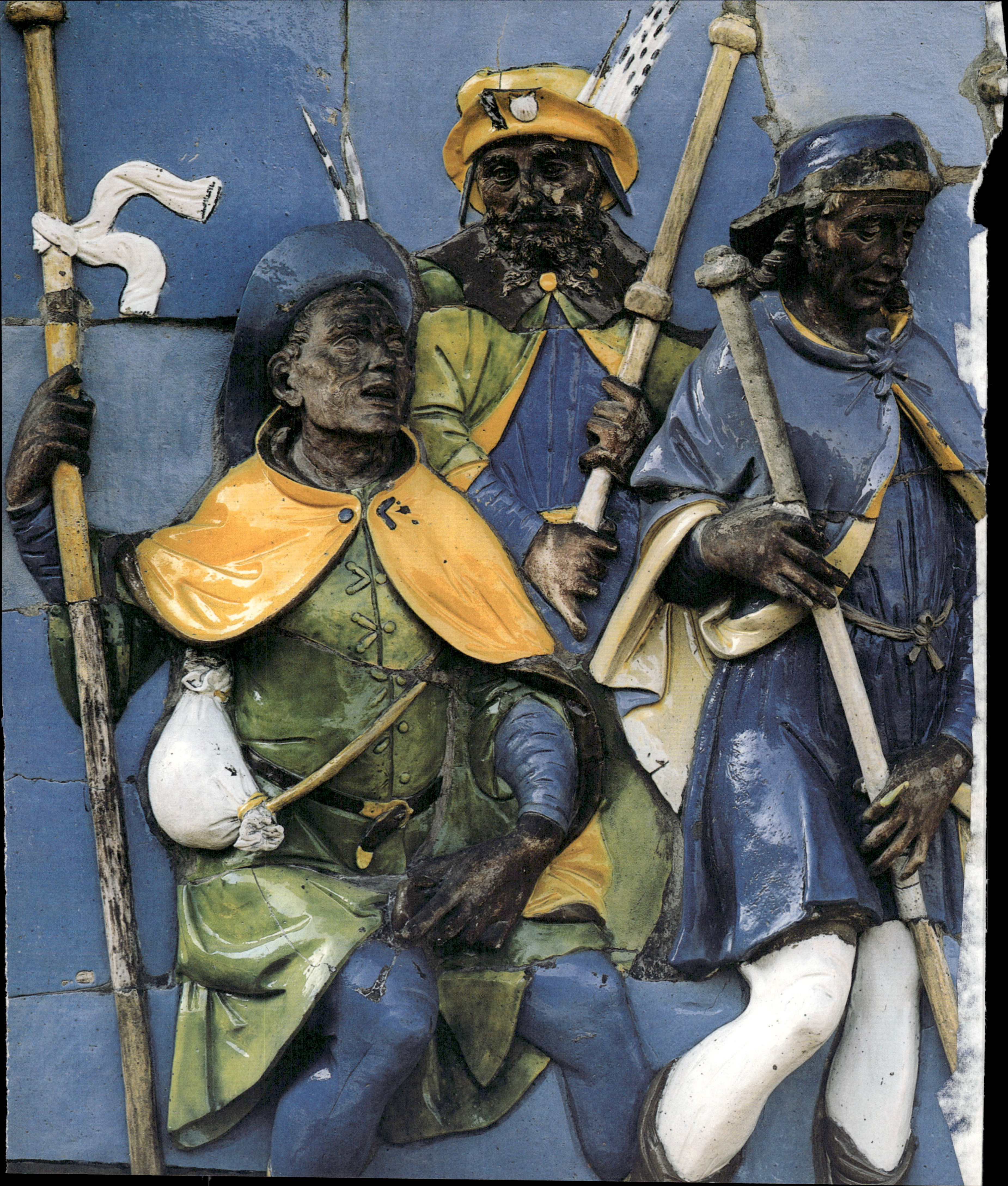